数字经济学系列丛书
THE DIGITAL ECONOMICS SERIES

# 数字经济学
# 宏观经济卷

The Digital Economics:
Volume of Macroeconomics

左鹏飞　姜奇平 · 著

中国财富出版社有限公司

**图书在版编目（CIP）数据**

数字经济学．宏观经济卷／左鹏飞，姜奇平著．—北京：中国财富出版社有限公司，2021.10

（数字经济学系列丛书）

ISBN 978－7－5047－7477－4

Ⅰ.①数… Ⅱ.①左… ②姜… Ⅲ.①信息经济学 ②宏观经济学 Ⅳ.①F062.5 ②F015

中国版本图书馆 CIP 数据核字（2021）第 220002 号

| | | | | | |
|---|---|---|---|---|---|
| **策划编辑** | 郑晓雯 谢晓绚 | **责任编辑** | 邢有涛 李 如 | **版权编辑** | 李 洋 |
| **责任印制** | 梁 凡 | **责任校对** | 卓闪闪 | **责任发行** | 杨 江 |

---

| | | | |
|---|---|---|---|
| **出版发行** | 中国财富出版社有限公司 | | |
| **社　　址** | 北京市丰台区南四环西路 188 号 5 区 20 楼 | **邮政编码** | 100070 |
| **电　　话** | 010－52227588 转 2098（发行部） | | 010－52227588 转 321（总编室） |
| | 010－52227566（24 小时读者服务） | | 010－52227588 转 305（质检部） |
| **网　　址** | http：//www.cfpress.com.cn | **排　　版** | 宝蕾元 |
| **经　　销** | 新华书店 | **印　　刷** | 宝蕾元仁浩（天津）印刷有限公司 |
| **书　　号** | ISBN 978－7－5047－7477－4/F·3334 | | |
| **开　　本** | 710mm×1000mm 1/16 | **版　　次** | 2022 年 6 月第 1 版 |
| **印　　张** | 20.5 | **印　　次** | 2022 年 6 月第 1 次印刷 |
| **字　　数** | 368 千字 | **定　　价** | 98.00 元 |

---

# 2022 年度国家出版基金资助项目

《数字经济学·宏观经济卷》

《数字经济学·微观经济卷》

总　　策　　划：王　波
项 目 负 责 人：谢晓绚
编辑执行团队：李　如　周　畅　沈安琪
质 量 保 障 组：杨小静　卓闪闪　张营营　孙丽丽
　　　　　　　　梁　凡　尚立业　郭紫楠
进 度 保 障 组：田　超　李　洋　杨　杰
经费使用保障组：戚　珂　李　妍　王祎思　张雨欣　刘　玲
廉 洁 保 障 组：苟　宁　贾浩然　李　艺

# 总　序

## 数字经济学的特质

姜奇平

信息革命给经济带来了从工业生产方式向信息生产方式的转变。数字经济通过生产方式的转变，将自己区别于工业经济。数字经济学以体现信息生产方式为自己的特质。

经济学本应具备区分不同生产方式的功能，但现有经济学并不具有这种功能。普适的经济学至少要具备能够区分三种不同的生产方式——定制化的农业生产方式（小批量、多品种）、大规模的工业生产方式（单一品种、大批量）、大规模定制化的信息生产方式（大批量、多品种）——的功能。它们分别体现三种具有不同历史特点的经济规律①。现有经济学更多是对工业生产方式的理论总结，并把从这一特例中归纳出的局部经验当作普遍原理。

数字经济学希望超越工业经济学的局限，其具有以下特点。

一是内生生产力。有什么样的生产力，就有什么样的经济。农业革命、工业革命和信息革命，都是技术革命引发的生产力革命的结果。经济学不能用农民的经验去指导工人，也不能用工人的经验去指导知本家，根本原因是作为人与人关系前提的人与自然的关系（技术、生产力）发生了范式转变。

此前，除了德国历史学派、历史唯物主义理论具有生产力概念外，经济学基本没有生产力意识。微观经济学相当晚才在生产函数与全要素生产率理论中内生了技术概念。而技术经济学中的技术，更多是工程概念（自然科学中的功能概念），而非生产力概念（社会科学概念）。以往经济学不讲生产力，

---

①　在高维的经济数学分析中，我们把三种生产方式的数学转换关系高度归纳概括为随机网络、规则网络与复杂网络之间的图值转换关系。详见姜奇平《网络经济：内生结构的复杂性经济学分析》（中国财富出版社，2017 年）。

实际是固化了生产力的默认选项，即假设只有工业生产力这一种形式。以此为基础总结经济规律，这就把现代经济学与现代经济学家这几百年有限的经验，不恰当地作为了具有普遍解释力的法则。当遇到信息革命时，这就出现了问题。因为数字经济学发现，在信息生产力作用下，另外一些经济规律所能解释的现实所占的比重，正在超越工业经济学。

从数字经济学角度看，以往的各门经济学都是工业经济学，即以工业生产力为默认前提的经济学。而数字经济学是以信息生产力为默认前提的经济学，如果数字经济学不声明这一点，而仍然以工业生产力为默认前提，它的研究就几乎无法进行下去。举例来说，信息技术具有“通用目的技术”的特性，在生产力上具有资本通用性（使用上的非排他性），这与工业技术排他性使用基础上的资本专用性不同——从资源配置到利益分配的结论都是矛盾的。用资本专用性解释资本分享使用，就会导致解释力下降。

数字经济学是广义的技术经济学，是不以技术为主题的技术经济学。经济学在此不光涉及被技术、生产力所决定的经济，而且涉及内生技术与生产力观念调整后，微观经济学、宏观经济学、技术经济学、制度经济学、管理经济学会发生何种质的变化。它实质上反映了内生信息生产力发展，将带来的经济学各个部分范式、框架的根本调整。

二是内生生产方式。生产方式是生产力与生产关系结合的结果，有什么样的生产方式，就有什么样的经济与经济学。

经济学要想从只对工业经济具有解释力的特例经济学，发展为对农业经济、工业经济和信息经济都有解释力的普适经济学，就必须具备区分不同生产方式功能的顶层框架。具体来说，从数学上实证地辨识生产方式，需要“数量 $Q$—品种 $N$”二维框架，而以往任何经济学框架都只有数量 $Q$，没有品种 $N$，这使它只能识别“大批量、单一品种”，但无法识别“小批量、多品种”和“大批量、多品种”。由此，经济学对农业经济、数字经济的解释力大为弱化。数字经济首当其冲，“索洛悖论”认为信息技术有投入没产出，就是因为缺乏辨识数字经济特有产出的计量单位。

专门擅长解释工业经济的特例经济学（典型如新古典理论），隐含着将品种设为 1（“单一品种”）这样一个默认选项（称为“同质性假定”）。这相当于将“单一品种”这样一种纯属工业经济的特例，当作了人类历史中的普遍现象。数字经济的实践表明，人类并不是只有传统中国制造这种以“单一品种”为常态的经济，在数字经济中，以质量、创新、体验为基础的“多品种”

的多样化经济，才是更为普遍的情况。

数字经济学不想罗列信息技术在经济中引发的各种表面新现象，尤其不想因为这种罗列，引起“数字经济只有技术变化，没有经济学变化”这种旧学为体、新学为用的“洋务运动”式的认识，而希望通过经济学的范式变革向世人展示，信息革命真正的响动只在经济和经济学，技术只是引信，不是主题。

经济学的范式变革的切入点是迪克西特－斯蒂格利茨模型（Dixit－Stiglitz Model，简称D－S模型）。阿维纳什·K. 迪克西特（Avinash K. Dixit）和约瑟夫·E. 斯蒂格利茨（Joseph E. Stiglitz）于1977年发表的论文《垄断竞争与最优产品的多样化》中构建的D－S模型，首次将品种内生于“数量—价格”均衡，第一次为经济学从特例经济学推广为普适经济学提供了规范的经济数学条件。数字经济学将沿着D－S模型开辟的方向，将特例经济学品种为1（$N=1$）的同质性假定放宽到多品种（$N>1$）假定，并将信息生产方式首次纳入经济学的解释范围。数字经济学将内生品种的均衡与最优，称为广义均衡与广义最优。对应传统概念，狭义均衡就是完全竞争均衡，广义均衡就是垄断竞争均衡。

传统经济学的基本假定是同质性假定，一旦放松这个假定，就会发现狭义均衡与广义均衡是正负相反关系。将经济学基本假设之一的单一品种（$N=1$）与多品种（$N>1$）当作一对矛盾，就是无差异均衡经济学与差异化均衡经济学之间“革命”的两端。我们视传统经济学为无差异均衡经济学，数字经济学为差异化均衡经济学。这清楚地显示了数字经济学同传统经济学在实证上最大的不同。

无差异均衡经济学的均衡由边际成本定价，均衡点在$P=MC$①；差异化均衡经济学的均衡由平均成本定价，均衡点在$P=AC$②。二者相差类似“保角映射”的固定尺度$AC-MC$。这个差，对应创新具有的价值（罗默③）。这意味着，工业经济与数字经济之间，相差一个物质驱动与创新驱动的量差。无论具体供求关系如何变化，这个量差不变。这可以有效说明，在抛开数字

① $P$，即单位价格；$MC$，即边际成本。

② $AC$，即平均成本。

③ 罗默，即保罗·罗默（Paul Romer），将$AC-MC$视为对创新的“补贴”。新熊彼特学派将$AC-MC$视为“创新代理成本”。

经济在运用信息技术上存在的各种与自然科学的不同之后，经济本身（商业本身）到底有什么不同，以及问题的本质所在。

《数字经济学》分为管理经济卷、宏观经济卷、微观经济卷、技术经济卷、制度经济卷、产业经济卷等，上述核心观点一以贯之。它表明，我们不是要在管理经济学、宏观经济学、微观经济学、技术经济学、制度经济学、产业经济学之外或之下另设一个数字经济学子集，而是要建立数字管理经济学、数字宏观经济学、数字微观经济学、数字技术经济学、数字制度经济学、数字产业经济学。而它们同传统经济学的共同区别在于拥有相反的技术经济前提，即以信息技术、信息生产力与信息生产方式作为范式转换、框架转换等经济学"体变"的立论前提。

同时，本书出版得到了中国社会科学院创新工程项目"构建现代产业体系视角下平台经济发展研究"、中国社会科学院国情调研贵州基地项目、中国社会科学院重大项目"加快构建新发展格局，在高质量发展中促进共同富裕"等项目的资助，在此表示感谢。

# 导　语

## 数字经济宏观经济学解决什么问题

数字经济主导的方面与质量、创新、体验内在相连，并以此区别于工业经济。

构建数字经济的宏观分析体系，必然以创新的体系化为使命，区别于工业经济背景下的宏观经济学。创新的经济含义在于，提供经济（而非不经济）的差异性。因此，数字经济学必然是创新经济学，二者为了追求高附加值、创造新价值而走到一起。这是由数字经济特有的技术经济性质决定的。数字经济的技术基础——信息技术，以提高多样性效率而区别于所有工业技术。它要求与之相应的经济，在均衡水平满足差异化经济（而不是差异化不经济）这一结论。而创新凭借多样化行为区别于无差异行为。正如罗伯特·梅特卡夫（Robert Metcalfe）所说：认识是多样性的，创新也总是具有认识上的多样性。① 而这种取向同工业时代的宏观经济学正好相反，其要解释的是“经济主体为何具有不同的行为，并且要确认形成差异的激励和约束”②，而非传统中国制造所呈现的趋同行为和同质化的激励与约束。

数字经济的逻辑与新熊彼特主义的逻辑高度一致，即在差异化这个根本取向上一致，而与循环流转所代表的非差异化取向（套利取向）格格不入。数字经济学之所以同创新经济学一致，最根本的共识在于对异质性的肯定，而与同质化的新古典理论相区别。差异化只是现象，异质性是现象背后的本质。数字经济学所涉及的质量、创新和体验，都是以异质性为核心的。而创

① 梅特卡夫．演化经济学与创造性毁灭［M］．冯健，译．北京：中国人民大学出版社，2007：120.

② 同①.

新经济学在演化意义上，也把异质性置于创新体系的核心。罗伯特·梅特卡夫解释创新必须以异质性为前提时说：在一个行为无差异的世界里，演化在逻辑上是不可能的。① 二者的共同之处在于把同质性背后的理性定位于工具理性，并为这种工具找到一个目的。这个目的就是人本身，要以人为本而非以理性为本，要让功利服从于目的与意义。在这种理论中，能力作为工具，必须与目的相结合。正如罗伯特·梅特卡夫定义创新时说的：企业的能力是能力和竞争目的的组合。②

从数字经济角度看，创新只是差异化行为的一种，是供给角度的差异化。数字经济还强调需求角度的差异化，即体验。体验与创新一样，也创造新价值（高于零利润水平的差异化价值），只是角度不同。体验不一定（也不排除）通过技术创新实现，但更重视用户导向，多通过市场创新实现（也符合熊彼特“新组合”这一条件）。不仅如此，数字经济还强调供求结合角度的差异化，即质量（如新熊彼特主义所说的“质量阶梯”）——由质的差异带来的经济利益——的重要性。数字经济强调质量、创新和体验，并把它们当作自身经济逻辑的特殊性，皆是因为信息技术本质上就是以提高多样化效率、降低差异化成本而见长的技术，并以此与擅长提高专业化效率、降低无差异成本（实现标准化）的工业技术相区别。

数字经济当然可以在发展的初期放低身段，踏踏实实为工业经济“打工”，用以差异化见长的技术，为无差异的事业（如以传统中国制造为代表的产业化）服务，为质量不经济服务（如服务于扩大数量规模），为创新不经济服务（如服务于成本领先但没有利润的产能），为体验不经济服务（如服务于不借助个人信息、不强调个性化和情感的业务）。但随着现代化的发展，它一定要把自己的所长（以差异化为特点的服务）发挥出来，才能把工业经济（产业化经济）提升到通过质量、创新和体验走向高端价值的数字经济（服务化经济）的水平。

当前中国宏观经济面临货币政策效应递减的难题，究其实质，是物质驱动转向创新驱动过程中的阵痛，需要对就业、利息和货币进行新的讨论。本书通篇都在辨析物质驱动（无差异动能驱动）与创新驱动（差异化动能驱

---

① 梅特卡夫．演化经济学与创造性毁灭［M］．冯健，译．北京：中国人民大学出版社，2007：119.

② 同①122.

动）的宏观区别。

当前中国想摆脱增长上的唯GDP（国内生产总值）论，提高经济增长质量，但这个口号喊了很多年，总是难以落地。除了实践上的原因，认识上特别是理论认识上的根源在于，离开了均衡这个基本面认识增长质量，也就是说，增长质量外生于均衡，所以只停留于战略这个肤浅层面。战略对于经济基本面来说，只是围绕均衡进行的上下扰动。有战略也好，没有战略也好，经济都要依均衡达到最优。因此，理论经济学中从来没有战略这部分内容，而是把战略仅仅当作操作层面的问题，放在子学科中讨论。由于对增长质量对应的特殊均衡（质量均衡，即差异化均衡）缺乏认识，在均衡的基本面上，实际还是以数量均衡（无差异均衡）为缺省选项，战略一旦实施，势必在自然力作用下回归均衡基本面，导致高速增长有理，而降低速度提高质量没理的现实。这就如同无法通过提高司机的驾驶技术把一辆普通的桑塔纳在半路上变成高档的奥迪。对于经济增长质量这一问题，首先应该研究的是普通桑塔纳与高档奥迪的区别，而不是驾校刚毕业的新手与老司机的区别，虽然后者也很重要。

要想破解质量问题，讨论内生质量的新经济增长理论，就需要聚焦于质的差异性，并上升到均衡这一高度进行分析，才能超越关于经济增长质量的各种泛泛的经验之谈。这就是我们要把物质投入驱动与创新驱动这个问题深化到垄断竞争这个纯理论层面进行讨论的原因。

变无差异才经济（讲同质化、讲规模才经济）为差异化才更加经济（讲质量、创新、体验才有高附加值），数字经济由此改变了增长、就业与货币政策的机理，数字经济学的使命就是把高质量发展加以体系化，把创新加以体系化，把美好生活体验加以体系化，并对此给予足够的解释。

增长方面，资本数字化使虚拟生产资料形成对固定资本投资的大规模替代，量化宽松的作用在逐步削弱，虚拟生产资料对于中小企业的作用在显著增加。

就业方面，在家办公改变了生产与生活的边界。

货币方面，货币政策越来越失去效力，部分原因在于房地产金融化正演化为量化宽松的对冲政策，资本虚拟化令货币政策陷入空转，金融未能更好发挥对实体经济的服务作用。

全要素生产率理论需要因数字经济而改写。数字经济条件下，技术从提高专业化效率（工业技术）向提高多样化效率（信息技术）拓展，因此，应从质与量两个维度对技术进行综合分析和评价。

资本理论和金融理论需要因数字经济而改写。信息化与服务化要求对数据作为商品与资本的流动及调节机理加以解释。资本的流动，关系到流动性在平台与实体间的分配，关系到劳资分配比例的重新确定，实质是流动性在确定性与不确定性之间的分配。

本书的另一个研究目标是探索支持宏观经济运行的数字经济学机理。宏观经济学要支持数字经济宏观运行分析，就需要发现可以在正负两极间中性操作的政策调控工具。在数字经济发展的早期阶段进行这种理论尝试是有风险的，但这项开拓性的工作也正体现了经济学创新所需要的探索精神。

# 目　录



## 第一篇　论增长率

# 第二篇　论内生增长

## 第三篇 论发展

# 0　绪论

## 0.1　问题导向：创新驱动的体系化何以可能

### 0.1.1　现实问题导向：数字经济与创新

#### 0.1.1.1　数字经济的宏观概念

**1. 技术经济含义：新技术定义**

以全要素生产率为框架定义（定义1）：数字经济是信息生产力为技术要素驱动的新通用目的技术经济占比达到一定程度形成的经济。

通用目的技术应理解为异质性技术，即对于各种多样化效率目的的实现具有通用性的基础技术。这隐含两层意思：一是这些技术是共同具有范围经济特征的基础技术，作为它们可合并的同类项（可均摊的固定成本）；二是这些技术虽然拥有相同的基础技术作为交集，但相互差异巨大，运用通用目的技术是为了实现具体的多样化目标，提高的是多样化效率。二者关系相当于固定资本（平台）与可变资本［App（应用程序）］的关系。通用目的技术也可以被用于规模经济，增强专业化效率的效果。

**2. 经济实体含义：新业态定义**

以经济实体定义的数字经济（定义2）：从产业内涵来看，数字经济所指的经济实体是服务化经济，相对的是产业化经济。

**3. 结构比较含义：新经济定义**

数字经济的“信息化经济”含义（定义3）：数字经济是从产业化经济向服务化经济转变，并由服务化形成的产业产值体系。

### 0.1.1.2 面向政策分析的数字经济体系化要点

数字经济理论面向创新驱动所需的体系新内核："进入互联网时代，范围经济取代规模经济成为产业组织的主导逻辑。"（谢伏瞻，2019）范围经济是质量由不经济变为经济，创新由不经济变为经济的体系化逻辑。

**1. 内生创新的均衡体系**

回答数字经济是什么经济形态，对整个经济体系有什么影响。

（1）数字经济的经济学前提假设特征

由定义2的实践特征，回到经济学界定，可推论出：数字经济是差异化经济，即异质性经济（由张伯伦理论、D－S模型加以理论定型）；相比之下，工业经济是无差异经济（由同质性假定加以理论定型）。

异质性经济的政策含义有三：一是质量由不经济变为经济（戴明命题）；二是创新由不经济变为经济（熊彼特命题）；三是体验由不经济变为经济（"美好生活"命题）。

（2）数字经济的均衡特征

数字经济的均衡点在差异化均衡点（$P=AC$），与工业经济（无差异均衡点在$P=MC$）相差一个$AC-MC$（与张伯伦、斯蒂格利茨、罗默、保罗·克鲁格曼，新熊彼特主义的均衡结论一致）。这说明创新并非外生于经济，差异化决定的拉姆齐定价不光可以是均衡值，而且可以是创新成为常态后的帕累托最优（姜奇平，2016）。

**2. 全要素生产率理论：工业—数字双效率**

（1）区分工业经济效率与数字经济效率

杨小凯对亚当·斯密的理论进行了说明：多样化和专业化的发展是分工发展的两个方面。

工业经济效率是专业化效率，数字经济效率是多样化效率。多样化效率的特征在于智慧、灵活及经济上的高附加值。对于多样化效率，威廉·鲍莫尔称为"音乐四重奏的效率问题"。

（2）信息生产力对应另一种技术和效率

理论创新：由定义1中的信息生产力概念，将信息技术定义为以提高多样化效率为主、以提高专业化效率为辅的技术（工业技术则是以提高专业化效率为主、以提高多样化效率为辅的技术）。

推论1：全要素生产率中的技术不应是一维的（仅专业化一维），而应是二维的（效率是一个平面，由专业化与多样化二维构成，总效率的平方 = 专业化效率的平方 + 多样化效率的平方），以此显现数字经济的效率产出。这间接解开了“服务业生产率之谜”：服务业的专业化效率低（降低）而多样化效率高（提高），服务业由价格提升导致在 GDP 比重中的上升是由总效率的平方决定的。

推论 2：在自动化技术把劳动者挤出制造业就业岗位之后，数字经济将把劳动者配置到多样化效率较高的部门（如“双创”① 中的 App），实现类似农民变工人的职业结构调整。

**3. 科技进步与经济增长的关系**

（1）科技进步与经济增长的总关系

理论创新：由“范围经济取代规模经济”（谢伏瞻）的总判断，进一步推导出“范围报酬递增取代规模报酬递增”的结论。罗默止步于规模报酬递增，而数字经济需要发展出范围报酬递增理论（潘泽、姜奇平），以便将质量、创新进一步体系化。

（2）数字经济为经济发展提供新动能

①数字经济成为增长新动能。

a. 增长新动能体现于技术创新驱动。

b. 增长新动能体现于产业新增长点。

c. 增长新动能体现于资本替代。

②数字经济成为灵活就业新动能。

③数字经济成为转型新动能。

a. 赋能内生、民生的经济增长黄金律。

b. 赋能需求导向的供给侧结构性改革。

（3）推动新实体经济，建立新金融秩序

（4）数字经济成为破解新时代中国社会主要矛盾的重要力量

①数字经济在满足人民美好生活需要方面具有天然优势。

②数字经济可以创造性解决一些发展不均衡、不充分问题。

（5）技术革命是否具有潜在收入分配恶化效应

理论创新：劳动具有多样性红利（多样化效率高而专业化效率低）（斯科特·佩奇，2007），技术革命中“平台—增值应用”二分的新业态，区分出两

① “双创”，即“大众创业、万众创新”。

种报酬，即固定资产投资报酬（平台源于无差异投入的报酬）与劳动者个性化增值报酬（App 源于差异化投入的报酬），截至发稿时的市场实际行情，二者分成比例为 15%∶85%（苹果、谷歌），从事“双创”的劳动者明显取得多样性红利。这说明技术革命具有收入分配优化效应，而拒绝多样性红利，即劳动者仍然从事无差异的制造业类型的工作，则全球化和技术革命具有潜在收入分配恶化效应。政策应创造条件，引导劳动者通过多样性红利而优化分配。

（6）克服技术性失业的抓手：一次分配与二次分配

理论创新：如何在人工智能最新发展趋势下应对技术性失业？技术革命从长期看，既不会增加就业，也不会减少就业，只会转换就业结构。正如工业革命并不使农民“失业”，而只是让他们转行为工人一样。因此，调整就业结构才是解决技术性失业的真正抓手。但从短期看，劳动者难以在新旧职业、新旧技能间平滑转换，这是导致技术性失业的现实问题。数字经济的大思路是，利用共享经济（主要是共享生产资料的使用权，根据有效创新程度分成）为新职业（1000 万网商、5000 万微商）开辟公平分配的机会；对连续“双创”失败者，重点通过二次分配保证公平。

4. **理论经济学与真实世界的区别**

这里需要说明理论经济学所说的数字经济与真实世界的数字经济之间的区别。

在理论经济学中，为了突出数字经济不同于工业经济，把它提纯为纯数字经济，反映的是纯数字化、信息化不同于非数字化、非信息化之处；而在真实世界中，数字经济是纯数字经济与纯工业经济的混合体，信息化与工业化融合也表现在经济特征融合上。这种差别反映在人们的观感上，就是人们往往会认为纯数字经济与日常经验“不符”。比如，日常经验明明是规模经济，纯数字经济却说是范围经济，人们会说“没看到”或“不明显”。

这容易理解，工业革命在 18 世纪 60 年代已经开始，但直到 1830 年（道光庚寅年），有学者认为它还没有真正展开。如果让这时的人们凭日常经验理解 1776 年出版的《国富论》，实在勉为其难，需要把工业化说成是“农业 4.0”，人们才有可能明白。中国的信息革命在 1994 年左右开始（以互联网为标志），发展到它的“道光庚寅年”是 2064 年左右，如果在 2010 年就谈论数字经济的规律，人们凭经验只能理解到“工业 4.0”的水平。

信息技术以提高多样化效率为主、以提高专业化效率为辅，数字经济以范围经济为主、以规模经济为辅。但在早期（2000 年至 2010 年），很有可能表现为以提高专业化效率和规模经济为主，这是由于中国经济还在以工业经济为主，没有进入以数字经济为主的阶段。与洋务运动（应用工业化技术为农业经济服务）一样，应用信息化技术为工业经济服务，比较容易在共同经验的基础上形成共识。

对中国来说，2020年是一个界标，因为在这一年，中国的工业化任务基本完成。从这个时点往后一百年，人们将越来越多地感知到数字经济自身的特殊性（技术上的多样化效率、经济上的范围经济），并且这种特殊性在经济整体中的占比将不断增大。人们日常经验中工业社会性质的经验与信息社会性质的经验的比重，会与产业化（第一、第二、第三产业的产业化产值）与服务化（第一、第二、第三产业的服务化产值，主要包括信息技术产业与现代服务业）的实际比重趋近一致。

### 0.1.2　理论问题导向：数字经济学与创新

从新旧动能角度将经济分为两类：一类是基于物质的；另一类是基于思想的。前者由物质驱动，后者由创新驱动。

如有学者指出：根据Romer（1993），Zeng（1997）我们可以将新增长理论区分为以资本为基础的（Capital based）增长理论和以思想为基础的（Idea based）增长理论。其中前者强调资本（物质资本和人力资本）积累是促进技术进步和经济增长的重要力量，而后者则强调创新和知识积累在技术进步和经济增长中的突出作用。①

将物质驱动与思想驱动结合起来的经济，是“心物一元”的经济。“心物一元”指本体存在方式，在经济中对应生产方式。本体存在方式不同于本体，正如生产方式不等于生产。本体指过去狭义的心物，心指的是精神，物指的是物质。但本体存在方式说的不是心物，它说的是一种存在方式。心指用心的方式（如创新的方式）来对待物质和精神；物指用物的方式（如物质驱动的方式）来对待物质和精神。

这时候双方的区别在哪儿？比如用物的方式来看待精神的时候倾向于逻辑的和数学的，也就是把精神现象当成物质现象来看待；看待物质的时候倾向于机械论的观点，忽视与人的能动性、创造性相通的非决定性、不确定性

① 严成樑，龚六堂．熊彼特增长理论：一个文献综述［J］．经济学（季刊），2009，8（3）：1163－1196.

等现象。

以此来观照增长背后的价值观，高速增长首先是与这种以物的方式看待世界的价值观相适应的，因此，其片面强调物质驱动在经济中的作用。单纯物质投入观点会和什么观点对立？会和创新观点对立。正如熊彼特所说，物质投入产出的循环流转中，人的精神没有了，连“动物精神”都没有了。如果你看物质活动背后是创新驱动，这就同以物的方式看世界不一样了。从道的角度来看，道不像人们以为的只谈精神，也谈物。用道看的时候，与用物看时有重大不同，能在物质发展过程中看到与活着的人有关系的东西，比如说性和气。西方经济学是无法在物质中看到气的。只有用活的观点来看待，才能看得出来。同样，活性这种东西也只有活的东西才有。行为经济学用参照点（值函数）还原这种活性的存在。以这个观点去看物质，才能把物质看活。它是用复杂系统观点而不是同质的观点来看世界。

高度简化以后，可以把物的观点视同于机械论、同质性的观点；创新的观点是意向性的，是有机论看世界的观点。经济学家可能认为，意向性的东西归精神文明管，不是经济学科研究的问题，所以他们一遇到复杂性就要化简，只考虑物质同质化增长，这不符合人的内心需求，无法创造有效供给。经济发展到高级阶段，为什么增长率下来之后，同质性的东西不再符合发展，这需要不同学科来解释。

经济学和科学及人学是什么关系？

经济学现在好像是一门自然科学，既跟道德没有关系，也和精神没有关系。莱昂内尔·罗宾斯在《经济科学的性质和意义》中说价值判断超出了实证科学的研究范围，经济学则根本不关心目的本身①。现代经济学从产生起，就只研究物、不研究心，只要是以人为本、有目的的，都不是经济学的研究对象。在他看来，经济学就是把心和肺掏空以后只奔着手段去。他得出结论：只追求物质财富，有了物质财富想换取什么东西就可以换取什么东西。

按照价值观来衡量的话，这种对经济学的定义是非常有问题的。它是用物的观点看待物质世界，把人看成物质存在。举例来说，需求的定义是把需求变成欲望。欲望当然是客观的，但问题在哪儿呢？经济学所说的欲望特指物质欲望，没有把精神需求包含进去。如果遇到精神需求怎么办？就把它还

---

① 罗宾斯．经济科学的性质和意义［M］．朱泱，译．北京：商务印书馆，2000：1，31.

原成物质欲望。但在现实中，这是不可行的。精神怎样与物质需求进行严格换算？这是困难的。因此，经济学学科的本质其实就有可讨论之处。

相当于说“我思故我在”，是把“我思”和“我在”割裂开了。“我思”就像一个观察者看“我在”，“我在”是不会“思”的，这个时候有点像做物理学实验，前提是观察对象是死的东西，我和观察者一体化会导致实验结果不准确，因为我的行为会干扰观察对象。

第一个看法是，从道的观点来说，我看对方，我和对方是一体的。这个说法如何在经济学上体现？它落实到增长率问题上会变成什么？

在天人合一的农业社会中，不存在“我思”与“我在”的这种二元对立。自给自足中，供给与需求是一体的。分工打破自给自足，使供给与需求二元分离。如果“我思”与“我在”总是分开，会导致增长率高于或者低于自然率。如何在分工条件下再回到自给自足那种平衡，就成为一个问题。增长率不是越高越好，而是恰当为好，即既不高于正常值，也不低于正常值。

谈到这里，我想到了一个问题，就是中国传统文化对于经济学有什么借鉴意义？中国传统文化中提到中庸、阴阳平衡，这之于我们总体观察系统，具有普世价值。我在中国经济思想史中观察到，中国人经常谈富民。在西方经济体里，有时候也会讲福利社会，但是仍然避免不了经济总是有效需求不足，这一定说明哪里出现了不平衡。讲均衡，最后还是出现经济危机。尤其是凯恩斯主义和富民有深层的矛盾。标准经济学在道上出了问题，出在哪儿？它的道过于强调强势群体而忽视弱势群体。由于老百姓有效需求不足，所以用政府干预的方法，把老百姓不足的这部分给补上，实际上还是在削弱富民。在中国，富民有均衡之外的平衡的意思，这是第一个看法。

第二个看法是，从未来学来看，富民还有另一种深层的含义。其实富民从某种意义上来说有一种去中心化的味道。因为在一个系统之内，中心是国王，富民是围绕着国王的精英，所有富民都处于分散状态，相当于互联网上的分布式节点。因此，在强调富民的时候，还有强调弱化中心而强化节点的隐含意思。

这种思想在后来被歪曲了。在春秋战国时候的这种思想，演变成了官对民、上对下的关系。本义的富民也是草根。这和高科技发展以后，加强有机联系的分布式节点的力量，也具有否定之否定的关系一样。王阳明主张“明明德”和“亲民”，也就说第一要务是亲弱势群体。当强者和弱者博弈的时候，不能像西方那样片面强调强者，而是要“亲民”。他曾说过：“亲民者，达其天地万物一体之用也。”也就是说，他是从天地万物一体来看亲民。换句话说，就是他在从普世价值角度把世界当作平衡体。如果只考虑皇帝的利益，只考虑精英阶层的利益，会造成一种不平衡。因为世界上并不是真的只有中心更加尊贵，而周围就低贱，彼此之间应是平衡的。

中国传统文化之于国际的意义在哪儿呢？像中国这样的超大型经济体崛起，需要的不仅是不断提升的综合国力，更是可以与西方平等对话的中国文化，那将实现新的中西方价值互补，而其中的关键连接点就是中国如何推动数字经济的发展。

我们要向西方学习物化知识、逻辑知识，反过来说，中国异质性的生存智慧也具有普世价值。如果我们能这么看待这个问题，就更接近真相。中国真正好了，对全世界是有利的。世界现在在乎的是经济发展，如果价值观也相应发展，世界也会很高兴的。

#### 0.1.2.1 以新的价值观重新界定财富

为什么 GDP 增长不等于社会进步？生活质量评价的价值观基础是什么？如何评价“经济”界定以外的财富？服务化与整体经济增长关系的悖论是什么？

增长率是末期 GNP（国民生产总值）与基期 GNP 的比较。以末期现行价格计算末期 GNP，得出的增长率是名义经济增长率。以不变价格（基期价格）计算末期 GNP，得出的增长率是实际经济增长率。

表 0－1 显示的是 20 世纪 80 年代至 90 年代世界的 GDP 增长率，大致在 3% 波动。我们把这个增长率当作经验上的自然率，代喻经济增长的常规状况。

**表 0－1** **GDP 增长率** 单位：%

| | 1980 年 | 1990 年 | 1995 年 | 1997 年 | 1998 年 | 1999 年 |
|---|---|---|---|---|---|---|
| 世界 | 2.0 | 2.7 | 2.7 | 3.4 | 1.9 | 2.6 |
| 低收入国家 | 5.7 | 3.4 | 5.3 | 3.9 | 0.9 | 4.1 |
| 中等收入国家 | 4.8 | 1.7 | 4.0 | 4.9 | 1.1 | 3.0 |
| 下中等收入国家 | 3.2 | 1.9 | 5.0 | 4.9 | 2.4 | 3.6 |
| 上中等收入国家 | 6.0 | 1.6 | 3.2 | 4.9 | 0.0 | 2.6 |
| 高收入国家 | 1.4 | 2.8 | 2.4 | 3.1 | 2.1 | 2.4 |
| 非经合组织成员国 | 6.9 | 6.4 | 5.8 | 5.5 | 1.0 | 4.3 |
| 经合组织成员国 | 1.3 | 2.7 | 2.3 | 3.0 | 2.1 | 2.4 |

续　表

| | 1980 年 | 1990 年 | 1995 年 | 1997 年 | 1998 年 | 1999 年 |
|---|---|---|---|---|---|---|
| 中、低收入国家（按地区分组） | 4.9 | 2.0 | 4.2 | 4.7 | 1.1 | 3.2 |
| 东亚和太平洋 | 3.7 | 7.1 | 9.3 | 6.0 | -1.3 | 6.8 |
| 欧洲和中亚 | | -1.9 | 0.2 | 3.2 | 0.1 | 1.0 |
| 拉丁美洲和加勒比 | 6.4 | -0.6 | 1.5 | 5.1 | 1.9 | 0.0 |
| 中东和北非 | 2.4 | 7.0 | 2.0 | 3.0 | 3.6 | 2.6 |
| 南亚 | 6.4 | 5.6 | 7.0 | 4.2 | 6.0 | 6.0 |
| 撒哈拉以南非洲 | 5.8 | 1.1 | 3.7 | 3.2 | 2.0 | 2.0 |
| 中国 | 7.8 | 3.8 | 9.0 | 8.6 | 7.8 | 7.1 |

数据来源：国家统计局。

图 0-1 显示了中国 GDP 高速增长的历史背景。从图 0-1 中可以看出，中国的 GDP 增长率远远高于 3%，是一个经济从“落后”到“恢复常态”的过程。我们可以把这时的超高增长理解为“恢复常态”的一种努力。当中国回到历史上长期所处的 GDP 世界第一的位置后，预计它的增长将不断向 3% 的自然率回归。

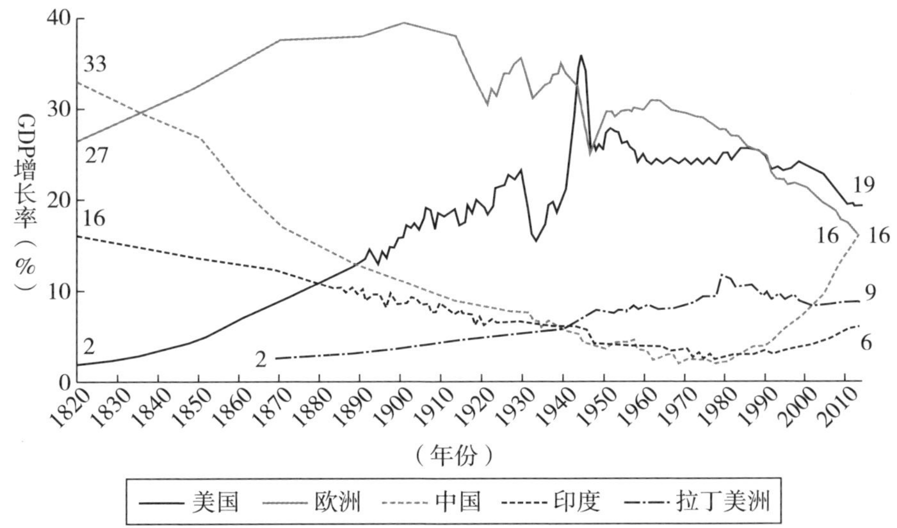


**图 0-1　中国 GDP 持续增长，占全球比重迅速上升**

数据来源：KPCB（凯鹏华盈）公司。

### 1. 物质财富之外的经济财富

以自然率的尺度重新审视通过增长所追求的财富，其与超高速增长追求的财富是同一个东西吗？

自然率增长在这里不是精确的经济计量的结果，更多是自然率的隐喻，象征一种没有领先与落后这种人为压力的自然而然的经济发展状态。

经济学是一门追求财富的学问。但财富是什么，不同时代有不同回答。价值观第一个落脚点就在于界定什么是财富，什么不是财富。我们可以从经验上感知这个问题。

有人会觉得钱是财富，东西是财富，但觉得人心未必是财富。从哪里见得呢？这样的人会认为《国富论》讲的是财富，而《道德情操论》讲的不是财富。其实，这两者是一件事。这就有财富观不同的问题。支持物质高增长的一个非常大的动力是把财富理解为物质财富，把需求理解为物质需求，也就是物质欲望，而严重忽略了我们用心能够概括的这部分财富。

从表 0－2 中国经济的长期表现中可以发现，从 1400 年到 1952 年，每百万人口的粮食总产出始终固定在 28.5 万吨左右。粮食单产的提高，只是简单地适应或导致人口的增长。

**表 0－2　　中国经济的长期表现**

| 年份 | 人口（百万） | 粮食总产出（千吨） | 种植面积（百万公顷） | | 粮食单产（千克/公顷） |
|---|---|---|---|---|---|
| | | | 粮食 | 全部作物 | |
| 1400 | 72 | 20520 | 19.8 | 24.7 | 1038 |
| 1650 | 123 | 35055 | 32.0 | 40.0 | 1095 |
| 1750 | 260 | 74100 | 48.0 | 60.0 | 1544 |
| 1820 | 381 | 108585 | 59.0 | 73.7 | 1840 |
| 1952 | 569 | 162139 | 86.3 | 107.9 | 1879 |

在这期间，中国人在干什么呢？是不是因为增长速度不高，人们的生活就不充实呢？中国一直讲衣食足，知礼节。长期以来，人们一直为了吃饱穿暖而奔忙，但又不单单是为了这个。除了吃饱穿暖以外，要懂礼节。而且不仅是知礼节，还不停地写诗。中国号称诗的国度，甚至“以诗取仕”，如唐玄宗时就把诗赋定为科举的必试科目。与各国不同，古代中国许多大诗人就是大官，大官就是大诗人。人生的最高境界不是经济人理性的最大化，而是在

诗中追求怎么和天地融为一体，怎么去抒发自己的心灵。这种人生态度对世界是有意义的。未来，当大家不靠力决胜，而靠价值观决胜时，我们会发现中国传统文化里，其实有巨大的价值观宝藏。

从现实发展来看，在现代经济中，财富的性质也在发生变化。如果投入的重点从物质转向人力资本，经济增长的性质会发生显著变化。从1985年到2007年，中国总的人力资本和人均人力资本都是加快增长的，人均增长率达到9.7%。在经济发展中注重教育等人力资本投入，这是中国相较于其他发展中国家的增长因素中的独特之处。中国人力资本增长是很强劲的。通过调整物质资本与人力资本投入在财富增长中的比重，过去以物为主来计算的财富，现在就可能转变为以人为主来计算的财富。

**2. 斯蒂格利茨、阿马蒂亚·森关于修改GDP的建议**

从理论上说，修正财富的定义，也已成为众多经济学家关心的问题。

2008年，时任法国总统尼古拉·萨科齐邀请诺贝尔经济学奖得主斯蒂格利茨和阿马蒂亚·森成立了经济表现与社会进步衡量委员会，专门研究修改GDP。斯蒂格利茨、阿马蒂亚·森提出了关于修改GDP的建议，包括着眼于收入和消费而非生产，综合考虑收入、消费和财富，强调重视家庭这个角度，更加重视收入、消费和财富分布，把收入标准扩大至非市场活动五个方面，都是非常有道理的，核心都是在价值取向上从物向人转变。

第一条建议是着眼于收入和消费而非生产。意思是不要为生产而生产，要考虑到消费，从只重生产不重生活变成同时兼顾生产和生活。我们可以看到原来的有效消费不足问题，症结就在为生产而生产。在计算GDP时，收入与生产之间可能存在不一致。

第二条建议是综合考虑收入、消费和财富。要从收入、消费和财富角度同时获得家庭经济状况的信息，建立围绕财富的资产负债表。不仅要考虑存量，还要充分评估价格水平变化的影响。

第三条建议是强调重视家庭。这点非常耐人寻味。我们注意到家庭经济中没有失业问题，或在以家庭经济为主的时候没有失业问题，而当家庭不再成为主要生产单位时，才会有失业问题。这需要考虑包括家庭经济在内的整体经济。

第四条建议是更加重视收入、消费和财富分布。它强调平等参与而非贫富差异过大。仅仅考虑平均的收入、消费和财富，并不足以反映实际情况，还需要考虑收入、消费和财富的实际分布。

第五条建议是把收入标准扩大至非市场活动。非市场活动中，我们会看到一些非常有意思的东西，比如说一个保姆给你做饭会增加 GDP，但是妻子给你做饭不增加 GDP，因为你要给保姆工钱，却不必给妻子工钱。关键在哪儿呢？家务劳动是非市场活动，GDP 只计算用钱来结算的市场活动。但从财富角度看，即使非市场活动，也是可以提高幸福感的，也应计入财富。

这跟我们的价值观有内在关系。如果我们不通过市场结算，同样满足了人们的需求，把市场可以做的事实现了，也是有意义、有价值的。传统的价值取向是：用钱来结算，增加了 GDP，是在创造财富；如果没有用钱来结算，也创造了财富，但这不是传统的价值取向研究的问题。

因此，有人讲了个笑话，指出了这里的悖论。放羊娃在晒太阳，人们问他："为什么晒太阳？"他说："我是为了放牛。""你为什么要放牛？""为了进城""为什么要进城？""为了买房，买大别墅，然后到郊区晒太阳。""那你现在，不就是在晒太阳吗？"也就是说，问问题的人认为他已经实现幸福，已经获得财富了。

同样，我享受了妻子做的一顿饭，实际已经获得财富了，但是这部分财富是不计入 GDP 的。这个财富不论有多少，都不是经济学追求的。经济学追求的是"绕个弯"，让保姆来做饭。这两位诺贝尔奖得主提出修改的建议要以人吃到什么、喝到什么、享受到什么为标准来计算，而不是说一定要通过钱来购买服务。原来的价值取向是，只有在饭店吃晚饭才能增加 GDP，就不在自己家做饭了。反过来说，如果从追求真正的财富本身来讲，如果在家吃得更合胃口，而且更其乐融融，这也是可以计算到财富里边去的。

**3. 生活质量评价的价值论基础**

还有一种对生活质量的评价也涉及财富界定问题。

阿马蒂亚·森还提出了一个很奇特的观点，对 GDP 增长理论也产生了很大影响，叫作"以自由看待发展"。这句话看起来哲学味十足，实际其想说明的是，我拿了钱，这是一回事；我拿钱实现了多少让我高兴的事，这又是另一回事。我有钱不等于我快乐。

按我们现在对财富的界定，一般只问你的钱多钱少，不问你实际快乐不快乐。阿马蒂亚·森说"以自由看待发展"，这个发展就是指钱多钱少，即效用多少。效用对每个人是无差别的，如人民币对每个人都是等值的。但是他发现，用了同样的钱，可以有更多种选择供他去实现，这才是人真正得到的。

同样的钱，只能选择三种衣服和能选择三千种衣服，其得到的是不一样的。我拿到同样的钱，选择的机会越多——所谓自由就是指选择——人就越自由。那么具体来说，我用同样的经济发展成果（如 GDP），能够实现的不同选择越多，应该获得感越强。这就更接近本质了，即人是自由的。如果条件允许，不妨碍别人，最好是随心所欲，从欲而发，自由而全面发展。

**4. 如何评价“经济”以外的财富**

标准经济学还有一个现象，就是拒绝“认领”研究一些本属财富范围内的对象，以致它们成为隐形的国民财富。

大卫·哈尔彭《隐形的国民财富：幸福感、社会关系与权利共享》① 中强调，有许多隐形因素可以计入财富：一是生活满意度；二是社会资本，就是拥有关系很密切，或者能一起游玩、彼此之间很信任的社会关系；三是道德和价值观，符合道德的人、一辈子心亏的人，财富是不一样的；四是社会公平和包容，有钱是大家同乐，还是自己独乐，总之都是人与人的社会关系造就的财富。中国文化具有这方面的优势。隐形的国民财富本身是值得追求的，它是财富，却不是 GDP。GDP 增长时，它未必增长；GDP 下降，它也能不受影响。西方有时候格物格得还不错，他们缺的是什么？缺的是中国文化的根，但是它在物质发达的基础上，也会独立思考这些，也会暗合于东方的思想。这就是道的概念。

西方人可能没看过中庸，但如果真心去想这个世界怎么才会好，还是会想到这个角度。一个人到西方国家，发现总提钱，最后他就会觉得这里缺文化，连文化都是围着钱转；但他到中国之后，问题可能又是另一面的。

越往后，越实证了。关于价值观，还有两点补充。

第一点，中国传统文化里有可能存在一种人学的经济学。比如说，孟子的经济伦理观主张重义轻利。现在的经济学过于逐利。如果按照孔子、孟子的说法进行价值观校正，逐利可以，但是应取之有道。我们不是简单批判 GDP 高了就不好，而是说一旦偏离了自然率，损害了道，会把增益也损坏了，所以才带来了更大的问题。一方面，由于自己逐利，导致社会也受益；另一方面，如果人们逐利，背离了社会利益（也就是义），也会有相反效果。古人说重义轻利，我们没有必要忽略利益，两者和谐就是自然率。

第二点，要全面理解人。美国新公共行政学派提出一个有意思的观点：

---

① 哈尔彭．隐形的国民财富：幸福感、社会关系与权利共享［M］．汪晓波，裴虹博，译．北京：电子工业出版社，2012.

不要把公民贬低为顾客。人们一般会觉得，顾客是上帝，怎么能说提顾客是贬低。人们似乎以为顾客是一个终极概念，没有更高级的概念了。其实仔细想一想，从利益之辩上看，顾客是经济概念，但是人除了商业活动外，还有别的活动，不是顾客这个概念所能容纳的。

顾客就是没把这个人当成完全的人，而只是交易中的人。人具有顾客属性，但不能因此把人这个概念缩小为顾客这个概念。现在经济学一谈到人，就只注重人的消费属性而忽略了人本身。这点是很多问题产生的原因。

5. **新的财富界定：收入观和流量观**

信息经济的全面发展，需要新的财富观。

信息是财富，这个判断是对的，但它不等于我们这里说的财富观。一方面，信息只是财富的局部，信息只是加入 GDP 之中，作为财富的一部分；另一方面，它针对的只是投入，把信息作为一种生产要素，而我们说的财富是产出，要追问信息投入进去对产出的性质有何改变。这两个方面的现有观点都需要突破，需要重新论证的不是信息本身是不是财富，而是信息与财富（国民收入）间具有何种内在关系。

历史上每当发生重大的产业革命时，财富观都会发生一种有规律的变化。这种变化就是，把上一次产业革命的财富当作特例，纳入一个宽松的条件中重新计量。其中规律是，以流量为通则、存量为特例，把原来的财富流量当作新的存量这一特例，乘上一个新的比率（通常是新定义的价格），形成新的流量概念。这可以完美地解释上面提出的问题，GDP 减速，财富表面上（存量上）是减少了，但实际上（流量上）可能增多。

让我们验算一下这个规律准不准。

农业产业革命对原始实物经济的一种财富上的突破，表现为实物存量变为实物流量。原始实物经济的财富观里只有货物数量（存量）的概念，没有价格（比率）的概念。因为它只是物物交换的经济，价格在其中不起作用。

农业产业革命时代，财富的定义为（在费雪方程中，以下的 $Q$ 为 $T$）：

$Y$（国民收入，流量）$=Q$（总数量，存量）$\times P$（总价格，比率）

按新财富观，并非东西越多、财富越多。价格反映出，东西少了，如果价值更高，财富会更多。

工业产业革命对农业产业革命的财富定义上的突破表现为，把实物流量当作货币存量这一特例，加上了货币价格水平，形成新的财富计量。

工业产业革命时代，财富的定义为：

$$Y\text{（国民收入，流量）}=M\text{（总货币数量，存量）}\times V\text{（总货币价格水平，比率）}$$

两种财富的转换关系是费雪方程：

$$PQ=MV$$

在这里，同是价格，$P$ 是实物价格，而 $V$ 是货币价格，为避免歧义，把货币价格统称为价格水平，意思是价格的价格，实际对应的是货币流通速度（如利率与存款准备金率）。

仔细回忆一下，这是约翰·梅纳德·凯恩斯《就业、利息和货币通论》中第一次发现的。此前，工业产业革命虽然已发生很久，但人们并没有从财富观上找到其中规律。在凯恩斯之前，从欧文·费雪到克努特·维克赛尔，流行的一直是货币数量说。货币数量说是假设 $V=1$ 的各种学说的大杂烩（如现金交易说、现金余额说等）。

凯恩斯所持的是收入说（流量说）。在他看来，专业经济学家给政府出主意时之所以缺乏针对性，是因为把财富仅仅定义为他眼中的存量（$M$）。凯恩斯精明地算计到，在影响 $Y$ 的五个变量中，"只有货币数量，能由国家的货币政策所掌握"。他的对策是把存量分解为 $M_1$ 和 $M_2$，分别调节其价格水平（存款准备金率和利率）。

到此为止，我们发现的规律与实际情况都是对得上的。

大家都知道，凯恩斯的政策主张是政府干预，但不一定了解的是，凯恩斯政策主张的背后是财富观的革命，是从农业产业革命时代的财富观升级到工业产业革命时代的财富观，并以新财富观作为政策背后的理论基础。今天中国 GDP 增长降速了，我们给政府出主意，不能就事论事，可以借鉴凯恩斯甚至财富观进行政策计算的思路。

信息产业革命时代，我们可以将财富定义为：

$$Y\text{（国民收入，流量）}=B\text{（总信息价值数量，存量）}\times H\text{（总信息价格水平，比率）}$$

所谓总信息价值数量，不是信息产品的总价值量（信息是财富要表达的东西），而是全社会以信息形式表现的总的信用价值量。通俗地讲，总信息价格水平对应的就是经济发展总的质量水平。它是（实物）价格的（货币）价格的（信息）价格，即信息流通速率，即信用水平。经济泡沫，就是指信用水平低下导致总信用不足以兑现为同等的货币收入或实物收入。

如此一来，当前的中国经济迷局，就有了一个新解答。

以往在只有实物或货币的财富观时，这是不好解的。但如果我们在定义财富时，增加了信息经济，就相当于为经济增加了一个质量系数。

我们可以认为：工业经济的财富（货币化的 $Y$，即 GDP），总体上是信息经济的财富（信息化的 $Y$）的一个存量上的特例，即相当于设定 $H=1$（质量或“质的量”不变，即高质量与低质量被等同看待）时的存量财富。信息经济全面发展的财富本质，是把这个存量变成流量来看待。最大的改变就是 $H$ 不再等于 1，相当于凯恩斯说 $V$ 不再等于 1。

这是一个凯恩斯式的解题思路，但与政府干预不干预完全无关。

在现有财富观中，$PT=MV$（费雪方程）没问题，问题出在 $Y=MV=B$ 上。由于从信用角度只是把财富当作存量看，GDP 当然是越高越好；但在信息经济主导的财富观 $Y=BH$ 中，一个较低的 GDP 存量乘以一个表示较高质量的价格水平，同一个较高的 GDP 存量乘以一个表示较低质量的价格水平，从流量上看，还不见得哪个财富更多。以往以存量定义财富有欠缺，它助长 GDP 导向的问题出在缺乏经济质量条件的显性约束。

在政策上，这意味着，如果信息经济的全面发展不光是指增加 GDP 存量，还指提高经济发展质量，那么一个较高质量而较低存量（无论是绝对值还是速度）的财富组合在财富流量上不是降低了，而是提高了。因此，片面追求 GDP 数量增长的财富心结就此可以打开了。

斯蒂格利茨和阿马蒂亚·森研究修改 GDP 统计方法时，得出的结论与此类似。他们在概括报告的要点和建议时说：“在某些国家和部门，提高‘产出’与其说是提高数量的问题，不如说是提高商品质量的问题。记录质量变化虽是一项艰巨的任务，但对于衡量实际收入和实际消费等一些决定人们物质幸福的关键因素是至关重要的。低估质量提高等同于低估通货膨胀率，进而低估实际收入。”

显然这与我们上述思考是同方向的。第一，同样是以思考流量（收入）为方向，反对限于存量计算产出。第二，同样是把数量作为存量，而把质量作为比率。第三，同样把这个比率与某种价格水平（在这里是通货膨胀率）相等同。不同仅在于斯蒂格利茨和阿马蒂亚·森的结论仅指出“低估质量提高等同于低估通货膨胀率”却并未明确谁“等同于”，而我们明确指出是信息价格水平（信息流通速度）在对货币价格水平（如通货膨胀率）进行调节。这相当于把凯恩斯当年区分相对价格与绝对价格的方法借鉴了一遍。

新的思路同传统思维在某些方面存在相悖之处。现在论证信息技术及其产业化和应用的贡献时，总是在论证它对 GDP 总量增加和增长提速贡献了多少。但新的思路可以论证相反的事情：由于信息经济的全面发展，GDP 增长降速甚至总量减少，可能意味着财富增长。这对当前的中国经济具有特别的现实意义。

总之，新的价值观体现出同质性与异质性之间的平衡，它要求物质财富和文化财富的平衡，在追求物质性增长之外，要将非物质性增长纳入正轨。

### 0.1.2.2 价值观与经济相互作用

经济发展如何导致生存战略的转变？什么是影响经济增长率的关键经济和社会因素？强调物质增长的现代化是唯一选择吗？不同价值观与经济增长模式之间的相互作用是什么？低增长与价值观转变具有何种关系？增长放缓是否会带来文化需求的高涨？

我们首先讨论的是价值观，接下来将价值观具体应用到财富的界定上来，经济学要从财富谈起，财富决定着增长率是什么值。再进一步具体化，我们要用数据来说明价值观和经济相互作用时会表现出什么规律。在什么情况下，人会变得趋向物质价值观，什么情况下会趋向人的价值观。

如何认识当代历史中世界各国从“物质主义”向“后物质主义”的转变？罗纳德·英格尔哈特《现代化与后现代化：43 个国家的文化、经济与政治变迁》① 一书给我们提供了很好的数据。英格尔哈特通过世界价值观变化调查，以大量数据显示了各国（特别集中于 1970—2007 年）从“物质主义”（GDP 依赖）向“后物质主义”（摆脱 GDP 依赖）转变，解读了各国摆脱 GDP 依赖的价值观条件。我们希望从中发现价值观评价对于一国是选择按超过自然率的速度增长，还是选择按低于自然率的速度增长的确切影响。

英格尔哈特建立了一个分析维度，衡量一国经济的物化程度（他称为“物质主义”）与非物化程度（他称为“后物质主义”）。表现物质主义优先目标的指标包括：壮大国防力量、打击物价上涨、打击犯罪、维持社会秩序、维护经济稳定。表现后物质主义优先目标的指标包括：更有人情味的社会、有更多工作话语权、政府中更多话语权、理念比财富更重要、自由言论、城市更美丽②。

---

① 英格尔哈特．现代化与后现代化：43 个国家的文化、经济与政治变迁［M］．严挺，译．北京：社会科学文献出版社，2013.

② 同①.

他用这个指标体系对43个国家进行了现代化和后现代化的测度。这些指标可以进一步修改。例如，对于“精英—非精英”（强—弱）这个维度，还可以再精简明确。又如，结合互联网的发展和未来的趋势，我们认为还应该加一个可以反映经济离散度或叫作世俗化程度的指标，是英雄创造历史（熊彼特创新），还是老百姓创造历史（埃德蒙·费尔普斯所称的大众创新）。真正的人学观点强调人与人的对等，这点如果再补充进来就更好了。不过我们可以先用英格尔哈特这个框架来观察。

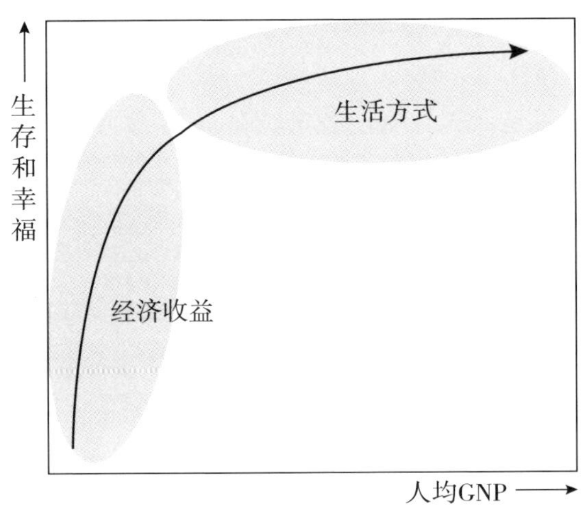


**图0－2　经济发展导致生存战略的转变**

图0－2用于描述人均GNP与经济的“物化—非物化”，即生存和幸福取向之间的关系。这个图让我联想到邻居家的一棵树。这棵树的树根和树枝都向着旁边的水池生长，树根与树枝是上下对称的。刚开始人们追求高增长率，到一定程度后增长率开始下降了。增长率高的时候，人们追求的核心价值是物质财富（经济收益），到拐弯处，人们开始强调追求隐形财富，我们把这种隐形财富概括为生活方式，也就是追求更好的生活方式。

但是需要注意的是，拐弯这件事其实是有条件的。这时候强调创新驱动发展，就是要为生活方式开辟各种可能。以自由看待发展，自由就是选择。选择什么呢？选择不同生活方式，换句话来说就是追求活法的不同。

如果钱挣得足够多以后，人们想得更多的将是怎样更能活出自我。这就是选择生活方式。我们现在很多人觉得发达国家很好，是因为发达国家人民的生活方式达到了较高的水平。但是对中国来说，这件事急不得。不是主观上想选择更好的生活方式，客观上就一定能实现，它取决于人均GNP发展水平。中国经济经历了长期高速增长之后，人均 GNP 已初步满足向“非物化”方向发展的条件，这个过程正在开始。这个规律倒过来说，没有中国传统文化的西方发达国家，在物质财富发展到较高水平时也会产生非物质需求，这说明价值观与经济发展之间的互动是存在的。

中国古代追求非物化的生活，是由它的道决定的。中国在低水平上的物质需求已经满足后，在没有竞争压力的条件下，转向了非物化的追求①。由此，我们在理解上述人均 GNP 条件时还可以附加一个猜测。这个猜测就是，起作用的不仅是人均 GNP 本身，而且人均 GNP 水平须处于领先位置或非竞争的条件下。因为一旦重大技术进步打破生产力的平衡，一些国家会取得异乎寻常的增长，进而导致国家之间以 GDP 衡量的“先进”与“落后”水平拉开巨大差距。而正如历史演示给人们的，这通常会以“落后挨打”机制反过来刺激“落后”国家在赶超过程中将 GDP 增长速度提高到远超过自然率的水平。

中国的情况就是这样。这项调查是 1991 年进行的，当时中国人均收入尚低。从某种意义上说，追求经济高增长是必然的，但是这种高增长率不是自然率，是因落后过于饥渴而进行赶超造成的。经历了百余年的落后，中国需要通过高速增长对人均收入进行“恶补”。而当人均收入达到 3000 美元至 5000 美元后，收入的增长与幸福感的增长之间的关系越来越不像以前那样紧密。经济增长像水车的水一样滚滚向前，但幸福感像水车踏板一样在原地踏步，这被称为“快乐水车”（Hedonic Treadmill）现象。中国现在正处在两种价值取向的转折点上，在人均低收入阶段，有钱即快乐；但人均收入再提高一点，就变得有钱也不快乐了，各种烦恼就产生了。所以北京、深圳、上海这些地方的人先烦恼，这是对的。

表 0－3 的价值观分类，可近似视作农业社会、工业社会和信息社会的价值取向比较。这里的分类可以推敲，英格尔哈特认为传统社会更加追求生存价值，现代社会在工业社会条件下更多强调经济高增长，其背后的价值观是成就动机，到后现代社会更多是从关注经济增长转向关注幸福感。这还是比较准确的，但权威系统的概括是有问题的，应从中心化和去中心化角度划分。现代社会是强烈的中心化，而后现代社会的世俗化，我们可以理解成一个去中心化的过程。传统权威是中心化的价值取向。如果是由我们重建价值观的

① 这里的水平高低是相对于是否存在像西方工业社会这样的竞争者而言的。当中国在人均 GNP 上没有竞争者时，其选择是按自然率发展，而不追求超高速增长。

十字表的话，可以在物化（生存价值观）和非物化（幸福价值观）、中心化（传统权威）和去中心化（世俗化）这两个维度之中建立评价的框架。我们现在先看英格尔哈特的这个近似的框架（见图0－3）。

**表0－3　　　　传统社会、现代社会和后现代社会**

| | 传统社会 | 现代社会 | 后现代社会 |
|---|---|---|---|
| 核心社会工程 | 在稳态经济下生存 | 最大化经济增长 | 最大化主观幸福感 |
| 个人价值观 | 传统宗教和社区规范 | 成就动机 | 后物质主义和后现代主义价值观 |
| 权威系统 | 传统权威 | 理法权威 | 淡化对理法和宗教权威的强调 |

资料来源：英格尔哈特．现代化与后现代化：43 个国家的文化、经济与政治变迁［M］．严挺，译，北京：社会科学文献出版社，2013.

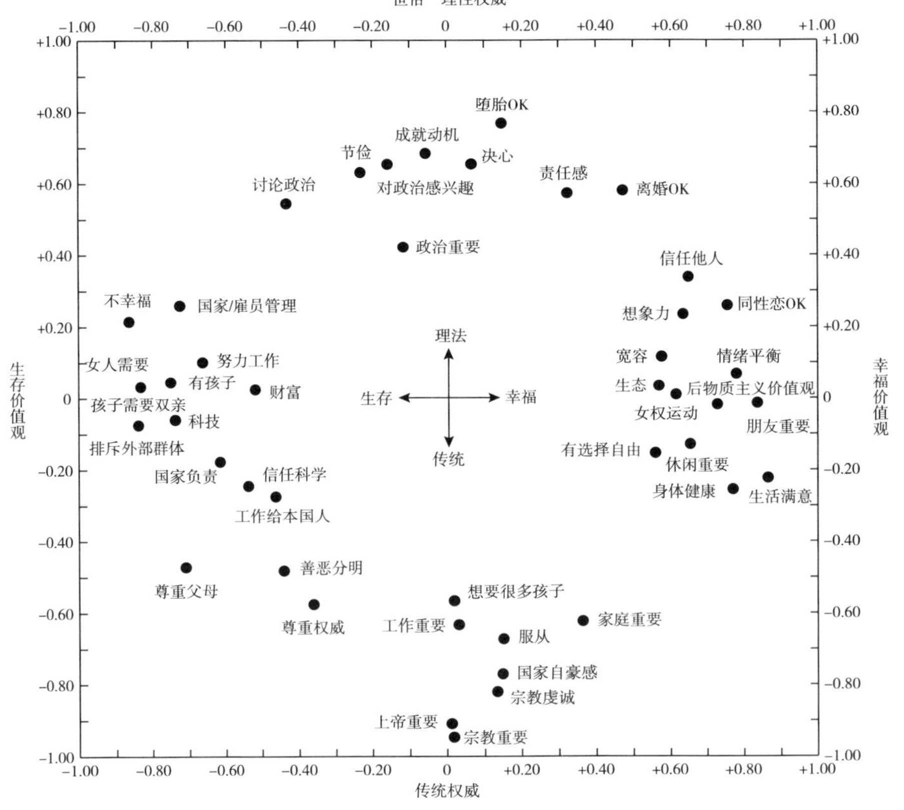


**图0－3　与价值观十字对应的价值取向**

资料来源：英格尔哈特．现代化与后现代化：43 个国家的文化、经济与政治变迁［M］．严挺，译．北京：社会科学文献出版社，2013.

英格尔哈特以这两大关键价值观构成的十字维度测了各国，有意思的是，结果与文化高度相关。欧洲天主教国家是一圈，欧洲北部国家是一圈，非洲国家又是一圈。非洲国家非常倾向于传统权威下的物质增长，中国的特点是世俗而物化（见图0－4）。

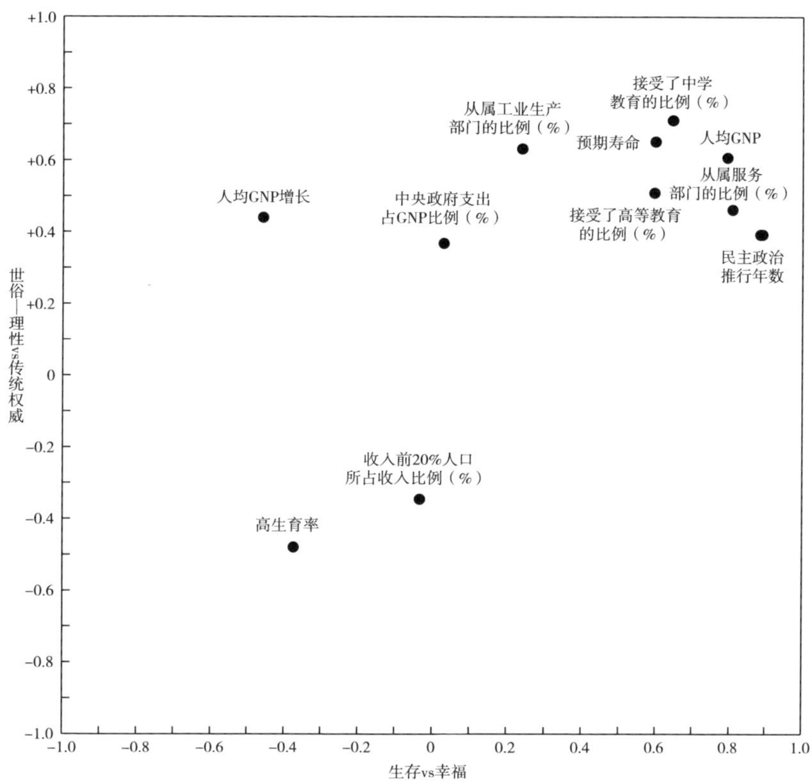


**图0－4 两大关键维度的经济和社会因素**

资料来源：英格尔哈特．现代化与后现代化：43个国家的文化、经济与政治变迁［M］．严挺，译．北京：社会科学文献出版社，2013.

两种价值观与经济、社会政策取向存在相对关系。人均收入只不过是一个大大简化了的指标。以人为中心的经济，涉及的多是有关于人的发展的结构性指标。其中有些指标，如“从属服务部门的比例”，后面还会深入谈到。

与发达国家相比，中国经济的基本面仍处于价值观转变的较低水平。当西欧六国开始从物化的经济向非物化的经济转变时，中国仍处在物化的经济发展不充分的状态，还在补工业化的课。在这种情况下，不可能仅仅靠价值观调整就转变经济增长方式。

具体来说，中国在2007年还处在物化的阶段，当时中国的发展低于世界平均水平，尚未进入后物质主义价值观阶段，这使经济高增长获得了持续发展的动力。经济增长速度下降是有客观原因的。2007年到2013年这个阶段已经到了转折点，正好处在物化和非物化的拐点上，人均收入已经超过5000美元，沿海发达地区已达到发达国家的阶段，但这时没有及时转向，可能是长期受到工业化文化的影响。

我们用另一组数字，放大这个局部来看中国国情。表0－4是1981年至2008年中国文化部门发展基本情况。

**表0－4　　　　中国文化发展落后于经济发展**

| 年份 | 文化部门的基建投资（亿元） | 文化部门的财政决算（亿元） | 文化部门的收入（亿元） | 财政收入与投资合计（亿元） | 占GDP比重（%） | 增长率（%） | 与经济增长率之比 |
|---|---|---|---|---|---|---|---|
| 1981 | 3.37 | 6.30 | 1.08 | 10.75 | 0.24 | — | — |
| 1982 | 3.38 | 7.23 | 1.08 | 11.69 | 0.24 | 8.78 | 0.97 |
| 1983 | 3.82 | 8.06 | 1.07 | 12.95 | 0.24 | 10.77 | 0.99 |
| 1984 | 4.17 | 8.93 | 1.02 | 14.12 | 0.23 | 9.02 | 0.59 |
| 1985 | 5.03 | 7.27 | 0.92 | 13.22 | 0.19 | －6.37 | －0.47 |
| 1986 | 4.71 | 7.99 | 0.88 | 13.59 | 0.18 | 2.80 | 0.32 |
| 1987 | 4.35 | 7.63 | 0.81 | 12.79 | 0.15 | －5.89 | －0.51 |
| 1988 | 4.05 | 7.69 | 2.02 | 13.77 | 0.14 | 7.67 | 0.68 |
| 1989 | 2.80 | 7.90 | 3.05 | 13.75 | 0.14 | －0.14 | －0.03 |
| 1990 | 2.83 | 8.36 | 4.01 | 15.19 | 0.15 | 10.50 | 2.73 |
| 1991 | 2.97 | 8.89 | 4.80 | 16.67 | 0.15 | 9.75 | 1.06 |
| 1992 | 3.73 | 9.26 | 5.41 | 18.40 | 0.14 | 10.39 | 0.73 |
| 1993 | 3.79 | 9.24 | 5.55 | 18.58 | 0.13 | 0.94 | 0.07 |
| 1994 | 4.87 | 9.87 | 5.30 | 20.04 | 0.12 | 7.87 | 0.60 |
| 1995 | 4.85 | 10.06 | 5.66 | 20.56 | 0.11 | 2.61 | 0.24 |
| 1996 | 4.09 | 10.97 | 6.70 | 21.76 | 0.11 | 5.82 | 0.58 |
| 1997 | 5.71 | 12.88 | 7.03 | 25.61 | 0.12 | 17.70 | 1.90 |
| 1998 | 4.78 | 14.28 | 7.32 | 26.38 | 0.11 | 3.00 | 0.38 |
| 1999 | 6.82 | 15.84 | 5.10 | 27.76 | 0.11 | 5.24 | 0.69 |

续 表

| 年份 | 文化部门的基建投资（亿元） | 文化部门的财政决算（亿元） | 文化部门的收入（亿元） | 财政收入与投资合计（亿元） | 占 GDP 比重（%） | 增长率（%） | 与经济增长率之比 |
|---|---|---|---|---|---|---|---|
| 2000 | 6. 41 | 17. 63 | 7. 15 | 31. 20 | 0. 11 | 12. 36 | 1. 47 |
| 2001 | 5. 43 | 19. 42 | 7. 45 | 32. 30 | 0. 11 | 3. 54 | 0. 43 |
| 2002 | 6. 53 | 22. 75 | 8. 23 | 37. 51 | 0. 11 | 16. 13 | 1. 78 |
| 2003 | 6. 77 | 24. 93 | 8. 93 | 40. 63 | 0. 11 | 8. 32 | 0. 83 |
| 2004 | 9. 20 | 28. 17 | 9. 16 | 46. 53 | 0. 12 | 14. 52 | 1. 44 |
| 2005 | 7. 82 | 31. 93 | 9. 31 | 49. 05 | 0. 11 | 5. 41 | 0. 48 |
| 2006 | 8. 54 | 36. 32 | 10. 16 | 55. 03 | 0. 11 | 12. 18 | 0. 96 |
| 2007 | 8. 56 | 42. 48 | 9. 93 | 60. 97 | 0. 11 | 10. 80 | 0. 76 |
| 2008 | 8. 81 | 49. 14 | 10. 11 | 68. 07 | 0. 11 | 11. 64 | 1. 21 |

注：①表中数据均以 1978 年价格为基期。②文化部门的收入是通过表演团体、公共图书馆、剧场影院、群众文化活动的总收入减去财政补助所得，个别年份缺失的数据通过线性回归估计。

表 0 -4 显示了文化发展和经济发展的增长率之比。文化发展至少从形式角度来说，是对新的需求的满足。当然，文化投入不完全对应新的需求，但我们可以拿它当作一个参照系来看。

从 1981 年到 2008 年，中国文化发展投入之比绝大多数时间都是在零点几。这说明这一时期中国物质需求多、精神需求少，重物质、轻人文。从这种情况中可以看出，改革开放以来，中国的文化发展严重滞后于经济发展。

与其说这表明了人们具有同样强烈的文化和物质需求，但生产仅仅满足其中的物质需求，不如说在当时的人均收入和发展条件下，人们的需求更多集中在解决温饱问题上，因此使发展的重心放在了物质增长上。文化投入和供给不足会导致文化贸易逆差，有人将其称为“花钱被洗脑”，意思是花钱购买外来文化产品，接受别人的生活方式，而自己的文化却没有得到很好表现。

这一点，我觉得日本是值得学习的。日本 GDP 增速下降的十年，过去一直被认为是“失去的十年”。一般人认为这是无能的表现，但回过头看未必。青木昌彦发现这十年日本发生的变化是从 GDP 增长导向，转向了他所说的 GNC 导向。C 代表 COOL，GNC 就是“国民酷总值”。当时的国际背景是，联合国在倡导国民幸福总值（GNH）。幸福和快乐在英文中是一个词，但快乐更偏重微观、个体，快乐具体单位是 COOL，所以“国民酷总值”本意就是国民快乐总值。

日本在时尚产业、游戏产业等文化产业上大量投入，其中游戏产业已经超过了汽车制造业。文化产品中，对美国人冲击最大的就是《千与千寻》，它改变了日美文化贸易形势。从日本人看美国大片，变成美国人看日本动画电影，这被日本人视为一种骄傲。我去京都的时候，从新干线出来，车站满是铁臂阿童木，它成为日本人引以为豪的一个象征，把机器人情感化，象征着日本人掌握了文化话语权，第一次在世界范围内领先，由此带动了整个日本动漫产业发展。之后《千与千寻》问世，更是为日本带来了巨大的商业效应。

当经济发展到一定阶段以后，追求高附加值，并且更加具有文化内容这部分经济应该占主导地位，而不是片面的物质发展。物化或非物化的价值观选择，对于经济社会发展模式产生很大影响。英格尔哈特从历史研究中得出实证性的结论，这包括欧洲文化和世界文化的转变。

从这种讨论中，我们可以看出从高增长到低增长转变中，价值观起着重要作用。对于中国来说，这种转变正在接近或者说即将开始，因此这个时候讨论增长率的问题是非常有必要的。

现在人们还在把 GDP 增长率降低当作一种负面的东西被动地应对，想的都是如何把 GDP 提上去，实在提不上去，也要考虑用新的增长点来补救，使就业等不要受损。人们还没有意识到要根据一定的价值观，主动选择趋近自然率的增长率，并使整个经济主动适应这种更自然的状态。我们在这里设置的议题就与之不同。我们的想法是，GDP 应主动降下来，按照以人为本的价值观，调整到物质财富和非物质财富更加平衡的状态，在这种调整中，GDP 的下降并不意味着财富的减少，按自然率增长的财富是可持续增长的财富。

绪论中我们把价值观梳理清楚以后，将转入正式的经济分析。

在绪论中，我们把价值观引入经济分析，这一点是异乎寻常的。经济学一般不谈论价值观，近百年来，谈价值论的也不多了。在经济学中谈价值观，会被专业经济学家视为“外行”。我们不仅不避讳，还把价值观当作主线来谈，这是因为我们认为现有经济发展及其经济学基础中存在价值观上的系统偏离，这种偏离正是导致财富观和增长实践偏离正轨的原因。对此，即使不是专业经济学家，也可以依据文化传统和价值观上的常识指出。经济学如果只是数学上正确，但价值方向有误，可能会系统地将物质财富增长与真正的幸福之间的整个账算错。在这种情况下，从专业外引入“外生变量”来纠偏，就会比较合理。

正式的经济分析分三篇，“论增长率”“论内生增长”“论发展”。其中心意图是将体现物质财富与文化财富平衡的价值观贯注到经济发展的自然率中。

上篇“论增长率”，主要围绕增长的内在动力讨论增长率问题。我们悬置了增长率是否一致于自然率这个问题，从价值观上一分为二，重点讨论物质投入驱动（以凯恩斯主义理论为代表）与非物质投入驱动（以熊彼特创新理论为代表）两种相反的增长动力学说对增长的不同影响，比较了物质驱动学说与创新驱动学说在增长、就业和货币问题上的不同价值取向，指出中国超高增长率背后隐含的物质财富取向的价值观实质，说明创新驱动发展的必要性。

中篇“论内生增长”，主要讨论增长质量问题。开始引入现有增长率与自然率关系的不同结论，将旧的结论（将现有增长率降低评价为不好），改变为新的结论（将现有增长率降低评价为好）。基于差异化（垄断竞争）的效率观，系统提出以质量看待增长的新内生增长理论，并从中导出这样的政策结论：以现在较低的 GDP 增长，辅以更高的差异化水平所标志的质量提高是更加理想的。

熊彼特和凯恩斯都主张增长率越高越好，只不过区别在于一个提倡用创新来驱动，而另一个是用物质来推动。我们提出一个新说法：增长率降低，但是由于存在增长质量上升隐含的财富，所以导致经济不仅不变坏，而且还变好。为此，要对熊彼特学派和凯恩斯学派的理论加以修正，加入对新熊彼特学派和新凯恩斯学派理论的讨论。这两个理论原来都属于宏观经济学，没有微观经济学基础。新熊彼特学派和新凯恩斯学派把微观经济学加进来不是偶然的。

我们在这里进行了创新，认为可以将垄断竞争理论直接理解为非物质投入驱动增长的理论。我们把垄断竞争视为基于差异化——在价值论上则代表异质性和所有非物质性增长的理论。这与目前主流看法不同，经济增长质量问题被熊彼特直接理解为质量提高的问题。质量提高就是在质上面的差异化，而信息技术的作用就是创造差异化经济的条件。这是我们谈增长速度下降，但是增长质量上升，国民财富总体优化的根本逻辑。

新熊彼特学派和新凯恩斯学派都属于内生增长。熊彼特一派学者多强调信息等无形因素投入的作用，而凯恩斯一派学者主张政府干预，二者在精英取向上是一致的。我们基于这一点修正，相对于新熊彼特学派提出大众创新理论（这也是费尔普斯的理论），相对于新凯恩斯学派提出个人创新主体理论。

如果我们把创新比喻成焕发人的“佛性”，熊彼特理论相当于小乘佛教，只有少数精英可以参与创新；我们的主张相当于大乘佛教，强调人人可以创新。相对于费尔普斯的大众创新理论，我们补充了必要的微观理论。

下篇“论发展”，主要从非经济价值角度（如公平、正义、包容等）讨论自然率所要求的发展条件。主题从增长转向发展，从经济人假定转向社会人假定，从效率转向公平，论证由较低的 GDP 增长回归可持续的符合自然率的增长的必要性。

“论内生增长”谈的是从提高增长速度转向提高增长质量、降低增长速度，核心仍是经济，而非人本身。“论发展”则把经济的基点从增长转向发展，这又是颠覆性的。GDP 中反映不出来像保姆做饭对人的发展的影响，一点都没有。中国古代都是重义轻利，这里的“义”就包含着非经济利益。如果对应到今天，它恰恰强调的是发展经济学。发展经济学就是义学，发达国家和发展中国家差别为什么那么大？如果只讲利、不讲义，没有钱的事不干，这个世界的财富就不完全。

中国传统价值观中是有理想的，不是说我挣多少钱就能让人信服。这样的民族传统对于世界来说也是普遍适用的。自然率不仅对中国有用，对世界也有用。当然，弘扬传统价值观精神，并不是要回到农业社会，自然的增长率，主张的是在科学技术进步条件下实现可持续发展，实现人与自然、人与人之间的相对和谐。

## 0.2 数字经济宏观经济学主旨和总体思路

本书主要讨论多高的增长率更加符合平衡的价值观。其以增长率为切入点，剖析从高度物化的价值观向注重物质与精神平衡的价值观的转变，使人们接受从超高速度增长到自然率增长的转变。

包括东西方在内的整个经济世界，一直存在着物质与文化之间的价值冲突。本书试图调和这种冲突，将价值观建立在物质与文化之间的中点上，弥合物质与文化的二元冲突，将科学、人学注入经济学，使经济学中的物的因素与人的因素达到充分的平衡。

本书是依据这种新的价值观所讨论的经济学。这样的经济学不是实证经济学，而是规范经济学。它的主旨一是“究天人之际”，形成经济学的中庸价值观，将对宇宙与人类社会真理的求索贯注于现实的经济解释中；二是“通古今之变”，在现代经济学基础上，融入未来科技（信息科技）、传统人学（中国传统文化）基因，将世界和中国的过去、现在和未来在经济学上打通为一体，形成超越东西方对峙的全球化的逻辑；三是“成一家之言”，以自然率为承载新价值观的经济主线，重塑经济学之道。

在自然率这个主题下，依据侧重物质增长与侧重人的发展的不同，可以把经济学分为增长经济学与发展经济学。本书用上篇和中篇讨论前者，用下篇讨论后者。

在增长经济学内部，依照注重物质因素驱动与人的因素驱动的不同，分别以凯恩斯经济学与熊彼特创新理论为代表进行辨析。

本书上篇侧重讨论追求数量增长（认为增长越快越好）的理论中，比较物质资本投入驱动学说与创新驱动学说的不同，以凯恩斯经济学与熊彼特理论为参照系，提出和解决“增长率的决定因素到底是物质还是人”的问题，为自然率讨论提供动力学基础。

中篇侧重比较追求数量增长（认为增长越快越好）与质量提高（认为增长不是越快越好）两种增长理论，以内生增长理论内部的新凯恩斯主义经济学与熊彼特内生增长理论为参照系统，提出和解决“如果增长不是越快越好的话，应该以何为好”的问题，为不断接近自然率的 GDP 降速提供新的经济学宏观理论解释。

下篇侧重发展经济学的讨论。通过对文化因素的讨论，提出和解决“接近零增长的人的发展是否值得追求”的问题，为最终的自然率增长提供经济理论思想基础。

本书提出自然率增长，不是一个严格的测算，而是一个隐喻，隐喻的是自然规律。从注重物质增长与人的发展相平衡的价值观出发，以自然率增长是人类正常的增长率。对于习惯于两位数增长的赶超型国家来说，只有认识到这一点，面对 GDP 增速的不断下降，学者、政府和社会才能“心安”而不致“气躁”。

在一个符合自然率的增长与发展中，经济体无须为就业焦虑，不至于被货币政策扰动，更应关心的是人的发展。依自然率增长代表的是一种理想，是把人作为目的时经济的正常状态。把人当作目的对于经济学来说是一个不小的挑战。罗宾斯在《经济科学的性质和意义》中认为，经济学根本不关心目的本身①。但不关注人的目的，经济增长就会充满盲目性。因此，把经济学“根本不关心”的东西重置于研究的中心，这种创新需要冒学术上的风险。

## 0.2.1 本书的知识架构

### 0.2.1.1 前提假设与研究领域

本书的经济学讨论不是以实证为主，而是以价值论为主。新的价值观隐含着新的范式，其核心是异质性，它来源于熊彼特的创新理论和张伯伦的差异化理论，构成关于质的经济学的前提假设；与之相对的同质性则是以斯密和凯恩斯为代表的关于量的经济学的基础，它为单纯追求 GDP 数量增长提供理论支持。

本书的讨论缘起是 GDP 增长率问题。该问题属于典型的宏观经济问题，由此决定了本书讨论的专业领域是宏观经济学。宏观经济学的三大主题是就业、经济增长和货币（对应凯恩斯《就业、利息和货币通论》中的就业、利息和货币）。其中，就业是经济增长快与慢的主要约束条件，而货币能同时改变二者，因此需要把三者联系在一起讨论。

本书从就业、经济增长和货币三个方面，通过让物化经济以外的未观测经济（Non observed economy）充分显现出来，纳入财富计量，让人们从 GDP 增长速度下降引致财富损失的不安中解脱出来，复归经济本然状态。

### 0.2.1.2 本书的核心构成

**1. 核心构成之一：新财富观和新要素论**

新财富观的特点是从中间价值（工具理性价值）财富观，转向最终价值（目的意义价值）财富观。

以往粗放增长背后对财富的理解仅限于物化财富。新的财富论中将包容那些属于财富，但未包含在 GDP 中的价值，包括技术进步、创新、自主劳动创造的异质价值，如质量、个性化价值；幸福、自由、正义与正当等非增长价值。

新财富观在自然率理论上对应的是从增长的观点（单纯 GDP 的观点）转

---

① 罗宾斯．经济科学的性质和意义［M］．朱泱，译．北京：商务印书馆，2000：31.

向增长与发展并重的观点①；在方法上需要整合增长经济学②与发展经济学③，把自然率增长视为面向中间价值（工具理性价值）的财富创造与面向最终价值（目的意义价值）的财富创造的综合。

新要素论将建立关于资本、劳动和技术的新要素理论。新的生产函数不同于现有内生增长理论，将原有的资本、劳动和技术（余值）进行同质与异质区分，建立“同质—异质”二元生产函数。其中，异质的生产子函数将包含异质的资本 $K$（企业家精神、社会资本、文化资本、默会知识④等）、异质的劳动 $L$（创造性劳动⑤、个人知识、参与等）和异质的技术 $A$（特指可产生范围报酬递增效果的技术⑥）。

进行同质—异质生产要素区分，意在解决“索洛悖论”无法计量异质性投入产出的问题，从而在计量上显现那些不计入 GDP 却创造上述定义中属于异质价值的财富的产出（如品种、质量），从而解释 GDP 增速下降有时（如在服务业比重上升时）为什么是好的（因为增进了异质价值的财富，如迈上更高的质量阶梯）。

**2. 核心构成之二：新“通论”**

新观点沿着熊彼特对凯恩斯的颠覆路线继续深化，分别从经济增长、就业和货币三个方面将创新体系注入物化体系，达成人的观点与物的观点之间的平衡。

---

① 费景汉，拉尼斯．增长和发展：演进观点［M］．洪银兴，等译．北京：商务印书馆，2004.

② 增长经济学的框架，可以参看阿格因、豪伊特的《增长经济学》（中国人民大学出版社，2011 年）；胡乃武、金碚的《国外经济增长理论比较研究》（中国人民大学出版社，1990 年）。

③ 发展经济学的代表性著作，除了熊彼特的《经济发展理论》外，推荐日本速水佑次郎、神门善久的《发展经济学——从贫困到富裕》第 3 版（社会科学文献出版社，2005 年）；贾根良的《发展经济学》（南开大学出版社，2004 年）；王爱君的《发展经济学流派与方法比较》（武汉大学出版社，2012 年）。从中可以看出发展经济学用于修正唯 GDP 论的主要理论维度。

④ 需要对作为资本的知识进行重新分类和讨论，将知识产权类的资本仍归入同质资本，异质资本主要包括过程知识等，而将波兰尼讨论的个人知识列入自主劳动范畴。此外，还要考虑 CRM（客户关系管理）、C2B（消费者到企业）、创客、产消者等形态的（以最终用户为核心的）新知识。

⑤ 原有的同质的劳动，定义为劳动力（仅以工资为收入的人）。

⑥ 将产生规模报酬效果的技术仍归入同质化技术。

（1）新增长论

从改进后的内生增长理论和发展经济学角度检讨 GDP 导向增长，以最终价值为导向，树立新的可持续发展的增长观。

通过理论创新支撑实现新财富观承诺的几个理论目标：一是说明特定技术对增长的特定贡献；二是说明技术对发展的贡献（非 GDP 的差异化、个性化、生活质量等的贡献）；三是技术对社会的贡献（非经济贡献）。

分两个理论层次说明问题：上篇在报酬递减和不变的条件下，讨论物质驱动与创新驱动的区别；中篇在报酬递增的条件下，进一步讨论物质驱动与创新驱动的区别，以及创新驱动内部不同技术条件（规模与范围）和不同制度条件（精英创新与大众创新）下的区别。

上述讨论并不能说明 GDP 为何要从超高速增长转入低速增长，但可以说明同样速度的增长在物质驱动与创新驱动之间的区别。

在此基础上，从人的因素（包括技术、精神、文化等因素）的投入产出分析中，我们找到了导致 GDP 由高速转入低速，而财富继续成长的真正逻辑。

（2）新就业论

区分服务于增长的就业与服务于发展的就业，从技术和制度角度论证人的全面发展所要求的参与机会平等、一次分配平等的问题。讨论非 GDP 就业（工作机会）问题。它导向的政策结论不是通过提高 GDP 来解决就业问题，而是在 GDP 增速下降条件下提高就业率。

（3）新货币论

该理论针对的问题是“为什么超高的 GDP 增长是不合理的”。其通过分析中国高增长的货币本质①，指出凯恩斯《就业、利息和货币通论》中的货币论与中国高增长中信贷扩张、金融扭曲的内在联系，指出其强制储蓄的机理②，指出这种政策下超高的 GDP 对于创新和民生的影响。

剖析传统理论问题所在，如熊彼特所指，凯恩斯货币理论存在的问题是抑制创新的物化的货币理论。分析熊彼特以创新为导向的货币内生理论和非

---

① 张磊．中国经济高增长中的信贷扩张与金融扭曲［M］．北京：社会科学文献出版社，2013.

丁重．政府干预与中国创造性破坏缺乏：理论和实证研究［M］．北京：经济科学出版社，2013.

② 殷剑峰，王增武．影子银行与银行的影子：中国理财产品市场发展与评价（2010～2012）［M］．北京：社会科学文献出版社，2013.

正常信用理论，探讨如何通过创新，将货币由物的资本变为创新的资本，最终通过创造差异化而实现区隔化的超额利润①。

在货币经济学的新范式基础上，进一步提出扩展费雪方程，建立基于新国民收入（新定义财富）的信息市场与货币市场之间的平衡理论。

### 0.2.2 本书的经济学创新点

本书是对熊彼特、张伯伦、阿马蒂亚·森和斯蒂格利茨的经济学思想（创新、差异化、发展和信息的经济学）的新综合，是对凯恩斯《就业、利息和货币通论》的新批判，对支持 GDP 越高越好的经济学进行系统纠偏。

本书在经济学上的创新是在就业、经济增长和货币三个主题上，以未观测到的异质性财富贡献，修正已观测到的同质性财富②。具体来说，未观测到的经济的增量来源，从实体看，是异质技术（信息网络技术③）下，异质资本（如企业家精神）与异质劳动（创造性参与）缔造的创新的结果；从中介看，是信息内生④从而导致货币内生⑤的过程。

**1. 对经济增长理论的创新：范围报酬递增**

新观点强调以范围经济为报酬递增的重心，是对新经济增长理论的发展。

新经济增长理论（又称新增长理论、内生增长理论）以范围报酬递增假设区别于新古典经济学。目前的主流是规模经济理论，即规模报酬递增理论（它基本上仍然是为同质化的 GDP 高速增长服务的）。我们的创新之处在于，发展了范围经济理论（它强调信息技术创新带来的差异化的报酬递增）。从目前来看，主流教科书普遍忽略范围报酬递增，而本研究以此作为主要理论支柱。

在技术经济学基础理论上，我们将首次提出两种技术的观点，将带来规模报酬递增的技术与带来范围报酬递增的技术区分为降低规模化成本的技术（规模报酬）和降低差异化生产成本的技术（范围报酬）。在这点上，我们发展了区别“生产物质的技术”与“生产知识的技术”的观点（菲利普·阿吉

---

① 风险投资与分享型经济具有同样的性质。

② 关于 GDP 问题，与我们思路最接近的著作是斯蒂格利茨与阿马蒂亚·森著的《对我们生活的误测：为什么 GDP 增长不等于社会进步》。

③ 它导致范围报酬递增。

④ 这种内生的动力来自网络的对等性质。

⑤ 这种内生克服了建立在信息不对称基础上的凯恩斯经济学的货币外生论。

翁的观点[①])。此外，我们将创意纳入创新经济学[②]，并进一步向个性化、多样性、差异化经济的方向创新。

**2. 货币理论的新观点：从货币内生到信息内生**

通过进行信息对称的货币论与信息不对称的货币论之间的对比，我们创新地提出连接两个市场的扩展费雪方程，揭示创新、信息与信贷与熊彼特说的非正常信贷（相当于风投）的内在联系，借鉴美国信用学派替代货币学派的理论主张，以信息为核心改造传统货币理论，提出作为货币内生论替代方案的信息内生论。

在政策结论上，我们强调信息使货币由短期的非中性（黏性）向长期的对等透明的中性复归，主张以信息对称化解金融风险，借助信息的力量，使货币政策从中间利益向民生的最终利益复归，逐步从根源上削弱货币政策在物质驱动导向下膨胀中间物化利益而导致增长偏离自然率超高增长的不合理现象。

**3. 就业理论的新观点：工作机会而非就业**

新观点在就业问题上与传统理论差异较大。最主要的区别在于，传统就业理论是建立在劳动力这个概念基础上的，但我们讨论的是创造性的劳动。前者是物化劳动，后者是自主劳动（创新主体的草根化）。

新观点对应就业的是参与。它包括两个方面：一是机会意义上的参与，即劳动者对投入品（生产资料）进行分享，如在云计算背景下讨论电子商务中网民免费获得网店、开发者免费获得开发工具等现象；二是分配意义上的参与，即劳动者对产出品的分享，不光是获得工资，而且会根据创新和创造性劳动的情况获得收入甚至利润，充分实现自我。

---

① 阿吉翁．内生增长理论［M］．陶然，译．北京：北京大学出版社，2004：137.

② 琼斯．经济增长导论［M］．北京：北京大学出版社，2002.

此前，人们将创新仅仅理解为技术，进而窄化为 R&D（研究与开发），而排斥了人文的创新，如创意。本书将讨论苹果公司研发经费与创新能力成反比的反例。

第一篇

# 论增长率

数字经济的宏观经济学区别于一般宏观经济学的地方在于其在经济学中的内生质量维度。这需要把质量问题抽象化为质的问题，即差异化问题（质的差异性、多样性问题），将内生增长理论深化为内生质量的增长理论。

# 1 范围经济：内生质量、创新、体验的经济学

张伯伦曾指出：产品改变通常是定性的而不是定量的。[①] 产品改变不同于价格改变的一个特点是，它可能并且通常也的确涉及了生产成本曲线的变化。产品质量的变化改变了生产产品的成本，当然，它也会改变对产品的需求。[②] 放宽经济学同质性假定，从实证角度看，这里“生产成本曲线的变化”要求存在多条成本曲线，每条曲线代表一个不同的质。解决这类特殊而又关键问题的要点在于在数量维度之外建立一个代表质的维度，一起构成一个“质—量”二维平面（$N-Q$），与代表得失的价格（$P$）构成三维的均衡体系（这是由斯蒂格利茨与迪克西特在 1977 年最初提出的构想），通过它们之间的等均衡线（这就是互联网中著名的长尾曲线），显示 GDP 降速所失与提质所得之间的折冲关系。

如果质的差异性足够经济，其经济性足以抵消 GDP 降速的负面影响，我们对于 GDP 因财富质量提高而导致的财富数量意义上的降速就没有什么可担心的。而且不仅不应担心，还可以转忧为喜。

以此推论，“差异化经济不经济”就从 20 世纪 30 年代以来一个边缘性的问题，变成了一个核心的问题，实质是质量经济不经济——并且等价于创新经济不经济、体验经济不经济——的问题。标准经济学（新古典主义完全竞争经济理论）一直以来是论证非差异化经济不经济的理论，而把差异化置于

---

① 张伯仑（现多译为“张伯伦”）. 垄断竞争理论［M］. 周文，译. 北京：华夏出版社，2009：83.

② 同①82.

经济学讨论中心的是垄断竞争理论，这就是我们下面的讨论要围绕垄断竞争理论进行的原因，以此深入均衡层面，认识差异化的经济性。对应的政策含义，可以转换为是以适当降速换质量。

按照新的财富价值观，全面的国民收入应是非差异化经济（如单一品种大规模生产）与差异化经济（如小批量多品种生产）的结合。我们分别分析强调物质驱动的垄断竞争理论（以新凯恩斯主义为代表）与强调创新驱动的垄断竞争理论（以熊彼特内生增长理论为代表）的区别，在此基础上提出我们自己的差异化经济均衡理论。

## 1.1 异质完全竞争：质量、创新、体验的专门体系

数字经济不是自然科学经济，不是数字本身的经济，而是数字与主体结合而形成的经济。研究主体问题与数字科技问题的区别在于，数字本身无所谓得失，而主体有得失（如赢利与亏损、幸福与悲伤）。从数字经济与主体得失的联系中，产生了关于质量、创新与体验的主题。质量、创新与体验与以往以 GDP 为代表的规模问题上的得失关系不同，其是与异质性技术关联的异质性（经济上的质性变化）上的得失关系。

### 1.1.1 竞争总论：从量的竞争到质的竞争

数字经济学的特别之处在于要将质量、创新与体验进行专门的体系化建设，这是其作为一个学科的中心议题，或者说是作为数字经济中“经济”的特别含义所在。为此，需要从定性与定量两个方面明确数字经济学与传统经济学对如竞争等基础概念的重新定义。

#### 1.1.1.1 同质竞争与异质竞争

从定性角度说，数字经济学要专门加以解释的竞争是异质化竞争，质量、创新与体验是异质化竞争的不同方式的体现。在经济学中将创新加以体系化，首先要对竞争重新定义，以此作为将质量、创新与体验的理论加以标准化的基础。

回到古典经济学与新古典经济学最初的分别点上去重新认识竞争。马歇尔以来的新古典理论把竞争看作套利行为。经济活动通过套利，消除差异化，

达到同质化的理性最优状态。市场有效性假说就是建立在套利基础之上的。创新在套利这个语境中被完全阉割，因此需要回到这个原点，重新认识包括市场有效性假说在内的经济学基本成见。

根据熊彼特的创新观点，没有创新的经济是一种“循环流转”套利，它只是达到供求平衡，但不创造新的价值。创造新的价值要靠创新，创新是一种差异化行为。创新与套利这种去差异化行为是一对矛盾。如果把套利当作前提条件去看待竞争，就会把垄断与创新混为一谈。垄断与创新同样拒绝套利，而要求在套利水平上获得剩余，但前者是靠垄断获得剩余，后者是靠竞争获得剩余。新古典理论的内在矛盾在于，其无法区分零利润之上的剩余来自垄断还是创新。

事实上，不只是熊彼特创新理论与套利理论相冲突，行为经济学、制度经济学，乃至几乎所有新古典理论之外的理论，都与套利理论相冲突，而本质都在于它们对竞争的理解与新古典理论不同。

新古典理论理解的竞争实际只是竞争中的一种特例，即同质化竞争，“用均衡一词替代了斗争与对抗”，从中排斥了具有能动内涵的异质性和差异化。而其他理论理解的竞争，即“将竞争视为行为之间的对抗”，是“对抗者之间的竞争性行为”①。从这个角度看，创新不同于垄断，因为它在异质竞争的意义上同样是一种完全竞争。完全竞争有两种，一种是完全异质的竞争，另一种是完全同质的竞争。前者求异，后者趋同。垄断竞争必须理解为异质性、差异化的行为，而套利理论用同质性假定完全无视了竞争中的异质性、差异化。

新古典理论的均衡与非新古典理论的均衡真正的分歧在于，新古典理论的均衡是（不具能动性的）物质力量之间的平衡；而非新古典理论的均衡是（具有能动性的）人的力量之间的均衡。各个学派对人的能动力量的理解角度有所不同，说法不同。李嘉图的古典经济学中，人的力量是指不同利益主体对分配的争夺；马克思指的人的力量是阶级之间的斗争；科斯指的人的力量是人与人之间在合约水平的博弈与谈判；卡尼曼指的人的力量是人与人之间心理情绪的对抗；熊彼特指的人的力量则是创造价值（企业家创造剩余）与交换价值（资本家进行“循环流转”套利）之间的分别。

---

① 梅特卡夫．演化经济学与创造性毁灭［M］．冯健，译．北京：中国人民大学出版社，2007：18－19.

数字经济并不反对套利，而是反对用只有50%解释力的套利，全面替代由50%的套利行为（理性行为）与另外50%的非套利行为（能动行为）共同构成的真实世界。我们之所以同李嘉图、马克思、熊彼特、科斯、卡尼曼站在一边，是有着基于数字经济本身的特殊理由，这个理由就是，把“数字经济”这个词拆开来看，“数字”的根基（人与自然关系）在于异质性与差异化，表现为以多样化效率为本；“经济”的根基（人与人关系）也在于异质性与差异化，表现为以质量、创新和体验为本。这决定了，仅仅用零利润的套利理论无法全面解释追求高附加值的数字经济。

从方法论说，边际方法的出现奠定了新古典理论的方法论基础。边际方法的意义在于找出了一种将同质化、无差异现象加以标准化，从而体系化的路径，代表性的研究成果就是对新古典均衡点 $P = MC$ 的发现与确定。然而经过深入分析，长期平均成本处于最低点，作为帕累托最优点，才是同质性、无差异均衡方法的关键，是它保证了套利理论的基础。

创新理论一开始并没有击中新古典均衡理论的要害。熊彼特只是一般性地反对均衡，把它说成是经济的循环流转。同时，他提出一个内涵不同的剩余概念，力图表达企业家创造的新价值。从新熊彼特学派的观点看，其不是要泛泛地反对均衡，而只是反对均衡中代表同质性、无差异的一种，即新古典均衡。其要主张的利润，实际是作为新古典均衡条件的零利润之上的新价值，即垄断竞争均衡条件下的剩余。

### 1.1.1.2 均衡的方差

从定量角度说，数字经济学要解释的竞争不是收敛于理性最优值的竞争，而是发散为创造性新价值的竞争。在将创新加以体系化之前，按原有体系来思考创新，最容易产生的误解就是认为创新也会收敛于帕累托最优，需要从定量角度辨析清楚这个问题。按照熊彼特的观点，资本家从事的简单再生产与扩大再生产都只是不创造新价值的循环流转。因此，其所谓利润，只是资本家补偿其使用资本的成本的一部分，而不是体现新价值的“剩余”。

#### 1. 方差法

方差是指一组数据中的各个数减这组数据的平均数的平方和的平均数，用来度量随机变量 $X$ 与其均值 $E(X)$（数学期望）的偏离程度。在经济系统中观测到成本的方差，是证明它在系统地偏离（经济人）“理性”的证据。

一个经济系统是否存在熊彼特说的体现创新实质的剩余，其实有一个简单定量观察方法，就是方差法。创新理论的代表人物之一梅特卡夫就主张采用这种方法来判断剩余。

这针对的是帕累托提出的最优条件。只有符合了帕累托最优，才能满足符合（经济人）理性的充分必要条件（均衡都不是充分必要条件）。帕累托最优的特点是，均衡不仅满足边际成本定价条件，还要满足长期平均成本最小值这一条件。

换成概率论和统计学的语言就是，系统必须收敛于数学期望这个均值。系统收敛于数学期望，就好比把一块湿布中的水拧干净，这个“水”就是包括创新在内的所有异质性成分。梅特卡夫在分析新古典理论为什么要强调企业规模小到无法影响价格时，指出了它排斥创新的关键数学步骤：“用该理论的术语来说，每个生产者必须有一个‘U’形的长期成本曲线，该曲线的最低点变成了一个克拉彭枢纽站（Clapham Junction），所有的竞争均衡条件都在此收敛。但是，这就等于拒绝了普遍存在的递增收益或者内部经济。”①

但创新“将竞争视为行为之间的对抗”，这种力量对抗并不会将系统收敛于传统帕累托最优这个理性的点，而是从这个点向外发散。这种发散，在时时刻刻扰动“市场上没有任何一个人的买卖数量大到足以影响市场价格”这一假设。事实上，创新影响价格不在于“买卖数量”这一条途径，而在于买卖中体现的多样性，即具有经济意义的质的差异。根据熊彼特的观点，“正是通过创新，企业获得了决定发生的成本或质量优势”②。将创新加以体系化，意味着将这种发散当作常态，并加以系统化的解释，以此说明由质量、创新和体验引致的这种发散并不是漫无边际的发散，它有着严格规律。

从方差中我们可以看出这种规律的影子。概率论中方差用来度量随机变量和其数学期望（均值）之间的偏离程度。统计中的方差（样本方差）是每个样本值与全体样本值的平均数之差的平方的平均数。

梅特卡夫用费希尔原理，试图将这种偏离帕累托最优的发散现象——创新现象——加以体系化，“加总这些发散的运动”③。罗纳德·艾尔默·费希

---

① 梅特卡夫．演化经济学与创造性毁灭［M］．冯健，译．北京：中国人民大学出版社，2007：18.

② 同①21.

③ 同①74.

尔（Ronald Aylmer Fisher）是一位遗传学家，按他的理论，变迁是由行为多样化的速率和方向所驱动的，可以在一个共同的环境中评估这种行为多样性。

根据费希尔原理，选择改进了个体群的平均适应性，平均适应性的改进速率等于适应性的方差，个体群的特征的平均水平的变化速率等于该特征与个体群适应性之间的协方差，由此构建了多样性驱动变迁的思想①。这等价于多样性（异质性、差异化）驱动创新的思想。

2. **剩余即方差**

数字经济学用更加简洁的标准经济数学表述这一思想。经济学中的 $AC-MC$（平均值与边际值之差）与方差一样，其反映的是系统的差异化程度，或相对于理性值的离散程度。

理性值是数学期望中的最小值与边际值的交点。在这一点，人被完全地物化了，既没有创新，也没有体验，甚至没有动物精神，有的只是植物或石头的“不动心”的状态。经济行为从这一点发散，实际是在向人（以人为本）复归。

对企业来说，创新是对人之为人的特性的能动性适应与自由选择的结果。“如果一个企业的单位成本低于平均成本，产品质量高于平均水平，或者能够抵补这两个特征的组合，那么该企业就具有较高的适应性”，而“适应性高于平均水平的企业的市场份额将增加”②。在数字经济中，从技术角度，把这种适应能力称为多样化效率，有利于提高多样化效率是信息技术不同于工业技术的根本属性，而从经济角度把这种适应能力称为范围经济。“进入互联网时代，范围经济取代规模经济成为产业组织的主导逻辑”（谢伏瞻，2019）。

也就是说，我们应该倒过来看待垄断竞争均衡，它实际不是所谓“垄断”的竞争，而是异质完全竞争，或多样化完全竞争，其竞争力就在于对多样化（从异质性到差异化的复杂性）的适应力。当具备这种多样化生态中的竞争力、适应力时，表面上看是把均衡价格提高到边际成本之上，达到 $P=AC$，实际情况是当其他不具适应性的竞争者还在以 $AC$ 的成本提供产出时，具备适应性的竞争者只需要付出边际成本的代价（单位成本低于平均成本，产品质量高于平均水平）就可以提供同样的产出。这样的创新者，就得到了方差为

---

① 梅特卡夫．演化经济学与创造性毁灭［M］．冯健，译．北京：中国人民大学出版社，2007：74－75.

② 同①99.

$AC - MC$ 的净剩余。

以显示成本平均值下方差的方式，在数学上解释清楚了套利之外的剩余存在于何处，以及创新的价值所在，包括体验与质量的“在场性”（Anwesenheit）方式。剩余就是平均成本与边际成本之间的方差，对创新理论来说，它是作为常态存在的。

数字经济学为了将创新加以体系化，将包含了这一剩余（无论是生产者剩余，还是消费者剩余）的均衡状态（如拉姆齐定价），定义为广义的帕累托最优，而认为原有的帕累托最优（$MC = MR$①，且 $P = MC = AC\min$）只是各种竞争均衡值构成的集合中，专门收敛于理性值的一个特例。由此，将不内生质量、创新、体验的经济学竞争均衡理论，推广到将创新加以体系化的通则中来。这无关于计算（计算结果是一样的），而关系到何为常态——循环流转是常态，抑或创新是常态——的立场。

## 1.1.2 作为统一场的垄断竞争理论：质性竞争理论

将同质性、异质性这种价值论上的哲学问题，转化为经济学的实证体系，就变为无差异体系与差异化体系哪一种最优是常态的问题。以此将经济学划分为两大体系，一个是无法将差异化加以体系化的体系，另一个是把差异化加以体系化的体系。这就是斯密与张伯伦之争，即无差异均衡体系与差异化均衡体系之争。21 世纪的经济学的核心矛盾就是斯密与张伯伦之争。从某种意义上说，垄断竞争理论可以成为非新古典理论的统一场理论。

按斯密、马歇尔至帕累托的传统，经济中只有无差异均衡的最优是理想常态，而一旦陷入差异，如内生质量、创新与体验，它们顶多达到均衡，却不可能以最优的形态成为常态。也就是说，在最优水平，质量不能常态化，创新不能常态化，体验不能常态化，它们造成的差异最终都会被套利磨平。

对应到实践方面，中国制造与中国创造之争就是它的现实反映。整个 20 世纪经济学的主要线索是斯密与凯恩斯之争，即市场与政府之争。但这个问题对我们来说并不聚焦，因为其只是同质化经济（制造业经济）的内部之争，争的是到底以市场方式实现同质化、无差异化，还是以政府方式实现同质化、无差异化，最终都是要实现零利润的“理想”。根据增长的物质驱动与创新驱动之分（心—物二元之分），我们把理论上的基本矛盾归纳为微观上的斯密与

---

① $MR$，即边际收益。

张伯伦之争与宏观上的凯恩斯与熊彼特之争，从而引发整个经济的同质性与异质性之争，或经济上的零利润与正利润之争，这把关于经济增长质量的讨论上升到了理论经济学高度。

提高经济增长质量到底经济还是不经济，在理论经济学层面并没有定论，主要是这个问题并没有被理论经济学进行充分的讨论，甚至可以说，有些基本问题还没有被提出。这并不奇怪，理论经济学一直是关于量的经济学，不是关于质的经济学。关于质的经济学应该把质的差异性（质与质的差别）作为中心问题。而经济学的同质化假定恰恰在理论生态上抑制了这种讨论的自由进行，可以说压制了言论自由。今天，面对单纯追求 GDP 数量增长暴露出的种种问题，为了更好地解释增长质量这个新的现实问题，我们需要拓展经济学已有的研究领域，从无差异取向的同质性假定理论转向差异化取向的经济现实。

我们可以把增长质量问题视为质的差异性问题，进而简化为差异化到底经济还是不经济的问题。经济学自马歇尔以来，一直以差异化不经济为默认选项。在理论经济学的底层架构范围内，真正以差异化经济为主题的只有张伯伦（垄断竞争理论，含张伯伦系的诺贝尔奖得主斯蒂格利茨、罗默、克鲁格曼）、熊彼特（及新熊彼特学派）和卡尼曼（及行为经济学派）。数字经济学把垄断竞争理论作为讨论经济增长质量的各种主张——从物质驱动观点到创新驱动观点——的共同基础，这样就可以把问题同经济学的学科主脉联系在一起了，免得这个问题成为“理论深层无根，只浮于政策表面”的经验之谈。

#### 1.1.2.1 标准化的垄断竞争理论

基本的垄断竞争理论是张伯伦 1933 年在《垄断竞争理论》[①] 中提出来的。所谓标准化的垄断竞争理论，是我们在教材中看到的垄断竞争理论。它与张伯伦原理论的最大区别在于其经过了新古典主义的“政治正确”过滤，取消了张伯伦的异质性思想，把张伯伦理论从关于质的理论变为关于量的理论。这样一标准化，其就与罗宾逊夫人的不完全竞争理论没有实质差别了。克鲁格曼把新张伯伦模型称为不完全竞争理论，就是这个原因。

标准化的垄断竞争理论在实证上并不违背张伯伦原模型，因为差异化毕

---

① 张伯仑．垄断竞争理论［M］．周文，译．北京：华夏出版社，2009.

竟只是实证的现象；但主要变化在于，其把垄断竞争当作同质化的一个特例纳入了整个新古典主义的同质化体系中去。我们后面论证经济增长质量问题时，将把这个逻辑倒过来，还历史以本来面目，按张伯伦的本意，将异质性经济（关于质量的经济）与同质性经济（关于数量的经济）作为并列范畴加以讨论，甚至将同质性的无差异反过来作为异质性的差异化的特例（质的差异度不变时的特例），使垄断竞争理论从支持增长加速的经济学，回到张伯伦主张的支持增长降速的经济学，为本书的自然率主张提供理论支持。

但是，在此之前，我们还是要先简单复述一下标准化的垄断竞争理论，因为它是主张差异化的各个不同学派观点的同类项，是观点的交集，因此我们先从这里开始。

标准垄断竞争市场的条件，一是产品有差别，但差别不大。产品有差别，一方面意味着产品不是完全可替代（有垄断因素），需求曲线向下；另一方面这种差别又不太大，具有高度的替代性。二是市场可自由进入或退出，长期均衡利润为0。前者说的是垄断（差异化），后者说的是竞争，二者合在一起就是垄断竞争，实际意思是差异化竞争。

如图1－1所示，短期均衡时的价格可以高于平均成本，而完全由需求曲线 $D$ 决定；长期均衡时的价格等于平均成本。二者均高于完全竞争的均衡点（$MR=MC$）。

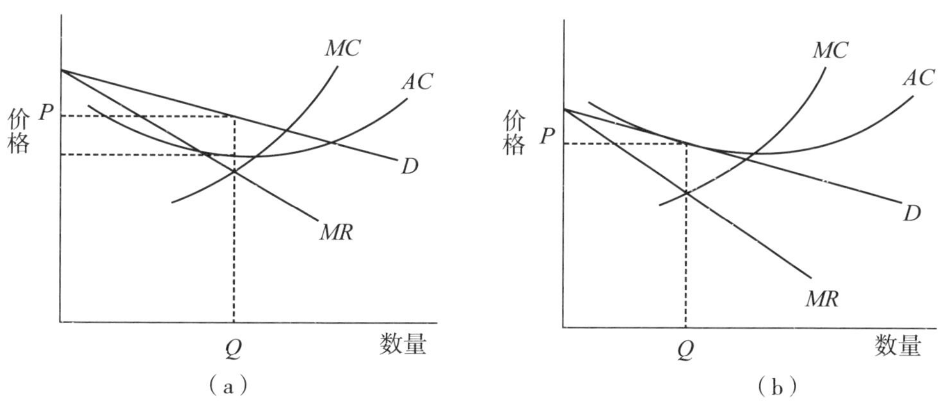


**图1－1　垄断竞争短期均衡（a）和长期均衡（b）**

在完全竞争下，厂商面临的需求曲线是水平的，所以零利润点出现在平均成本最低点；而在垄断竞争下，需求曲线是向下倾斜的，所以零利润点在平均成本最低点的左边。

在完全竞争下，如图 1-2（a）所示，$P=MC$，在帕累托最优条件下，$P=MC=AC$ min。如图 1-2（b）所示，在垄断竞争下，$P>MC$ 且 $P=AC$（$AC$ 与需求曲线 $D$ 的交点）。因而存在垄断竞争均衡点（需求曲线 $D$ 与平均成本 $MC$ 交点）与完全竞争均衡点（长期 $MR=MC$）之差。这个差被新古典主义理论（以无差异为最优的理论）评价为一种效率损失（非效率）。

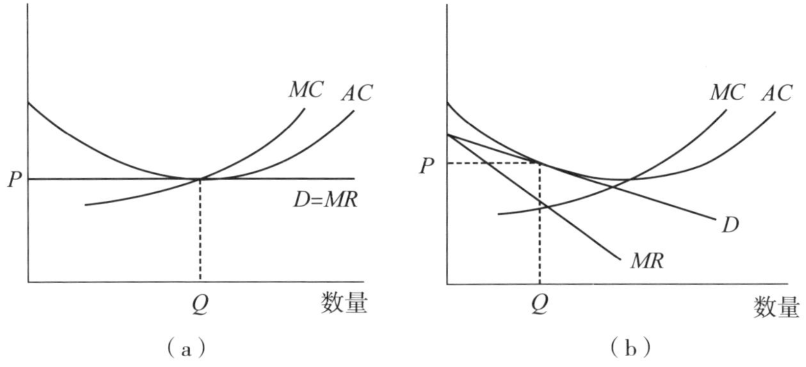


**图 1-2 完全竞争均衡（a）和垄断竞争均衡（b）的比较**

在评价垄断竞争时，上述非效率必须与产品差异化给消费者带来的利益相平衡。这意味着，差异化的经济性或者说质量的经济性来自以下两个因素的权衡。一是由于产品差异化，通过需求因素提高了价格（需求曲线 $D$ 高于边际收益曲线 $MR$）又提高了经济性；二是由于产品差异化，通过供给因素提高了成本（在程度上等于 $AC-MC$）又降低了经济性。总的经济性要看哪一种经济性的量值更大，如果收益超过成本，差异化就经济，提高质量就经济；如果成本超过收益，差异化就不经济，提高质量就不经济。数字经济学在此同以往理论有一个根本相反之处，其认为产品差异化，不是提高了成本而是降低了成本。这一结论的主要根据是信息技术具有多样化效率，因此与工业技术相反①。

波特的差异化战略（又称标歧立异战略）之所以只是战略（而非理论经济学的结论），就是因为要看这种权衡。差异化固然能通过提价竞争提高利润，但也会提高成本，当成本提高的幅度超过利润提高的幅度时，差异化战略就会难以为继，就要转入成本领先战略，即通常面向处于完全竞争状态的

① 数学论证详见姜奇平的《信息化与网络经济：基于均衡的效率与效能分析》P35（中国财富出版社，2015 年）。

市场。但成本领先战略也有局限，在完全竞争条件下，虽然成本低，但收益也低（因为 $MR$ 不可能高于需求曲线 $D$），从经验看，当批零差价为零时，服务商就难以再维持这种战略，需要适时转入差异化战略，如此循环往复。

在现实中，提高经济增长质量往往半途而废，就是因为当成本超过收益时，找不到其中的规律，使不经济变为经济。我们在后面会对此提出自己的理论。

这里需要厘清新古典主义附加在原生的垄断竞争理论之上的一些带有物化价值观色彩的特殊评价，这些评价与提高经济增长质量的方向是不一致的，有可能把提高经济增长质量的收益视为一种无谓损失。第一，将垄断竞争与完全竞争相比，由于 $P>MC$，认为社会福利存在无谓损失，这可能忽视了质量、多样化带来的福利，这里存在对福利定义的不同理解，特别是基于效用计量的效用与基于价值（如幸福）计量的效用的不同理解。行为经济学通过在效用函数上引入值函数来解决这个问题①。第二，认为垄断竞争存在过剩的生产能力。这在理论上一直存在争议，我们在后面讨论"成本病"和信息技术作用时再深入讨论。

### 1.1.2.2 张伯伦精神

我们可以把张伯伦的垄断竞争理论分为价值论与实证理论两个层面。张伯伦的价值论是异质性价值论；实证理论是差异性理论。标准化的垄断竞争理论只是实证理论部分。由于实证部分已被新古典主义经济学"阉割"为同质性理论，因此仅凭教科书的介绍，我们几乎看不出它与增长质量问题的内在联系。我们必须也只有真正回到张伯伦的原意，也就是价值论中去，才能体会到这一层，也才能理解后面谈及的两个学派为何能从张伯伦理论中发展出与经济增长质量问题密切相关的主张。

正如新凯恩斯主义的代表人物、新张伯伦模型的缔造者之一斯蒂格利茨指出：市场经济的一个关键性特征就是能够创造出许多多样化的产品。标准的新古典范式忽略了市场经济这个重要特征。②

标准化的垄断竞争理论及其指导下的计量实践，不但在方法上难以标准

① 贺京同，那艺．行为经济学：选择、互动与宏观行为［M］．北京：中国人民大学出版社，2015：27－29.

② 斯蒂格利茨．微观经济学：不确定性与研发［M］．北京：中国金融出版社，2009：5.

化测度异质性现象，而且在范式上排斥了异质性，系统地而不是偶然地忽略了质量和创新背后的“多样化”这一市场经济完全竞争的特征，把它误解为不完全竞争问题。这一理论始终没有说清异质性在完全竞争中如何实现这一问题，更糟糕的是，它把这一问题搅混到同质性垄断中去了。

在同质化投入产出主导经济增长时，这一问题尚不明显，但当信息、质量和创新主导经济增长时，问题就暴露得越来越明显，因为信息、质量和创新的投入产出主要是异质性的投入产出的问题。标准化的垄断竞争理论的缺陷是不能充分解释小批量、多品种实践的经济性，因为它根本没有品种这个用来测度质的独立维度。品种多样化不是数的问题，而是质的问题，是广义的质量问题。现有理论对质量的解释只是归纳质量的各种表面现象，而没有深入它的理论经济学本质层面，因此显得深度不够。不把这个问题讨论透，遗留的后患是，政府认为提高经济增长质量合理，但看到的只是收益的表象，而没有深入成本得失层面去权衡，一旦付诸实施，发现出现问题又找不到症结，于是只能重回数量型增长的老路。

在垄断竞争理论的价值论中，竞争意味着同质性，垄断意味着异质性，因此，垄断竞争就相当于异质性的竞争。价值论的起点分岔，是同质与异质的分殊。在古典理论中，异质表现为无法通约的价值（如边沁说的各种“快乐”），同质表现为可以通约的价值（如马歇尔以后的效用）。完全竞争与同质性的绑定并不是必然的，它只是一定历史阶段（早期自由竞争和工业化自由竞争）经济现实的反映。实际上，到了张伯伦和熊彼特的时代，这种绑定就应解开了，但事实上并没有。标准经济学关于自由竞争的理论以同质性为前提，在此条件下，异质性问题一直只是通过差异化、创新、垄断等具体议题而迂回反映多样化的现实。

垄断竞争经济学是张伯伦提出的。张伯伦与斯密最初的理论分野并不明显。斯密说：分工起因于交换能力、分工的程度，因此总要受交换能力大小的限制，换言之，要受市场广狭的限制。[①] 在这里，市场范围与市场规模具有不同含义，前者指品种，后者指数量。分工受制于市场范围，也可理解为受制于对品种多样化的需求与供给方面的专业化的相互作用。只不过后人把分工与专业化进行了更紧密的绑定，侧重研究的是影响市场规模的因素（数量

---

① 斯密．国民财富的性质和原因的研究（上卷）［M］．郭大力，王亚南，译．北京：商务印书馆，1972：17.

和价格），而弱化了对分工与产品多样化（后来被曲解为垄断）关系的绑定，不再侧重研究影响市场范围（如艾尔弗雷德·钱德勒所说的范围经济的“范围”）的因素（品种）。

张伯伦最初也没有对产品的量的单位（产品数量）与质的单位（产品品种）进行严格区分，只是通过加不加引号进行区分（用产品表示产品数量，用“产品”表示产品品种）。他说，术语“产品”是在宽泛的意义上被使用的；为了这个目的，它常常用引号加以强调①。

但后来他在与罗宾逊夫人的争论中，开始清晰化二者的本质区别。张伯伦在《修正后的垄断竞争》中说：当一种工业的产品被说成是同质的，像在罗宾逊夫人的不完全竞争中那样，我们有种种理由把它在“理想”条件下的生产同该工业的每个厂商调节生产到最低成本联系起来。然而当产品被认为是异质的，像在垄断竞争中那样，就得用个别产品的需求曲线而不是用整个工业的需求曲线来说明理想了。在这里，产品的质的不同，表现为需求曲线的不同。也就是说，有多少条需求曲线，就有多少个品种。只不过张伯伦没有发展出后来人们常用的数学技巧，因而无法从量上抽象地表达质量差异问题。熊彼特学派在这方面更弱，以致质量范式被当成了质量现象。新古典主义理论包括罗宾逊夫人，把这件事歪曲成了在无视质的差异的前提下看需求曲线是否“调节生产到最低成本”的问题，属于偷换前提假设，其影响一直延续到今天。

在垄断问题上不区分量与质，数量与品种的矛盾突出爆发出来。垄断是什么？张伯伦说没有垄断这回事。他说的垄断和行政垄断不是一回事，与约翰·洛克菲勒的同质垄断也不是一回事，纯粹是新古典主义理论给异质竞争“扣的大帽子”。他说的是完全竞争的垄断，是厂商为了维护各自产品不同的需求曲线——为了在质上求异——而展开的市场化的完全竞争，也可以说，是围绕相互避让市场展开的完全竞争。张伯伦说：产品改变不同于价格改变的一个特点是，它可能并且通常也的确涉及了生产成本曲线的变化。产品质量的变化改变了生产产品的成本，当然，它也会改变对产品的需求。②

与此异质性的完全竞争对应的是同质化的完全竞争，是使需求曲线最终趋同——为了在质上求同——而竞争，且趋同的方向是所谓的“最低成本”，

① 张伯仑．垄断竞争理论［M］．周文，译．北京：华夏出版社，2009：75.

② 同①82.

实为最小边际成本。垄断也是以同质化为前提的。如张伯伦所说：只有当存在一种产品时，垄断才成为可能。① 垄断是不充分的，“原因是它只涉及孤立的垄断者，其产品的需求曲线是既定的”②。纯粹垄断的定义为：“一个人或一个机构控制着全部经济产品的供给。”③ 意思是说，真正的垄断是指在同一条“既定的”（因此产品是同质化的）需求曲线上，竞争导致只剩下“孤立的垄断者”。这与差异化完全是两回事。

离开了质这一范畴谈需求曲线趋同还是求异，就离开了张伯伦和熊彼特的语境。正如张伯伦指出的，“一种产品在某一方面是独一无二的，这是它垄断的一面；一种产品与其他产品几乎相似但不完全相似，这是它竞争的一面”④。“差别意味着等级，差别与一种产品的完全垄断是一致的，其控制不会超越产品所属的一般种类，并且产品所属的一般种类中都存在竞争”⑤。

从今天的观点看，张伯伦与熊彼特说的都是质的竞争（张伯伦说，产品改变通常是定性的而不是定量的⑥），而新古典主义说的是量的竞争。量的竞争中出现的垄断，通常表现为垄断厂商阻止了其他厂商的进入。如果阻止同质产品进入，而且阻止进入的是同一个相关市场，并且实现了市场的独占，才是真正意义上的垄断。其相当于是在问，为什么不让这匹马与其他马同场竞技。如果根本不是同一个物种，不是在同一个市场竞技，这样提问题就错了，成了牛为什么不进马圈跟马赛跑，把牛不能同马赛跑理解成了马的垄断。

张伯伦也许受到标准化的垄断竞争理论的压力，在《垄断竞争理论》中提出一个绕过价值论表达异质完全竞争的逻辑，就是把成本分为生产成本与销售成本，以生产成本指代无差异的成本，以销售成本指代差异化的成本。他指出，每个销售者一个市场，“在纯粹竞争条件下，每个销售者的市场完全同其对手的市场相融合。现在要承认，每个人多少都是孤立的，所以整个市场并不是包括许多销售者的单一大市场，而是关联市场所组成的一个网络，每个销售者一个市场。该理论将垄断因素放在一个显著的位置，此处的垄断因素起

① 张伯仑．垄断竞争理论［M］．周文，译．北京：华夏出版社，2009：64.

② 同①71.

③ 同①67.

④ 同①65.

⑤ 同①68.

⑥ 同①83.

因于普遍存在的局部独立"①。这是在用销售的异质性，替代生产的异质性。在张伯伦之后，人们长期用销售条件差异化这样的实证方法逃避新古典主义的无差异"理想"情况，发展出寻址理论、空间经济学和特定的国际贸易理论。

在张伯伦用语中，完全竞争与纯粹竞争不同，前者指异质完全竞争，后者特指同质完全竞争。他把我们今天语义中的完全竞争理解为标准化的竞争，并指出，"另一个极限是纯粹竞争，在此条件下，所有产品大类完全标准化，每个销售者都面对其产品的完全替代品的竞争"②。标准化的垄断竞争理论把异质完全竞争与垄断归到一起，带来的一个不良的政策恶果是忽视了这种所谓"垄断"因素产生的提高质量、提高经济附加值，以及升级产业结构的创新力量。归结到微观经济理论上，其原因在于过分迷信同质化完全竞争，使均衡价格长期低于可能被市场实际接受的由需求、消费因素决定的较高价格。

经济学史上曾有人讨论过复归"张伯伦精神"的问题。我们认为，回到张伯伦本身，是回到他的价值论。在实证方面，需要沿异质完全竞争方向进行重大理论创新。由此，我们可以在提高经济增长质量方面得到两个衍生的理论和政策成果：一是沿水平差异化方向，通过微观上的产品多样化、宏观上的经济服务化提高经济增长质量；二是沿垂直差异化方向，通过微观上的质量阶梯提升、宏观上的创新驱动发展提高经济增长质量。

#### 1.1.2.3 从价值观看内生增长的内部矛盾

在上述垄断竞争的基本介绍中，我们没有涉及物质驱动与创新驱动的分别，而主要介绍的是微观基础中的相同部分。下面讨论两种价值观导致的内生增长上的不同选择，主要评述在差异化均衡问题上，强调物质投入的凯恩斯学派和强调创新驱动的熊彼特学派的分别。

凯恩斯和熊彼特当初都不太重视微观经济学，他们的经济学功底都很强，但是理论重点不在这里，兴趣点也不在这里。后来人们发现他们在体系上有漏洞，变成只有宏观经济学，没有微观经济学，宏观政策理论缺乏微观基础。最后由他们的第二代继承人开始修补，以自圆其说。一个突出改进，就是给他们的学说增补了微观经济学基础。补充了微观经济学基础的凯恩斯理论叫新凯恩斯主义；补充了微观经济学基础的熊彼特理论叫熊彼特内生增长理论。

---

① 张伯仑．垄断竞争理论［M］．周文，译．北京：华夏出版社，2009：72.

② 同①66.

双方的微观经济学有一个共同特点，即都归依于垄断竞争理论。

我们区别了增长的两种驱动力，即物的驱动力（物质驱动）和心的驱动力（创新驱动），但对于全书讨论自然率这个目标来说，这还只是个基础。因为无论哪种驱动，都没有解释高增长与低增长的区别，因此还得不出自然率的结论。

进一步的讨论要开始进行这种区分。区分的大思路就是要从均衡这个制高点上区分物质驱动——主要是量的增长——的高增长，与创新驱动——主要是质的提高——的正常增长。区分的标准是从均衡与最优上区别同质化的完全竞争与差异化的垄断竞争，指出差异化均衡才是增长质量的内在理论根据，将现在讨论经济增长质量时的主流意见，即以效率为提高经济增长质量的核心标准，拓展为以效率与多样性并重的效能为核心标准（垄断竞争均衡实质就是效率+多样性的联合均衡），然后再讨论在差异化均衡内部（特别是报酬递增的差异化均衡内部），物质驱动的新凯恩斯主义与创新驱动的熊彼特内生增长理论有什么不同。这样才能把战略上要突出什么梳理清楚。

根据迪克西特与斯蒂格利茨 1977 年已有的研究结论，无差异均衡（同质化完全竞争均衡）与差异化均衡（差异化的垄断竞争均衡）之间，相差一个 $AC-MC\min$。这在政策上意味着追求数量的增长与追求质量的增长，均衡点不一样，但被广泛忽略。如何弥合这个差，以哪种方式（物质驱动还是创新驱动）为政策基础就成为理论的关键。这是下面分析新凯恩斯主义与熊彼特内生增长理论的初始动机。这是两种不同思路。

我们的态度很鲜明，同样以垄断竞争理论为基础，同样主张报酬递增，但新凯恩斯主义是通向外在地提高经济增长质量，而熊彼特内生增长理论会通向内在地提高经济增长质量。二者都有可取可行之处，例如都可以通过服务化和质量提升解决单纯发展产业化造成的产能过剩、经济粗放问题。同时也要看到，二者都存在缺陷，主要是单纯依赖规模报酬递增（不能满足长尾竞争条件），且均有干预倾向。我们将提出新的理论，即基于范围报酬递增的不依赖干预的新经济增长理论。新的理论近于可竞争市场理论，但它提出的沉淀成本不需要以干预作为制度条件。

### 1.1.3 动能区别：物质驱动与创新驱动

#### 1.1.3.1 异质垄断

垄断竞争理论的政策实质在于支持差异化的增长。直到现在还少有人意识到，这才是提高经济增长质量的理论经济学本质。新凯恩斯主义与熊彼特内生增长理论有一个共同点，即都以差异化为取向。

新凯恩斯主义与熊彼特内生增长理论因为差异化取向原因，不约而同把垄断竞争理论作为自身学派的微观经济学基础，是因为张伯伦理论中有它们需要的两个重要理据，一个是对垄断的特殊解释，另一个是对质量的解释，而二者实际上是一回事。创新所聚焦的质量即异质性的完全竞争意义上的垄断。

前面已经说过，如果以同质性为前提，把垄断竞争理论变成同质性理论（如不完全竞争理论），会造成两种垄断的混淆，即将基于异质性的垄断（质的竞争）与基于同质性的垄断（量的垄断）当作一回事。

张伯伦眼中的垄断只是异质竞争，因此他认为这不算垄断（同质竞争中达成的垄断）。他说：如果产品具有相当的个别性，如电车服务，或者产品具有法定的专利权或版权，就通常被视为垄断。① 垄断是什么？他认为是创造的利润很高，有不同于他人的核心竞争力，在质上有别于他人（“具有相当的个别性”），相当于与别人有质的差别。

熊彼特说：哪有垄断，创新就是为了防止垄断（量的垄断），等我创新被你们（质的竞争）颠覆了以后（打破了质的差异以后），我（旧的质）就不算创新了，我就没有垄断力（质的差异上的优势）了，我只好被毁灭了，原来的质就被新的质所取代了。毁灭式创新是指用新的垄断（异质竞争）来替代旧的垄断（同质垄断，它可能是上一次异质竞争的结果）。这个意思和别人说的电信垄断、石油垄断不是一回事。斯密的意思是所有人是一样的，吃的是同一碗饭，争的是同一碗饭。没有质的竞争（或者说竞争导致质的差异消失），只剩下价格的竞争。如果大家生产的不一样，就是非价格竞争，换算为同质竞争，就变成提价竞争，因为均衡条件下围绕质量的完全竞争会导致提价，而同质性的完全竞争是降价竞争。在打价格战时，最经典的讨价还价说法是：你要给我降价，因为隔壁竞争者的价格比你便宜，东西是同样的，你不降价我就到隔壁去买。回避价格战的说法总是：我的东西和隔壁的不一样，价格上没有可比性。

我们下面分别评析新凯恩斯主义与熊彼特内生增长理论与本书主题相关的基本主张。总的来说，新凯恩斯主义利用垄断竞争理论主张市场的无效性，具体表现在价格法则与工资法则上，强调价格黏性。在增长问题上，新凯恩

---

① 张伯仑．垄断竞争理论［M］．周文，译．北京：华夏出版社，2009：60.

斯主义认为质量提升是技术进步的结果，技术进步表现为产品种类数量的增加，强调政府干预研发投入的重要性，被称为水平模型（新张伯伦模型）。熊彼特内生增长理论，接受垄断竞争理论作为微观基础，主要是为了反对同质化和物化，强调质量，为此独创了质量阶梯模型，其技术进步主张着眼于毁灭式创新，进行质的跃变，被称为垂直模型。

#### 1.1.3.2 新凯恩斯主义：菜单成本与价格黏性

新凯恩斯主义的基本主张叫价格黏性，包括信息黏性，也是新凯恩斯主义的核心主张。原来第一代凯恩斯主义在微观价格理论上是不讲理的，借助政府货币主权，凭央行意志就可以改变价格水平，从而改变总的商品价格（如贬值）。新凯恩斯主义说的价格黏性，就是信息不对称。同类的东西为什么价格不一样，是因为距离太远了，没有条件去隔壁竞争者那里对比价格。价格差别这个东西是因为距离造成的。菜单成本的存在妨碍了厂商灵活调整价格，这是新凯恩斯学派的主要观点。

从菜单成本与价格黏性理论背后的理论动机，就可以看出新凯恩斯主义差异化理论的价值导向仍然是物质驱动。这一点与凯恩斯本人的思想没有任何区别。新凯恩斯主义者会认识到，强调差异化这件事是合理的，也是有利的，因为它使干预政策在微观领域和宏观领域达成了一致。意思是，宏观政府干预映射到微观上，就是差异化这个事不能消除，这点和斯密是完全对立的，但在同质性这一点上与斯密是一样的。

坚持同质性的新凯恩斯主义，为什么会与张伯伦走到一起？这是因为张伯伦在独立于异质性的实证层面，曾有过一个让新古典主义不太爽，但十分符合经验的理论，这就是在生产成本之外单列销售成本来代表差异化。这为菜单成本这种论证法开了先河。因为即使产品是同质的，如张伯伦所说“该工业的每个厂商调节生产到最低成本”，说的也只是生产成本，而销售成本则不同于一模一样的“最低成本”，其是差异化的。新凯恩斯主义由此说明，差异化之所以不能消除，是因为厂商在调整价格时需要实际支出成本，这个成本就是所谓的菜单成本。菜单成本的大小会对竞争的性质产生实际影响。这就是价格黏性的来历。

#### 1.1.3.3 代表性消费者理论（水平模型）

但新凯恩斯主义的抱负并不限于此，以斯蒂格利茨、克鲁格曼为代表的新一代经济学家，在产品多样化方向上，为增长质量问题的基础研究做出了巨大的贡献，甚至可以说，他们改变了经济学基本问题的议题设置方向。虽然有费尔普斯这样的学者专注于创新，但总的来说，新凯恩斯主义讨论质量问题与熊彼特学派的方法完全不同，他们采用的方法被称为水平模型，特点在于把差异化主要理解为品种多样化。水平模型的“水平”是指以品种多样化衡量质的差异，而不是像熊彼特学派那样，用同一品种在质量上的前后变化来衡量质的差异。新凯恩斯主义中的内生增长理论经济学家普遍认为，质量是技术进步的结果，技术进步表现为产品种类数量的增加。

同是差异化经济理论，围绕如何解释产品多样化，张伯伦理论的后继者分为两派，一派是寻址模型，我称为具体品种理论，其一路下行，钻到产业经济学、空间经济学等子学科中发展；另一派是代表性消费者理论，我称为抽象品种理论，其一路上行，进到理论经济学的高端领域，频频获得诺贝尔经济学奖。

两派的分歧点在于质的数量化方法不同，也就是研究“质的量”（质量的量化）的方法不同，这是张伯伦没解决的“历史遗留问题”。当年张伯伦用一种最简略的方法，就是用不加引号的产品一词，区别于加引号的产品一词，进行产品数量和产品品种（质的基本经济计量单位）的区分。实际上，这个问题从事后看，在数学上要用三维的方法（二元函数）才能表达清楚，张伯伦只用语言表述难免出现混淆现象甚至概念混乱。

寻址学派同样遇到了张伯伦这一技术性难题，这个难题出现在经济数学水平上，难以处理的是多条需求曲线和成本曲线（因为不同品种的产品，具有不同的需求曲线和成本曲线）的计算问题。想求解关于品种的均衡，这个问题绕不过去，最后只好顺着张伯伦关于销售成本的“羊肠小道”思路（这本来是当年张伯伦为了避让新古典主义而走的旁门左道），一路钻到理论经济学之外的产业现象中去了。他们借克鲁格曼的光，顺着代表性消费者模型，又通过空间经济学和垄断竞争的国际贸易理论，回到主流问题上来。

代表性消费者理论，利用不变替代弹性（CES）这一数学技巧，解决了将多个需求曲线和成本曲线并为一条需求曲线和成本曲线这一关键问题（所以我称为抽象品种，就是把多品种抽象为一个叫“品种”的品种集合，就像当年的产品数量分析把抽象价值从具体价值即使用价值中抽象出来一样），实质是把质标准化了。讨论增长质量问题，如果不能在最基础层面把质标准化，就无法量化分析，而只能用语言来粗略地谈。

这主要是迪克西特与斯蒂格利茨等人的贡献，他们1977年所做的新张伯伦模型，被称为 D-S 模型。迪克西特与斯蒂格利茨的工作不光是技巧性的，他们不仅是把张伯伦思想数学化，用偏微分表述了一遍，更是把经济学的基本问题从数量—价格均衡修正为品种—数量—价格均衡，这是经济学自马歇尔以来最大的一次转向。这远超凯恩斯的转向幅度，因为凯恩斯实现的是同质性经济学的内部转向，转的幅度再大，也还是在同质性的内部转。

#### 1.1.3.4 熊彼特内生增长理论：质量阶梯（垂直模型）

熊彼特内生增长理论在微观上也倾向垄断竞争理论，因为其与新凯恩斯主义一样，都强调差异化。但二者动机不同，熊彼特内生增长理论倚重垄断竞争理论，是为了借助差异化说明质量经济。

内生增长理论和非内生增长理论（新古典主义理论）的主要区别在于前者强调技术进步，后者不重视技术进步。熊彼特学派最初是不强调技术的，凯恩斯也从来不强调技术进步，他只强调人与人的关系。熊彼特本意的创新针对的也是人与人的关系，是以新的质替代旧的质。但这个问题难以纳入微观经济学，微观经济学是同质性假定的天下，从来不谈质的差异，谈创新有违完全竞争。第二代熊彼特理论开始注意与持同质性假设的主流经济学协调立场，但它与新古典主义理论（微观上主张报酬不变或报酬递减）实在难以共容，最后就落脚到内生增长理论上（微观上主张报酬递增），将质的差异问题去掉熊彼特的革命色彩（价值论主张），退而求其次变为同质性问题的一个分支，即实证层面的差异化问题。在差异化这一点上，新凯恩斯主义与熊彼特内生增长理论有同样的默契，前者把干预主题暗藏在差异化背后，后者把质量主题暗藏在差异化背后。而差异化在内生增长理论中，被解释为内生技术的问题（如在生产函数中内生技术变量）。新凯恩斯主义与熊彼特内生增长理论对此都不持异议。这可以解释为什么第一代熊彼特理论排斥技术，而第二代熊彼特理论接受技术。创新被修正为研发问题，可以被认为是熊彼特学派为求生存而不得不采取的策略，因为以毁灭性创新（质的差异化）为旗帜的熊彼特学派“人在屋檐下，不得不低头”。一种异质性的理论，钻进同质性的理论大本营中求发展，不得不如此。

垄断竞争理论在实证层面讲的差异化，在表层原来对应的是两个现象，一个是品牌，另一个是广告。品牌和广告这两件事都是差异化的标准分析对象。为什么？不同品牌或广告的两种产品功能可能是一样的，只是叫不同的名字，价格就有很大差异。这个时候，我们可以判断，差异化在这里是指使用价值相同的东西具有不同的价格。熊彼特内生增长理论与新凯恩斯主义在这个问题上分歧不大，只是后者往往喜欢把相同产品不同价格这种现象归结为空间因素，比如地域、交通条件的不同。

但是在第二代垄断竞争理论中，差异化不光是指广告和品牌，而可能是产品本身不一样，也就是说有质的差异性。熊彼特内生增长理论的观点倾向于用质量理论来解释这种现象，这就与新凯恩斯主义有很大不同了。熊彼特内生增长理论的代表性人物阿吉翁解释创新理论，在微观上对应的是“研究质量是怎么回事”。因为创新主要就是创造质的不同。讲不清质的不同，就解释不清为什么要创新、创新为什么经济。

可以看出，新凯恩斯主义与熊彼特内生增长理论对研发的态度有细微的不同。新凯恩斯主义的本质就是同质化理论，因此像斯蒂格利茨、罗默等接受研发作为创新的标准形式没有任何心理障碍。研发需要政府干预的主张，正好在理论和政策上都是自洽的。

但熊彼特内生增长理论给人一种对同质性“口服心不服”的感觉。持这种理论的学者可以勉强在差异化问题上承认质量与研发的内在关联，但总有一些没有被完全“驯化”的“熊彼特分子”有一种冲动，想要打出毁灭性创新的大旗，随时准备“背叛”同质化理论，用异质性的创意来替代研发，作为差异化的发动机。即使被“招安”的熊彼特内生增长理论学者，如琼斯，也会单设一章“创意经济学”，表达对于把创新单纯等用于同质化研发的不同意见，更遑论将来早晚会出现一种制度理论，基于中国互联网这类弱于技术创新却长于制度创新的实践，从制度角度重解创新问题。相比之下，新凯恩斯主义者对张伯伦的理论是三心二意的，少有对其价值论感兴趣的，而且感兴趣的也只是他的差异化，而非异质性。以克鲁格曼为例，他径直采用不完全竞争的名称来运用垄断竞争理论，可见其对张伯伦的继承已经有名无实，即有差异化之名，而无异质性之实。换句话说，他对张伯伦与罗宾逊夫人之争中张伯伦以异质性将自己区别于罗宾逊夫人的不完全竞争这件事早已不感兴趣了。

熊彼特内生增长理论的主干是沿着技术创新出来的。技术创新如果不用技术而用经济语言说明就是数量的增加。因为技术进步会导致差异化，会导致创新，这就是质量提高过程。在这个基础上，阿吉翁建立了整个熊彼特内生增长理论的微观模型。

熊彼特内生增长理论的微观模型讲什么？我们认为，其是在主张经济发展不能单纯从 GDP 一个方面看，还要看增长质量。增长质量像一个阶梯，每次创新都是新的质覆盖旧的质，好像从旧的台阶迈上新的台阶一样，旧的市场被新的市场取代了。比如软盘被 U 盘取代，软盘的市场被 U 盘的市场取代，它们都是移动存储产品市场，但质不同，从存储空间、速度到稳定性都上了一个阶梯。显然，软盘与 U 盘之争不同于斯密所说的围绕价格进行的完全竞争，而主要是围绕质量进行的异质市场竞争。这是它大概的思想。

熊彼特内生增长理论其中一个代表人物叫琼斯，他在《经济增长导论》中提出，不仅要强调技术进步，还要强调创意。在书中，他突出强调创意在创新中的地位和作用。艺术家也在创新，也有经济价值，为什么同是差异化，创新理论只讲科技研发，不讲人文创意呢？其实，制度创新、商业模式创新都是创新，但都不是研发，不能把创新窄化为研发。一个企业研发可能不足，创新精神却可能很强。

以苹果为例，其创新能力最强的时候是研发投入最少的时候。随着研发投入增长，苹果的创新能力却在减弱。乔布斯时代苹果的研发投入远远低于英特尔、诺基亚、谷歌、思科、微软，也低于 RIM（移动研究公司）、IBM（国际商业机器公司）、三星、HP（惠普），仅高于戴尔（技术上主要依赖英特尔）。蒂姆·库克（Timothy Cook）上任后，一举逆转了乔布斯的低研发投入政策，研发开支从乔布斯时代的 6.3%，骤然提升到 2013 年的 21.2%，但乔布斯时代那种一骑绝尘、傲视群雄的创新优势再也难以重现。三星的研发投入一直高于苹果，但从没在创新方面缩短与苹果的距离，反而在苹果研发投入大幅上升后急剧追近苹果。

论及其中缘由，可能有以下几点。第一，乔布斯与库克选择的“创新驱动发展”的动力明显有别。乔布斯是典型的精神驱动（创意驱动），具有艺术家气质的他琢磨的是研发经费降低多少，因此创新提高多少；库克是典型的物质驱动（投资驱动），具有商人气质的他琢磨的是研发经费提高多少，因此创新提高多少。从苹果特定实践看，胜出的居然是乔布斯。第二，乔布斯主张的是毁灭式创新，一直主张大版本升级，希望拿着望远镜也看不到对手；而库克主张的是迭代创新，类似谷歌那样不断推出小版本升级。从实战看，三星追大版本升级难，但追小版本升级易。更不用说遇上专门长于小版本升级的小米等中国商家，苹果就好比掉进狼群里。

以往的内生增长要实现产品制造差异化一定要通过技术进步，技术进步一定要使产品跟以前不一样。近期出现一个新的发展是平台化对创意、创新产生巨大影响，也就是它给创意和创新提供了基础条件，就相当于用过去重工业的思路发展知识。如果说重工业是给轻工业提供机器设备的，那么对创意来说，机器设备是什么呢？就是平台。基础程序可以做同质化的东西，剩下就是靠头脑做不同的东西。

如果统一到质量问题上，新凯恩斯主义的差异化理论被称为水平模型，技术进步表现为产品种类数的增加；熊彼特内生增长理论被称为垂直模型，强调同一种产品在质量阶梯上的质的差异。

总的来说，从物质驱动还是创新驱动看，差异化的路径有明显区别：新凯恩斯主义主张差异化，属于物质驱动型。这种主张强调对技术研发进行大量物质资本投入，主张国家干预，加大对技术的投入。按这种思路提高经济增长质量，在促进产品多样化方面有巨大潜力，但仍然是物质驱动的，仍然看重 GDP 增速的提高。而熊彼特内生增长理论主张差异化，强调的是创新驱动，按这种思路提高经济增长质量也强调技术研发，但不限于研发，还包括强调企业家精神、创意等，不必然依赖 GDP 增速的提高。

### 1.1.4 “动物精神”：质与力

将创新加以体系化，作为数字经济学的内在要求，除了资源配置方面的原因（质量、创新与数字化，在差异化均衡上是数学等价的），还有主体方面的原因。标准经济学的主体，是以物的标准定义的人，而无论数字经济还是创新、体验的主体，都是以心的标准定义的人。在心物二元之间，这个心主要是指意志、情感。也就是说，异质性在客观方面表现为差异化的实证特征；在主观方面表现为要求内生意志、情感。在宏观经济学中，这种异质性的主体因素曾被凯恩斯称为“动物精神”。创新、体验都带有强烈的能动性，将创新加以体系化，就必须考虑同时将能动性加以体系化。而在标准经济学中，能动性是作为不确定性被完全排除在外的。

#### 1.1.4.1 熊彼特精神：创新作为能动性的体现

熊彼特精神指将创新作为经济能动性这样一种价值取向，反对的是物质驱动（经济的循环流转）这种消极性。徐尚将熊彼特创新理论的源头一直追溯到尼采[①]。创造性毁灭的观念就来自尼采。尼采强调过，“任何创造者必须

---

① 陈劲，贾根良．理解熊彼特：创新与经济发展的再思考［M］．北京：清华大学出版社，2013.

就已经是一位毁灭者"①。在尼采看来,"增长也就是生命本身"②。

#### 1.1.4.2 异质性与干预的关系

"动物精神"是凯恩斯最先提出的,政府干预是一种"动物精神"吗?回答这一问题要先区分"个体—整体"与"同质—异质"两类框架。"动物精神"本质上属于后一种框架,它包括熊彼特创新、质量经济和国民幸福值三类异质性(其实,这三类精神因素中的任何一类都不专属于动物,相反,它们是人区别于动物的高级特征,只是在异质性——心理和情绪——方面,与动物相似),如果政府干预是基于上述三类主客观动机,则异质性一致于政府干预。但如果政府干预只是出于凯恩斯经济学那类动机,以政府代表整体,扭曲个体利益,无论从长远来看是否能达到动态均衡,它都只是属于同质性内部的"宏观—微观"区分。

就中国经济来说,两种情况兼而有之。政府干预的潜在逻辑是对人民(代表集体选择,偏好共同利益、根本利益、长远利益)与群众(代表个体选择,偏好多元利益、生活利益、眼前利益)的区分。

在政府干预过程中,中国始终具有保持财政平衡这一各国不具备的宏观经济稳定的条件。做到这一点的秘密在于,在国有企业特别是央企控制经济命脉条件下,政府干预一旦与预期或市场均衡结果不符,可以随时通过增加流动性,相当于普遍加税,将责任转移给其他利益主体(如中产阶级或全社会)。而持续(三四十年)的高速增长使这些利益主体(相对于 GDP 和财政收入增长速度而言的)的"损失",不是绝对损失,而只是相对损失(相对于 GDP 和财政更高、更快的增长,加速不那么高,不那么快),因此极大减轻了民众直接可感的痛苦程度。其本质上是由国家、集体、个人分摊了追赶发达国家过程中的责任与利益。这种关系决定了中国的财政稳定与增长速度具有内在关联。增长速度一旦过低,宏观经济干预的容错空间将大大缩小,政府经济权力将受到硬约束,这不亚于权力的剥夺,因此是难以忍受的。

改革之后最初的政府干预为直接增发货币的形式,由于与中下层收入人群正经历改革阵痛(如下岗)形成共振,成为 20 世纪 80 年代末社会不稳定

① 陈劲,贾根良.理解熊彼特:创新与经济发展的再思考[M].北京:清华大学出版社,2013:79.

② 尼采.权力意志[M].北京:台海出版社,2016:86.

的诱因。此后，政府干预转入货币资本领域，先是通过信息市场（股票市场），对收入较快增长、在改革中受益最大的中产阶级定向“通胀”，挽救适应市场失败（或不利）的国企与银行；2008 年，又通过量化宽松，大规模基础设施建设，通过市场长期利益与短期利益置换，保证了政府作用的持续发挥与正常运转；之后，房地产（本质上是收增长租的产业）依托高速增长发展起来，但在政府急剧量化宽松，包括加入世界贸易组织后美元储备增加进一步刺激流动性增加作用下，成为全民（中产阶级、民营中小企业与居民）与央行（含美元储备）对冲的金融工具（量化宽松变相增多少税，用房地产增多少租——在央行没有工具有效调控房价条件下——加以对冲），流动性不进实体经济，而陷入空转，直接导致央行货币政策失灵。实质是中产阶级、民营中小企业与居民通过自保，变相替市场拒绝政府干预，把政府逼到前台，政府显性债务因而显著增加，直接触及财政对政府干预的保障能力。经济增速放缓更加剧了这一难局。

在这一背景下，政府干预不自觉地在数字经济作用下转变了方向，产业政策开始在其中扮演关键角色。而数字经济在中国宏观经济中扮演什么角色，下面略做分析。

在人们的收入进入万元区间后，社会基本矛盾发生变化，人们的心理需求空间大增。改变供给侧结构的三大异质性因素（质量、创新和心理需求）成为政府干预的新的合法性，与市场选择（如民间互联网发展）赛跑。政府干预一方面要沿惯性保持一定的传统增长，但只有通过正确的产业政策规划（前瞻性地调整供给侧结构），使税基特别是国有经济税基增长，跑赢政府债务增长，政府干预才可以得以持续。否则，政府面临让出部分权力以加大让市场甚至网络发挥作用的空间的压力。让我们分析其中的胜算有多少。

一个重要机遇在于：人均收入临近经济质变的临界点（万元大关）。市场对此的自然反应不及政府，表现在三个方面：第一，市场与企业整体本应自发转向质量经济，却在政府严厉监管下才被迫打击假冒伪劣，说明市场仅靠自身力量，不足以让足够多优质企业自发跑赢劣质企业；第二，政府反复倡导创新驱动，但全国除华为外响应寥寥，难以将研发投入期望的高水平，说明市场仅靠自身力量不足以让足够多创新企业自发跑赢非创新企业；第三，人均收入决定心理需求正逐步取代物质需求与社会需求在需求中的引领地位，政府已通过社会基本矛盾分析清醒地认识到了这一点，但市场上的企业主体

(包括多数国有企业)——除互联网企业外——几乎还把希望寄托在实体过剩产能的复苏上，供给结构的缓慢变化不适应需求结构的快速变化。

仅此三点就使政府在“十四五”时期通过产业政策形式进行干预的必要性和合法性大大提高，但问题是政府难以再延续过去重用货币政策的方式对供给侧进行有效干预，因此政府如何利用信息手段进行干预，发挥好政府作用这一问题就被提了出来。

作为大背景，可以按同质性与异质性将经济分为确定性的经济（相对低风险、低收益的经济）和不确定性的经济（相对高风险、高收益的经济）。在上述机制作用下，国有经济集中于前者之中，而央企垄断利润的出现，一部分来自对民营经济（而且是前者范畴内的传统中国制造）的抽吸。数字经济带来一个巨大变化，经济的主体部分向不确定性方向发展，而国有经济难以涉及其中（因难以承受国有资产流失风险），如果不能采取保有促用的数字化战略，就会任由市场化企业成为数字经济的主体。政府宏观调控思路忽然在这里短路了。

政府干预的对象是什么？凯恩斯通过调节利息与利润的关系，改变了资本在国民经济中的流动性配置。此外，还有调节风险水平，调节虚拟资本与实体及货币资产比重关系，调节一次分配与二次分配比重。

还有一种政府干预，无关集中权利还是市场化，这就是意志。意志可能存在于政府集中决策中，也可能存在于民众中。这是一种相对于资源理性的自然而然的配置来说更加能动的价值创造行为。比如，高储蓄率可能是政府干预的结果，但也可能是一种民族意志表达出的意向。一个有着强烈民族自尊心却长期落后挨打的国家，民众可能有着强烈的改变现状的意愿，为此牺牲眼前享乐，而追求快速增长，就属于能动性使然。人们此时可能分不清哪些意向是潜在可能的，哪些是非现实的，仅仅用理性不理性并不能解释这类行为的全部。同样，产业政策有时也是如此。并不是每一个国家都有站在产业链最高端的雄心，而决定通过产业政策占据高附加值的制高点时，可能是意志在起作用。当两个国家都有同样的打算，又都不甘于进行分工避让时，就会变为意志与力量的对抗，用资源配置和理性的利益，很难使双方在均衡处达成妥协。

#### 1.1.4.3 竞争政策与产业政策：结构经济学

对创新驱动而言，竞争政策更加有利还是产业政策更加有利，从理论上说是不确定的。竞争政策与产业政策都可以促进创新。

就中国而言，20 世纪末产业政策在使信息技术与产业从比较劣势转变为比较优势过程中起了明显的主导作用，而 21 世纪初，互联网发展又表明竞争政策同样可以促进创新。这主要取决于从供给侧的哪个方面来刺激创新，如果是自上而下刺激技术与产业，提高核心能力，产业政策作用大一些；如果是自下而上刺激商业与企业，增加有效供给（指更加贴近需求的供给），竞争政策作用会大一些。

技术创新相对于市场创新，更多依赖于物质驱动（指研发经费投入），对于产业政策来说，确定性强，更加可控（更具有“抓手”）。但创新的全面的含义是创造新价值，市场创新虽然不主要依靠物质驱动，但同样可以达到取得高附加值的目的，因此也是创新体系的一个必要组成部分。

数字经济学的宏观理论与林毅夫的结构经济学既有联系，又有区别。联系在于，数字经济学也认为结构是重要的，不能拿发达经济结构下的适用政策往发展中经济结构上套。数字经济的结构观点进而认为，在基础理论上，这涉及的是质的差异（异质性）问题。因为结构决定性质，结构不同，代表性质不同。一国政策的特色，应是对该国结构和经济上的质的不同的自然反应，要将质从微观基础上加以体系化，才能解决在经济学体系中对质加以辨析，从而找到不同结构下同类政策“换算”、变通的依据。

林毅夫的结构经济学虽然主张较为积极的产业政策，但总体上还是传统的资源配置理论，其标志是并不认为政府干预是一种主体（自由意志）的能动选择，而认为是资源禀赋（比较优势）的被动选择。这就带来一个现实问题。在林毅夫的早期主张中，认为中国并不具有发展信息产业的比较优势，但按数字经济学的主张，中国发展信息产业是出于竞争优势，而非比较优势，是一种能动的选择。这种积极主动的选择在后来的实践中改变了中国的客观比较优势。发展信息产业从中国的劣势变成了优势。林毅夫的理论，在创新的能动性上有别于数字经济理论。我们就从这里谈起。

数字经济宏观理论强调质量、创新和体验所具有差异性和差异度，并将其体系化。此外，其还关注这种差异性动力源的能动性与被动性（体现为力度和强度）的体系化，也就是生生不息这种活体特性的体系化。数字在人不在物，创新不是物在创新，而是人在创新，数字化体系与激发人们的能动性，使心理需求、心理创造变得更强的体系是同一个体系，并以此从根本上区别于由物质驱动的工业经济体系及工业化经济学体系。

供给侧结构性改革的实质，是要注入一种不同于物质驱动的新动力，这种新动力来自创新，而创新的背后是心物二元中“心”的能动性（在熊彼特看来，创新是一个与精神——企业家精神——相关的活动），这是一个将能动性注入经济以替代凯恩斯主义的思路。因此，将创新加以体系化，需要将经济能动性同时加以体系化，差异化均衡只是其结果，打破经济的循环流转，创造新的价值，才是最终所求。

熊彼特将经济分为静态均衡与动态均衡，认为创新将打破物质的循环流转这种静态均衡，其动态均衡的“动态”是一种经济能动性，其“均衡”不是套利，而是打破套利，创造新价值，由此引发的将是一种将创新内生于均衡，使之显得“动态”（新陈代谢、生生不息）的毁灭式创新（创造性破坏）的过程。

与供给侧的创新情况类似，需求侧的体验也不只是消极的享乐。有人把丹尼尔·卡尼曼归入享乐主义的大范畴，有一定道理。人不仅有消极适应的一面，还有积极创造的一面（生生之德）。快乐与痛苦固然是构成人的目的（亚里士多德所谓“美好生活”）的内容，但人不同于动物之处在于人有自我实现的能动性。创新可能伴随毁灭与痛苦，然而在其中创造新的价值和意义又是一种更高层次的快乐。

### 1.1.5 异质完全竞争问题

将创新加以体系化的势头在西方主流经济中的影响一直十分“微弱”（纳尔逊），一个重要原因是熊彼特虽然有对均衡的明确看法，但没有关于均衡点计算的明确结论。有一个折中的办法解决质量、创新经济学的难题，即异质性假定不被标准经济学接纳的问题。这个办法就是把具有价值论倾向的异质性转述为一个实证概念，也就是差异化。沿着已主流化的垄断竞争理论，循序渐进地与标准经济学对话。同一个差异化概念，既可以理解成异质性（如张伯伦），包括有动力的异质性即创新（如熊彼特），也可以理解为同质性（罗宾逊夫人），但并不直接影响实证上的把握。把垄断竞争理论改称为异质完全竞争理论，但在实证上，表达为差异化的经济学，即品种经济学。它实质上是关于质的经济学（对创新体系而言，是关于质的演变动力的经济学），是在理论经济学底层为论证增长质量问题服务的。

#### 1.1.5.1 对经济学基本问题的修正

本书观点既不同于新凯恩斯经济学，也不同于熊彼特内生增长理论，在后面提出自己的模型前，需要先从问题的提出开始，看问题本身提得对不对。

差异化完全竞争理论具体的切入点是设立一个被马歇尔以后的经济学忽略的、表现差异性的计量维度——品种，来代表质量，用以区分质的量，以独立于数量。为此，首先需要修改经济学的基本问题，也就是把马歇尔以来经济学要提出和解决的问题本身加以改变。迪克西特和斯蒂格利茨 1977 年在他们著名的 D－S 模型（又称新张伯伦模型）中，提出对经济学基本问题的修正。他们提出，“经济学中的一个基本问题是：一个市场解能否导致社会最优的产品数量和产品种类?”

标准经济学理论的基本问题是价格与数量之间的均衡问题，求解的是最优价格下的数量问题；而迪克西特和斯蒂格利茨却将经济学基本问题改变为产品种类、产品数量和价格之间的均衡问题，求解的是最优价格下的数量和品种问题。从代数上看，要求变一元微分方法为二元微分方法（D－S 模型具体采用的是二元偏微分方法）。从几何上看，要求变二维均衡（数量—价格）为三维均衡（数量—品种—价格）。

把马歇尔的“数量 $Q$—价格 $P$”二维均衡，发展到“品种 $N$—数量 $Q$—价格 $P$”三维均衡，这种思想的最初萌芽来自张伯伦。张伯伦早就指出：价值理论关注已知产品的价格调整，从而完全忽视产品的调整，并且似乎还未发现有人提出过相反的问题，即已知价格条件下的产品调整问题。①

产品的调整，说的是品种作为内生变量的数量与价格变化。张伯伦自己解释：“产品的调整同样也是因差异化产生的加在销售者身上的一个新问题。销售者的销售量部分地取决于其产品与竞争者产品的区别方式。”② 这里没有直接提到数量维度，但实际是隐含着的。销售量由三个新的因素来决定：①其价格；②其产品的种类；③其广告费用③。这相当于一个涉及数量与价格、品种、广告费用的函数：$Q=f$（$P$，$N$，广告费用）。张伯伦因为没有不变替代弹性的知识，无法从数学上准确表述品种这个概念，只好用在产品一词上加

① 张伯仑．垄断竞争理论［M］．周文，译．北京：华夏出版社，2009：77.

② 同①75.

③ 同②.

引号的方法来区分。

张伯伦关于异质完全竞争的思想突出体现在，他有一种倾向，把斯密—马歇尔式的同质化完全竞争当作自己的异质性完全竞争的特例，即品种 $N=1$ 时的特例。例如他说：事实上关于价格的调整也仅限于全部竞争过程中的一方面，而且是比较不重要的一方面。由于购买者对商标的注意，或是由于加强了在品质或劳务基础上的竞争（或广告上的竞争），因而使价格竞争逐渐地减弱了。现在既然有这样的竞争事实，自然最低限度也应该把“产品”包括于问题的变数中来研究。（周文将最后一句译作：应当通过将“产品”作为问题的变量来公开这一竞争事实。①）

这里明确提出了将品种作为内生变量的问题。完全竞争既包括单一品种的价格调整，也包括多品种之间的竞争。多品种之间的竞争还不同于“非价格竞争”，质一方面是“非价格”的（独立于价格维度的），而且可以是完全竞争；另一方面又是“价格”的，因为存在“品种 $N$—价格 $P$”二维的竞争。

张伯伦甚至还提出了三维均衡的具体思路：当价格和“产品”都可以改变时，完全的均衡一定会涉及这两方面的稳定。② 如果两者都可以改变，那么均衡调整必定要涉及两方面。③

这个问题一解决，就为一系列经济问题提供了理论支持。一是垄断竞争从不完全竞争，进化为异质完全竞争。二是创新理论被整合进来，创新所形成的所谓“垄断”，被纳入正常的（围绕质的）竞争。三是增长质量问题第一次从政策上的经验问题归结到更根本的关于质的量的均衡问题（把问题提出的角度从“关于量的质”，调整为“关于质的量”）。总的来说，这些问题共同的理论创新指向都是关于质的经济学，提出异质完全竞争的意义正在于此。

### 1.1.5.2 张伯伦精神及其实证化

我们先来看可以继承的理论财产。这就是张伯伦精神，它是指在异质性价值论指导下研究差异化实证问题。异质性是一个价值论上的概念，对应的实证上的现象是差异化现象，又称产品多样化。为了与标准经济学对话，我

---

① 张伯仑．垄断竞争理论［M］．周文，译．北京：华夏出版社，2009：77.

② 同①.

③ 同①79.

们把异质完全竞争归结为实证上的差异化的完全竞争问题。这样，即使不认可异质性的人，也可以在实证层面沟通。

张伯伦从实证角度提出产品种类是有差别的。他认为：如果存在一个显著的依据用来区分一个销售者和另一个销售者的产品（或服务），那么，一般的产品种类是有差别的。① 他指出："产品"的每个因素都应当被看成是一个分离的变量②。张伯伦关于品种的概念隐含了把品种标准化的思想。他指出：所有的产品实际上都是不同的，至少有轻微的不同，差别是相当重要的③。

张伯伦解释何为"不同"时曾明确指出不同在于质的不同："它的'不同'可能是由于产品本身品质上的改变——技术变革、新的设计或者更好的材料；也可能是由于新的包装或货柜；也可能是更及时的和周到的服务、不同的做生意方式或者是不同的区位。"④

张伯伦看到品种内部有一系列子系统在质上相互"分离"的性质，他从品种有别于数量的一般性来入手进行分析。他说过一句重要的话：我们还是从"产品"的最一般方面来考虑其变化。⑤ 寻址学派后来的发展偏离了张伯伦这一初衷，其讨论的是"不同"（区位、质量、服务的具体不同），而不是"轻微的不同"（区位、质量、服务的最一般方面）。寻址理论当然有其存在意义，但理论经济学是抽象科学，寻址理论这样的具体理论只能作为子学科，接受理论经济学的管制，在同质化的大背景下讨论经济质量问题。而我们要做的是把经济增长质量问题，提高到理论经济学原则的高度，至少让增长质量问题与同质化大规模制造问题平起平坐，否则不足以从理据上抑制中国经济高速粗放增长的内在冲动。

"不同"与"轻微的不同"，标准经济学解释为在无差异的大类内部存在差异化的子类。这是垄断竞争双需求曲线的来历。这种区分非常关键，否则将无法与标准经济学对话（因为会产生无数的需求曲线和成本曲线）。实际上，标准化的垄断竞争理论中那条高于边际收益曲线的需求曲线，是由具体的质的区别形成的无数需求曲线的抽象化提升。

新张伯伦模型采用代表性消费者模型构造"品种—数量"二元效用函数，

---

① 张伯仑．垄断竞争理论［M］．周文，译．北京：华夏出版社，2009：59.

② 同①77.

③ 同①60.

④ 同①75－76.

⑤ 同②.

通过不变替代弹性这个数学技巧，把品种由“不同”（具体的一条条需求、成本曲线，反映每个产品在质上的不同），变为“轻微的不同”（一条“代表性”的需求、成本曲线，变成质的量，它只有量的区别，不再讨论具体的质的区别），依据的就是这种区分。把讨论具体的一个个的质，上升为讨论总的质的程度（品种的多少）本身。

这比基于双需求曲线的张伯伦模型进展了一大步。张伯伦本人并没有三维几何透视的观点，他只是认为：当“产品”发生变化时，它表现为从一条曲线移动到另一条曲线，能够售出的数量严格地由每种情况所决定。① 但明确抽象出品种概念后，双需求曲线在三维空间可以理解为不同维度上两条独立的曲线，一条代表的是同质完全竞争（无差异产品的完全竞争），另一条代表的是异质完全竞争（差异化产品的完全竞争）。后者在标准理论中与前者处于同一平面（数量—价格平面）内，实际从三维观点看，只不过是来自品种维度的另一条异质需求曲线的投影与映射。

### 1.1.5.3 新张伯伦模型的顶层思路

新张伯伦模型（D－S 模型），是过渡到异质完全竞争理论的一个重要中转站，是进一步的理论创新可以继承的第二笔理论财产。D－S 模型实质是张伯伦思想的数学化，是迪克西特与斯蒂格利茨 1977 年在《垄断竞争与最优产品多样化》中提出的。论文的主要内容是建立内生品种的均衡模型，以及对垄断竞争与完全竞争进行均衡和最优比较。

哈特（1985②）将张伯伦理论的精神概括为四个方面：存在许多企业生产差异化的商品；忽略每个企业对另一个企业的影响；自由进入导致企业经营的零利润；每个企业直面向下需求曲线，均衡价格超过边际成本。哈特认为大多数文献都没有抓住这四个特征，特别是忽略了第二个和第三个特征。包括肯尼思·斯彭斯（本质上更像寡头垄断，而非垄断竞争③）、定位理论（含地理空间学派如 Salop 和兰开斯特）等。

D－S 模型相对来说，更加符合张伯伦精神，同时对张伯伦的结论进行了

---

① 张伯仑．垄断竞争理论［M］．周文，译．北京：华夏出版社，2009：83.

② Monopolistic competition in the spirit of Chamberlin: a general model［J］. Review of economic studies, 1985, 52: 529－546.

③ 二者的区别在于自由进入的有无和品种是否内生。详见卡尔顿、佩洛夫的《现代产业组织》第 4 版 P195（中国人民大学出版社，2009 年）。

技术上的完善。论文一开始就说：在福利经济学中，有关生产的最基本的问题是，市场能否使商品的种类和数量达到社会最优的问题。众所周知，这些问题的起因有三个方面（由于以下三个方面的原因，市场有可能会出现问题①)，即分配公平、外部效应和规模经济。本文就最后一个问题，即规模经济进行讨论。

这里有两个要点，需要深入说明。

第一，明确了均衡理论的新框架。把“市场能否使商品的种类和数量达到社会最优的问题”作为经济学最基本的问题，这十分不同寻常。可以说，标准经济学的均衡理论从来没有想过把“品种—数量”分析当作基本问题。标准经济学的均衡理论即使在讨论垄断竞争问题时，也没有把产品品种本身当作一个有别于产品数量的内生变量。换句话说，标准经济学的均衡理论完全忽略了张伯伦区分产品与“产品”的用意，而是把两者理解为同一个变量来处理。标准经济学的均衡理论（尤其在产业经济学中）虽然接纳了差异化问题，但只是把它当作次一级的问题，是完全竞争的一个变种——不完全的完全竞争，没有把它变为在效率水平上可以等量齐观的“基本问题”。

而新张伯伦模型把张伯伦理论中模糊不清的两个概念——产品和“产品”——明确定义为同质组产品与异质组产品（它们的量即产品数量和产品品种数量)，第一次以二元效用函数的形式加以内生化。求解它们的最优，就是求解商品的数量和种类的最优。二元函数是一种代数的表现法，为了简化计算，新张伯伦模型采用了偏微分的计算方法，把同质组产品当作计价物(量值取值为1)，然后集中计算异质组产品，得出总的效用。在经济学中二元函数对应的几何表达，一般是两个分支维度的数轴，如产品1轴，产品2轴，共享一个价格轴（竖轴)。这是在20世纪后期流行的选择理论算法。新张伯伦模型没有明确说明品种在几何上代表一个独立的轴（而我们提出的理论明确了这一点)，更多是从二元之间的替代弹性角度通过代数推导出来的。

内生品种是垄断竞争区别于寡头垄断的两个标志其中之一（另一个标志是厂商自由进出)。D－S模型不是单纯地内生品种，而是通过内生品种排除部分垄断，特别是寡头垄断，把它们转化为竞争的形式。品种可内生于数量和价格体系进行调控，在整个体系中具有特别的意义。《垄断竞争与最优

① 原文的意思介于两种译法之间，即市场均衡符合社会最优这件事如果产生偏离，会是由于所说三种原因。

产品多样化》一开始就设立了一堵防火墙，“谢绝”传统意义的垄断进来“打扰”。

第二，将垄断竞争与规模经济进行绑定。在分配公平、外部效应和规模经济三个可能影响“品种—数量”均衡偏离最优的因素中，作者明确把规模经济作为主要分析对象。这成为后来所有新张伯伦模型理论的特色，如克鲁格曼的理论就沿袭了报酬递增、规模经济和垄断竞争的理论组合。

有学者研究发现，规模经济以均衡的外生变量与内生变量划分，可以分为外在规模经济和内在规模经济，分配、外部效应、溢出效应、干中学等可以在完全竞争框架下分析的因素，都属于外在规模经济，无法把规模经济内生化，而D－S模型是个内生规模经济的模型①。

规模经济这个条件，对于垄断竞争均衡与最优分析来说是必然的吗？这要从两个层面看。

第一个层面是报酬递增这个一般层面，从这个层面来看，其有必然性。也就是说，单纯从“数量—价格”平面看，完全竞争均衡的价格条件是 $P=MC$，而垄断竞争均衡的价格条件是 $P=AC$。二者之间有一个明显的均衡点之间的价差（$AC-MC$），从原因来看，这个差等于固定成本，所谓报酬递增（成本递减）就是对固定成本的分摊。这个差又被称为补贴值，但补贴是一个带有干预主义色彩的说法，规模经济则是市场经济的说法，意思是企业自身为弥补差异化造成的成本提高（提高值等于上述均衡价差），在没有政府补贴的条件下，就必须自己投入一个固定成本，通过平均成本的均摊，冲抵掉这部分多出来的成本。而完全竞争是不存在这个固定成本设定的。换句话说，报酬递增（以及固定成本）这个设定之所以重要，完全是因为垄断竞争与完全竞争在均衡时存在的成本差。

第二个层面是规模经济作为一种特殊的报酬递增形式，从这个层面来看，其有不必然性。因为报酬递增除了有规模报酬递增外，还有范围报酬递增。范围报酬递增，即范围经济，同样可以通过固定成本的均摊，冲抵掉垄断竞争与完全竞争在均衡时存在的成本差。异质完全竞争与规模经济下的垄断竞争的最大不同就在于它是基于品种轴的范围经济均衡理论。

从这个层面看，新张伯伦模型只是一种特殊形式的张伯伦理论，它没有充分继承张伯伦关于异质完全竞争的思想。对于差异性的经济性，只认识到

---

① 李大升．规模经济与国际贸易的理论探讨［D］．南京：东南大学，2003.

这个程度：在具有规模经济的经济中，大批量地生产较少种类的商品，可以节约资源，但这就降低了多样性，造成社会福利的损失。言下之意，差异化（小批量生产较多种类的商品）在需求上是经济的（可以提高多样性，从而提高价格），但在成本上是不经济的（因为难以节约资源）。

这就带来一个问题，这是新张伯伦模型无法克服，而需要继续进行理论创新的部分：差异化真的在成本上是不经济的吗？异质完全竞争理论（基于品种的范围经济理论）对此是否定的。其认为在独立的品种轴上，差异化存在成本递增与递减两种可能，处于同一个U形成本曲线之上，先递增再递减，或先递减再递增。这就完全突破了《垄断竞争与最优产品多样化》的结论，而只在报酬递增和固定成本（或按可竞争市场理论的说法，叫沉淀成本）两点上与其一致。其中，固定成本不是相对于产品数量，而是相对于产品品种而言的。

丹尼斯·W. 卡尔顿、杰弗里·M. 佩洛夫在对D–S模型变形版本的解释中，直接把品种解释为社会总资源与固定成本之比（$T/F$）。安吉尔·德·拉弗恩特在结合古诺模型解释D–S模型时，也认为是固定成本使X部门（与完全竞争的Y相对的部门）不具有完全竞争性①。

由于固定成本分摊到各个产品之上，使生产具有平均成本递减的性质，报酬递增成为可能。固定成本对于报酬递增的这种贡献，其实不仅限于规模经济，还有范围经济。由于D–S模型仅限于对规模经济进行分析，所以其失去了分析范围经济的机会。

此外，还有一个问题是，虽然《垄断竞争与最优产品多样化》声明其主要分析规模经济，但是关于规模经济的讨论很容易导向对外部性的讨论，尤其是当固定成本被当作可分享的初始固定资本来讨论时，便形成了D–S模型的不同版本。

弗恩特在分析不完全竞争模型（实际是垄断竞争模型）时②，对D–S模型作了外部性版本的利用，称D–S模型是“专业化规模收益递增的垄断竞争模型”，“通过相异中间商品的种类衡量专业化程度来提高厂商获取外部经济的效率程度”。这里的“相异中间商品的种类”，相当于D–S模型中异质产

---

① 弗恩特. 经济数学方法与模型［M］. 朱保华，钱晓明，译. 上海：上海财经大学出版社，2003：328.

② 同①325.

品品种；“专业化”是规模经济条件下对品种的特殊理解，它会导致品种不经济而规模经济。罗伯特·芬斯特拉认为，中间产品与最终产品的多样性所带来的效果应是等值的：中间投入品多样化给生产者带来的收益在概念上等同于最终产品多样化给消费者带来的收益①。获取外部经济，是指品种的增加要求对应较高的初始固定资本投资，由此产生的规模经济会造成外部性，因此要进行政府补贴。罗默（1987）就是在这个意义上利用D－S模型的。异质完全竞争则认为政府补贴并不是从理论中得出的必然推论，在资本可分享条件下，新垄断竞争市场结构下的竞争通过以租代买同样能达到补偿外部性的效果。

异质完全竞争理论放开了垄断竞争与规模经济的单独绑定。品种与规模经济有特殊的关系，但无论是规模经济还是范围经济，都会带来品种多样化问题。专业化导致规模经济，协同化导致范围经济。前者品种越多协调费用越高，后者品种越多协调费用越低，但二者都可以对固定成本（包括初始固定资本投入）进行分摊。

正是由于这个原因，本书可以在对于品种的讨论中绕过规模经济，直接进行范围经济的分析；而规模经济虽然也要借助品种维度（如单一品种大规模生产，也要包含品种维度），但并不必然引出范围经济的结论。

进一步将垄断竞争理论发展到异质完全竞争理论，可以带来对双需求曲线的新解释。

关于原有的双需求曲线，孙洛平介绍说：张伯伦模型的逻辑是用价格弹性大的 $dd'$ 曲线表示其他竞争性企业不改变价格时的代表性企业面对的需求曲线，用价格弹性小的 $DD'$ 曲线表示所有竞争性企业都采取一致的价格行动时代表性企业面对的需求曲线，即市场份额需求曲线。竞争的均衡状态是由 $dd'$ 曲线与平均成本曲线的切点来描述的。这就是著名的双需求曲线理论。

在这里，竞争性企业不改变价格，如果从异质完全竞争角度看，实际是因为异质性造成的市场区隔在不同品种之间隔开了直接竞争关系所致。

从更进一步的异质完全竞争的三维视角来看，双需求曲线实际不在同一个平面上——而不像现在标准经济学的均衡理论所理解的那样。其中，$DD'$ 曲线是符合垄断竞争最优要求的标准需求曲线（向下需求曲线），它处于传统的

① 芬斯特拉．产品多样化与国际贸易收益［M］．陈波，译．上海：格致出版社，2012：4.

“数量—价格”平面上。但 $dd'$ 曲线的本体——它就像柏拉图洞穴寓言中说的光影来源——并不在“数量—价格”平面上，而在“品种—价格”平面上。我们在“数量—价格”平面上看到的 $dd'$ 曲线，只是它的本体在“数量—价格”平面上的映射——相当于洞穴寓言中投射在墙壁上的光影。换句话说，这条曲线只是一种视觉上的“错觉”，让人以为它是在“数量—价格”平面上。我们只有在传统的“数量—价格”框架的原点处，另引出一条独立的品种轴，才能找到光影来源所在。这就是把经济学基本问题从二维修改为三维的用意所在。

$dd'$ 曲线本质上是作为对比的代表性企业在品种轴上显示的抽象价值。这里的所谓代表，应理解为品种的抽象——以品种轴代表“数量—价格”平面上的品种。这条曲线的“真身”映射回“数量—价格”平面，形成我们所见的第二条需求曲线，作为 $DD'$ 曲线的参照需求曲线。在此过程中，原来的品种的具体性暂时被忽略不计（这就是所谓少量企业不影响全局价格的实质——或“自由进入”问题的实质）。

两条需求曲线的价格差，正好是异质性的程度。它们之间的关系是同质完全竞争与异质完全竞争的关系。这一结论可以推广出以下推论。

以异质性为内涵的垄断，只是垄断竞争在异质完全竞争上的特例。规模经济与垄断具有交叉关系，作为厂商现象的规模经济，并不必然导致垄断；而垄断作为品种现象，也不必然属于规模经济（如小批量多品种的利基生产）；作为产业和市场结构现象，二者可能具有一定交叉，在垄断竞争中二者才有密切的关系，但垄断竞争中的规模经济又在本质上（品种内生和进入上）有别于寡头垄断。

创新也是垄断竞争在异质完全竞争意义上的特例。推而广之，垄断与熊彼特创新（包括企业家精神），都可以用品种来测度。创新可以用品种来测度，测的是其垂直的不可替代性，以相对于可替代的同质完全竞争（模仿）；垄断也可以用品种来测度，测的是其不可进入性（品种的边界）。

总的来看，附加规模经济的垄断竞争理论（新张伯伦模型）的意义在于，它把垄断竞争与完全竞争的比较变为报酬递增与报酬不变或递减之间的比较，从而在实证经济学上实现了以下突破：首先是内生了技术，其次是内生了品种（虽然只是变量，而非独立维度），最后是潜在地内生了质量（虽然只是水平而非垂直地内生质量）。但从规范经济学角度看，这又隐含着一种退步。因为它并没有彻底还原、恢复洞穴寓言中说的光影来源，品种只是洞穴投影，而异质性才是光影来源。为了回到张伯伦精神本身——复原张伯伦在价值论上对光影来源（异质性）的描述——我们需要超越新张伯伦模型设定的规模经济假定，通过异质完全竞争理论——“新”新张伯伦模型——将张伯伦模型推广到所有报酬递增（而不仅是规模报酬递增）的情况之中。

下面，我们将提出关于增长质量问题的，针对理论经济学最基础部分讨论的核心议题。

### 1.1.5.4 加入异质性：非新古典理论的统一场

经济学的张伯伦谱系虽然将差异化内生到均衡这个核心之上，但缺点是悬置了关于异质性的最后结论，从而背离了张伯伦精神（指张伯伦在与罗宾逊夫人的长期争论中得出的关于异质性的结论）。

当同质性成为理性的代用语后，经济学没有再像张伯伦当年那样正面提出异质性假设，而是用非理性、行为、心理、创新、信息（甚至垄断、干预）等五花八门的关于异质性的同义语来代指异质性。所谓的参照点，是个体选择概念，指代的就是异质性的实证对象。因为每个参照点是不一样的，它在整体上就成为非标准化的代指，因此也就是差异化、异质性的指称。

最有意义的突破来自行为经济学。由于行为经济学只有微观个体模型，没有供求均衡理论与结论，我们在融合它的过程中，需要顺着它的思路，推导出它内在的均衡逻辑，包括总供求逻辑。

本书的结论与奥地利学派说的行为有所不同。行为经济学说的行为是独立于理性的概念。奥地利学派的行为只是行为理性，是理性在过程中的表现。其理性性质通过其均衡结论可以看出。以穆瑞·罗斯巴德的奥地利学派经典教科书《人，经济与国家》为例，其仍将均衡点确定在新古典均衡（$P=MC$）上。这意味着，行为只是在过程中偏离理性，而在结果上仍要回归理性。也就是说，行为符合市场有效性假说。行为经济学不同，其所说的行为反对市场有效性假说，认为行为对理性的偏离是常态的偏离，也就是经过套利仍然是偏离的。

验证参照点是在指代差异性与异质性，还是只是在指个体选择与整体选择的不一致，只需要检验一件事，这就是参照点的集合结果是否等同套利。因为如果按参照点确定的价值集合起来等于边际值定价，它就等同于套利；但如果其集合不等于边际值，而等于平均值，它就不等于套利，因为这会比套利多出一个溢价的余值（$AC-MC$）。

套利是 EMH（有效市场假说）的基础，有效市场假说是建立在较强的同质性假定（理性假定）基础上的。按照 EMH，个体之间非理性会相互抵消；如果个体之间一致非理性，“市场上就会遇到理性的套利者，后者会消除前者对价格的影响”①，因此不会影响 $P=MC$ 这个均衡标准。这意味着，“人们并不只是偶然偏离理性，而是经常以同样的方式偏离”②，这个“同样的方式”正是异质性。

异质性的独立存在说明个体行为中存在两部分：一部分是可以在套利中相互抵消的（无论是均衡在边际值，还是均衡在平均值）；另一部分是不可以相互抵消的（相当于相对于理性的刚性）。这部分不可以相互抵消的相对于理性值的偏离因素（行为因素），无论其价值来源于差异化（质量、创新、体验），还是来源于制度（马克思、科斯），或来源于政府干预（凯恩斯），在数学上都是同一种现象，具有相同的数学特征（平均值偏离边际值现象）。

从异质性看，信息分为两种——信号与噪声。前者代表理性的信息，后者代表非理性（利益上不可标准化、异质性）的信息。而这一点与货币不同，货币本身的信息只包括信号，而不包括噪声。数字经济的宏观经济学不仅要讨论货币这类硬信息，还要研究噪声这类软信息，而且重点在后者。

从宏观经济学角度将行为经济学融合进来，主要在于将个体方法转化为整体方法，即将一个个微观的参照点当作一个总的参照点集合，扣除套利的相互抵消，应得出一个偏离无参照点均衡的总的余值，我们称之为行为的总体偏离值。这样，行为经济学的结论就与垄断竞争理论的结论在数学上等价了。

#### 1.1.5.5 范围经济：固定成本与品种

《垄断竞争和最优的产品多样化》在规模经济范围内比较垄断竞争与完全竞争在均衡与最优上的差异，由于没有包括范围经济的解释，因而存在局限性。这个局限性表现在，报酬递增并不仅限于规模报酬递增，还应包括范围报酬递增。因此，讨论范围报酬递增就成为新张伯伦模型至今未竟的事业。在垄断竞争报酬递增推广的结论中，使产品多样化变得经济，并不必然只依赖于规模经济，它属于规模经济与范围经济共有的现象。要全面研究差异化

① 史莱佛．并非有效的市场：行为金融学导论［M］．赵英军，译．北京：中国人民大学出版社，2003：3.

② 同①12.

的经济性，如果缺少范围经济的解释，就像人缺了胳膊，因此新张伯伦模型看上去像断臂的维纳斯，虽然很美，但不完美。

为了发展出新的理论，让我们整理一下新张伯伦模型留下的理论遗产。首先把品种的均衡分析中附加的规模经济条件，与其一般条件剥离开，以便适用于垄断竞争结论向范围经济的推广。

对从差异化的经济学——质（量）的经济学——角度立论研究垄断竞争来说，跳出规模经济的更为基本而实质性的设定在于确定品种和固定成本的关系。只需要将品种表现为 $T/F$（社会总资源与固定成本之比），就足以立论，而附加规模经济只是为了说明如何让固定成本均摊到每个品种之上。让固定成本均摊到每个品种之上有两条路，即规模报酬递增与范围报酬递增，不只规范经济一条路。

新张伯伦模型的结论是，当固定成本较大时，品种的数量就少，但每一个品种的消费量较大；反之，当固定成本较小时，品种的数量就多，而每一个品种的消费数量较少①。

这意味着，单一品种大规模生产——这通常代表产业化的生产方式，在制造业，以及张伯伦所说的“生产成本”中表现更为明显——要求固定成本较大；而小批量多品种——这通常代表服务化的生产方式，在服务业，以及张伯伦所说的“销售成本”方面（可推广为泛指一切增值服务成本）表现更为明显——需要固定成本较小。反过来理解也许更方便：如果固定成本较大，品种增多在成本上会不经济，因为需要一个等于 $AC-MC$ 的“补贴”值，冲抵掉固定成本造成的拖累；而规模经济对于垄断竞争均衡和最优之所以是必要的，是因为固定成本较大可以通过规模报酬递增，在大规模生产中冲抵上述“补贴”。

在产业经济学中，卡尔顿和佩洛夫也认为固定成本导致多样化不足②。这显然也只是一种规模经济的特例，或如他们所说，是在“平均成本曲线的规模收益递增部分进行生产”时的特例。其中隐含的假设是固定成本为专用资本，且固定成本与可变成本投入者为同一产权主体。

---

① 翁瑾，陈林生．一个基于两层 CES 效用函数的垄断竞争模型［J］．华中师范大学学报（自然科学版），2006（3）：447－451．

② 卡尔顿，佩洛夫．现代产业组织［M］．4 版．胡汉辉，等译．北京：中国人民大学出版社，2009：209．

在固定成本为零时，进入厂商无限多，古诺垄断竞争转化为完全竞争[①]。在这种情况下，厂商仅依靠可变成本进行竞争。但在平台经济中，这种情况正是独立于平台的增值业务所处的位置。增值业务的开发者不依赖于对固定成本进行投入，而仅凭自身具有的可变成本完成了生产。

产品差异化意味着“每个企业的需求曲线都不同于其他企业”[②]。对规模经济来说，差异化的唯一正面影响就在需求曲线。差异化使向下需求曲线的斜率增加（更加陡峭），造成加价的效果。在这一过程中，消费者剩余得以提高。

在这些条件下，品种数（表现为品牌数量）$N$ 被表述为 $T/F$，即 $(F+mq)N=T$ 中，其中 $m$ 为企业的不变边际成本，$q$ 为数量，成本函数为 $C=F+mq$，而可变成本 $mq$ 为 0 时，品种等于社会总资源比固定成本。即当 $mq=0$ 时，$N=T/F$。也就是各个品种所消耗的成本，可以将总资源分割为多少品种数量（注意，$T$ 在计算上的含义是品种与数量之积，称为社会总资源[③]）。

然而，把品种解释为社会总资源与固定成本之比（$T/F$），并不必然得出需要规模经济这个唯一的结论，因为范围经济也适用于这个公式。二者之间的区别在于固定成本（$F$）是分摊于同质性产品（规模经济），还是异质性产品（范围经济）之上，而后者可能会突破资本专用性假设。

从需求方面看，在垄断竞争条件下，消费者剩余提高，意味着在完全竞争均衡之上，存在一个稳定的被社会认同的福利。它之所以稳定，并不是由于存在价格黏性或长期与短期之间的收益差别，而在于它实际反映的是另一种均衡，即品种的均衡。这种差别不会因为短期变为长期而消失。

这里存在的问题是：最优均衡附加了“规模”这个额外的条件，同时隐含了一个从异质完全竞争角度看不合理，也不符合实际的假定，那就是随着品种数量的上升，边际成本一定是上升的。不符合实际是指，单纯的规模经济假定差异化仅从需求方面看是经济的，但从成本看是不经济的。这意味着，为了让差异化变得经济，就必须实现规模经济。这只能说明大规模定制是经济的，但隐含着个性化定制不经济的设定。如果把这种质的设定从水平模型

---

① 卡尔顿，佩洛夫．现代产业组织［M］.4 版．胡汉辉，等译．北京：中国人民大学出版社，2009：203.

② 同①207.

③ 同①228.

推广到垂直模型，就会直接得出质量在成本上不经济、创新在成本上不经济的结论。这是不符合实际的，在政策实践上，还会由此而忽略在干预之外通过市场刺激创新和质量提高的途径。

如果把固定成本置于品种轴上，也可以提出相反的设定：当固定成本较小时，品种的数量就少，但每一个品种的消费数量较大；反之，当固定成本较大时，品种的数量就多，而每一个品种的消费数量较小。这种设定就是范围经济的设定。这里的范围经济，有别于可竞争市场理论所说的范围经济。它们的区别在于，可竞争市场理论所定义的范围经济是指单一品种（同质性）条件下的多产品范围经济，而异质完全竞争理论所定义的范围经济是指多品种（异质性）条件下的多品种范围经济。

在品种轴上投放的固定成本，对应的资源就是信息、知识、网络、创新等无形的异质性资源（貌似“垄断力”的市场力）。从异质投入获得的收益，以往被称为“租金”，也就是通过使用（利用）而非通过支配（归属）而产生的收益，同时在外延上，还要刨除来自土地、行政垄断生成的租金（真正的垄断所得）。由无形这一特点派生出的另一特性是上述资源具有技术上的非专用性，可以通过复制方式分散发送，近于零技术成本分享。差异化在个性化这种情形中，仍然可能在成本上是经济的。小农经济的个性化、定制化之所以不经济，是因为其不具备广泛分享资本的条件，而一旦资本专用性门槛降低，异质资本的广泛分享可以使创新的门槛彻底变低。

归根结底，规模经济设定（区别于范围经济）的特殊方面在于将品种增加理解为专业化，技术通过专业化带来的是规模报酬递增，是效率的提高。但范围报酬递增不属于专业化，而属于多样化，技术通过多样化带来的是效能的提高。从方法角度看，没必要将次可加性与范围经济性混为一谈①。

在规模经济中，专业化程度越高，资本专用性程度越高，而范围经济相反，融合越深入，资本专用性程度越低。非专用性资本主要指可分享资本与社会资本。而社会资本是不是资本，在学者中存在争议②。范围经济容纳可

---

① GROSSKOPF S，HAYES K，YAISAWARNG S. Measuring economies of diversification：a frontier approach ［J］. Journal of business & economic statistics，1992，10（4）：453 –459.

② 索洛与阿罗反对将社会资本作为资本，主要理由是专用性资本可转移产权，社会资本不能。详见达斯古普特、撒拉格尔丁的《社会资本：一个多角度的观点》（中国人民大学出版社，2005 年）。

分享资本与社会资本的制度设定，其要求在固定成本与可变成本之间进行所有权内部支配权与使用权的分离与互补，在商业上对应以租代买的制度创新。

## 1.2　范围经济的宏观政策选择

数字经济学强化范围经济的宏观政策主张。它包括围绕经济质量的三大主题：一是内生创新和消费需求的增长；二是强调供给侧联系就业和一次分配公平的有效供给；三是强调以信息替代稳定实体经济的流动性政策（货币政策）。其与工业经济学的区别在于其强调服务化。

工业经济时代，物质驱动的 GDP 高速增长是以制造业为重心的经济产业化的常态；信息经济时代，创新驱动发展则是以服务业为重心的经济服务化的新常态。

改变对 GDP 高速增长的片面追求，致力提高经济增长质量，实现信息经济的全面发展，需要有明确的宏观经济政策思路。第一，要明确创新驱动发展与增长政策的内在联系。要区分经济产业化发展与经济服务化发展对增长的不同影响，前者主要是增加产值、稳定增速，后者主要是提高质量、改善结构，二者相辅相成。第二，要明确创新驱动发展与货币政策的内在联系。金融信息化主要是提高金融效率，在信息不对称条件下化解金融风险；信息化金融主要是提高金融效能，通过信息对称化解金融风险，实现普惠金融。第三，要明确创新驱动发展与就业政策的内在联系。经济产业化发展直接增加就业，增加劳动力工资收入；经济服务化发展更多是增加劳动者工作机会，提高劳动者创造性和创新收入，支持草根创新。

一直以来，刺激总需求政策是与量化宽松、促进增长、增加就业联系在一起的（货币主义认为货币政策与增长、就业无关），通过增加流动性，创造总需求，但往往实际结果是大量造成短期无效需求，使名义利率高于实际利率，陷入流动性陷阱；而刺激总供给的政策多与促进有效供给联系在一起，通过干预（调整供给侧）或市场调节（紧缩与减税、私有化），降低政府或公共需求，提高私人部门效率，以有效利用资源。

中国当前的结构问题是长期刺激总需求（投资需求），高储蓄运行的结果，要通过数字经济推进服务化，沿新兴技术产业方向，促进有效供给，改善就业结构和收入结构。

### 1.2.1　数字经济增长：通过服务化提高增长质量

推进服务化、信息化与创新的一体化，是提高经济增长质量的必由之路。

把范围经济作为宏观经济学的基础，在政策上主张将经济服务化提高到发展战略高度，以提高服务业产值与就业比重（并且推动服务业支撑平台化、服务业现代化），以推进制造业服务化和农业服务化（电子商务化）为切入点，提高对创新的产业化市场需求，以替代脱离市场需求的政府主导，解决创新驱动发展的市场动力、生产力动力问题。

第一，要建立正确的增长观，从增长的效率标准转向效能标准。

服务化和信息化都位于工业化之后，这点没有疑问，问题在于“后”在什么地方？以往的解释主要是从经验上归纳产业现象，但越这样归纳，服务化和信息化就越像是两回事。例如，服务业与信息业的统计口径明显不同（在我国特殊统计口径下，电子信息产业甚至排除了服务业，特指电子设备制造业和通信设备制造业）。

但如果跳出产业角度，从生产率这一更为本质的特征看，服务化和信息化具有一个共同点，即它们的焦点都在于差异化。这一点之前从没有被注意过。服务经济和信息经济是差异化经济（越差异化越经济），而工业经济与之相反，其是同质化经济（越差异化越不经济）。因此，这里的效率实际上特指效能，即效率的变化率，具体来说是指效率相对于差异化程度变化的边际变化倾向。张瑞敏曾非常形象地把效率和效能的关系比喻成打固定靶与打移动靶的关系。这是以往被忽略、遗漏的观察视角。

服务化与信息化的所长都在差异化。同是增值，加工增值与服务增值也不同。工业本质上提供的是同质化的加工增值，服务提供的是异质性的差异化增值。所谓质量提高，是质变，即质的差异性变化，而非以往理解的 GDP 量变。服务经济就是差异化经济，即低成本的差异化，而服务化的“化”就是使差异化从不经济变为经济这样一个经济和社会转型过程。同样，信息在本质上提供的也不是加工，而是差异化（信息即熵，是差异化的单位）。信息经济就是差异化经济，即低成本的差异化（俗称信息对称，而不对称导致差异化的高成本），信息化就是使差异化从不经济变为经济这样一个经济和社会转型过程。相比之下，工业化是使非差异化从不经济变为经济这样一个过程。制造只是其表象。

第二，创新驱动发展在宏观经济水平上与信息化、服务化要建立内在联系。

经济学家布鲁克在分析美国1950—1990年的信息技术应用、产品差异化与生产率的统计关联时发现，服务化是经济差异化的过程，而信息技术发展是降低差异化成本的过程。这启示我们，应找出创新驱动发展在宏观经济水平上与信息化、服务化的内在关联。

如果是在国家层面（而非具体产业部门或微观商业层面）考虑信息化，首先，应把信息经济视为经济服务化的过程。主导思路不是以产业化的方式（工业化的方式）搞信息化，而是以服务化的方式搞信息化。其次，应把服务化视为信息化的本体（中间的逻辑是：服务化是三大产业的差异化，而信息产业是降低经济整体差异化成本的产业）。最后，充分认识创新与差异化需求的内在联系。创新是对差异化能力的供给，只有当市场上产生对差异化的足够需求时，创新才能成为人们自觉自愿而非政府驱赶下的行为。

以往创新驱动难以得到市场支持的关键在于，过度强调投资驱动的产业化，强化的是经济同质化的过程（传统中国制造是其表象），从根本上抑制了以差异化为本的服务化进程，从而在市场源头上抑制了对创新的需求，也抑制了信息化意义上的现代化进程。政府主导造成了创新的供给与需求“两张皮”。解决这一问题的关键在于认清“没有信息化就没有现代化”。

信息化本质上提供的是降低差异化成本的能力，它使服务的报酬递增，从而产生创新驱动发展的效果。只有在经济全局和产业全局上推动产业化向服务化转向，把信息化当作这个转向本身，才能从根本上解决创新驱动发展的问题。

第三，转变经济结构与转变增长方式相适应，推进经济的服务化。

转变发展方式与转变增长方式长期以来缺乏生产方式转变这个内核。只有从工业化生产方式向信息化生产方式转变，从工业经济过度发展向信息经济全面发展转变，才能真正解决转变发展方式与转变增长方式的问题。

发展信息经济对于推动我国经济社会转型的重要意义主要在于从GDP导向转向幸福导向。产业化思路与服务化思路的不同从对待GDP的态度上就可以看出来。当经济发展从量的增加转向质的提高时，由于GDP不计量差异化（质量）收益，产业化思路会把GDP增速下降当作损失，服务化思路却会把GDP下降当作增益。具体到政策上，产业化思路会用新的产业来填补GDP空缺，而不管新的产业是否粗放发展，而服务化思路更加注重的是经济质量、生活质量的提高，在同等 GDP 下追求质量的提升，实现以人为本的发展。

真正进入生产方式意义上的信息经济，从产业角度看，就要用服务化的方式搞第一产业、第二产业和第三产业。如果说工业化是产业化，信息化就是服务化。其中，产业化是指同质化方式（如中国制造），对应物质驱动发展，即以规模化驱动发展；服务化是指差异化方式（如中国创造），对应创新驱动发展，即以差异化驱动发展。信息作为生产力和生产要素，其发挥的主要作用就是降低差异化成本、提高差异化收益。经济的服务化是指农业服务化、制造业服务化和第三产业的服务化（指体验化），通过差异化提高经济的附加值，降低无谓的损耗。

针对问题，推动信息经济全面发展需要有明确的中观经济思路，要把信息化落实为产业发展的主导思路。产业发展应从以工业为主导、农业为基础的传统思路调整为信息化为主导、工业化为基础，或者叫信息化驱动工业化发展的战略思路上来。第一，农业发展的思路应是信息化驱动产业化。应在电子商务实践基础上，以农业产业化为基础性思路，将农业服务化作为主导思路，在保障农业基础地位不动摇前提下，把农业发展的重心从规模扩大转向农民增收。第二，坚持制造业服务化的正确思路，将制造业的信息化与服务化有机结合起来。信息产业的发展不应仅强调产业化，更要向服务化升级。当前，要加强对互联网服务业的支持，积极推动互联网 +（产业互联网化）的发展。第三，鼓励服务业向体验化方向升级。全面理解现代服务业，不仅要强调信息技术应用，更要引导服务业向智能化的个性化、定制化 App 方向发展，引导和鼓励内容产业从产品业态（如版权业态）向服务业态（如产品免费服务收费的云服务业态）升级。

## 1.2.2 数字经济货币：新金融秩序的方向

### 1.2.2.1 新金融秩序的方向

新金融秩序的核心就是“信息 + 金融”。

走向信息对称是数字金融创新与传统银行金融创新的根本区别所在。

影子银行只是传统华尔街模式的中国化，它将信息不对称固化进利益不对称，起到了固化中间利益的作用。以影子银行为取向的金融改革，总是强调“因大而美”（直到“大而不倒”），强化的是特殊利益（在中国，这种特殊利益往往还总是与传统粗放的物质投入不自觉绑定，从而有违国家大政方针），而数字金融由信息对称自然走向利益对称（虽然在初期可能不是这样，而是与金融业的现有力量结合），最终走向“因小而美”（走向小微、走向百姓），从而不自觉地强化民生利益。

以华尔街模式为代表的传统金融创新，通过衍生金融工具，不断拉长生产者与消费者之间的中间增值环节，它提高了金融效率，却降低了金融效能。在工业化发展后期，日益暴露出以效能低下为特征的“工业病”。“工业病”在利益取向上表现为借助信息不对称掩盖利益不对称，不断膨胀中间人利益，使利益超过他们服务应得的部分。这实际是靠惩罚自己的顾客为生。在信息不对称中，华尔街设计的各种金融产品经常是只有专业人士看清而顾客看不清，顾客看不清，犯了错误，钱就转移到专业人士口袋中。任何一个行业，靠惩罚自己的顾客为生，都是不可持续的。

金融改革与什么样的生产力结合，就会走向什么样的金融秩序。当《新金融秩序》的作者罗伯特·希勒发现互联网与金融大众化具有内生联系，说“互联网是推动金融民主化的重要力量”时，显然已经意识到这个道理。金融民主化，就是指金融透明化。数字金融之所以会和民生结合到一起去，是因为背后的信息生产力有一种特殊的力量（使特殊利益无从藏匿的透明化力量），迫使它不得不与民生结合到一起。金融当局看不清楚数字金融，除了数字金融自身发育还不明朗外，主要还是缺乏希勒头脑中将先进生产力与大众金融（普惠金融）内在联系起来的这根弦，不能自觉从工业化即将完成这个大的初始条件变化来考虑以后的金融秩序。正因如此，我才认为判断金融创新的是非时，头脑中不光要有改革（市场化）这根弦，还要有发展（先进生产力）这根弦，以明确通过金融改革到底要解放什么生产力。

以信息对称化解金融风险的大思路是当前中国金融改革顶层设计所缺乏的理念。当前中国金融改革存在的最大问题是利益取向与技术取向相反。利益上希望改变利益不对称，限制中间人（银行与地方政府）过分自我膨胀，普惠民生，支持中小企业，但技术上惩罚信息对称（如最近惩戒中信银行虚拟信用卡），而把信息不对称机制继续当作化解金融风险的基础。这势必造成言行不一。

信息革命的本质就是要打破信息不对称，实现信息对称，让不透明作为体制的默认条件变为让透明作为体制的默认条件。如果缺了信息生产力的概念，自然会认为金融从本质上就是信息不对称的。因此，化解金融风险，只能在信息不对称的前提下在内部解决。相反，如果有了先进生产力的概念，化解金融风险就可能找到银行之外的新的“同盟军”，大思路就可能有以下转变。

一是利用网络市场机制化解金融风险。如希勒所说，“用放弃机会规避风险”是“愚蠢的行为”。金融风险既可以在信息不对称条件下通过监管化解，也可以在信息对称机制中通过市场和网络化解。数字金融的新机会主要在于创造信息对称化的新机制。这是鼓励数字金融创新的真正出发点。为此，解决数字金融风险不应是堵，而应是疏，也就是推动数字金融向着信息对称化方向创新（扭转现在数字金融中的一些短期行为）。例如，不光致力于资金供给方的透明化，更要探索投资方向上的透明化、与电子商务结合实现投资精准化，从与实体经济结合这个根源化解金融风险。

二是支持金融业与信息业混业经营。在产业层面，信息对称化会带来平行于金融衍生业务的信息衍生业务，对于专业化的信息业务（如征信）与金融业务的结合（如虚拟信用卡），不仅不应叫停，而且应从有利于提高金融透明度的角度大力鼓励发展。因为业务层面技术性风险一时的付出，会从信息对称机制形成后对金融风险的抑制中得到加倍回报。在新金融条件下，数据业务有可能成为金融业的主营业务。为适应信息对称化业务的产业化，需要在信息业部门充分介入下及时调整产业发展思路，改变外行指挥内行的不利现状。

三是对数字金融的监管要有新思路。新金融秩序是金融秩序与信息秩序的融合，不应仅以金融监管的思路单边进行，也需要信息主管部门协同监管。不能为了维持金融秩序而扰乱信息秩序，银行涉嫌垄断，破坏了市场秩序，也需要矫正。

#### 1.2.2.2 财富计量：多快为好的新视角

如果以“信息 + 金融”作为新金融秩序的内核，我们看待财富（国民收入）的视角就会从货币国民收入（GDP）向信息国民收入转变。

如果把现有 GDP 定义为 $Y$ 的话，在 GDP 的考核体系下，$MV$ 的积越大，作为财富的 $Y$ 就越大。这从费雪方程看是没有问题的，但放在扩展费雪方程中就不一样了。

因为把 GDP 当作财富是传统财富观，而扩展费雪方程中的 $Y$ 是新定义的财富，它是指信息国民收入。按照假设 $H=1$ 的信息数量说，信息国民收入等值于货币国民收入。$MV$ 越大，信用总量 $B$ 也越大。但如果 $H$ 可变，也就是对财富进行质的量化，区分经济增长质量的高低时，新定义的财富（信息国民收入）就与货币国民收入不一样了。因为货币国民收入 $MV$ 会整体作为一个存量，转化为信用总量 $B$，它需要与信用水平（或质量水平）$H$ 结合才能成为新的流量财富。货币国民收入只相当于 $H=1$ 时信息国民收入的一个特例。存量与流量自然不相等。这同商品国民收入与货币国民收入之间的关系是一样的。

前述阿马蒂亚·森与斯蒂格利茨修改 GDP 的建议，可以集中概括和表示为这样一种财富计量的扩展。

按照扩展费雪方程，在同一个增长率（$Y=MV$）的情况下，如果 $H$ 提高了，$B$ 不是可以降低吗？也就是说，可以在 GDP 降速的情况下保持财富总量不变。这是通向理解自然率增长的一个关键。提高经济增长质量，也在增加财富。

同样，可以在低增长的 $B$ 和 $MV$ 的状态下获得更大的财富，只要提高 $H$，也就是提高经济增长的质量，形成更高质量的财富，它就等同于更大的新定义的财富，这是收入和流量意义上的改变，所以这种理论也可以被称为信息收入说。

从经验中看，这个 $H$ 是什么？就阿里巴巴的实践来说，它就是电子商务的信用和信任水平。同样配置实体资源，信息的流通速率要高于货币的流通速率，流通速率本身就是价格水平，相当于对货币价格水平加了一个质量系数，也就是说，其是符合信贷原则和不符合信贷原则这样的交易的一种比率关系。

### 1.2.2.3　流动性与配置资源新方式

数字经济对于流动性给予了新的解释。

传统解释是，力图通过增加资本流动性，解决资本增值与流动的矛盾。“有水快流”，加速资金周转，降低流动的成本。

数字经济解释是，在资本丰裕、信息结构对称透明的条件下降低流动性，通过（流动、交流中的意义载体中介）本地化来增值（符合情境意义的价值，用大数据阐释①来增值），让租值聚集。

贝壳、货币和信息是自然经济、货币经济和信息经济三个不同历史发展

① 让延异之流在每一个当下获得其此在的存在。

阶段上的流动性中介。正如工业经济的兴起、货币流动性机制的完善（以货币收入说的成熟为标志）促进了货币对实物财富（产品）的充分整合，从而发挥了市场配置资源的主导作用一样，信息经济的兴起、信息流动性机制的完善（以上述流量说的成熟为标志）促进了信息对货币财富（商品）的充分整合，从而将发挥网络在资源配置中的主导作用。

如果能够在信贷上有较快的流通和周转，就相当于改变了利率或准备金比率，这一点是我们在现实中观察到的。例如，阿里巴巴具有大量的客户，它的信用可获得性、信息透明度均高于银行，它能通过快贷快收让资金更有效能地周转。

但是流动性加强的资源周转过程给央行带来了一个问题，即变相影响利率和准备金比率。银行现在强制要求数字金融服务商接受准备金比率，实际上是对流动性进行约束。

在央行之外能够加强流动性的东西就在信息之中，信用化的信息加快了货币流通速度。这一点希勒做了很好的解释。他认为将来的所谓“新金融秩序”，是“信息＋金融”构成的金融秩序。希勒预测了 2008 年的国际金融危机和 2000 年的股指泡沫，他撰写的《新金融秩序》，不是就金融谈金融。他已经意识到我们处在信息时代，必须用信息对称化解信息不对称来稳定金融。任何金融创新都有可能加快货币流通速度。金融出现风险怎么办？现在保守的金融观点和希勒正相反，即降低货币流通速度，既反对衍生金融服务方向的金融创新，又反对衍生信息服务方向的金融创新。这个就保守了，因为我们不可能回到凯恩斯以前的经济中去。

20 世纪和 21 世纪的特点是什么？就是 20 世纪没办法做到信息透明，但是现在所有都是围绕信息活动展开，现在创造了和过去不一样的信息条件，现在的问题变成，需要判断信息越透明风险越大，还是越不透明风险越大。

如果限制数字金融创新，就意味着认为信息越透明风险越大，要把信息透明化的创新交给金融部门，由信息不对称的机构处理。这与当年熊彼特讽刺凯恩斯一样，货币就是单纯的物质投入，从来没有想过还有信息这回事。其实，信息和创新是联系在一起的。

实际上，金融背后另有决定因素，它叫作心理的因素或者信息的因素，它改变了整个社会总信用的条件。凯恩斯在事发之初就知道了。在那个时代，政策的关键不是实物国民收入均衡，而是货币价格在里面起了作用。今天只有少数像希勒这样的人意识到货币政策背后的货币理论出了什么问题，而大多数人还是按照传统的观点来判断。这也正是我们的贡献，我们发现了从信息不对称向信息对称的变化。关于这一点我们找到了一个“同盟军”，除了希勒和斯蒂格利茨以外，查尔斯·艾森斯坦写了《货币革命：后危机时代的经济博弈》，里面的很多观点很有意思，比如信息支付等。

#### 1.2.2.4　信息支付与金融脱媒

信息支付是什么？

支付一般被当作货币的一个主要功能，但支付实际有两种中介功能。马蔚华对数字金融有很深的理解，他提出两个支付的观点：第一支付充当的是货币供与求之间的中介；第二支付充当的是商品和服务供与求之间的中介。后者就可以称为信息支付。

根据马蔚华提出的两个支付的理论，银行主要靠第一支付赚钱，其他行业主要靠第二支付赚钱，在信息时代，后者赚的钱可能比前者更多。举个例子，从某个信用卡支付记录里分析出某人每40天买一支牙膏。刷卡收的佣金微乎其微，那么银行可以赚什么钱呢？可以赚广告费。假设一支牙膏10元，广告费占3元，银行可以告诉厂商，给这人打广告第39天最佳，第41天没用，然后双方对半分这笔节省下来的广告费，这比第一支付赚的不到几分钱的刷卡佣金划算多了。

在到各个银行交流时候，有一位银行业从业者对这个理念非常敏感，她提出，要用银行出现之前的支付这个视角审视支付。银行出现之前的支付是用贝壳进行商品交换，那时候根本没有货币交换的事。这就是凯恩斯和拉德克利夫思考的流动性问题，它是配置资源的摩擦力问题。贝壳就是一个信息符号，只不过它的流动性太差，如果换成比特，就完全不同了。用信息的观点整合货币，就会产生一个巨大的增量。

信息符号追溯到“贝壳”的过程，通常被理解为金融脱媒，意思是人们进行商品交换不再通过金融中介了。但这还是狭义的金融脱媒，它只是指货币的买卖不再通过传统的“媒人”，如金融P2P（点对点网络借款）、金融众筹等。但广义的金融脱媒实际是指包括金融在内的国民经济中的商品和服务，其媒介从第一支付转向第二支付，从主要依靠货币转向主要依靠信息。信息的流动性要远远超过货币，因此媒介的转移不是不要媒介，而是转向更高效能的媒介。

这里讨论的是货币经济学的基础理论向何处创新。我们相当于在货币经济学基础理论之上，沿着熊彼特以及后来的信用学派的观点，提出了一个信息范式，即将信息内生进货币理论的基础架构中去。这是主要观点。

#### 1.2.2.5 信任与增长质量

阿兰·佩雷菲特在《信任社会》一书中，针对片面强调物质驱动，提出“非物质因素决定一切”①。他说：提出这些问题，就是在发展现象研究中设法进行一场名副其实的哥白尼式的革命。② 我们的假设是，发展的动力最终存在于对个人能动性，对探索和创新的自由抱有的信心之中。③

佩雷菲特的具体框架是修正新古典主义的生产函数，他认为，发展是无法用资本与劳动的简单组合加以衡量的。必须承认有残余因素的作用，下决心将复杂的变数囊括在发展中。这些变数只能用一词以蔽之：文化。④ 他主张在代表物化力量的资本和劳动之外，另加一个第三要素，即信任。他在谈及弗朗西斯·福山的看法时解释说，信任要素只起残留因素的作用：从经济增长率中刨除资本要素和劳动要素后剩余的部分。⑤ 信任指代的是人的一切与物的特性相反的能动特性，包括创新、个人能动性、狭义信任等以自由为内涵的价值。他说：信任是命令不来的，它源自我们心灵深处。把它视为社会的动力，就是求助于内心，就是断言社会不是机械制造的产物，而是内生增长的结果。⑥

中国的数字化转型为什么会伴以互联网+这样的现象呢？比照历史，只有金融资本向各行各业的扩张可以与之比拟。金融资本的扩张本质上是货币力量的扩张，带来工业经济从工业发展向各行各业工业化转型；互联网资本的扩张本质上是信息力量的扩张，带来信息经济从信息业发展向各行各业信息化（服务化，即差异化）转型。透过现象看本质，扩张中的信息力量并非信息技术的力量，而是信息资本的力量。其中最核心的信息资本就是信任。

互联网+背后伴随的是信任这种信息资本扩张的过程。互联网+中有一个不可逆的现象：凡受到互联网冲击的行业都在从信息不对称向信息对称方

---

① 佩雷菲特．信任社会［M］．邱海婴，译．北京：商务印书馆，2005：6.

② 同①.

③ 同①7.

④ 同①18.

⑤ 同①695.

⑥ 同①551.

向转变，这些行业的微观基础都从原子契约式的发展向关系信任式的发展转变。互联网带来了社会资本，说得通俗一些就是互联网使商业社会从不透明的生人世界转向透明的熟人世界。

历史上也有同类现象。工业经济的全面发展以货币化为标志，同样，信息经济的全面发展以信任化为标志。阿里巴巴渗入各行各业的过程类同于金融业整合各行各业的过程，其是信任经济与信任社会形成的过程。

法国的阿兰·佩雷菲特在《信任社会》一书中做了解释，他把经济发展的新动力概括为信任，他认为，经济史资料，诸如原料、资本、劳动力、生产关系、投资、贸易、销售、增长率等，迄今为止一直被置于阐释发展的中心地位，但是发展动力上的哥白尼式的革命却在于把信任置于发展动力的核心，“对人持信任还是怀疑态度”“对发展起决定性影响”“我们的假设是，发展的动力最终存在于对个人能动性，对探索和创新的自由抱有的信心之中”。

狭义的信任只是买卖两造之间的信任，但广义的信任——这种信任足以同资本和劳动并列，作为生产函数的余值（这是福山、佩雷菲特的观点）——却是相对于物质力量的“人的力量”（如熊彼特、费尔普斯所说的创新、个人能动性等）。

比较金融化与数字化，有助于我们更好地理解互联网+或数字化转型的实质。

转型是一种方式转变，而不仅仅是产业现象。正如工业化不仅仅是工业本身的发展，同时是国民经济的货币化一样，数字化转型也不仅是数字技术相关产业的发展，而是国民经济的信任化。

今天看来，阿里巴巴发展出支付宝具有特别的意义，它为信任找到了一个支点，就像当年纸币为一般等价物找到一个支点一样。

金融资本可以称为不信任资本，信息资本可以称为信任资本。信息、数字这些技术上的东西对于信用就好比纸币对于货币价值，而信任又是信用的资本化形态（学名叫社会资本），相当于利息之于货币的关系。信用评级（好评率与差评率），就相当于资本的价格，相当于利率。

信任不同于契约。货币的原型是契约，它假定人与人的关系是互不相识、互不信任，是原子论的。它是为不信任条件下的成交准备的中介。而信任正好相反，它假定的人与人的关系是相互认识、相互信任，是关系论的（关系又称互联，关系网又称互联网）。

与小农经济时代的信任不同，只需要通过信用评级使双方的关系达到熟人的水平。在平台作用下，生人之间达到类似熟人那样的信任，或干脆由熟人介绍，把生人变成熟人。常见的是借助微信等社交工具，向熟人的熟人扩展朋友关系。

信任为什么重要？从学理上来说，信任的作用在于降低缔约交易费用，又称“世上没有难做的生意”或“因为信任，所以简单”。工业化发展到末期，人们往往只注意到制造业发展、产能过剩等产业现象，但较少注意到工业化的交易费用已达到GDP一半以上这个巨大弊端。对于中国来说，50多万亿元的GDP，就有约25万亿元的交易费用。对于美国来说，财富赚一半，另一半都给了华尔街金融机构这样的交易撮合者。它们在最极端情况下，可以搅黄了生意，却照拿交易费用。人们管这种现象叫国际金融危机。

在数字化时代背景下，信任经济应运而生，信任就成为数字化纸币的币值所在。它不同于信用，数字化的信任是建立在P2P对等、信息对称条件下的。金融经济的信用是信息不对称、利益不对等的，而数字化的信任不是集中的，而是分散的，不是信息不对称的，而是信息透明的，因此它本质上只能由人心决定，而不能由印钞机决定。这也是数字金融背后的信任为什么与央行的货币量、货币价格无关的道理。

正如整体经济的货币化并没有使金融企业独霸市场一样，整体经济的信任化也不会使互联网企业独霸市场。事实上，在信息经济的全面发展中，所有企业都将是互联网企业。

中国的数字化转型与经济增长质量提高从深层看正是信任关系的全面扩张。这种信任不同于金融经济的信用。其特点如下：一是信息对称（透明）；二是信息对等（去中心化、P2P）；三是不可转移（存在于关系中，是社会资本）。货币经济的本质特征是货币是作为价值尺度和流通手段发挥作用。当信息经济全面发展，数字化转型完成时，被灌注了信任币值的信息开始具有价值尺度和流通手段的作用。例如，支付宝成为以信任为内容的价值尺度和流通手段。

经济增长质量不同于产品质量，它是指经济本身品质的提高，这不仅意味着一种经济的运行是否避免了大起大落，更意味着经济是可信的。信息越不透明，相对于供求来说越不可信，越有可能出现偏离需求的高增长，进而造成利益扭曲；信息越透明，经济越可信，供求越吻合，质量也就越高。

### 1.2.3　数字经济就业：大众创新与“成本病”矫治

#### 1.2.3.1　矫治“成本病”，提高就业质量

在研究服务经济的过程中，鲍莫尔提出“成本病”的问题。服务业发展伴随着质量提高，因为差异化会带来质量提高，质量提高会带来价格提高，此时 GDP 增速哪怕较低，也没有问题。在这方面，鲍莫尔已经解释通了。

但是鲍莫尔提出，服务业占 GDP 比重越高，GDP 增速会越低，因为服务业存在“成本病”，即服务主要依靠人工，很难依靠机器，这造成劳动生产率难以提高。经济的服务化，意味着那些因无法采用机器而劳动生产率较低的服务产业在 GDP 中的比重越来越大，而那些适合采用机器而较快提高劳动生产率的制造产业在 GDP 中的比重越来越小。这会导致经济增长总体速度下降。

鲍莫尔认为服务业越发展成本越高这件事是有问题的。对以传统手工为主的服务业，如洗脚、理发等来说，这是符合实际的。但当电脑与人脑结合日益成为服务业的主要生产方式时，他说的机器难以在服务部门提高劳动生产率的观点就变得难以成立了。

从理论上看，“成本病”这件事可以从供给与需求两方面来看。如果服务业是差异化产业，那么制造业就是同质化产业。从供给方面来说，越差异化是不是成本越高？从需求方面来说，越差异化是不是收益越高？

差异化的经济性主要是权衡二者关系，看提价幅度是否高于成本上涨幅度。如果提价幅度高于成本上涨幅度，差异化就是经济的；相反，如果“成本病”过于严重，成本上涨幅度高于提价幅度，差异化就不经济了。需求方面没有分歧，显然是越差异化收益越高。因为无论成本高低，差异化显然都可以起到提价的作用。这是公认的。但差异化成本方面是不是这样一个道理，看法就有分歧了。鲍莫尔的道理在基础理论层面显然与斯蒂格利茨的规模经济的垄断竞争理论是完全一致的，但范围经济的结论是相反的，即在范围经济的条件下，越差异化成本可能越低。因此“成本病”理论可能不成立。

服务不同于制造的一个主要特点就是难以标准化。由于每一项服务都是不一样的，每个人的服务都是不一样的，所以要想提高服务的效率，就需要加大人力资本的投入。但在信息经济条件下，如果大家都采用云计算、云服务，开发平台与开发工具不收费，通过以租代买的方式提供服务，按使用收费、按服务收费，情况就逆转了。

信息服务的开发工具可以有效提高效能，也就是提高差异化的效率。开发工具在少数人，比如十个人使用的时候成本较高，因为固定成本投入还没有完全分摊，平均成本没有降下来，但是如果使用这套系统的人越来越多，到了一百万人的时候，平均成本反而被摊薄。

鲍莫尔在考虑成本问题时，没有把信息技术这个革命因素考虑进去。这与资产可复制与不可复制有关。资产不可复制的时候，任何人要开展制造或服务活动都需要实体的厂房、设备，但如果资产可复制的话，就可以把虚拟的厂房放在云端复制，供各个终端使用，如 PaaS（平台即服务），即平台免费，按平台被分享使用的情况来收取租金。可以把“设备”放在云端复制，供各个终端使用，如 SaaS（软件即服务），即软件免费，按软件被分享使用的情况来收取租金。

App 开发都是差异化的，都是针对差异化需求去开发，开发的人多了，成本反而降低了。这就是越差异化成本越低的实证。这一点是目前公认的事实，但是理论家没有考虑这个，于是我们把它概括为理论提出来。这就是基于品种的范围经济。

钱德勒在《企业规模经济与范围经济：工业资本主义的源动力》一书中，较早提出范围经济的概念，当时主要指多元化经营。作为均衡理论的范围经济理论是由美国西北大学的潘泽教授提出来的。现有范围经济不是基于品种的范围经济，而是基于同质化的产品数量的范围经济。我所提出的基于品种的范围经济是基于质的差异的范围经济，目前还没有见别人提出过。

阿里巴巴天天讲范围经济，从实践上提出了经济增长质量越高，成本反而越低这样一条与传统相反的道理。现在提经济增长质量要以效率为核心。以“成本病”为标尺，这样提，在就业质量问题上隐含着不以物质驱动发展，就会出现低劳动生产率就业的陷阱。按鲍莫尔的说法，音乐家演奏怎么提高效率？难道是用更轻的力气，拉得更快？那不成了迪斯科了吗?！服务化的质量问题，从根本上说，效率（如 GDP 快速增长）不是第一位的，而是第二位的；摆在第一位的应是效能，即多样化的效率，甚至是多样性（纵向就是质量阶梯）本身。

目前所说的提高经济增长质量是指经济增长的运行质量，还指 GDP 的增长，而不是真正的质量。现实是，服务业比重提高了，质量提高了以后，就业问题不仅不会爆发，而且解决得比以前更好，这有利于破解就业这一民生问题。

当然，低水平的就业仍然没有解决“成本病”的问题，按照范围经济的宏观经济原理，信息化驱动下的服务化最终会使劳动生产率也取得极大提高。其中隐含的另一重道理在于不仅要提高劳动生产率，还要提高劳动生产的效能，以人的能力提高为标准，提高就业的质量。从这个角度讲，按照范围经济的思路矫治“成本病”，意义还不仅仅在于简单提高 GDP 增速，而是提高就业质量。就业质量问题的核心是人进一步的现代化。

从实践来看，当前的信息服务业中，以平台服务与增值服务分离为标志，出现了平台（以及开发工具）免费、增值服务（App）收费的新模式。其特点是把生产资料分享给每个 App 劳动者，把机会越过企业家直接给到劳动者（而非劳动力），相当于把做梦的机会给大众了。做梦的机会主要就是指占有生产资料，一旦把生产资料复制给大众，对就业的一个最大的改变就是把劳动力变为劳动者了。这就是就业质量的实质，它改变了人的性质，将机械的、拿死工资的人变为创造性的、分享剩余的人。人的质的飞跃、质的提高，是就业质量提高的根本。

进入 21 世纪，信息和知识形态的无形资产在资产构成中占比越来越高。这种资产是可以复制的。从资产专用性到资产分享，资产形态上发生了这么大的变化，但在经济学上没有任何反应，这太奇怪了。这个变化过程带来的是什么？是把人心给解放了。一旦资产可以复制，老百姓就可以参与创造财富了。

比照当年凯恩斯的观点来看，其策略就是让当时的美国政府将那个时代的财富存量转变为流量，救了资本主义。我们今天正好在这个时代的财富存量（GDP）问题上绕不出去，可以用范围经济的道理将存量转变为流量，利用资产可以复制把大众创新的力量解放出来。如同凯恩斯那样。对民生问题来说，范围经济的主张从供给的角度看是调动人们参与创造的积极性，从需求的角度看是满足人们的自由选择（服务差异化和产品多样性）。发展的价值观在于“自由而全面发展”（以自由看待发展），自由也是发展所追求的。

#### 1.2.3.2 创新是人的基本道德

就业问题的症结是什么？在新的条件下，应该是要恢复劳动者的主动性，特别是一线员工的主动性。现在这个条件越来越成熟。过去的企业只要企业家强就行了，现在一线员工随机应变的能力，以及他临机处理客户关系的能力，对企业是否能获得利润也非常重要。

海尔的张瑞敏曾经提出日本企业的缺点。他觉得日本企业实行年功序列制使得员工失去主观能动性。年功序列制保证只要员工对老板忠诚，就永不被开除，这形成了一种文化。这种文化与幕府时期的人身依附一脉相承，它使员工再聪明也不想决策上的事，失去了主观能动性。员工失去主观能动性表现在什么地方？一方面，员工对企业家极度服从，服从到忠诚的程度。这是对企业家永远不开除员工的对等回报。另一方面，员工不顾老板死活。无论老板的指令正确与否，员工都会忠实执行。通常情况是这样的：员工看到市场发生一个变化，赶紧向老板汇报，老板做出决策，员工马上坚决执行，达到很好的效果。但是如果市场变化太快了，顾客只停留十分钟，而且提出了一个之前老板没有预料到的需求，员工来不及向领导汇报，遇到这种情况一个忠诚员工会怎么表现？他一定会按照老板昨天的指示行事。老板昨天的指示依据的是当时的信息，如果用在今天的顾客身上，顾客可能扭头而去，把钱投向竞争者。

张瑞敏收购日本企业后就取消了年功序列制，把员工忠实于老板转为员工忠实于顾客。张瑞敏是把员工从被动的劳动力改造为主动的劳动者。这涉及企业动力系统的改变。在海尔的报酬体系中，每个劳动者的绩效都是按有效创新到机械劳动，由高到低分为五级，分别进行分享利润到工资由高到低的五级分配。日清日结，每一天、每一周都可以按创新程度向劳动者分配剩余价值。开个玩笑，工人如果这一周喝酒没钱了，就会通过想个创新的点子来赚取利润；下周钱多了，又可以犯懒当一周的劳动力，只拿死工资。

其实这就是一个突破。为什么员工不能分享剩余价值？如果再怎么创新员工都不能分享剩余价值，那么他为什么要创新。

斯密撰写了《道德情操论》，但是我们觉得用其中的观点解释这一突破也不能完全到位。因此，我们提出一个关于创新的新观点，即创新是人的基本道德。熊彼特认为只有企业家才有创新责任，其实所有人都是可以创新的。现有机制让人在家的时候奇思妙想，到了单位呆若木鸡，脑袋都不灵活了。人们说生生之德，创新本质是一种人的从里到外的本质要求，跟动物不一样。

《道德情操论》只讲人与人的关系，强调人要考虑他人，没有创新人与自然的关系。人不仅要适应环境，而且要改造环境。

#### 1.2.3.3　零门槛大众创新

在政策方面，我们提出了一个与就业有关的关键性推论，这就是以零门槛的大众创新，支持经济的大繁荣。

这样一种创新驱动发展的主张既不同于熊彼特创新（精英创新），也不同于费尔普斯的高门槛的大众创新，它主张人人都可以参与创新。

就业问题在宏观经济政策上总是与总需求问题联系在一起，但以往在解决总需求不足问题时解决的只是短期的总需求不足，即使在充分就业状态、均衡状态，总需求仍然是不足的，产能仍然可能是过剩的。总供求的这种不平衡是结构性的。均衡不等于平衡，平衡是从人的价值观来看的、把大众包容进去之后的均衡。如果按照包容性的价值观衡量，就业与总需求问题提出的方式就有缺陷，它们都只是资本的手段，而非独立的存在。人是目的，而不仅是手段。

从人是目的（不仅精英是人，大众也是人）的价值观来看，人不是简单的物质循环流转程序，不是物欲的简单再生产和简单再循环，而是具有创造性的，可以自我实现的。如果在生存发展的基础上，把每个人的精神需求和选择多样化这种潜能都充分调动出来，充分加以满足，从供给方面把每个人的潜能调动起来，人人都可以参与创新。这是大繁荣的根本。

首先，我们来分析一下关于创新的传统观点。在创新这个问题上，相对于凯恩斯，我们更接近熊彼特的观点，但我们与他的观点也有距离，因为熊彼特创新的门槛太高了。对熊彼特来说，创新的主体是企业家，还有专业研发人员。按这个标准，大部分人，尤其是大众，无法成为创新的主体。新凯恩斯主义也支持创新，但把创新的门槛提得比熊彼特还高，当大众无法参与创新，企业的研发经费投入也不足的情况下，径直主张以国家包办创新，搞成创新的一小撮化。当然，国家创新是必要也必需的，但光靠政府干预来搞创新，实现不了大繁荣。最根本的原因在于，政府干预只能“集中力量干大事”，保证不了“分散力量干小事”所需的足够的多样性，而多样性才是经济体按生态方式进化的根本保障。大繁荣的本质是经济有机体的新陈代谢与旺盛生长，只有像保护生态多样性那样保护创新的多样性才能保证经济体这个生态的大繁荣。

经济增长进入提高质量阶段后，差异化（包括个性化、定制、产品多样性、质量等）成为主要问题。一线员工与具有差异化需求的顾客直接接触，需要发挥创造性，但如果认为创新只是老板的事情，或专业研发人员的事情，创新就达不到力度。大数据将来最主要的作用，就是为一线员工决策创造条件。仅在就业这个范围考虑劳动者的问题，难以应对市场经济的挑战。

其次，进一步讨论大众创新观点内部的细微分别。我们与费尔普斯的相同点在于都主张大众创新，不同点在于我们认为费尔普斯的大众创新门槛仍然偏高，我们主张零门槛大众创新。

第一，费尔普斯在大众创新上主要是针对社会草根阶层。

在创新问题上比熊彼特更进一步的是费尔普斯。费尔普斯的《大繁荣》一书针对熊彼特的精英创新观提出了对立的大众创新观，认为草根创新才是大繁荣之本。整本书都在反驳熊彼特，这是值得肯定的。

费尔普斯在《大繁荣》中的思想完全是批评熊彼特的，他和熊彼特都强烈主张创新，但他强调的是大众创新。

《大繁荣》的主题是“大众创新如何带来国家繁荣”。他当时谈自己为什么要写这本书时提到，他是要在创新活力这个问题上提出不同于熊彼特的理论，其特别之处在于要求创新必须一直深入社会的草根阶层。费尔普斯也认为创新应该成为经济增长的主要动力，但是他与熊彼特的观点又针锋相对，最主要的区别在于他主张大众创新。费尔普斯不认为非得是企业家或者专业研发人员才能从事创新。

费尔普斯和熊彼特都强调创新，但熊彼特过于强调精英。费尔普斯的《大繁荣》这本书讲美国的繁荣根源。一般的观点都认为美国的精英在创新方面非常努力，比如盖茨、洛克菲勒这些人有很强的创新精神。但是费尔普斯彻底颠覆了这种观点，他认为美国民间有深厚的创新土壤。

第二，我们来看费尔普斯在大众创新上的主要政策主张。

费尔普斯认为，要想激发活力，创造更高物质增长，主要措施有两条。

一是把知识转化为知识产权。这个观点本身是对的，但是现在有问题。比如说在云计算中，知识不物化（如软件免费），完全处在活跃状态（如在使用状态，按使用收费），同样可以创新，这点被他忽略了。这个观点在大数据、云计算条件下稍显过时。如果市场要的是贴近顾客一对一创新，要求一线员工发挥主观能动性，那么这个模式就迟缓了。张瑞敏主张人单合一，让员工贴近用户，通过为用户创造价值来实现自身价值，在市场和需求变化的时候，员工也要创新想法，以变应变。如果员工的创新取得效果，企业会对其进行奖励，以此来鼓励微创新。费尔普斯问题出在，如果在市场快速变化条件下，员工开发出知识还要等其转变成知识产权，那么顾客早跑没影了。因此，需要有针对随时随地微创新的制度设计，老板同意员工按单分账，这是一种支持过程创新的保障。

二是风险投资制度。比较英国制度和美国制度的差异，英国制度是银行在启动创新，而美国制度是风险投资在驱动创新。创新存在风险，金融越发达，实际上越可以化解风险投资的风险。如果把风险化解完，创新就被激活了。美国有限责任制就是使创新分散了风险，而风险投资体制更激发了高风险高收益的创新。创新就是创新，大众创新是创新的土壤，这是更深层次的了。当然，我们发现还有比风险投资体制门槛更低的支持草根创新的制度创新，这就是分享知识资本——开发平台和开发工具——的开放式 App 开发模式。

费尔普斯原来的观念就是，美国具有更好的创新土壤，这个国家以某种形式（如风险投资和知识产权体系）形成了创新力。他的观点不同于熊彼特的理论。熊彼特认为，创新是科学家和航海家的事情，要通过企业家实现。但现在的经济体不同于老式经济体，是阳光下的“新事物”，创新的门槛低了许多。

每一个时代中的每一个人都有他的局限性，这个局限性就是“他认识的都是个例”。熊彼特的出身、他的家族、他从欧洲移居美国的经历等，决定了他会那么想。实际上，所谓的企业家创新是一个个的个例。

本书中提到的创新给人类带来的好处是提升经济运转的品质，包括促进新观察的产生，它会从人们体验的角度、感受的角度出发，认为所谓现代经济主要指保护和激发个性想象力、理解力和自我实现的文化，以此来实现一个国家的自主创新。这种创新和模仿别人是不一样的。

创新是人的终极需要，是自我实现的另一种表达。实际上，人人内心深处都有创新的能力和潜质，但是在有些条件下被压制了。战争年代 20 岁的年轻人可以当军团长，现在我们认为 20 岁的人生活还不能自理，但是如果今天某种境遇把他推到那个位置，他照样可以成为军团长。

第三，我们来讨论一下费尔普斯大众创新主张的主要局限。

费尔普斯把大繁荣理解为现代性，这一点我觉得是值得讨论的。我们可以就他的理论进一步创新。费尔普斯的观点是，把草根转化成精英之后，这个草根才能产出创造性成果。这要具备两个条件：一是资本市场要支持创新；二是产权安排要支持创新。

资本怎么支持创新？这只针对风险资本而非银行资本。银行资本是回避风险的，而风险资本鼓励冒风险，是致力于分散风险的。创新可以归结为高风险、高收益的活动，高收益是创新带来的回报，高风险要替草根分散风险。知识产权可以从收益角度保证创新得到足够的回报。满足这两点草根就具备成为精英的条件，这是费尔普斯的观点。在他的图景里，他认为美国的草根都具有创新意识，但是只是做到这一点还不行，还要为草根提供成为精英的条件。这一点用于描述美国历史是正确的。

中国的草根创新现在还在初始状态，它缺少风险投资保护和知识产权保护，也就是说制度环境条件还没有达到美国的水平，在这方面还要继续努力。但是，除此之外，还有没有新路？普通人能不能创新？

古人有句话说得好："满街都是圣人。"这是更高级的创新状态。这句话道出了我们和费尔普斯观点的不同，我们认为大众不用转变成精英也可以参与创新。

费尔普斯认为知识产权会促使草根变成精英，但在云计算环境下，产品有可能是免费的，人们通过服务创新得到回报，所以在云计算的状态下，草根的门槛降低了。过去是后台决胜，现在是一线决胜。比如，海尔员工不需要提拔成部门经理，只要做创新性的工作，就可以创造出比股东更高的价值。海尔要为其配比高于工资部分的奖励，这部分属于剩余价值分配。同时，不仅是物质回报，企业会把职工发明的东西，按照发明者的名字命名，使其获得成就感和自豪感。这时候员工干吗非要做主任或部门经理呢？这一点与费尔普斯说的大众创新是不同的。

另外，风险投资固然好，这是向着上市去的，但是好多企业达不到上市的状态，上市对它们来说门槛太高了，那么它们应如何化解日常的创新风险？现在有了新的办法，即通过商业生态系统，把可复制的固定资本同用户分享。比如在 App Store（苹果应用程序商店）的苹果模式中，App Store 平台是创新所需要的固定资本，要创新不一定要通过上市的形式，苹果把开发工具提供给用户，这时候只需要用户发挥"小聪明"就够了，"小聪明"的门槛和生产出 App Store 平台的门槛是完全不一样的。按照费尔普斯的观点，要做到 App 的创新，首先要有制度保护用户得到风险投资，直至上市，要从知识产权上保护开发工具，不让别人搭便车。至少也需要成立公司，分担风险。但是这些门槛都太高了，能成为苹果的毕竟是少数。分享型经济也是一种在资本上替用户分担风险的形式，但它几乎把创新的门槛降低到底了，大众只需要有冒险精神和创造能力就可以了。这是我们独特的零门槛的大众创新主张。

费尔普斯已经是经济学里极少数持大众创新观点的人，但我们这个观点可以说在经济学家里还没有人提过。现在是把创新的门槛越降越低的时代，这是工业化时代没有的情况，因为那时的资本是专用的、不可复制的，现在基本人人都可以发挥创造性，从而不完全依靠物质投入来获得发展。

第四，零门槛的大众创新可不可行。

让我们从实践入手。第一种情况，海尔的情况。张瑞敏主张“人人都是CEO”，换句话说，人人都需要创新。他认为创新不是专家的事，是所有人的事。为了使人人参与创新，海尔实行了五级工资制，前三级的报酬都是超过了劳动力性质的报酬。第一级比股东还多，虽然按天发放下来显得很少，但是它的性质不是传统意义上的工资，当职工的创造性贡献超过老板时，就按照超过老板的标准给职工发报酬。第二级是相当于股东的报酬。如果职工创新的贡献局部超过了股东的贡献，就给职工局部等量的剩余价值。第三级相当于分红水平的回报，贡献和报酬对应。第四级是工资，就是按劳动力的标准给职工工资。第五级低于标准工资，活没干好，扣钱。如果总是完不成最基本的任务，只好另请高明。这种制度天天循环运转。人人如果有心气的话，随时都可以创新，在这个前提下，就业的问题发生变化，变成不是解决劳动力就业的问题，而是激发劳动者创造性的问题。第二种情况，在家办公。如果在家办公，一个人可以从事很多职业，他可以在这个地方当工人，回到家再去做直播，都有可能。他干完这件事，又干别的去了，可以用情境定价的方式进行生产，或者交换劳务。这时人们会发现亚里士多德标准就起作用了，不是就业率的高低决定美好生活，而是他自己能否通过工作发挥自己的创造性并得到相应的回报，是否能使自己的工作与生活融为一体，获得高满意度，以此确定是否确实过上美好生活。

第五，如何支持鼓励大众创新？

一是以信息化和互联网手段为大众创新创造制度条件、平台条件和社会条件。这包括推广海尔经验，在企业中建立全员创新机制（海尔“人人都是CEO”）；鼓励服务支撑企业为开发者免费提供开发平台和开发工具（百度和腾讯），推动草根应用开发创新；广泛为劳动者在家办公创造条件和机会；为农村电子商务提供开放的公共支撑平台，鼓励新农人借助互联网参与应用创新与开发性扶贫；通过以云服务为代表的分享型经济模式创新，提高服务创新水平。

二是推进政府信息公开，将智慧政府的建立与大众创新联系起来，以提供“超越常规的服务”；将电子政务、智慧城市建设与社会、市场上的自我服务机制通过平台对接起来，调动大众创新在服务中的积极作用。

三是改善大众创新的公共条件。这包括进一步重视国家宽带战略，推进电信普惠服务，降低资费，改善大众创新的基础设施条件；推进与深化电信改革，打破垄断，扩大竞争以降低全社会信息化应用与创新的门槛；鼓励各种形式、各种数字形态的商业基础设施的分享。

# 2　总供求：实体市场

数字经济宏观经济学分析总供求问题，为了突出信息革命带来的新问题的特殊性，始终坚持两个基本特色：一是关于资源配置（物质关系）的“差异化—非差异化”二元分析结构；二是关于利益配置（力量互动）的“能动—被动”二元分析结构。质量、创新与体验，作为异质性，是由这两个分析结构维度的内生加以体系化的。数字（信息、知识）在其中起的作用，只不过是信息生产力向生产关系、生产方式的技术经济传导。我们会把专门的技术经济分析留待《数字经济学：技术经济卷》中加以探讨，这里只分析受技术影响改变后的经济本身。

## 2.1　大思路：“同质—异质”两部门均衡

将微观经济学供求模型改写为宏观经济学总供求模型，只需要像微观经济学那样，校正为“无差异—差异”两部门均衡即可，这统一了凯恩斯经济学与行为经济学。这将宏观问题拆解为“整体—个体”与“同质—异质”两类问题，当把政府干预与异质性（动物精神）分拆时，宏观经济学与微观经济学的转换就实现了。异质性在此包含差异、能动两个含义，将异质性内生加以体系化，就是将创新以差异化经济（而非不经济）、能动性经济（而非不经济）加以体系化。

这在政策上意味着，用（常态的）异质性概括从政府干预到质量、创新、体验（行为、心理因素）在内的一切变量。因为在这些方向上，只要一动，就会在总供求上构成对新古典值的偏离，但数字经济学将其体系化的点在于，这种偏离不是不受客观规律制约的发散（如唯意志论），而是会收敛于内生异质性的新常态均衡上，并以之为包容创新、体验后的广义最优。政府干预分为两类：一类是功能性的，在调节宏观与微观的关系；另一类是实质性的，在为经济注入同质性或异质性（典型如创新驱动）。

对于将创新加以体系化这一目标来说，建立“无差异—差异化”两部门均衡模型的意义在于，将排斥创新的物质循环流转，明确定义为无差异均衡；自然，与之相反的创新达到的均衡，则定义为差异化均衡。这就第一次把熊彼特关于循环流转与创新区别的模糊说法变成了明晰的数学表达式。

### 2.1.1 内生增长理论突破方向

内生增长理论的贡献在于提出了报酬递增的经济学，为基础理论层面（均衡层面）内生技术和质量奠定了基础。然而目前的内生增长理论存在两个方面的局限有待突破。

一是内生增长理论主要建立在规模报酬递增的基础之上，系统地忽略了范围报酬递增。这在对现实的解释上暴露出问题，它可以为大规模定制做出均衡水平的论证，但无法为个性化定制做出均衡水平的论证。换句话说，它对差异化、产品多样化的经济性的论证是不全面的。人们可以在经验水平角度相信个性化定制，在产业水平角度相信服务业增长的益处，但无法在微观和宏观均衡水平上回答差异化的经济性问题。这导致提高增长质量的政策，存在着地基上的隐患。

二是内生增长理论在范围经济的论证上不成熟。现有范围经济理论恰恰是在排斥异质性，进而排斥品种这个概念的基础上发展起来的，既缺乏独立的基于异质性价值判断的规范经济学基础，也缺乏基于品种维度的实证经济学框架。这导致了一种奇怪的现象，规模经济的均衡理论中内生了品种概念，但范围经济的均衡理论中反而没有内生出品种概念。在解释现实方面，现有范围经济理论变为论证同质的多产品（而非多品种）均衡原理的理论，变为以数量为中心的均衡理论，而无法聚焦以质量为中心的均衡理论。

对内生增长理论的突破，需要从新的问题意识开始，设置新的议题。

工业经济主导性的问题意识是同质化如何经济（对应当前现实是“中国制造”如何经济）；信息经济主导性的问题意识是差异化如何经济（对应当前现实是“中国创造”如何经济）。从中可以发现一个悖论：前者是效率经济，而多样性不经济（如 GDP 经济而个性化不经济、质量阶梯做优不经济）；后者是多样性经济而效率不经济（如创新经济而传统“中国制造”不经济）。

从学术渊源上，我称前者为斯密问题，后者为张伯伦问题。现有标准经济学（新古典主义经济学）的同质性假定和完全竞争理论解决的是斯密问题，回答的是自法国大革命到2020年（中国工业化基本完成）期间的典型经济问题：为何小农经济（个性化定制）是不经济的，而工业化是经济的。同质化经济对应的标准是效率标准，对应的路径是产业化，实质是同质的规模化，旨在通过标准化实现低成本，例如农业产业化——意为用工业化而非小农的方式从事第一产业。而垄断竞争理论（差异化理论）针对的是张伯伦问题，回答的是差异化如何经济，对应的标准将是多样性标准，指向的是在质量阶梯上实现做优（因此与创新理论同宗），对应的产业路径是服务化，实质是差异化，包括第一产业的服务化（农业做优）、第二产业的服务化（工业做优）和第三产业的体验化（服务业做优），旨在通过经济差异化提高附加值。

进一步梳理差异化经济理论（又称垄断竞争理论）的学术源流，张伯伦是系统化的第一人（而且与后继者不同，他具有异质性假设情结）。迪克西特、斯蒂格利茨是中兴者，他们的贡献是把张伯伦理论数学化，并首次把品种作为度量差异化的基本单位纳入均衡理论。克鲁格曼、芬斯特拉则是把迪克西特、斯蒂格利茨的成果应用于国际贸易。D－S模型这一支构成新经济增长理论的主流，特征是为论证差异化的经济性，而将垄断竞争理论与规模经济进行了深度绑定。独立于这一分支的理论则将垄断竞争理论与范围经济深度绑定，以潘泽为代表。这一支被称为可竞争市场理论，是新经济增长理论的分支。虽然在理论上是分支，在实践中却有成为主流的趋势，如阿里巴巴就是范围经济理论的重要印证者。

差异化到底经济不经济呢？我们以诺贝尔奖得主（斯蒂格利茨、克鲁格曼）和潜在得主（如鲍莫尔、芬斯特拉）的研究成果为基础，大致可以得出以下结论：一是差异化从需求（量化为价格）看是经济的，因为越差异化，（高收入）顾客越会心甘情愿付高价，在此起作用的是多样性标准（而非效率标准）；二是差异化从供给（量化为成本）看是不经济的，因为无法标准化，难以用机器替代人来提高生产率，在此起作用的是效率标准（而非多样性标准）。

鲍莫尔以此很好地解释了"服务业生产率之谜"：各国服务业比重上升，GDP增速几乎同步下降（中国当前出现这种现象），原因是服务业本质上提供的是差异化（熊彼特学派称为质量——质的差异——或质量阶梯），差异化通过上述第一个结论导致GDP占比上升，又通过上述第二个结论导致GDP增速下降（著名的"成本病"理论）。

根据常识，服务业的GDP占比上升会导致就业增长。这时，诡异现象发生了。传统经济学家与信息经济学家都"失灵"了。前者说，GDP下降一个百分点，就业会相应下降若干个点，但事实正相反。中国GDP增速连年下降，但正如不久前吴敬琏在引述李克强总理观点时所说的："去年我们原来计划是新增就业 900 万，结果完成了 1300 万。今年一季度的就业情况比去年还稍好一点，最重要的就是服务业加快了发展。"后者说，信息经济的作用是提高 GDP 增长率，而事实很可能是信息产业在增长，但 GDP 的增速在下降（忽略了 GDP 增速下降时，熊彼特学派定义的财富却在上升，包括质量和附加值在上升的情况）。这无异于给了经济学家们一记响亮的耳光。这说明"信息—服务"经济是由差异化的经济性在深层所决定的，只讲 GDP 必然"深度不够"。

理论经济学探索可以向何处深化？实践让我们有条件进一步证明差异化在成本上也可以是经济的。目前美国对差异化经济问题的研究基本还停留在 1977 年的结论上。当时认为，由于差异化在成本上不经济（这也是小农经济被工业化摧毁的原因），只有通过规模经济（忽略了范围经济），才能使差异化达到均衡，结论是完全竞争均衡（产品无差异均衡）与垄断竞争均衡（产品差异化均衡）之间存在一个与固定成本等值的价差（罗默因此主张政府补贴研发，但与 BAT① 实践正好相反），它是 $MC\min - AC$。

这个命题，即差异化在成本上也可以是经济的，在经济数学上特指存在相对于产品品种的边际成本递减（等价于报酬递增）。只有证明这一命题，信息经济的经济本体为什么经济才能得到全面解释。信息（技术）对于经济本体的作用无非是为经济地实现差异化提供（小农经济时代所没有的）技术性条件。信息技术产业的作用不仅在于提高 GDP，更在于为提高整体经济发展质量、促进经济向高附加值转型赋能。信息经济全面发展要求的是使经济发展从无差异的物质驱动转向差异化的创新驱动。

### 2.1.2 总供求："无差异—差异化"两部门均衡

设工业经济为无差异经济，均衡点在 $P = MC$（狭义帕累托最优为 $P = MC = AC\min$）；数字经济为差异化经济，均衡点在 $P = AC$（广义帕累托最优为 $P = AC$，且 $AC > MC$，$AC$ 大于 $MC$ 的程度代表经济内生质量、创新和体验的程度）。

#### 2.1.2.1 总供求

$Q$ 为总产量（GDP），$P$ 为总价格水平。总供求中的无差异均衡点和总供求中的需求变化如图 2-1 和图 2-2 所示。

---

① B 指百度、A 指阿里巴巴、T 指腾讯，是中国互联网公司三巨头。

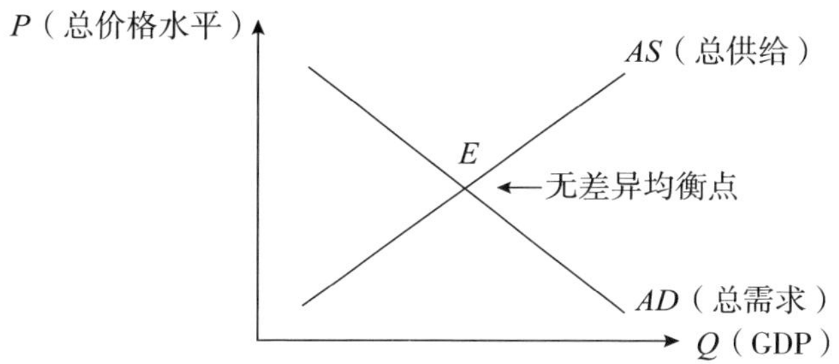


图 2－1　总供求中的无差异均衡点

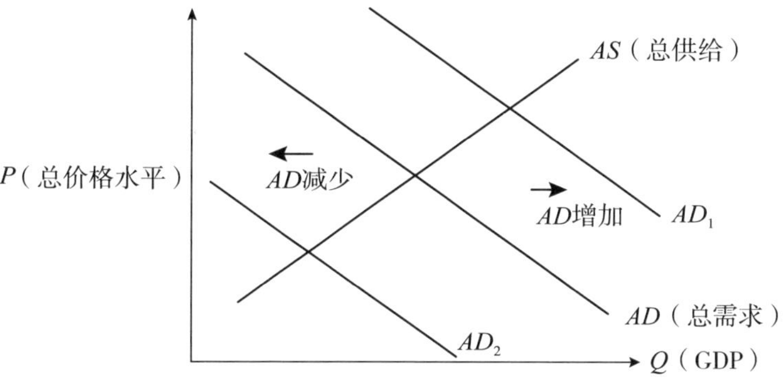


图 2－2　总供求中的总需求变化

#### 2.1.2.2　总需求变化

如图 2－3 所示，在供给条件不变情况下，导致 *AD* 差异化的因素为体验内生（参照点集合整体位移）（行为经济学）。

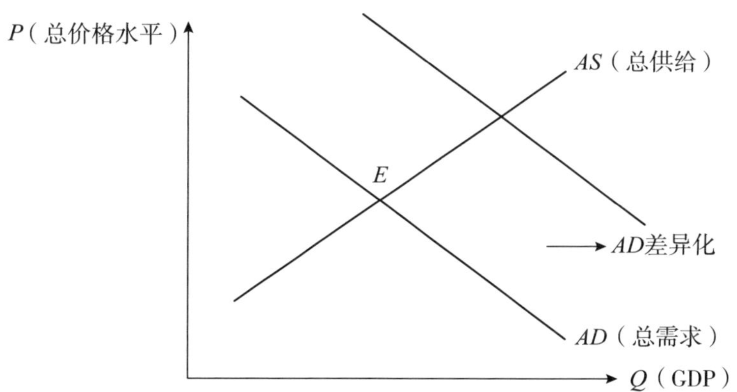


图 2－3　总供求中的总需求差异化（体验拉动）

供给条件——创新内生（新熊彼特主义、范围经济等）——变化，供求条件——质量内生——同时变化。外生变量包括政府干预（新凯恩斯主义）、垄断等。

当数字经济相对于工业经济需求发生差异化变化时，均衡点从 $E_2$ 移向 $E_1$（见图 2－4）。

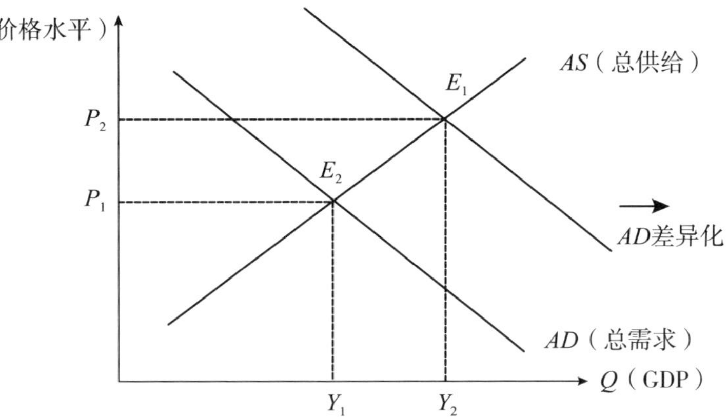


**图 2－4 总供求中的总需求差异化对均衡点、价格的影响**

### 2.1.2.3 总供给变化

$Q$ 为总产量（GDP），$P$ 为总价格水平。总供求中的总供给变化如图 2－5 所示。

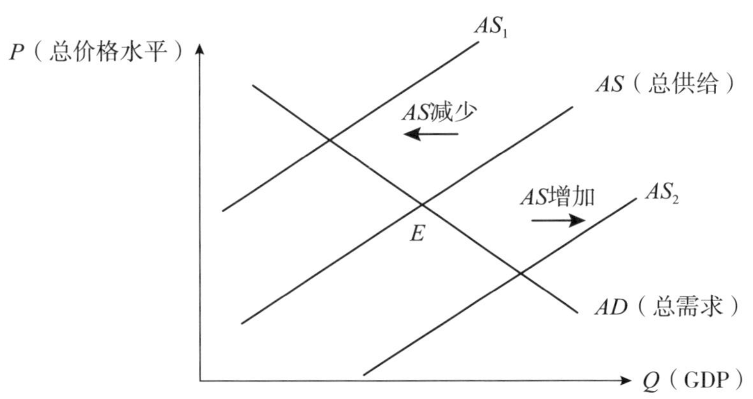


**图 2－5 总供求中的总供给变化**

$Q$ 为总产量（GDP），$P$ 为总价格水平。总供求中的正向供给冲击如图 2－6 所示。

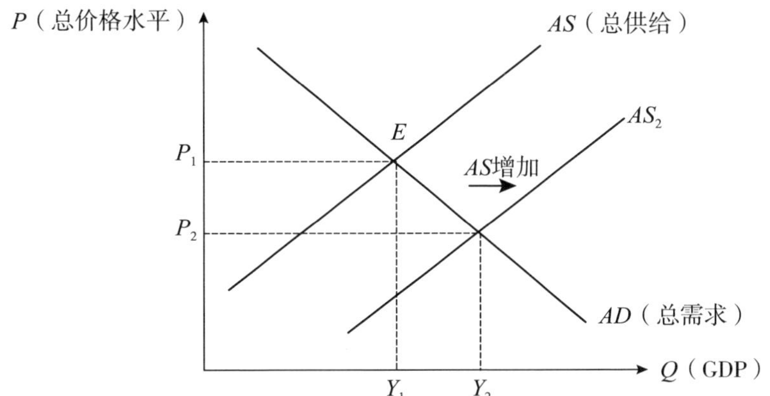


**图 2－6 总供求中的正向供给冲击**

正向供给冲击导致总产出水平上升，总价格水平下降。无差异化导致成本下降和规模提升（传统中国制造）。

传统理论认为，产出增加（规模化）是宏观效率所在。隐含了全要素生产率中的技术，单指专业化技术。这种经济的技术经济特征是产出随成本下降而增加。

*Q* 为总产量（GDP），*P* 为总价格水平。总供求中的负向供给冲击（创新驱动）如图 2－7 所示。

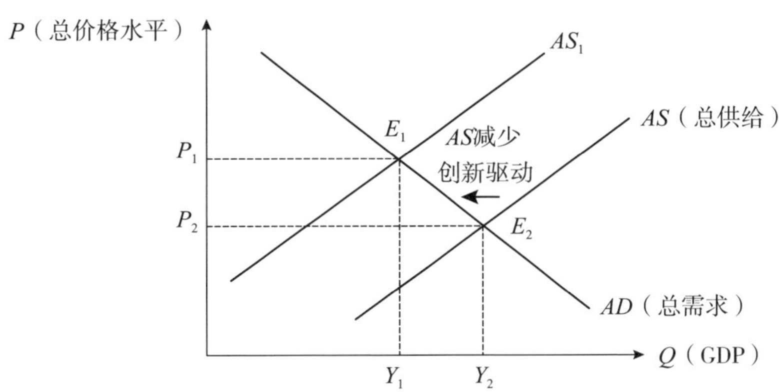


**图 2－7 总供求中的负向供给冲击（创新驱动）**

负向（小批量化）供给冲击导致总产出水平下降，总价格水平上升。

解释：$P_1 - P_2 = AC - MC$。多样化效率在此意味着，在同样多的产出存量（$Y_1$）情况下，创造了更高的附加值（$P_1 - P_2$）。创新导致供给成本上升（研发投入增加 $AC - MC$），批量减少，但多样化效率提高，因而产生 $AC - MC$ 区间的溢价压力。

应用："服务业增长之谜。"从三维均衡看，$AS_1$处于品种轴，存量减少，但流量（批量与价格之积）并未减少。这意味着产出减少，但财富增加（前提是创新常态化）。

创新定义：①产出一定时，因差异化而获得较高价格；②价格一定、产出一定时，因差异化（多样化效率）而付出较少成本（低成本差异化）；③拉姆齐价格（$P_1$）既定时，因成本较高而获得较少产出（$Y_1$供给负向冲击）。

解释："拉姆齐价格（$P_1$）既定时，因成本较高，较少产出（$Y_1$供给负向冲击）"反映的是多样化效率的经济效益。这里的成本较高，可能是较高的研发投入，也可能是较高的人力资本（包括App较高的分成）。与传统宏观经济学负向供给冲击解释的不同在于变同质性假定为差异化假定。同质性假定下的负向供给冲击是指总价格水平一定，成本上升（如油价上升或名义工资上升），导致供给减少。

政策分析：信息技术主要影响供给侧，与传统理论不同，信息技术对供给侧的影响主要是带来负向冲击，其特殊在于，它是带来财富流量增加的负向冲击（减少存量同时提高流量）。直观地说，多样化技术和创新经济（而非不经济，底线是流量产出高于研发投入），使高价格（高附加值）产品的成本有效下降了，因此使过去的多样化中不经济的那部分变得经济了。

#### 2.1.2.4 双向调整

需求变化（以负向冲击为例）引发的供求调整：初始均衡点在$E_1$，需求的负向冲击使总需求$AD_1$移向$AD_2$，传导到总供给，使总供给$AS_1$移向$AS_2$，与$AD_2$交叉，均衡点在$E_3$（见图2－8）。

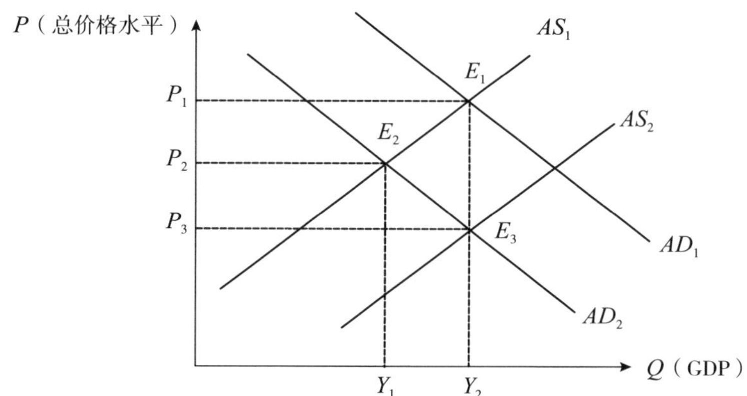


**图2－8 总供求中的供求双向调整（负向需求冲击）**

需求变化（以正向冲击为例）引发的供求调整：初始均衡点在 $E_1$，需求的正向冲击使总需求 $AD_1$ 移向 $AD_2$，传导到总供给，使总供给 $AS_1$ 移向 $AS_2$，与 $AD_2$ 交叉，均衡点在 $E_3$（见图2－9）。

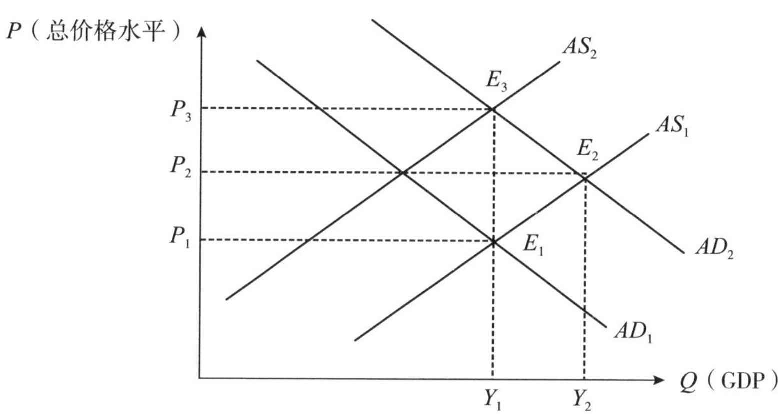


**图2－9　总供求中的供求双向调整（正向需求冲击）**

$E_1$ 至 $E_3$ 的连线，在三维均衡下透视为长尾曲线，是“无差异—差异”等均衡线。如果考虑到 $AD_1$ 和 $AD_2$ 不是短期变化，而分别代表两类需求，前者为物质、社会需求，后者为心理需求，则长尾曲线代表的三维均衡的含义是在满足物质、社会需求与心理需求之间进行收入权衡。①

初始均衡点为 $E_1$，在专业化技术作用下（更多产出、更少成本、更低价格），$AS_1$ 移向 $AS_2$，总供给传导到总需求，需求曲线从 $AD_1$ 移向 $AD_2$，均衡点在 $E_3$（见图2－10）。这是一个典型的工业技术经济变化过程。

初始均衡点在 $E_1$，在信息技术作用下（更少产出、更高附加值、更低成本），$AS_1$ 移向 $AS_2$，总供给传导到总需求，需求曲线从 $AD_1$ 移向 $AD_2$，均衡点在 $E_3$。其中，$E_1$ 至 $E_3$ 的连线在高维空间被透视为长尾曲线，是“差异—无差异”供求平衡的等均衡线。再次强调，仅在同质性假定下，图2－11的冲击是负向的（减少就业、减少价值的）。对于革命的另一方来说，这种供给冲击是创造正面价值的（增加转岗就业、增加价值的）。

① 总供求同时变化，参考巴德、帕金的《宏观经济学原理》第5版P102（中国人民大学出版社，2013年）。

关于IS－LM模型及AD－AS模型的代数形式，参考亚伯、伯南克、克劳肖的《宏观经济学》第7版P236（机械工业出版社，2014年）。

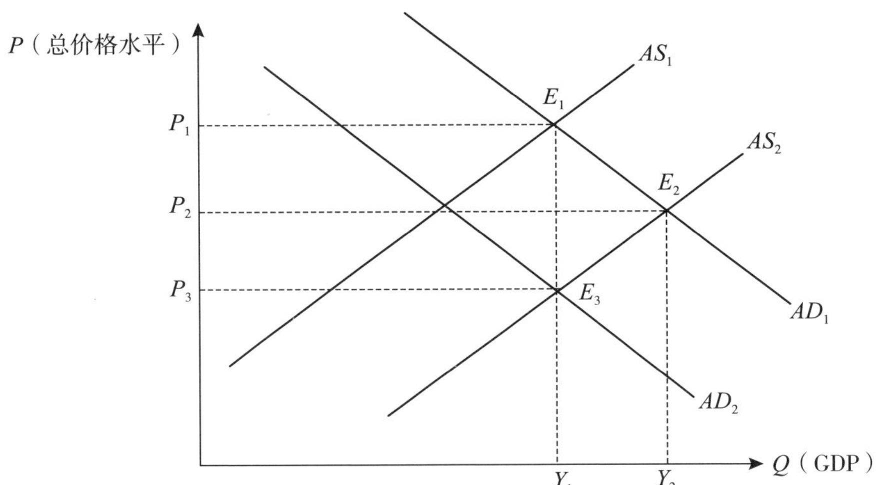


**图 2-10 总供求中的供求双向调整（正向供给冲击）**

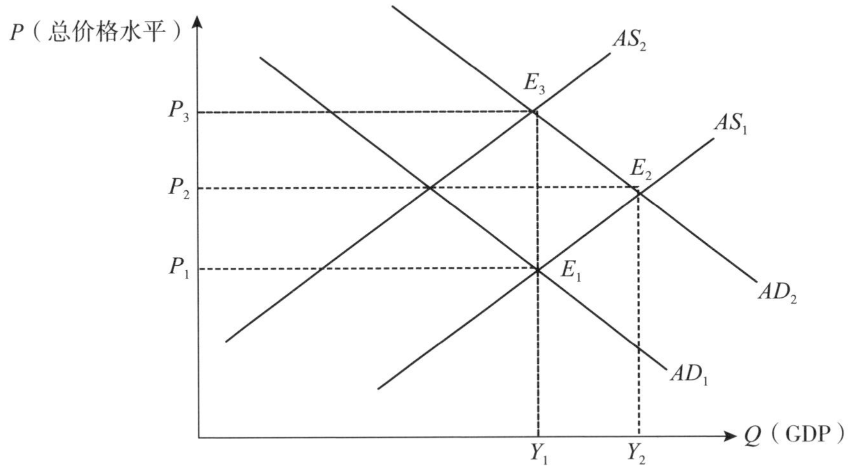


**图 2-11 总供求中的供求双向调整（负向供给冲击）**

## 2.1.3 数字经济总供求偏离新古典状态的异质因素

### 2.1.3.1 需求因素：体验

当凯恩斯用“动物精神”描述异质性时，主要是从供给和资本角度立论的，但异质性也是需求和劳动的决定因素之一。

以“中等收入陷阱”来说，出现这种现象的发展中国家一般都经历了一个高储蓄驱动的快速工业化过程。资本从稀缺到相对不稀缺的过程中，非常容易出现“中等收入陷阱”，因为以资本稀缺为假定的制度设计，在造成劳资两极分化后所导致的总需求不足会使经济体掉入衰退的陷阱。

在这种情况下，凯恩斯的理论是进一步刺激投资需求。有时，人们也会将这一现象归结为发展中国家长期进行技术模仿，导致了自主创新能力不足。但如果仅仅如此，资本家用自动化也可以替代工人，进一步放大收入陷阱。可见，我们还需要另一个相反方面的分析，一个来自需求和就业方面的思考，它与供给侧是否有效相关。我们假定，需求和就业有一种反作用力，如果不加以满足，经济会用反复的危机来迫使人们去寻找真正的力量平衡。在“中等收入陷阱”之前出现的往往是流动性陷阱（资本相对过剩），除了危机强制调节，实际上还有另一种调节方法，就是使经济整体的资本有机度下降，提高劳动和就业以及相应的有效需求。

具体来说，服务业的兴起在客观上造就了这样一种局面。服务业是很难用资本替代劳动的产业。服务者面对的是一个个不同的顾客，这要求服务者不仅要有专业化能力，还有具有多样化能力，而这种能力机器难以具备。当制造业过剩时，服务化就成了强制资本构成下降的社会手段。当劳动可被自动化替代的机械能力需求日渐减少后，如果社会需求不能及时让这些劳动者转向多样化产业，从中取得收入，整个社会就难以保护有效需求。同时，制造业能力过剩，也是人均收入提高的过程。在这一过程中，物质需求原来是有效需求的主要组成部分，现在心理需求所占的比重慢慢上升，由此成为支持第一产业服务化、第二产业服务化和第三产业服务化（体验化）的需求来源。这样的逻辑链条，保证了即使企业家精神和创新能力——它可以保证有足够的适应变化的供给能力——不能让经济有足够多的有效需求，不发生经济危机，经济也会自发调节。正是那种值得人们常态化地用溢价购得的服务，满足了高级的异质性需求。聪明的资本家这时会选择异质资本——从物质驱动转向创新驱动——以满足人类高级的心理需求（这种需求本质上不仅不是动物的，而且正是人之为人的标志）。

### 2.1.3.2 供给因素：创新

**1. 异质资本**

异质资本是指以质的差异为内涵的资本。差异就是与众不同，与众不同的基础理论含义是均衡点稳定偏向差异化新常态。导致与众不同（它的相反方面是货币资本）的资本要素包括以下方面。

资本在实物上的不同：生产资料（奥地利学派定义的资本的实物差别）。

资本在技术上的不同：技术创新（含专利发明）。

资本在模式上的不同：市场创新（含品牌）。

资本在心理上的不同：如企业家精神、“动物精神”（行为资本）。

资本在社会上的不同：社会资本（网络资本、生态资本）。

资本在信息上的不同：数据资本、信息资本、知识。

资本在内容上的不同：文化资本（体验能力、艺术才能与特定内容）。

资本在货币上的不同：货币创新（含风险资本）。

资本在管理上的不同：复杂性管理。

所有这些质的不同，都可以从供给角度概括为广义的创新，广义的创新是指在供给方向上与众不同。技术创新只是创新中的一种，主要指以研发经费这种投入物质的创新。而其他许多种类的创新都不是以研发经费驱动，而是以精神驱动的。

2. **异质劳动**

导致均衡点稳定偏向差异化新常态的异质劳动因素包括大众创新精神、创客精神、多样化技能（匠人工艺）、审美趣味、好奇心与兴趣等。

### 2.1.3.3 供求合力：质量

经济整体的质量与微观产品的质量有宏观与微观的差别。宏观质量与微观质量的相通之处在于，它们都表示质的差异对均衡与最优产生内在影响。也就是说，质量成为均衡与最优的内生变量。差别在于，微观质量是使用价值问题，而宏观质量是价值问题。作为价值问题，宏观质量由供给与需求两方面的权衡构成，在供给方面要权衡的是提供质的差异这种活动（俗称创新）是否经济，在需求方面要权衡的是需要质的差异这种行为（俗称体验）是否经济。当供给方与需求方的经济共同构成总供求意义上的经济（均衡与最优）时，我们称经济是高质量的。

经济质量虽有别于产品质量，但两者都指可以用质的水平的差异来进行经济上的区别。“用质的水平的差异来进行经济上的区别”在理论经济学意义上确定影响均衡点，甚至影响帕累托最优。

质的水平可以进一步细分为质与水平，质是产品、服务之间定性的区别，水平则是指得失的量化区别，即价格水平。GDP 是一个收入上的数量概念，而非质量概念。质的水平在 NP 空间（品种 - 价格空间），当质量作为质与量的结合体联用时，可以用内生品种的收入流量表示。

总供求意义上的质量（而非经济运行质量）指经济可以由质量内生决定总供求的均衡与最优，其内涵是由创新与体验的得失权衡构成的。创新是经济对质的差别的供给，体验是经济对质的差别的需求。

在高质量的经济中，创新的产出超过投入，体验的所得高于所失，或创新的产出虽然超过投入，但由于体验所得高于所失的部分，足以冲抵创新的损失甚或有余；或体验所得低于投入，但创新产出高于投入的部分足以冲抵体验的不足甚或有余。

在低质量的经济中，质的差别的高低并不决定均衡与最优，均衡与最优只限于古典同质状态。此时，无论是创新还是体验，都只能在短期达到均衡，但在长期仍会恢复到同质帕累托最优状态，即总的边际成本等于总的平均成本的状态。在此条件下，所有创新都会被当作垄断，被行政手段或市场模仿所消除；所有体验都会被还原为理性的合算或不合算（将快乐换算为钱），高于或低于理性值（货币值）的部分都会被认为是短期偏差。

### 2.1.4　对垄断竞争宏观均衡两种等价的表述

对于差异化的宏观均衡（垄断竞争宏观均衡）有两种等价的表述：一种是固定供给，仅用价格变化来表述，可称为固定数量均衡；另一种是固定价格，仅用数量信号变化来表述，称为固定价格均衡。

前者简化了关于消费者剩余和生产者剩余的讨论，假定这种剩余（与熊彼特的“剩余”概念相同）是既定的，主要关注边际成本定价与平均成本定价的区别；后者简化了边际成本定价与平均成本定价的区别，假定平均成本定价是一种既定事实，主要讨论所谓“过剩生产能力”问题。

两种表述是等价的。我们习惯采取前一种表述，让・帕斯卡・贝纳西采用后一种表述。与贝纳西不同，熊彼特认为剩余是一种非效率现象，而数字经济学与熊彼特观点一致，认为剩余才反映常态。数字经济学进一步认为，剩余背后反映的是与专业化相反的效率，即多样化效率，是专门对应 $AC-MC$ 这一“剩余”的效率。

## 2.2 总供求的微观基础：异质完全竞争

张伯伦理论的本意是建立异质完全竞争体系。这是他与罗宾逊夫人的实质性差别。

在异质完全竞争这一点上，他与熊彼特在垄断问题上的思路是相通的。但新古典主义，包括新古典综合理论，长期以同质性前提假设这一价值观上的理由压制这一话语体系的发展，有意无意地把垄断竞争理论与不完全竞争理论混为一谈，采取将价值论问题实证化的策略，把对异质性的讨论变成对差异化的讨论，从而阉割了张伯伦理论的精神。新古典主义，包括新古典综合理论，对熊彼特理论采取的理论策略如出一辙，即有意忽视其毁灭性创新（质变）在价值论上的意义，而把这股理论逼到实证性的垄断理论（量变）的狭小空间之中。今天，要想真正回到增长质量问题本身，就需要剥离新古典主义，包括新古典综合理论附加在垄断竞争理论和创新理论上的“单边主义”修正，回到张伯伦与熊彼特的初衷，正视异质完全竞争这一主题。

以下是本书提出的异质完全竞争模型，也可称为“品种—数量—价格”三维均衡模型，或新“新张伯伦模型”，原模型共由 184 组公式组成，本书只列出部分重要公式，为确保推导的准确，保持原顺序号不加改变。完整模型详见姜奇平《数字经济学 · 微观经济卷》。

### 2.2.1 需求：内生体验

#### 2.2.1.1 二元效用函数

在三维建模中，二元效用函数是底平面构造的一部分。与 D－S 模型的代表性消费者效用函数不同，二元效用函数取消了标价物（这里相当于 $q=1$）的设定，从偏微分推广到全微分，从而使数量和品种同时得以内生。此外，效用函数只是关于数量的（在此是品种数量和产品数量的组合），效用函数与价格结合形成需求函数，将二维的底平面与三维价格轴关联起来，形成三维的需求曲面。

针对不同的研究目的，二元效用函数可能有不同的形式。例如，克鲁格曼采用的是柯布—道格拉斯生产函数形式。我们采用的是 CES 生产函数形式。

在三维均衡中，第一步是设计效用函数作为目标函数。

三维均衡中的效用是二元的，由数量子效用和品种子效用的组合构成。

$$U=u\left[Q\left(q_1, q_2, q_3, \cdots\right), N\left(n_1, n_2, n_3, \cdots\right)\right] \tag{11.1}$$

$q_1$，$q_2$，$q_3$，…是同一品种产品的不同数量，对应 D－S 模型中作为标价物的同质组产品。$n_1$，$n_2$，$n_3$，…可以认为是一组不同品牌的同一类产品，实际是不同品种的同一类产品，对应张伯伦的“组”，或 D－S 模型中的异质组。

$$u = U\sum_i v(q_i, n_i) \tag{11.2}$$

$n$ 和 $q$ 分别是两个子效用函数，$n$ 代表品种数量，$q$ 代表产品数量①。

与标准分析不同，这里存在品种与数量之间的分配问题，即不同品种的商品具有不同的数量。为了避免这个问题，我们采用了抽象品种的概念，也就是把具体的品种变为品种轴。在品种轴上，品种被抽象为只有刻度这一种属性。品种之间只有 $n$ 值的不同，没有 $q$ 值的不同，也就是假设同一个品种及同一个 $n$ 值的商品占有同等份额的市场空间，这就是著名的代表性消费者模型的假设。我们在一开始分析寻址模型与非寻址模型的区别时，已介绍过其中区别。为了在技术上实现这一点，我们可以采用 D－S 模型同样的 CES 的设定。

对具体的分析来说，我们可以采取 CES 形式的效用函数②。

$$u(q,n) = \left[a_1 q^{\rho} + a_2 n^{\rho}\right]^{\frac{1}{\rho}}(a_1, a_2 > 0, 0 < \rho \neq 1) \tag{11.3}$$

参数 $\rho$ 反映了多样性偏好的强弱，当 $\rho$ 越趋近 1 时，组内产品替代性越强，多样性偏好越弱③。

CES 以

$$\sigma = \frac{1}{1-\rho} \tag{11.4}$$

表示品种与数量之间的替代弹性。

---

① 当不特别说明的时候，数量均指产品数量（产品特指同一品种的产品），品种均指品种数量。

② 刘树林．数理经济学［M］．北京：科学出版社，2008：180.

关于 CES 效用的一般讨论参考尼科尔森《微观经济理论：基本原理与扩展》第 6 版 P82（中国经济出版社，1999 年）、第 9 版 P76（北京大学出版社，2008 年）。

CES 效用函数算例见尼科尔森《微观经济理论：基本原理与扩展》第 9 版 P93（北京大学出版社，2008 年）。

③ 翁瑾，陈林生．一个基于两层 CES 效用函数的垄断竞争模型［J］．华中师范大学学报（自然科学版），2006（3）：447－451.

二元效用函数对应的无差异曲线见图 2－12。

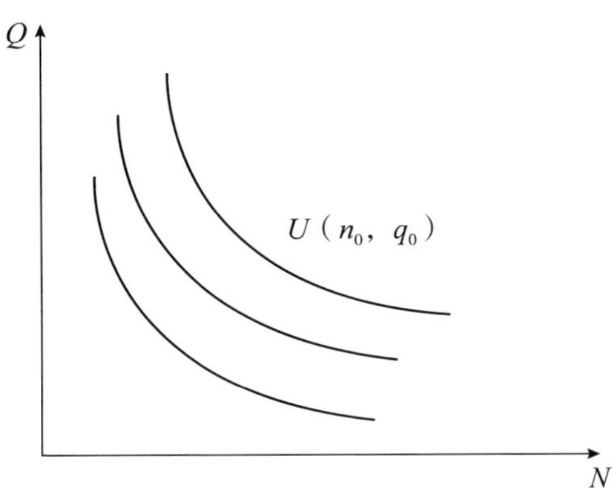


**图 2－12 二元效用函数对应的无差异曲线**

### 2.2.1.2 二元支出曲线

在建模中，支出函数作为效用函数的约束条件，它相当于生产者的成本函数约束产量（生产函数）或利润（利润函数）一样。效用最大化要受预算的约束，当然也可以反过来，求支出最小化条件下的效用。

二元支出函数将预算分为两类，一类是针对数量的预算，另一类是针对品种的预算，后者从传统观点来看是一种针对差异化产品的额外预算。二元支出函数将在两类预算中分配合适的比例。在方法上，可以采用两阶段预算①来处理。

当市场价格为消费者提供有关机会成本的信息时（以价格显示机会成本），消费者被假定是在预算约束下寻求效用最大化。

用（$q$，$n$）表示消费者的消费束，已知两商品（数量与品种）的价格（$p_1$，$p_2$）和消费者的要花费的货币总数 $m$，预算约束可以写为：

$$p_1q + p_2n \leqslant m \tag{11.8}$$

预算约束与生产可能性边界具有供求上的对偶性：预算约束关系于需求，而生产可能性边际关系于供给。

当 $q$ 的价格为 1（标价物）时，预算约束可写为：

$$q + p_2n \leqslant m \tag{11.9}$$

预算线的斜率 $-p_1/p_2$ 表示在两种属性间进行选择替代的机会成本。比

---

① 海德拉，范德普罗格．高级宏观经济学基础［M］．陈彦斌，张略钊，林榕，等译．北京：中国人民大学出版社，2012：290.

如，在同等预算约束下，追求更多的差异化，要放弃同品种多大程度的规模。

$q$ 与 $n$ 以预算来单独表示，可以通过截距和斜率，在替代中表示被选项：

$$n = \frac{m}{p_2} - \frac{p_1}{p_2}q \tag{11.10}$$

注意品种的表示方法，用异质组数量表示品种与用这一数量的参数表示品种有所区别。

### 2.2.1.3　二元需求函数

用（$q$，$n$）表示消费者的消费束 $x$，对于二元的价格向量 $\boldsymbol{p}$ 和收入 $I$，二元消费束 $x=\xi$（$\boldsymbol{p}$，$I$），使得效用在约束集（$I$）上实现最大化。函数 $\xi$ 被称为需求函数，又称马歇尔需求函数①：

$$x = \xi(\boldsymbol{p}, I) \tag{11.11}$$

其中总量包括两个分量②：

$$\boldsymbol{p} = \boldsymbol{p}_q + \boldsymbol{p}_n \tag{11.11.1}$$

$$I = I_1 + I_2 \tag{11.11.2}$$

乘子 $\boldsymbol{\lambda}$ 表示最优效用对初始的 $I$ 变动的敏感度：

$$\boldsymbol{\lambda}(\boldsymbol{p}, I) = \frac{\partial U[\xi(\boldsymbol{p}, I)]}{\partial I} \tag{11.12}$$

但我们这里的需求函数不同于一般的马歇尔需求函数，它是二元的，$X$ 代表的是 $N$ 和 $Q$ 的组合，它不仅有两个子需求量，而且有两个子需求价格 $P_n$ 和 $P_q$。我们现在以两商品需求函数的形式来表现③。

在组合商品中，有两种商品 $N$，$Q$，设收入约束函数为：

$$P_n N + P_q Q = I \tag{11.13}$$

如果只有一个人面对选择，其对于 $N$ 的需求函数为：

$$N = d_n(P_n, P_q, I) \tag{11.14}$$

对于 $Q$ 的需求函数为：

$$Q = d_q(P_n, P_q, I) \tag{11.15}$$

---

① 西蒙，布鲁姆．经济学中的数学［M］．杨介棒，何辉，译．北京：中国人民大学出版社，2012：464.

② 两个分量位于同一平面。

③ 参考尼科尔森《微观经济理论：基本原理与扩展》第 6 版 P175（中国经济出版社，1999 年）。

如果有且只有 1 和 2 两个人，个人 1 对 $N$ 的需求函数为：

$$N_1 = d_n^1(P_n, P_q, I_1) \tag{11.16}$$

个人 2 对 $N$ 的需求函数为：

$$N_2 = d_n^2(P_n, P_q, I_2) \tag{11.17}$$

商品 $N$ 的总需求是简单加总：

$$N_{总} = D(P_n, P_q, I_1, I_2) = N_1 + N_2 = d_n^1(P_n, P_q, I_1) + d_n^2(P_n, P_q, I_2) \tag{11.18}$$

同理，对 $Q$ 的总需求为：

$$Q_{总} = D(P_n, P_q, I_1, I_2) = Q_1 + Q_2 = d_q^1(P_n, P_q, I_1) + d_q^2(P_n, P_q, I_2) \tag{11.19}$$

### 2.2.2 供给：内生创新

#### 2.2.2.1 二元生产函数

**1. 二元要素生产函数：针对索洛悖论的改进**

计算 IT 的投入产出，不是在生产函数中加技术 $a$，而是把投入当作一个整体，像代表性消费者效用模型那样，模拟出一对子投入（成本）函数，将原来的同质性投入当作计价物，而将代表信息化和网络经济的投入（异质性投入）当作直接分析对象（它具有垄断竞争的固定成本这个特征，又根据可不可零成本复制分为侧立面和正立面斜率相反的成本曲线）。

这就带来生产函数内容上的一个彻底的改变，从标准的“资本—劳动”二元生产函数变为“同质要素—异质要素”二元生产函数，或“无差异要素—差异化要素”生产函数。原来的资本和劳动作为同质要素合为一体。

**2. 同质、异质两种投入要素的生产函数**

生产函数反映的是投入与产出的关系。两商品模型的生产函数，需要将 $K$ 替代为同质组投入 $H_1$（homogeneous），$L$ 替代为异质组投入 $H_2$（heterogeneous），$q$ 为组合商品，或商品组合的产出量。$H_1$ 包括标准意义的资本 $K$ 和劳动 $L$，也含其他同质性投入要素，如原材料 $m$。$H_2$ 包括 $K$ 与 $L$ 外的其他异质性投入要素，包括但不限于：①信息；②异质的信息技术①，含网络技术；

① 视原有生产函数中的 $A$ 为同质性的技术投入，即工业技术，包括对信息技术的同质化的利用。

③异质的资本，含创新（如熊彼特毁灭式创新）、企业家精神、企业文化、文化资本等；④社会资本，含涉及外部性和网络效应的投入；⑤异质的劳动，含个性化定制的能力等；⑥区位成本等与差异化销售相关的投入，含品牌、广告等。

设两种要素的生产函数为：

$$q = f(H_1, H_2) \tag{11.20}$$

其 CES 生产函数为①：

$$q = f(H_1, H_2) = (H_1^\rho + H_2^\rho)^{\gamma/\rho}, \sigma = \frac{1}{1-\rho} \tag{11.21}$$

$\sigma$ 为同质性投入与异质性投入两种投入之间的替代弹性。

需要注意，在 $PQ$ 平面的标准理论中，$\gamma$ 代表规模报酬，$\gamma>1$，则规模报酬递增，$\gamma<1$，则规模报酬递减，$\gamma=1$，则规模报酬不变。但是这只适合于 $PQ$ 平面，因为在那里唯一影响规模报酬的是 $Q$，$\gamma$ 是针对将 $Q$ 展开为超平面（如 $K$ 与 $L$）而言的，对应的只是这里的 $H_1$。

$\gamma$ 对于 $H_1$ 来说代表规模报酬，对于 $H_2$ 却可能代表范围报酬。因为规模报酬只是相对于 $Q$ 而言，因此是关于 $PQ$ 平面的；而范围报酬只是相对于 $N$ 而言，因此是关于 $PN$ 平面的。至于它们中间的曲面，则只能是关于二者比例的，其间可能有多种组合关系。我们后面将结合成本分析剖析这个问题。

**3. 生产函数作为投入的等产量曲面**

生产函数是"对生产过程中各种替代可能性的总结"②，因此它天然就是表述替代关系的。在这个意义上，"我们可以把一个生产函数理解为一组无差异曲线，或者更准确地说，一组等产量曲线"③。

无差异曲线具有供求双方面的意义，在需求方面是效用函数，在供给方面是生产函数。这是两商品模型的供求对偶关系。

从图 2－13 中我们可以看出，任一产出水平都可以由同质性投入与异质性投入的组合来得到，$Q$ 就是形式上的组合商品。当同质性投入达到 $H_1$ 而异质性投入只有 $H_{21}$ 时，组合商品的产量为 $AA'$；当异质性投入为 $H_2$，而同质性投入仅有 $H_{11}$ 时，产量为 $BB'$。而当投入要素的组合位于 $CH_{23}$ 时，产出可能是

① 尼科尔森．微观经济理论：基本原理与扩展［M］.9 版．朱幼为，等译．北京：北京大学出版社，2008：181.

② 贝克尔．经济理论［M］．贾拥民，译．北京：华夏出版社，2011：139.

③ 同②141.

曲面上的某一个靠中央的点。$A'B'$构成了等产量线，它是曲面上的 $AB$ 在二维空间底平面上的投影。

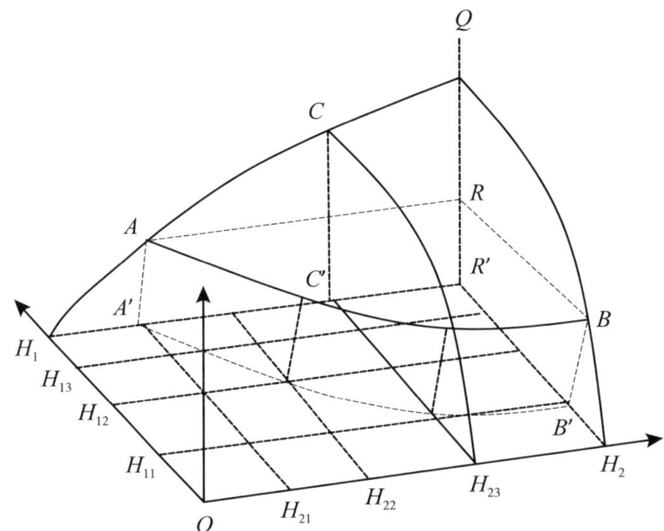


**图 2-13 具有两种变动要素投入的生产函数①**

生产函数对于二元要素生产函数来说是曲面，而非仅仅是曲线。图 2-13 呈现了生产函数曲面的三维形态②。当然，这种三维还不是三维均衡所指的三维，因为这里并没有考虑价格维度，它在本质上仍然是二维的。这一点同效用函数的情况类似。虽然这个生产函数本身是三维的，但我们可以从二维的无差异曲线来进行充分分析。

**4. “同质—异质”二元成本函数**

“同质—异质”二元成本函数，由同质成本 $H_1$ 与异质成本 $H_2$ 构成。

在标准理论中，所有投入简化为两个投入：同质劳动（$L$，用劳动时间来计量）和同质资本（$K$，用机器使用时间来计量）③。企业的总成本函数是 $TC = wL + vK$，相应的经济利润是$\Pi$ = 总收益 - 总成本 = $Pq(K,L) - wL - vK$。

我们用 $H_1$ 取代 $K$，$H_2$ 取代 $L$，$H_1$ 的价格仍沿用 $v$，$H_2$ 的价格仍沿用 $w$

① 朱善利．微观经济学［M］.3 版．北京：北京大学出版社，2007：148.

② 欧瑞秋，王则柯．图解微观经济学［M］．北京：中国人民大学出版社，2005：242-253.

③ 尼科尔森．微观经济理论：基本原理与扩展［M］.9 版．朱幼为，等译．北京：北京大学出版社，2008：194.

（但不代表工资，而代表异质成本价格，对应以往理论中的销售成本的价格、额外成本的价格）。

要素向量为 $X = X(H_1, H_2)$，$X$ 代表生产要素组合的向量，$H_1$、$H_2$ 代表同质生产要素与异质生产要素。价格向量表示为 $r = r(v, w)$，$r$ 代表生产要素价格组合，$v$、$w$ 分别代表要素 $H_1$、$H_2$ 的价格；

总成本（成本约束或成本预算）为①：

$$C = C_1 + C_2 = vH_1 + wH_2 \tag{11.24}$$

生产者投入要素生产时，使价格向量与要素向量相匹配，保持总成本固定不变，构成等成本线。

从几何角度看，"同质—异质"二元成本函数是一个成本曲面，同质成本曲线与异质成本曲线构成这一曲面的两条边。如图 2－14 所示，成本曲线有两条（这里以平均成本代表成本曲线），分别是由 $raw_1$ 构成的 $AC$ 和由 $rbw_2$ 构成的 $A'C$②。

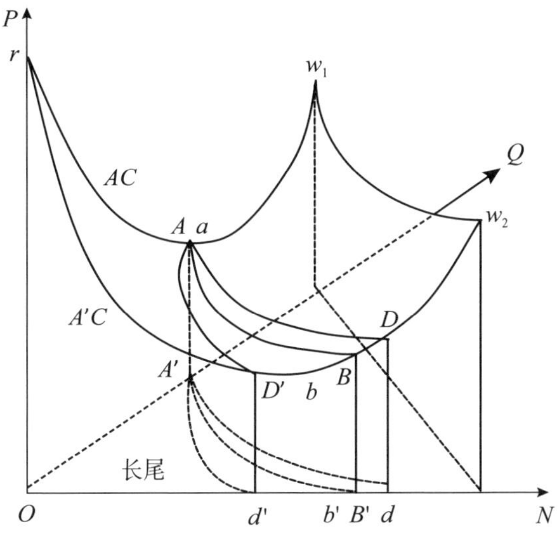


**图 2－14　双成本曲线与二元成本曲面**

在图 2－14 双成本曲线与二元成本曲面中，$ra$ 代表规模成本递减；$aw_1$ 代表规模成本递增；$rb$ 代表范围成本递减，$bw_2$ 代表范围成本递增。

① 总成本是两个子函数的函数相加，而非算术相加。如果是算术相加，应为二者之和除以 2。这点与算 $K$ 与 $L$ 不同。后面再为子函数加参数。

② $a$、$b$ 分别代表曲线的最低点，$A'C$ 在这里实际是 $A'AC$（超额平均成本）。

#### 2.2.2.2 二元利润函数

在生产函数 $y=f(H_1,H_2)$ 下，厂商希望最大化利润①：

$$\pi = py - vH_1 - wH_2 \tag{11.31}$$

$\pi$ 是企业的等利润线②。在这里，产出 $y$ 是 $q$ 和 $n$ 共同的产出，$q$ 这个符号已分配特指狭义的数量。

将投入需求函数 $H_1$（$p$，$w$，$v$）、$H_2$（$p$，$w$，$v$）、产出供给函数 $y$（$p$，$w$，$v$）代入式（11.31），可得利润函数：

$$\pi = py(p,w,v) - vH_1(p,w,v) - wH_2(p,w,v) = V(p,w,v) \tag{11.32}$$

根据霍特林引理，利润函数关于价格微分可以得到投入需求函数和产出供给函数。

#### 2.2.2.3 规模经济与范围经济

三维均衡理论对规模经济与范围经济进行了新的解释，其最主要的创新表现在，通过“同质—异质”二元成本函数，用两条成本曲线 $AC$ 与 $A'C$ 分别表示规模经济与范围经济（见图 2－15）。

三维均衡理论对规模经济所做的改变不大，只是缩小了解释范围。一是明确把纯粹的规模经济限定在 $PQ$ 平面；二是对于离开 $PQ$ 平面涉及成本曲面的部分，要求结合范围经济（或不经济）的具体情况共同界定（而以往的解释缺乏这个意识，如有时会误以为规模经济时范围必然不经济）。这样一来，就放松了 D－S 模型对垄断竞争与规模经济的紧密绑定，仅维持了垄断竞争均衡中 $P=AC$ 的基本设定，内生了范围经济对平均成本的影响。

三维均衡理论对范围经济所做的改变较大，它将范围经济的成本模型彻底改写了，并专门为其设立了一个成本平面，这就是 $PN$ 平面，使它完全独立于数量 $Q$，从根本上解决了张伯伦遗留的历史问题。张伯伦虽然将产品和“产品”区分为两个不同概念，但找不到对二者进行区分的有效数学方法③。这最终导致了垄断竞争学派的分裂（如寻址与非寻址理论的分裂）。潘泽的范

---

① 霍伊，利弗诺，麦克纳，等．经济数学［M］.2 版．张伟，张华祝，倪晓宁，等译．北京：中国人民大学出版社，2007：502.

② 欧瑞秋，王则柯．图解微观经济学［M］．北京：中国人民大学出版社，2005：258－265.

③ 张伯仑．垄断竞争理论［M］．周文，译．北京：华夏出版社，2009：82－83.

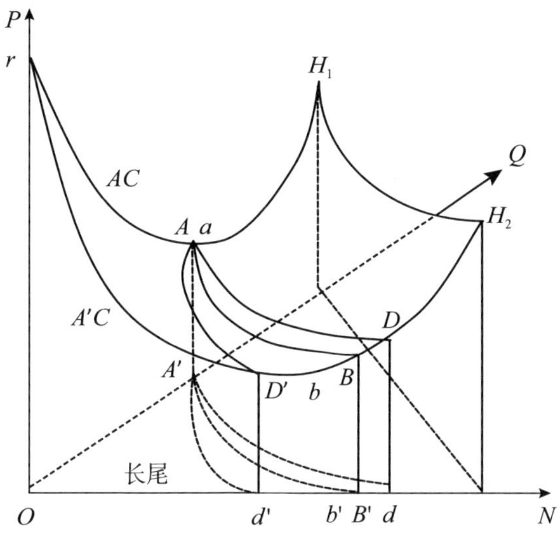


**图 2－15　长尾平面上的长尾曲线**

围经济理论实际上也陷入了产品与“产品”的矛盾。他的解决方法是基于同质性，将多品种（“产品”）问题当作多产品问题，将规模经济与范围经济统一在数量轴上加以表现，将数量轴展开为多产品的超平面。但矛盾的是，规模经济是纵向的，范围经济是横向的（超射线凸性）。规模经济与范围经济之间的关系表现得较为迂回：

成本函数如上所述：

$$C = av^{\alpha(\alpha+\beta)}w^{\beta(\alpha+\beta)}y^{1/(\alpha+\beta)} \tag{11.97}$$

我们主要关注成本和产出的关系，为此将价格隐去①，以 $b$ 代替：

$$b = av^{\alpha(\alpha+\beta)}w^{\beta(\alpha+\beta)} \tag{11.98}$$

将成本函数简写为：

$$C = by^{1/(\alpha+\beta)} \tag{11.99}$$

其中，总成本区分为同质部分 $C_1$ 与异质部分 $C_2$ 分别讨论，相应地，产出也分为同质部分 $H_1$ 与异质部分 $H_2$。

$$C = C_1 + C_2 = vH_1 + wH_2 \tag{11.100}$$

采用“同质—异质”二元成本函数模型大大简化了潘泽的算法。第一，不必在超平面建模，直接以规模经济同样的方法在 $PN$ 二维空间就可简单建

① 霍伊，利弗诺，麦克纳，等．经济数学［M］.2 版．张伟，张华祝，倪晓宁，等译．北京：中国人民大学出版社，2007：456－457.

模；第二，便于同规模经济进行基于轴（$Q$ 与 $N$）的对偶的比较。这就克服了需要在同一轴（的超平面）上跨 90°角来比较的怪异难题。

这里还涉及一个方法细节上的调整，以前在超平面上分析范围经济的方法在 $PN$ 底平面上不适用。因为从原则上讲，规模经济与范围经济本身只适合 $PQ$ 侧平面或 $PN$ 正立面的分析，用 $Q$ 或 $N$ 的超平面构成的底平面分析规模经济与范围经济，更多是规模内部或范围内部的超平面分析。而下一步在 $PN$ 底平面分析的实际上是规模经济与范围经济之间的关系，如长尾曲线关系。分析的最终目的是寻找数量与品种组合关于价格的最优配置。不可把方法误用为测度规模经济与范围经济之间的子虚乌有的“规模经济”或“范围经济”。

从三维视域来看，阿尔文·托夫勒的“少品种、大批量”与“多品种、小批量”的框架略显粗疏，最大缺陷是它没有与价格维度进行关联，只是一种 $P-N$ 二维框架，而规模经济与范围经济均要求联系价格来进行分析。当联系价格分析成本时，我们发现，图 2－15 中，以 $a$、$b$ 两点为分界线，成本存在四类走向，$Pa$ 为规模报酬递增（成本递减，规模经济），$aH_1$ 为规模报酬递减（成本递增，规模不经济）；$Pb$ 为范围报酬递增（成本递减，范围经济），$bH_2$ 为范围报酬递减（成本递增，范围不经济）。从理论上说，$a$、$b$ 两点前后的曲线是可以置换的（意思是斜率正负号可以颠倒）。这样，品种的多少、批量的大小，与规模经济不经济、范围经济不经济有多种排列组合。

**1. 规模经济下成本函数的性质**

将成本函数（同质子函数）简写为：

$$C_1 = bh_1^{1/(\alpha+\beta)} \tag{11.102}$$

同质的边际成本函数与平均成本函数分别为：

$$\begin{aligned} MC_1 &= \frac{dC}{dh_1} = \gamma h_1^{1/(\alpha+\beta)-1}, \\ AC_1 &= \frac{C}{h_1} = bh_1^{1/(\alpha+\beta)-1} \end{aligned} \tag{11.103}$$

如图 2－16 所示，当 $\alpha+\beta=1$ 时，规模报酬不变。此时，$1/(\alpha+\beta)=1$，$C_1=bh_1$，故有 $MC_1=AC_1=b$。

如图 2－17 所示，当 $\alpha+\beta>1$ 时，规模报酬递减，规模经济①。

① 一些人（如哈伯德、奥布赖恩）认为，报酬递增（或递减）只是短期现象（涉及边际成本），而规模经济不经济是长期现象（涉及平均成本），这里不取这种说法。

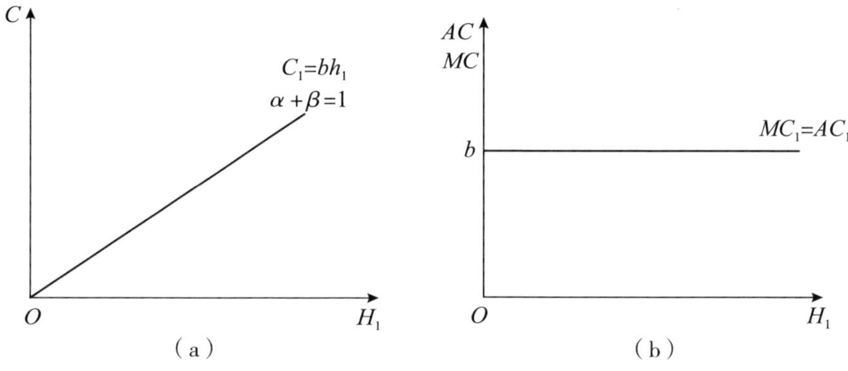


**图 2－16 同质成本子函数**

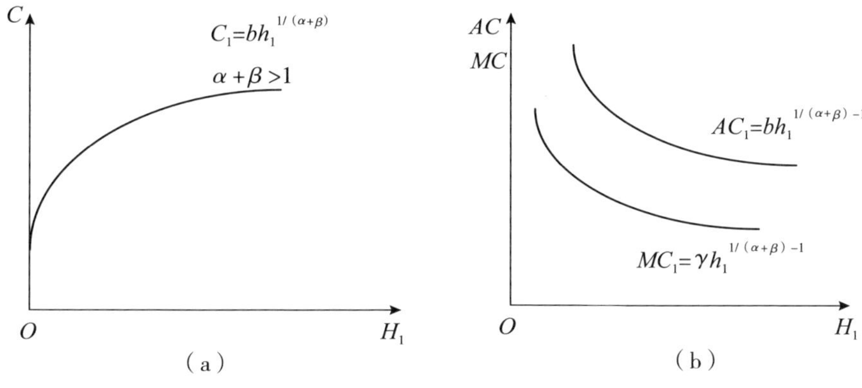


**图 2－17 同质成本的规模经济**

此时，$1/(\alpha+\beta)<1$，成本函数严格凹，$AC_1$、$MC_1$ 函数的指数为负，因此是向下倾斜的。由于 $\gamma<b$，所以 $MC_1$ 曲线位于 $AC_1$ 曲线下方。

$AC_1$ 即我们一般图示中的 $AC$。我们看到，图 2－17（b）中的平均成本 $AC_1$ 正是图 2－14 中 $AC$ 成本曲线 $a$ 之前下降的部分，即 $Pa$ 段。

如图 2－18 所示，当 $\alpha+\beta<1$ 时，规模不经济。

此时，$1/(\alpha+\beta)>1$，成本函数严格凸，$AC_1$、$MC_1$ 函数的指数为正，因此是向上倾斜的。由于 $\gamma>b$，所以 $MC_1$ 曲线位于 $AC_1$ 曲线上方。

图 2－18（b）中的 $AC_1$ 同样是我们一般图示中的 $AC$，只不过是 $AC$ 的另半边。我们看到，图 2－18（b）中的平均成本 $AC_1$ 正是图 2－14 中 $AC$ 成本曲线 $a$ 之后上升的部分，即 $aw_1$ 段。

**2. 成本函数的范围经济**

此处谈论的范围经济不同于技术上的范围经济，而专指按企业成本定义

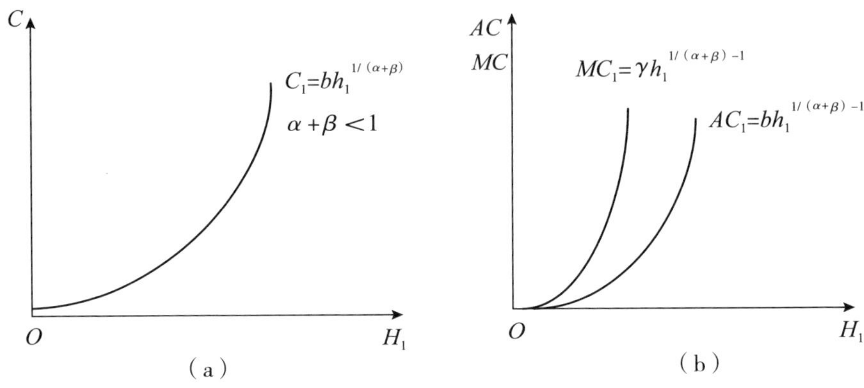


**图 2-18　同质成本的规模不经济**

的范围经济①。在简化中，范围经济的程度可以定义为（适当定义的）平均成本曲线的导数②。

企业成本分析这里主要分析平均成本③，设厂商的最小总成本是 $TC=TC(v, q)$，平均成本 $AC(v, q)=TC(v, q)/q$，边际成本 $MC(v, q)=\partial TC(v, q)/\partial q$。

成本函数角度的范围经济程度可以用下式衡量④。

$$S(y,v) = C(y,v)/[\sum y_i C_i(y,v)] \tag{11.104}$$

$S$ 可简化为 $AC/MC$。$S$ 大于、等于或小于 1，分别对应着范围报酬（局部）递增、不变或下降。其中 $y$ 为产出产品的向量组合，$w$ 为不变的要素价格向量，$C(y, v)$ 为成本函数，$y_i>0$，$C_i\equiv\partial C/\partial y_i$。

注意这里的成本函数是一元函数，只包括 $H_2$，不包括 $H_1$。

这里，我们对范围经济进行了关键的简化，也就是采取与规模经济一模一样的表述方法，唯一区别就是将 $Q$ 轴替代为 $N$ 轴。这不是为了偷懒，更复杂的方法我们前面已经讨论过了，这里的简化就是为了避免那种复杂。不是

---

① 施马兰西，威利格．产业组织经济学手册：第 1 卷［M］．李文溥，等译．北京：经济科学出版社，2009：6-8.

② 同①11.

适当定义是指，按平均成本定义规模经济是不严格的，AC 只是必要条件而非充分条件。

③ 范里安．微观经济学：现代观点［M］．6 版．费方域，等译．上海：上海三联书店，2006：291.

④ 同①7.

因为复杂而不采取那样的表述，而是为了与规模经济进行更好、更简明、更直观的比较，让人们认识到，规模经济与范围经济的不同，最后只归结到 $Q$ 与 $N$ 的不同这个最小区别上来。通过这种简化，我们可以看出规模经济与范围经济充分的对偶性。

**3. 范围经济下成本函数的性质**

现在考虑成本的异质部分，将异质成本函数（异质子函数）写为：

$$C_2 = bh_2^{1/(\alpha+\beta)} \tag{11.105}$$

异质的边际成本函数与平均成本函数分别为：

$$MC_2 = \frac{dC}{dh_2} = \gamma h_2^{1/(\alpha+\beta)-1}, AC_2 = \frac{C}{h_2} = bh_2^{1/(\alpha+\beta)-1} \tag{11.106}$$

异质成本子函数如图 2 – 19 所示。

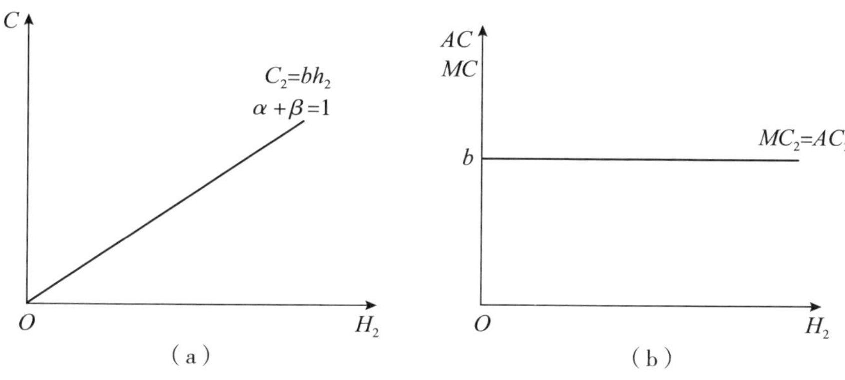


**图 2 – 19 异质成本子函数**

当 $\alpha+\beta=1$ 时，范围报酬不变。

此时，$1/(\alpha+\beta)=1$，$C_2=bh_2$，故有 $MC_2=AC_2=b$。

当 $\alpha+\beta>1$ 时，范围报酬递减，范围经济。

此时，$1/(\alpha+\beta)<1$，成本函数严格凹，$AC_2$、$MC_2$ 函数的指数为负，因此是向下倾斜。由于 $\gamma<b$，所以 $MC_2$ 曲线位于 $AC_2$ 曲线下方。

$AC_2$ 即我们一般图示中的 $A'C$。我们看到，图 2 – 20（b）中的平均成本 $AC_2$ 正是图 2 – 14 中 $A'C$ 成本曲线在 $b$ 点之前的下降部分，即 $Pb$ 段。

当 $\alpha+\beta<1$ 时，范围不经济。

此时，$1/(\alpha+\beta)>1$，成本函数严格凸，$AC_2$、$MC_2$ 函数的指数为正，因此是向上倾斜。由于 $\gamma>b$，所以 $MC_2$ 曲线位于 $AC_2$ 曲线上方。

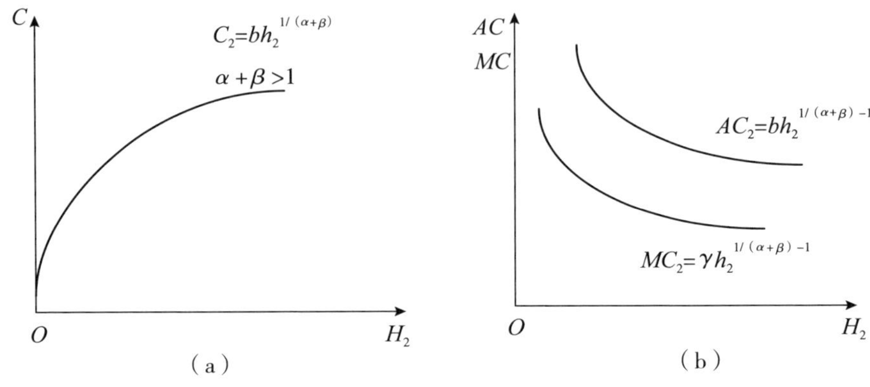


**图 2－20 异质成本的范围经济**

图 2－21（b）中的 $AC_2$ 同样是我们一般图示中的 $A'C$，只不过是 $A'C$ 的另半边。我们看到，（b）图的平均成本 $AC_2$ 正是图 2－14 中 $A'C$ 成本曲线在 $b$ 点之后的上升部分，即 $bw_2$ 段。

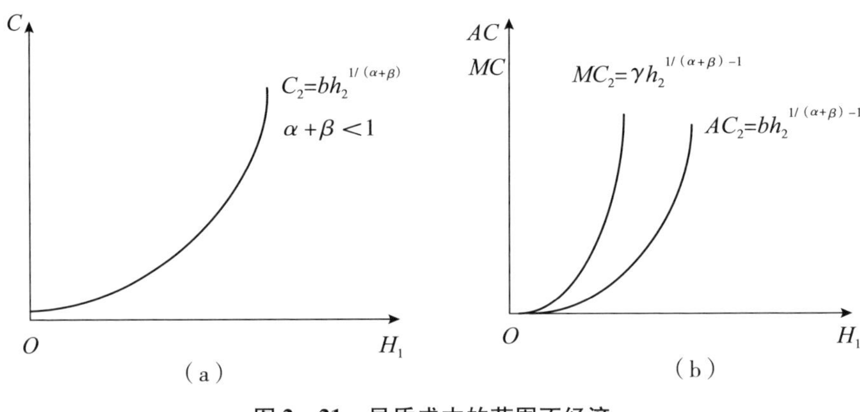


**图 2－21 异质成本的范围不经济**

## 2.2.3 供求：内生质量

### 2.2.3.1 两市场一般均衡

接下来我们从几何角度说明在数量供求市场与品种供求市场一起运作时，供求的一般均衡调整过程（见图 2－22）①。

---

① 尼科尔森．微观经济理论：基本原理与扩展［M］．9 版．朱幼为，等译．北京：北京大学出版社，2008：316－317.

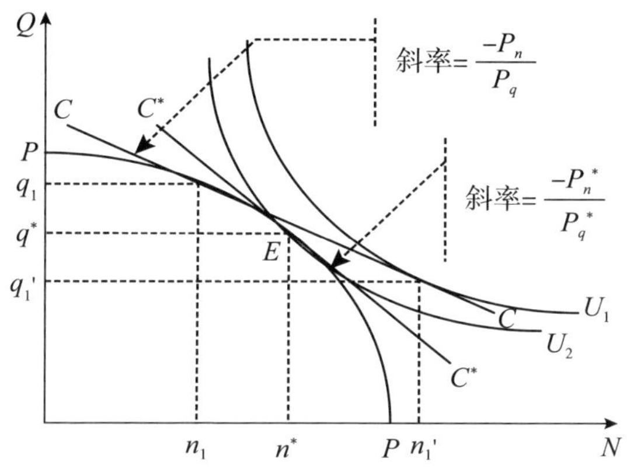


**图 2－22　两市场均衡价格决定**

我们观察存在数量市场和品种市场的经济中均衡价格的决定。给出该经济的生产可能性边界 $PP$，无差异曲线 $U$ 表示个人对商品的数量和品种的偏好。在预算约束 $C$①，也就是 $\frac{p_n}{p_q}$ 的价格比率上，厂商在 $PP$ 上寻找数量与品种的价格比率等于商品边际成本的比率（RPT），厂商选择（$q_1$，$n_1$）的产出组合，在此点上实现利润最大化。

在给定的预算约束 $C$ 下，个人的需求是（$q_1$，$n_1$），在此价格下，对品种存在过度需求 $n_1'-n_1$；而对数量却存在着过度供给 $q_1-q_1'$。从经验角度判断，这意味着市场上存在着过度粗放（如产品过度同质化引发价格战，而差异化空间巨大），要求向差异化（差异化竞争）升级的压力。

市场的完全竞争将使 $P_n$ 上升、$P_q$ 下降，导致价格比率$\frac{P_n}{P_q}$上升，从而使价格线更陡，最终把价格移向其均衡点 $E$（$q^*$，$n^*$）。在这个新的价格上，社会的预算约束线由 $C^*$ 给定。厂商沿生产可能性边界对价格变化进行回应，增加 $n$ 而减少 $q$。

均衡点在（$q^*$，$n^*$）得以成立，均衡的价格比率为$\frac{n^*}{q^*}$。在这个价格比率

① 这里的预算约束 $C$ 已是简单经济的“国民幸福总值”，而不再是 GDP 的值。这是与标准理论不同之处。因为标准理论中的两商品市场预算线表现的是数量超平面（GDP 只与数量相关，而与品种无关），这里是数量与品种平面。这里的“国民幸福总值”只是就资源配置和初次分配而言，暂未考虑宏观因素。

下，对数量和品种的供给与需求都达到均衡，数量和品种两个市场会同时出清。

标准理论市场与真实经济有一个明显的区别：标准理论市场完全出清时，隐含了 $N=1$ 的假设（同质化假设），但在真实经济中，这并非实际的出清状态，$N>1$ 也完全可以是经济的。但在 $N>1$ 且经济时，标准理论市场是没有出清的。按照“数量—品种”两市场的三维均衡理论，$E$（$q^*$，$n^*$）才是真正的出清状态。这就是标准理论的纯粹竞争与容纳异质性的完全竞争的重大区别，后者更加接近真实世界。

### 2.2.3.2 广义完全竞争约束最优

**1. 二元最优的比较分析**

三维均衡理论对帕累托最优理论提出了体系框架性的修正要求。前面已经指出，标准理论的帕累托最优并非三维全局最优，而只是二维最优（“数量—价格”二维的最优）。所有围绕固定成本、平均成本定价、过剩生产能力甚至报酬递增的偏离最优的结论，一旦从异质品种角度得到重新解释，就会发现它们背后反映的只是三维最优与二维最优之间的差①，而二维最优只是三维最优的一个特例。三维最优是二维最优放松同质性假定（$N=1$）的推广。

要想修复三维最优与二维最优之间的裂痕，我们需要修正的不仅是最优理论的外围，如效用理论、支出理论、生产函数理论、成本理论和利润理论等，还有最优理论本身的框架，要把它修改为适应“数量—品种—价格”三维的情况。

在历史上，这样的思路可以追溯到 1977 年的 D－S 模型。其思路的缘起在于把经济学的基本问题修正为“市场能否使商品的种类和数量达到社会最优”，意思是把“数量—价格”最优转化为“数量—品种—价格”的最优。

为此，需要比较内生了品种的垄断竞争均衡与完全竞争最优。D－S 模型得出结论：“垄断竞争均衡等于没有给予厂商总额补贴时的最优”，证明张伯伦关于“理想状态”的均衡的说法②。相当于说，异质均衡＝同质均衡－补贴（$an$）。这个补贴在数量上等于固定成本，它就是 $P=MC$ 与 $P=AC$（在 $dd'$

---

① 当然，不包括 $N=1$ 时同样可能起作用的这些因素的影响。

② 张伯仑．垄断竞争理论［M］．周文，译．北京：华夏出版社，2009：97，108.

条件下）之间的差额：

$$AC = an + MC$$

这给我们一个启发，即可以把异质均衡与同质均衡（最优）的关系通过目标函数与约束条件的形式表现出来。在上面的例子中，约束条件相当于一个等于固定成本的补贴，实际就是异质成本曲线与同质成本曲线在同一个成本曲面上的落差。

如图2－23所示，$X_0$ 相当于 $Q$ 轴，$Y$ 相当于 $N$ 轴。$A$ 是无约束最优的均衡点，$C$ 是有约束最优的均衡点，二者只相差一个补贴 $an_u$。$B$ 点的无差异曲线平行于 $C$ 点的无差异曲线，用来比较 $A$ 点与 $C$ 点的效率。$A$ 点与 $C$ 点均为长尾曲线上的数量、品种组合，由于数量 $X$ 相等，差异只在品种数。得出的结论是：

$$n_u > n_c = n_e$$

意为“无约束的最优比起有约束的最优和均衡状态，更具有多样性的特征”，即无约束最优的商品组合比均衡和有约束最优的商品组合中的品种更多①。

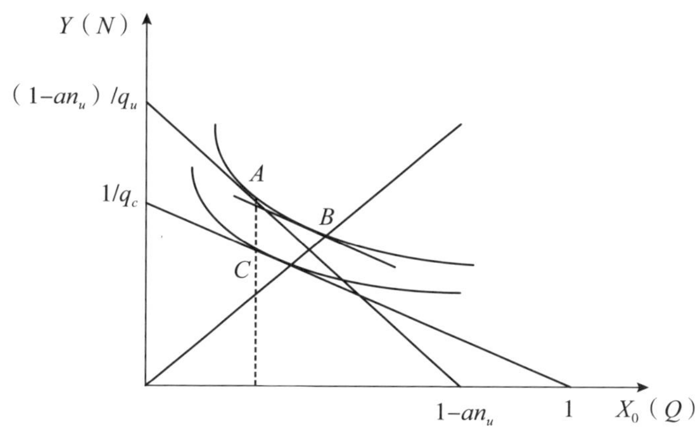


**图2－23　D－S模型中有约束最优与无约束最优比较**

如果放松规模经济条件，这里的分析实际上还要更为复杂。逐点去比较同质均衡与异质均衡的效率将是极为繁难的，而且单纯从几何角度去定位全局最优也是难以做到的。

---

①　注意，与卡尔顿、佩洛夫的分析［见《现代产业组织》第4版P211（中国人民大学出版社，2009年）］不同，这里的分析，两点间效用和预算水平均不同，而卡尔顿、佩洛夫假定的是两点间PPF（生产可能性边界）水平相同。

因此我们想到把这种思路推广到全局分析中，一劳永逸地解决同质均衡与异质均衡的效率比较问题，同时确定广义完全竞争的最优点。推广后的异质因素作用分析，将不光限于固定成本的分析或所谓的短期分析，而推广到可变成本及长期分析。

**2. “同质—异质”要素的对偶**

总思路是明确的，原则上改动是最低限度的，只修改核心本身。我们将修改限定在同质最优与异质最优之间，方法就是将同质最优与异质最优对偶地互设为目标函数和约束条件，以此得出的综合优化结果就是三维全局最优的。

利用经济学中的优化方法①，我们建立一个线性规划的对偶模型来解决这个问题。

设第一个线性规划问题为：

$$\begin{aligned} &\min_{x}: C^{T}x \\ &\text{s. t.}: Ax \geqslant b, x \geqslant 0 \end{aligned} \tag{11.175}$$

设第二个线性规划问题为：

$$\begin{aligned} &\max_{y}: b^{T}y \\ &\text{s. t.}: A^{T}y \leqslant C, y \geqslant 0 \end{aligned} \tag{11.176}$$

二者互为对偶问题。$C$ 和 $x$、$y$ 都是 $n\times 1$ 维的列向量，$T$ 为矩阵或向量的转置，$b$ 是 $m\times 1$ 维的向量，$A$ 是 $m\times n$ 维的矩阵。

若原问题为最小化问题，则对偶问题为最大化问题，反之亦然。即

$$\min_{x}: C^{T}x \Leftrightarrow \max_{y}: b^{T}y \tag{11.177}$$

对应极小化的线性规划问题（使 $C$ 最小化），总有一个对应的极大化问题（使 $C^{*}$ 最大化），而且它们的最优值相等（$\min C = \max C^{*}$）。

$x$ 和 $y$ 在这里可以随时互换成同质最优和异质最优问题的可行解，只要把这二元最优的极大、极小颠倒过来即可。如果以 $x$ 指代同质最优问题的可行解，$y$ 即指代异质最优问题的可行解，如果前者是求极小，后者就是求极大。以此类推。

变量约束符号与方程约束符号的对应规律是：

min 问题的变量约束符号对应 max 问题的方程约束符号，且符号相反。

---

① 王弟海．经济学中的优化方法［M］．北京：清华大学出版社，2012：24－33.

$$\begin{cases} x \geqslant 0 \\ x \leqslant 0 \\ x \text{ 为自由变量} \end{cases} \Leftrightarrow \begin{cases} A^T y \leqslant C \\ A^T y \geqslant C \\ A^T y = C \end{cases} \tag{11.178}$$

min 问题的方程约束符号对应 max 问题的变量约束符号，且符号相同。

$$\begin{cases} Ax \geqslant b \\ Ax \leqslant b \\ Ax = b \end{cases} \Leftrightarrow \begin{cases} y \geqslant 0 \\ y \leqslant 0 \\ y \text{ 为自由变量} \end{cases} \tag{11.179}$$

根据库恩—塔克定理，如果 $x$，$y$ 分别是原问题和对偶问题的最优解，那么存在剩余变量 $s$ 和松弛变量 $t$，使得：

$$(1)\ s^T y = 0, Ax - s = b$$
$$(2)\ t^T x = 0, A^T y - t = C$$
$$(3)\ t \geqslant 0, s \geqslant 0 \tag{11.180}$$

极小化线性规划问题的最优性条件等价于：

$$y \geqslant 0, Ax \geqslant b, (Ax - b)^T y = 0 \tag{11.181}$$

其拉格朗日函数为：

$$L(x,y) = C^T x + y^T (b - Ax) \tag{11.182}$$

极大化线性规划问题的最优性条件等价于：

$$x \geqslant 0, A^T y \geqslant C, (A^T y - C)^T x = 0 \tag{11.183}$$

其拉格朗日函数为：

$$L(y,x) = b^T y + x^T (C - A^T y) \tag{11.184}$$

更进一步的细节问题留给技术专家解决。

## 2.3　总供求的宏观经济模型与数字经济改进方向

数字经济宏观均衡理论作为一个“统一场”型的模型，与新凯恩斯主义（政府干预）、新熊彼特学派（质量与创新）、行为经济学（体验）在均衡的数学结果方面几乎没有差异，都共享垄断竞争的基础原理，因此我们在构建数字经济模型时，可以直接借用这些学派已有的宏观经济模型，从中去掉相对于数字经济冗余的设定（如是否采取干预的形式）。

新凯恩斯主义的垄断竞争静态模型，可以作为垄断竞争宏观经济模型的第一种方案（详见海德拉、范德普罗格合著的《高级宏观经济学基础》）。

第二种方案是新熊彼特学派的方案，具体包括水平、垂直两个方案（详见阿吉翁、霍依特合著的《内生增长理论》）。

第三种方案是行为经济学的方案。它以参照点的设定，将异质性、差异化从体验角度加以模型化。

从宏观政策角度看，这一固定成本体现为一个经济体中用于数字化或创新的固定资产投资，并构成对物质形态固定资产投资的替代，从而潜在地影响 *MP* 曲线（引起货币市场本身的紧缩预期）。它可以是在产业政策支持下形成的，也可以是在竞争政策下形成的。前者如国家创新体系对研发的投入，后者如风险投资对互联网平台的投入。

区别在于，后者形成的创新更容易与市场体验吻合，即差异化供给等于差异化需求，高风险与高收益较为对称，但投入往往偏向应用，而对基础科学创新投入不力；而前者形成的创新有较强的战略性、基础性，可以体现出市场自发选择不具有的长远眼光，但有很大风险，并不能创造出有效供给（通常表现为“产学研用”的脱节），因此高风险与高收益之间较为不对称。

在数字经济中，引入固定资本不再是一种有违完全竞争的权宜之计，而成为一个必要组成部分。商业平台对于网络组织（平台+增值企业）而言，就是一个固定成本的分摊中心。与新凯恩斯主义宏观模型对固定成本的构想不同，由于存在分享资本收获租金这种现实的市场可行性，固定成本投入（包括等值的研发投入），都可以在网络市场中自发形成，而不一定非借助政策干预。

## 2.3.1 新凯恩斯主义宏观经济模型

### 2.3.1.1 为什么要借鉴新凯恩斯主义

数字经济学基本模型的构建，从微观到宏观，首先借鉴的是新凯恩斯主义的方法。这不是因为数字经济对政府干预有所偏好，数字经济学本身对政府与市场作用、产业政策与竞争政策均持中性看法。

所有偏离新古典均衡结论的理论中，都有一种“第二代”现象，人们经常以“新”命名第二代理论，如新制度经济学、新熊彼特学派、新政治经济学。有些理论还没有第二代，还在第一代状态中发展，如复杂性经济学理论（阿瑟）、行为经济学理论。

第一代与第二代理论有一个共性，即第一代理论都声称不承认均衡，如制度经济学、凯恩斯经济学、熊彼特理论，包括还没有实质性地发育出第二代的奥地利学派（哈耶克）、复杂性经济学理论（阿瑟）、行为经济学理论（卡尼曼），但都被认为缺乏微观经济学均衡基础（如行为经济学虽源于微观理论，但缺乏标准微观均衡结论）。第二代理论为了净化第一代理论的腐化，都（或都将）修正为垄断竞争均衡理论，作为修补宏观理论的微观经济学基础。

原因很简单，作为非新古典主义的立身之本，所有非新古典主义理论一定要从某个角度逃离新古典主义的引力中心（$P = MC$ 这一点）。但无论是凯恩斯、熊彼特、哈耶克、科斯，还是阿瑟，都会有一种因“逃离”心态而引致的错觉，以为系统逃离的是均衡本身，于是宣称各种新结论是“非均衡”的。其实，均衡的本义是供求相等。反对新古典主义理论，并不等于从此供给不再受制于需求，可以无限发散。这些第一代理论共同具有以生产者为中心的主观倾向，忽视以消费者为中心的制约，导致在此问题上失察。

只有张伯伦、罗宾逊夫人等少数专业经济学家发现，逃离新古典主义的引力中心并不等于无限发散，而会在供求相互作用下有规律地收敛于 $P = AC$ 这个“光晕”。也就是说，要区分均衡的垄断利润与非均衡的超额利润，否定零利润不等于否定均衡。当这些学派的第二代理论发现这个规律后，不约而同地把新的均衡结论确定为 $P = AC$，才使学派的理论获得稳定基础。而没有发现这一规律的其他学派的第二代理论一直都处在不稳定之中，典型如新（古典）政治经济学、新（古典）制度经济学、新（古典）奥地利学派等。其特征是，一旦将反新古典的学派初心回归到新古典均衡，必然导致学派四分五裂。

那么，数字经济学应如何继承和发展各学派优秀成果，而不致陷入解构的后现代主义的虚无立场之中呢？

从数字经济学角度看，所有非新古典理论共享一个可以作为“统一场”的新引力中心，这就是异质性、差异化。它是各派的结论不收敛于同质性、非差异化的 $P = MC$ 这个引力中心点，而收敛于 $P = AC$ 这个“光晕”的原因所在。我们可以把前一个引力场称为斯密—马歇尔引力场，后一个引力场称为张伯伦引力场。所有非新古典理论，无论偏离新古典均衡的具体异质性、差异化原因是什么，都具有 $P = AC$ 这个统一规律。

AC 在这里可当作离散值来理解，只不过是表达（有约束的）离散这层意思而已。因为系统供求一致时的取值越离散于 $P = MC$ 这个点，$AC - MC$ 的值就越大，$P=AC$ 就越有别于 $P=MC$；反之，系统越收敛于 $P=MC$ 这个点，$AC$ 就越趋近 $MC$，$AC$ 的极小值（最不离散，因此最同质化、最无差异的那一点）就是 $MC$。

数字经济学的全部逻辑都是为了聚焦于一点，即质量、创新和体验本质上是经济系统的平衡值“逃离”新古典均衡值（同时是同质化、无差异化的极值），而向 $AC$ 这一增值区域发散的活动。$AC$ 同时是这种发散的边界，超过这个边界，（在长期）供求一定不相等，不是供大于求（创新没有体验来买单，研发脱节于应用），就是求大于供（体验没有创新来支持，企业缺乏利润和增值）。

新凯恩斯主义与数字经济在均衡与最优的最后结论上取值相等，是因为所有异质性、差异化在数学上是等价的、没有区别的。因此，新凯恩斯主义宏观经济学的均衡总结论可以直接拿来用。因为政府干预与多样化效率都是一种造就差异化的离散力，只不过异质性、差异化的具体来源不同而已，其他可以等价的来源还包括李嘉图说的劳动价值、马克思说的阶级斗争、科斯说的谈判、张五常说的合约、卡尼曼说的情绪、阿瑟说的复杂性。数字经济只在异质性、差异化（新凯恩斯主义称为“动物精神”）这一点上与之相同，但在模型的细节和政策解释上完全没有关系。因为在数字经济看来，造成异质性、差异化离散力的具体动力不一定是政府干预（如政府推进信息技术产业发展与应用），还有可能是以企业（如互联网上市企业）为主体的创新引致的。二者在均衡点和最优点上虽然完全看不出区别，但政策主张可能是完全相反的（如马克思与科斯相反）。

虽然新凯恩斯主义者并不必然是张伯伦理论的追随者，但事实是，新凯恩斯主义者是第一批看出张伯伦结论在数学上的中性含义的经济学家。今天，几乎所有凯恩斯主义宏观经济学全部成了张伯伦版的。我们这里借鉴新凯恩斯主义，不是因为对新凯恩斯主义有好感（相反，在中国经济问题上，我们更多持批评态度），而仅仅是透过它，更好地运用张伯伦的模型而已。而其他学派在数学建模方面与新凯恩斯主义的研究相比较为单薄。

#### 2.3.1.2 新凯恩斯主义宏观经济模型

新凯恩斯主义宏观经济模型①是：总的市场出清条件，即总产出与总需求

---

① 海德拉，范德普罗格．高级宏观经济学基础［M］．陈彦斌，张略钊，林榕，等译．北京：中国人民大学出版社，2012：293.

之间的恒等式。

$$Y = C + G$$

$Y$ 为总产出，$C + G$ 代表总需求，包括消费需求与政府需求，$C$ 是消费组合。

$$C = N^{\eta}\left[N^{-1}\sum_{j=1}^{N} C_j^{\frac{(\theta-1)}{\theta}}\right]^{\frac{\theta}{(\theta-1)}}, \theta > 1, \eta \geqslant 1$$

这一建模思想来自 Spence（1976）和 D－S 模型（1977），将效用函数由同质组向异质组推广，用消费组合 $C$ 代表，可理解为组合商品（如单一品种、大规模或小批量、多品种，都由品种和数量组合而成）。

在上式中，品种不直接出现，而是以 $\eta$ 间接标示。参数 $\eta$ 调整的是品种偏好（多样化偏好），代表将一定量产品分散于 $N$ 个品种变量而非局限于单一品种变量所获得的效用。$\theta$ 代表交叉替代弹性。$\eta = 1$，相当于同质性假定（假定经济个体不喜欢多样化，例如传统中国制造条件下，人们穿一样的衣服，吃一样的食品）；$\eta > 1$，相当于推广了品种为 1 这一特例。这是对新古典理论的最实质的突破。

人们对凯恩斯经济学特色的最初理解是政府干预，进入 21 世纪，经行为经济学“再发现”，政府干预被抽象化为“动物精神”（异质性的另一种说法），而在这里，明确将“动物精神”进一步抽象量化为品种。这是数字经济学与新凯恩斯主义共用垄断竞争模型的根本思想基础。数字经济学从“单一品种、大规模”转向“小批量、多品种”，必须引入品种概念，否则就会出现索洛悖论（漏算多样化偏好和多样性效率在质量、创新和体验三方面的所得）。对新凯恩斯主义来说，品种仅代指一种对市场进行区隔的刚性，与价格黏性的所指相同（都抬高价格，使其超过 $MC$）。而在数字经济学看来，政府需求只是在形式上不受市场制约，但实质上是否能转化为有效供给、创造的是否是真正的有效需求与劳动就业因素的变化有关，为此不设工资刚性。

总收入（$I_F$）为：

$$PC = aI_F, \quad I_F = [W^N + \Pi - T]$$

$a$ 是预算约束，$P$ 是消费组合 $C$ 的真实价格指数，指组合消费效用最大化（在数字经济学中直接表述为品种与数量围成的面积最大化，可能是由小批量、多品种构成，也可能是由大批量、少品种构成）时的价格。$W^N$ 是名义工资，$\Pi$ 是家庭得自垄断竞争厂商的利润收入，$T$ 是交政府的总赋税。

总利润为：

$$\Pi = \sum_{j=1}^{N}, \Pi_j = \theta^{-1}PY - W^N NF$$

利润等于收益减总成本。总成本包括工资与固定成本。$F$ 为用单位劳动表示的固定成本，这是新凯恩斯主义摆脱新古典主义逻辑的又一处重要设定，由它保证随着产量增加平均成本递减、规模报酬递增。

数字经济学在这里与新凯恩斯主义的不同之处在于，除了规模报酬递增，还设有范围报酬递增。因此，$W^N NF$ 这部分要改写，以内生 $N$ 的变化带来的影响。

政府预算约束为：

$$T = PG + W^N L_G$$

表明政府消费支出（$PG$）加上雇员工资支出（$W^N L_G$）等于总赋税（$T$）。

价格指数为：

$$P = N^{1-\eta}, \bar{P} = N_{\mu}^{1-\eta} W_k^N$$

这里的定价方式含有成本加成性质。$\mu_j$ 是价格减去边际成本的加价，故有 $P_j =_{\mu_j} W_k^N$ 。这在均衡定价上区别于新古典主义的 $P = MC$ 定价。

劳动力供给为：

$$W^N (1-L) = (1-a) I_F$$

$L$ 指劳动力供给，$1-L$ 指闲暇。工资 $W^N$ 被视为给定。这是新凯恩斯主义的假定，数字经济学拟放宽这一假定。

福利指数为：

$$P_v = \left(\frac{P}{a}\right)^a \left(\frac{W^N}{1-a}\right)^{1-a}, V = \frac{I_F}{P_V}$$

其中，$V$ 指总效用，等于总收入比生活成本指数。

总体来看，新凯恩斯主义宏观经济模型抓住了“无差异—差异化”这一主要矛盾，从均衡上区分了新古典主义结论与非新古典主义结论，在这方面，数字经济学与之基本一致。

但是，由于新凯恩斯主义建立在工业经济基础之上，因此存在一个内在矛盾，工业技术与工业经济都不支持差异化经济的全面结论，只能认识到差异化在需求方面的经济性，表现在效用函数、约束条件和需求曲线上，但无法认识到差异化在供给方面的经济性（创新的经济性所在），为保持差异化均衡，也只能选择规模经济甚至政府干预作为供给方的平衡条件。另外，认为工资存在刚性，这是新凯恩斯主义的特殊设定。以上两点是数字经济学持保留态度的。

数字经济学的宏观经济模型会在此模型基础上取消规模经济（但保留固定成本）与工资刚性两点特殊设定。

#### 2.3.1.3　建模中的关键因素：引入固定成本

现在，我们放大一个新凯恩斯主义宏观模型的关键细节，并体会其中逻辑。这就是作为“统一场”关键的 $AC-MC$ 这一差值（方差）对整个模型的贯通。

将边际成本 $MC$ 设为 $x$，即有：

$$x = W\Delta N/(\Delta Q - aQ)$$

$W$ 是工资，$N$ 是工作时间，$Q$ 是产量，$a$ 是技术进步率。

假定技术进步率 $a_t$ 是对一个不变技术进步率 $a$ 的偏离，偏离度为 $u$：

$$a_t = a + u$$

厂商的毛利率为：

$$\mu = p/x$$

$\mu$ 是区分新古典系（$P=MC$）与非新古典系（$P=AC$）的关键。$\mu=1$ 时，市场是同质完全竞争的，$P=MC$，厂商零经济利润；而 $\mu>1$ 时，市场是异质完全竞争（垄断竞争）的，$P=AC$，厂商有正经济利润（以别于会计利润）。

已知平均成本与边际成本的关系为：

$$F = AC - MC$$

加入固定成本 $F$ 后，生产函数形式为：

$$y_1 + F = \left[\sum N_{ij}^{(\theta-1)/\theta}\right]^{\theta/(\theta-1)}$$

对新凯恩斯主义来说，总需求是名义货币与名义工资之比 $M/W$ 的函数，$M/W$ 的变化引起总需求与就业的变化。由于存在固定成本，生产率与利润顺周期变化。总名义工资越高，新厂商进入就越困难。因为菜单成本阻滞厂商改变价格，维持较高名义工资，会引起失业，新厂商将不愿意进入。在固定成本作用下，较高的名义工资减少了总需求①。

产出变动率为：

$$\Delta Q = \mu b\Delta N + a + u$$

数字经济没有菜单成本与工资刚性，但认为固定成本的同方向影响仍然存在，对 $a+u$ 的解释有别于新凯恩斯主义理论。$u$ 对于 $a$ 的偏离，实际上是异质性因素对同质性的偏离。这里存在两种技术，$a$ 是指提高专业化效率的技

---

① 王健．新凯恩斯主义经济学［M］．北京：经济科学出版社，1997：103.

术（工业经济中的技术），而 $u$ 是提高多样化效率的技术（数字经济中的技术）引起的有规律（$AC-MC$）的变化。这种偏离决定了 $\mu$ 的变化方向。在《数字经济学. 微观经济卷》和《数字经济学. 技术经济卷》中，我们将揭示所谓的"偏离"，其实是两个不同维度（数量与品种）之间效率关系的对偶变化。

## 2.3.2 新熊彼特学派宏观经济模型

新熊彼特学派的增长理论为创新提供的微观基础是垄断竞争均衡理论。

这一理论突破了同质完全竞争市场的假定，假设中间物品部门的厂商具有一定的垄断权力，企业可以获得垄断利润。实际上，创新意义上的垄断只不过是异质的完全竞争，是为了创造与众不同的价值而展开的自由进入的竞争，唯一的门槛就是产品与服务的异质性与差异化。

这相当于认为 $AC-MC$ 这段垄断价值的创造是在中间物品部门完成的。中间物品部门的特点是产品差异化、质量差异化，并以品种作为这种质的差异性的量化单位。熊彼特增长理论中存在研发部门，以解释 $AC-MC$ 这部分价值的来龙去脉，它等于固定成本（$FC$）或研发投入，也等于政府补贴值（$an$）。熊彼特增长理论的增长逻辑建立在以下链条之上：垄断利润—R&D 支出—知识存量增加—技术创新—新产品（新方法）—经济增长。

新熊彼特学派的宏观经济模型分两类：一类是水平模型，是与新凯恩斯学派共用的理论，以 D-S 模型（又称新张伯伦模型，它也是数字经济学均衡理论的基础）为代表；另一类是垂直模型，即质量阶梯理论，内生了"毁灭式创新"，由新熊彼特学派独创。

### 2.3.2.1 内生增长的水平模型

水平模型就是以 D-S 模型为代表的代表性消费者模型。

水平模型有一个突出特点，即将创新与品种当作一回事。这与数字经济学的方法高度相似。水平产品研发模型（在此指产品研发的水平模型）中的"产品研发"，是指产品种类在内生增长建模中的正式应用，由罗默 1990 年首次提出①，可推论出发明成本与 $W/N$ 成比例②。技术进步表现为产品种类数

---

① 巴罗，萨拉-伊-马丁. 经济增长［M］. 2 版. 夏俊，译. 上海：格致出版社，2010：246.

② 同①247.

量 $N$ 的增加①。

数字经济学的整个均衡理论基础都是建立在 D－S 模型基础之上的。第 2.2 节就是在 D－S 模型基础上改进出来的，这里不重复介绍。

我们着重介绍 D－S 模型的一个变种，即中间环节的内生品种均衡模型，这是新熊彼特学派采用的正式模型之一，称为水平模型。

内生增长理论在将品种纳入均衡的过程中派生出两种建模方式：一种是将数量与品种并列起来，如 D－S 模型那样，在效用函数中建立二元函数模型。数字经济学主要借鉴的就是这种方法，并把它发展为高维分析（将品种设立为一个独立于数量的单独的维度）。另一种是把品种叠加在数量内部，以弹性、参数的方式间接表现。D－S 模型介于二者之间。因此有许多借鉴 D－S 模型的学者（如杨小凯），索性把无差异产品与差异化产品的区分变为最终产品与中间产品的区分。两种方法都可以在当年张伯伦的方法中找到渊源。

我们猜想这样做的理论动机恐怕还是顾忌西方主流学派（新古典理论）。如果把同质组（数量）与异质组（品种）并列起来，则带有决裂与革命的意味。而把品种叠进数量内部，至少看起来没有对同质性假定提出挑战，而是把同质性说成是差异化（在计算结果上毫无区别），甚至把差异化程度径直定义为（无差异）竞争的不完全程度（如罗宾逊夫人）。最终产品与中间产品的区别，情况类似。最终产品可以解释为处于市场之中，而中间产品可以解释为处于企业之中。市场是完全竞争的，不触及差异化，而企业则可以是垄断竞争的，借中间产品来谈差异化。数字经济学因为大大方方主张信息革命，不是信息“改良”，因此丝毫不在意把差异化说成异质性，反正质量、创新和体验哪一个也不是同质性的，因此对于把品种安在中间产品还是最终产品上持无所谓的态度。

下面就来看这样一个模型，这是新熊彼特学派从新凯恩斯学派（罗默）那里借来的。新熊彼特学派主要用它来解释创新通过垄断租金获取来自技术进步的回报。罗默的理论基本上是照搬 D－S 模型，只是将中间产品改为内生品种，其他设定一模一样，如存在固定成本、规模报酬递增、自由进入等。

模型假定最终产品的全要素生产率随着中间产品种类的增加而提高。

生产函数为：

---

①　巴罗，萨拉－伊－马丁．经济增长［M］. 2 版．夏俊，译．上海：格致出版社，2010：251.

$$Y = L^{1-a}\int_0^A x_i^a di, 0 < 1$$

[0, $A$] 是中间产品的区间。$x_i$ 为第 $i$ 种中间投入。

边际成本来自一个每种中间产品生产过程中只使用资本的生产技术。

与同质完全竞争的不同之处在于，均衡值存在一个固定成本的差值，即 $AC-MC$。

罗默把技术与分工（他认为是专业化分工）都等同于多样化的增长。$A$ 的均衡值为 [ $(2-a)$ $/2h$] $K$，其中 $h$ 为每个中间产品环节的固定成本，$K$ 为资本存量，意思是“更大的市场使得企业能够支付生产更大数量中间投入所需要的固定成本，而这又会进一步提高劳动、资本的生产力，从而保护经济增长”①。

罗默的解释是，为了进入一个新的中间产品环节，企业必须支付开发产品的沉没成本，而该成本由垄断竞争的租金（$AC-MC$）补偿。

由此得出的加总生产函数为：

$$Y = bL^{1-a}A^{1-a}K^a$$

$A$ 在垄断竞争均衡状态，存在对劳动 $L$ 和资本 $K$ 的规模报酬递增。

如果直接显示内生品种，生产函数也可写为②：

$$Y = A_Y L_Y^{1-\beta} X^{\beta} n^{\beta(1-\varepsilon)/a}$$

这里的 $n$ 就是中间产品的品种数。$Xn$ 为中间产品的总量。产出增长率为中间产品新品种的变化率。

数字经济学的标准模型与这个模型的异同之处也正是数字经济学与新熊彼特学派水平模型的异同之处。

相同之处在于：一是提出的问题相同，都把经济学的基本问题从数量与价格之间的均衡与最优修正为品种、数量与价格之间的均衡与最优问题，同属内生品种的均衡理论；二是同样是垄断竞争均衡理论，垄断竞争的均衡点结论相同，都是 $P=AC$；三是都主张报酬递增；四是需求理论，特别是效用函数完全一致，需求曲线的结论也基本一致。

主要的不同之处在于：一是报酬递增的方向不同，D－S 模型、水平模型主张的是规模经济，而数字经济学主张的是范围经济；二是它们之间的供给

---

① 阿吉翁，等．内生增长理论［M］．陶然，等译．北京：北京大学出版社，2004：32.

② 韩忠亮．中国经济增长：一个“破坏性创造”的内生增长模型［M］．北京：经济管理出版社，2013：31.

理论结论，尤其是成本函数结论几乎相反，D－S 模型、水平模型的成本结论是差异化成本不经济（规模经济但范围不经济），而数字经济学的结论是差异化成本经济（范围经济且规模经济或规模不经济）；三是政策推论不同，由于 D－S 模型、水平模型认为范围不经济，因此主张政府干预，如罗默主张政府补贴研发，而数字经济学的政策推论是，由于存在范围经济，对创新来说，政府干预与市场竞争都是可以成立的。

对新熊彼特学派在水平模型上照搬新凯恩斯主义是否符合自身逻辑，从数字经济角度看，主要有以下两个疑问。

第一，创新主体是企业还是政府。熊彼特的创新理论强调企业家是创新的主体，他非常强调大企业在创新中的作用，如果说这是因为大企业具有规模经济的成本优势，还可以勉强与 D－S 模型的判断相协调，但从水平模型中推出罗默以政府补贴研发投入的结论，就与熊彼特的想法有一定距离，因为企业家精神不见了，从精神驱动变成了物质驱动。水平模型的结论难以支持中小企业成为创新主体。在这方面，反倒是另一位新凯恩斯主义者费尔普斯的研究支持中小企业以市场方式（风险投资、知识产权）成为创新主体，对熊彼特强调大企业的创新理论进行了发展。

第二，企业家精神与研发的关系。熊彼特本人强调的是企业家与企业家精神，其创新是指生产要素的“新组合”，近于市场创新而非技术创新。新熊彼特学派则把创新与技术研发（包括知识）内在联系起来，有把创新与技术创新等同的意思。用研发投入支撑的技术创新属于创新，这是没有疑问的，但这实际是在把物质驱动用于创新，而创新本身是否具有像企业家精神这样的内在动力（精神动力），新熊彼特学派对此语焉不详。我们可以把两种创新想象成“文科”的创新（不以研发投入为先决条件的创新，如创意、市场模式创新等）与“理科”的创新（以研发投入为先决条件，如自然科学与技术的创新）。数字经济学认为二者是并行不悖的。

数字经济学认为技术创新与市场创新、研发投入与企业家精神是相辅相成的。创新的体系化与体验的体系化是供求关系，增进个性化体验、增加研发投入这样的经济行为，与以用户为中心的取向是同等重要的。信息技术本身可以增进体验与个性化，但不能代替需求导向与市场导向的决定作用。

#### 2.3.2.2 反映质量阶梯的垂直模型

垂直模型是新熊彼特学派的独创，其特点如下：一是将质量置于创新的中心；二是把创新具象化为“毁灭 + 创造”的迭代。垂直模型把创新具象化的优点是贴近技术创新的细节，缺点是加大了从中提炼和概括质量、创新与体验通用性质的难度。

垂直模型具象化的是创新中新的中间投入产生与旧的中间投入消失这一具体现象。垂直模型最有特色的是下面这个式子①：

$$rV_{t+1} = \pi_{t+1} - \lambda n_{t+1} V_{t+1}$$

表示在单位时段内由第 $t+1$ 个创新许可证所产生的预期收益 $rV_{t+1}$ 等于到 $t+1$ 之前中间产品垄断生产者所获得的利润减去第 $t+1$ 个创新者被更新的创新者所替代时的预期资本损失 $V_{t+1}$，这种损失的概率流为 $\lambda n_{t+1}$。由此推论 $r + \lambda n_{t+1}$ 就成为创新者的利率，要在一般利率之上加上一个风险值，即失去 $AC - MC$ 这块利润的概率。

对数字经济来说，之所以要求对互联网平台实施宽松的反垄断政策，而不应把互联网平台视为石油行业那样的垄断，就是因为目前 $\lambda n_{t+1}$ 的值非常大，创新的预期收益非常低。欧盟之所以迄今为止没有产生一个世界级的互联网平台，与低估 $\lambda n_{t+1}$ 有密不可分的关系。

新熊彼特学派偏好中间产品垄断竞争模型，在垂直模型中也是如此。因为设定“最终产品部门是完全竞争的”②，似乎垄断竞争躲到中间产品里才合法。数字经济学对此不以为然，但也不需要改动它，因为它是与结果无关的。

接下来，另一个特殊之处在于对质量阶梯的描述。质量阶梯实际指的是均衡增长率：

$$g = \lambda \hat{n} \ln\gamma$$

对数 $\ln\gamma$ 的形式看起来像是一个高度逐渐上升的阶梯，而表示的内容在于质量的变化（提高），因此这个增长率曲线被形象地称为质量阶梯。

数字经济学与质量阶梯理论在将质量与创新当作可以等同的现象这一点上高度一致，都认为质量与创新在数学上是等价的，它们的本质都是质的差异，只不过质量是结果，创新是（供给）过程。

质量阶梯这个模型本身从建模角度讲，具体、复杂，但概括性不足。例如，它没有像新凯恩斯模型那样，通过固定成本、边际成本以及平均成本之间的全

---

① 阿吉翁，等. 内生增长理论［M］. 陶然，等译. 北京：北京大学出版社，2004：51.

② 同①52.

局性关系，明确指出垄断竞争的宏观要点，而过多陷入创新现象的细节。在这一点上，其比熊彼特的思想性（如在利息问题上区分资本家与企业家）较为落后。

一些新凯恩斯主义者在帮助总结创新理论时说得稍微明白一些。例如格罗斯曼、赫尔普曼在用到质量阶梯模型时，做过进一步的分析。格罗斯曼、赫尔普曼认为，对质量阶梯来说，垄断竞争特有的“方差”（$AC-MC$）这一特征，是通过“质量距离”表现出来的①。他们用新凯恩斯主义理论常用的成本加成举例：“在增加产品种类的模型中，厂商实行的是加成定价（Markup Pricing）战略，因为每一位垄断者面对的需求弹性被假定为常数。在质量升级模型中，价格也是生产成本的固定倍数，这是因为每一位创新者相对于其最有威胁的定价对手的成比例的质量优势被假定为常数。”②

如图 2－24 所示，在同一条需求曲线 $DD'$ 上，领先者与追随者的产品具有质量上的显著差别。领先者如果高于 $\lambda_w$ 处定价，用户会因价格过高而继续使用追随者的产品，领先者失去 $AB$ 这一段用户；如果远低于 $\lambda_w$ 处定价，追随者会失去全部用户，而领先者也得不到边际收益。领先者最好的选择是稍低于 $\lambda_w$ 处定价，得到全部需求，并尽可能得到垄断价格。如果领先者与追随者定价一样，领先者可沿 $BC$ 出售任意数量产品。

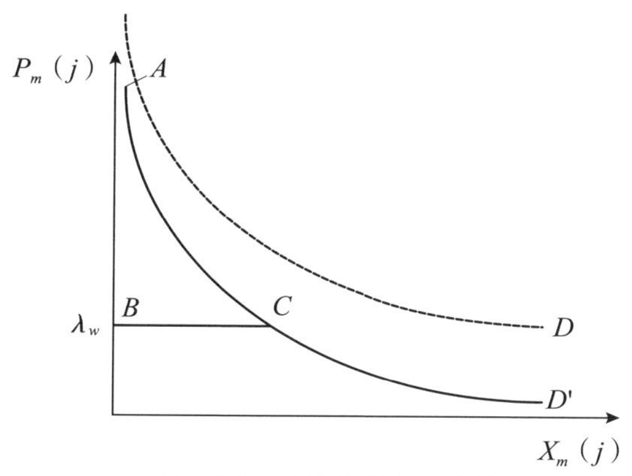


**图 2－24　质量阶梯中的定价**

总而言之，质量与创新的根本特征并不在于存量的新陈代谢本身，而在于无论当下的创新还是替代的下一个创新都在把价格提到边际成本之上，都

① 格罗斯曼，赫尔普曼．全球经济中的创新与增长［M］．何帆，牛勇平，唐迪，译．北京：中国人民大学出版社，2003：91.

② 同①90.

通过创造新价值超越循环流转。

#### 2.3.2.3 数字经济对创新理论的改进

虽然熊彼特创新学派代表创新理论的主流，但数字经济学从自身立场出发，对此并不是无保留地接受。最主要的一点在于，从数字经济的内在要求——坚持质量的供求平衡，进而要求创新与体验相均衡——出发，创新理论目前还停留在以生产者为中心的发展阶段，而数字经济学坚持以消费者为中心的创新，这涉及创新主体、创新原理的不同。

从创新原理来看，新熊彼特学派与新凯恩斯主义理论合流的部分，令生产者中心倾向越发突出。

熊彼特本人就有生产者中心的倾向，强调创新是供给者（企业家）的单方面行为，而很少谈及需求方的制约。他反对均衡，虽然可以解释为其反对的是新古典均衡（但这是直到新熊彼特学派才辨识出来的），但给人留下了忽视供求相互决定这一印象。在发达经济体中坚持创新理论，潜在预设了企业家会自发遵从市场需求的假设，完善的市场环境也使这种片面之论不大会误导人们脱离市场需求去创新。但对不发达经济体和市场经济不完善的国家和地区来说，片面强调供给导向的创新会产生误导，增加“产学研用”脱节与泡沫化的风险。

发展到以新凯恩斯主义者为主体构成的新熊彼特学派，问题进一步严重。

第一，在创新主体、创新动力上，偏向政府而疏远市场。把创新窄化为技术创新，把企业家精神驱动改为物质投入（研发投入）驱动，与市场需求的关系渐行渐远，政府补贴研发成为（市场）需求激励的替代。这对于一直强调有效需求不足的新凯恩斯主义来说不足为奇，但创新理论原本没有必要与这种用政府需求替代市场需求的理论脱钩。

对中国来说，无保留遵从这种理论的直接结果就是长期的“产学研”与“用”之间相互脱节。以企业为主体进行创新，始终难以成为现实。政府在创新上投入巨大，但到真正与市场需求结合（所谓“应用”）时就掉链子，无论是政府以什么方式推动，与发达市场经济的效率相比都有相当大的差距。

数字经济理论在这一点上要帮助创新理论解套。解套的关键是以有效供给（供给侧的供给是否有需求基础决定供给是否有效）拆除凯恩斯学派有效需求的内在逻辑链条，把需求还给市场。

第二，在创新的成本理论上，要回归市场经济正常结论。现有创新理论在成本加成问题上与数字经济学原理完全相左，一些新凯恩斯主义者公然诱导创新与需求脱节。例如霍尔列出成本加成公式 $P = W + Z$ 后，明确表示：加值方程表明，价格随着成本的上升而迅速地、充分地上涨，同需求丝毫无关。只要工资 $W$ 和其他成本的指数 $Z$ 保持不变，价格就不会发生变化。① 新凯恩斯主义者这样说是因为前有工资刚性这一条限制，后有政府需求弥补不足保底，导致结论动弹不得。创新理论完全没必要受这个约束。

数字经济理论帮助创新理论在这一点上解套，要点是理顺成本加成的长期机制。数字经济学也赞同成本加成，但认为创新导致价格高于边际成本与创新从长期看必须符合市场需求发展是具有内在联系的。如果创新提供的新产品不符合市场需求，价格高于边际成本这一点（所谓“刚性”）在自由进入这个条件下是保不住的。被凯恩斯学派割裂了的这种联系，在数字经济学中完全可以恢复。一是取消工资刚性，加入劳动者一次分配分成机制。在实践中，这点已被海尔创客机制证明是可行的。其特点是劳动者可以在工资与分成之间自由选择，但想分成必须创造新价值即创新（大众创新）。企业内创业机制可以为之创造条件。二是利用劳动者分成解决有效供给中需求不足部分。这也从根本上解决了有效需求不足非要由政府需求补足的问题。这样，创新理论就能自圆其说了。这使创新理论取得一种机动性，市场不失灵，可以由市场调节；市场失灵，再主张干预（如补贴）不迟。

从学科建设和发展角度讲，这要求创新理论从一代（熊彼特理论，精英为创新主体），发展到二代（菲尔普斯理论，草根变精英后成为创新主体），再发展到三代（数字经济理论，草根为创新主体）。

### 2.3.3 行为经济学宏观经济模型

行为经济学宏观经济模型是由新凯恩斯主义宏观经济模型改进而来。行为经济学与新凯恩斯主义理论的共同基础是对异质性、差异化的强调，在这一点上，它们与数字经济是同方向的，区别只在于异质性、差异化的具体来源。新凯恩斯学派强调的是动物精神、政府干预，行为经济学强调的是心理，数字经济强调的是具有多样化效率的技术内生于经济（其中需求差异化理论与行为经济学相通，供给差异化理论与创新理论相通）。

行为宏观经济学建模思路的起点是解释 $AC - MC$ 这一代表差异化的宏观

---

① 霍尔，泰勒．宏观经济学［M］．5版．张帆，等译．北京：中国人民大学出版社，2000：431.

"异常"的价值来源。其与数字经济学的思路与方法异曲同工。

数字经济学的思路与方法与行为经济学中与演化经济学合流的一支（梅特卡夫）相一致，都是从平衡值与边际值之间的"方差"入手，解释均衡值偏离古典值的特征。新凯恩斯学派一般用产出缺口来表现无差异均衡与差异化均衡之差，而斯蒂格利茨则用名义利率与实际利率之差［"名义利率的变化（而实际利率不变）"造成"利差"①］，来从货币现象上加以解释。这在新凯恩斯主义中加入了一点奥地利学派（强调货币资本与实体资本差异）与熊彼特观点（强调资本家与企业家区别）的味道。而桑德罗等（2014）则把这种宏观上的"方差"直接嵌入微观的效用函数，主张在标准的新凯恩斯模型中引入参照点依赖，将行为经济学的值函数作为拓展部分加入效用函数。采用这种微观加宏观的方法需要明确一点，即值函数在本质上是异质的，表现在宏观上也是如此。证据就是个别、微观的值函数相对于古典效用函数进行全局和宏观发散时产生的方差不可能为零，否则就成了套利，会滑向奥地利学派的理性行为观点。

### 2.3.3.1 总需求方程

行为宏观经济学最重要的工作就是据此构建了情境依赖式的总需求方程②。

前提是复合效用函数$\bar{U}$（$C$，$H$），其中$U$（$C$）是标准效用函数，$H$代表参照点的值。

$$\bar{U}(C,H) = au(C) + (1-a)v[u(C) - u(H)]$$

比较D－S模型的"同质组—异质组"二元效用函数，这里的二元是一正一偏，将偏离本身当作要素加入模型。$v$（·）是以"收益—损失"方法界定的值函数，可以度量出理性同质的效用与行为异质的效用（体验效用）之差，放大到均衡值上，就必然通向$AC-MC$这个"方差"。

对数字经济来说，这种方法是必要的，不仅在于它表现出了"方差"这个典型特征，还在于它从需求角度切入建模，补全了创新只有供给视角的缺

① 斯蒂格利茨，格林沃尔德．通往货币经济学的新范式［M］．陆磊，张怀清，译．北京：中信出版社，2005：114.

② 贺京同，那艺．行为经济学：选择、互动与宏观行为［M］．北京：中国人民大学出版社，2015：229－232.

失。当前，中国许多供给导向的创新，包括多样性信息技术之所以与应用脱节、与市场脱节，都与脱离需求脱不开干系。从均衡角度说明差异化的供给如何才能在市场上活下来，是非常有现实意义的。

将内生行为因素（体验因素）的效用函数与新凯恩斯主义的总需求模型（*IS* 曲线）结合起来，就形成了行为宏观经济学的总需求模型。新凯恩斯总需求方程为 $\hat{y}_t = a_1 E_t \hat{y}_{t+1} + a_2 \hat{r}_t$。其中，$E$ 为预期因子，$a_1$是产出缺口系数，$a_2$是利率缺口系数。如果它们都为 1，则退回古典模型。在此忽略产出缺口，设$a_1$为 1，仅假设存在利率缺口，总需求方程为：

$$\hat{y}_t = E_t \hat{y}_{t+1} - \frac{1}{1 - (1 - a)\frac{\partial}{\lambda}} \hat{r}_t$$

当利率缺口系数中的 $\lambda = 1$ 时，对应高涨期，否则对应衰退期。

如图 2 –25 所示，行为宏观经济学模型相当于认为通过利差，异质性、差异化因素改变了总需求曲线的斜率，而不是如一般新凯恩斯主义者认为的平移 *IS* 曲线（总需求曲线）。但有一位新凯恩斯主义者的观点近于这个认识，他就是斯蒂格利茨①。

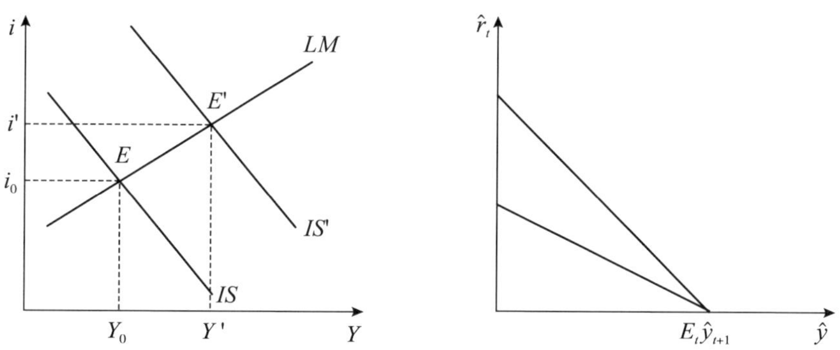


**图 2 –25　行为宏观模型与新凯恩斯总需求曲线比较**

数字经济理论综合新凯恩斯主义、新熊彼特学派和行为宏观经济学对这个利差给予了一个通解，即这个利差本质上是异质性利率与同质性利率之间的利差。行为宏观经济学把它现象化为高潮期与衰退期之间的利差，新凯恩斯主义者把它现象化为名义利率与实际利率之间的利差，新熊彼特学派把它

① 斯蒂格利茨，格林沃尔德．通往货币经济学的新范式［M］．陆磊，张怀清，译．北京：中信出版社，2005：114.

现象化为资本家与企业家之间的利差。其实，三种现象的本质都是一样的，都是差异化的利率与非差异化的利率之间的利差。这里的差异化与异质性不同于行为理性所指的短期变化或过程变化，无法在宏观上收敛于非差异化均衡值（新古典解），存在系统“方差”的体系之间的不同。

#### 2.3.3.2 总供给方程

行为宏观经济学第二项重要工作是在新凯恩斯模型基础上内生参照点，构建了情境依赖式的总供给方程①。

由于数字经济理论与新凯恩斯主义在供给理论上存在原则性的分歧，这里不再详细给出模型细节，只提供一个图例加以说明。

如图2－26所示，在引入参照点后，行为宏观总供给理论认为，异质性、差异化因素（“动物精神”）的影响是改变总供给曲线的斜率，而不是向左上平移。图（b）干脆没有给出稳定均衡点。经济只是在人们情绪的波动中无原则地来回摆动，而没有一个均衡引力中心。

行为宏观经济由此暴露出两个特点，显得它缺乏原则性。一是行为经济学家已认识到行为要通过方差来观察（梅特卡夫），这超越了奥地利学派的数学见识，但他们没有进一步发现新的均衡点存在于何处，这使他们从经济学基础理论滑向了统计学。但统计学作为应用学科回答不了这方面的基础理论问题，在这点上，行为宏观经济学还不如新凯恩斯主义，甚至新熊彼特学派。二是行为经济学家既然已知在异质行为影响下系统不会收敛于新古典均衡，但把早期凯恩斯所说的“动物精神”理解成在快乐（高潮期）与痛苦（衰退期）之间的秋千运动，没有注意秋千的动态平衡点及根本动力（他们只注意到幸福，而没有观察到创造也是人的意义所在），而一头扎进实验经济学对荡秋千的经验式观察中。按照数字经济学的观念，差异化供给与差异化需求是一对镜像，行为经济学在需求（体验）方面的见解比新凯恩斯主义深刻，但由于没有把体验与创新联系起来，错过了发现体验与创新的供求一致性这一规律的市场机会，这是他们盲从新凯恩斯总供给理论的原因之一。本来，从体验经济出发，行为经济学家应该能够出于本能发现新凯恩斯主义者（如罗默）难以发现的范围经济的蛛丝马迹。这是因为：第一，创新不一定依赖研

---

① 贺京同，那艺．行为经济学：选择、互动与宏观行为［M］．北京：中国人民大学出版社，2015：241－244.

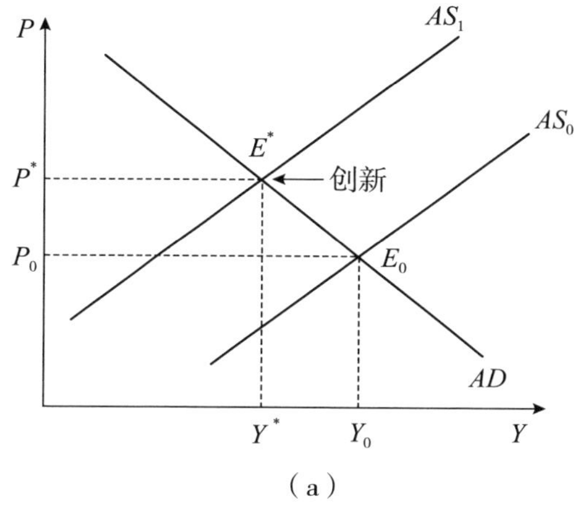


（a）

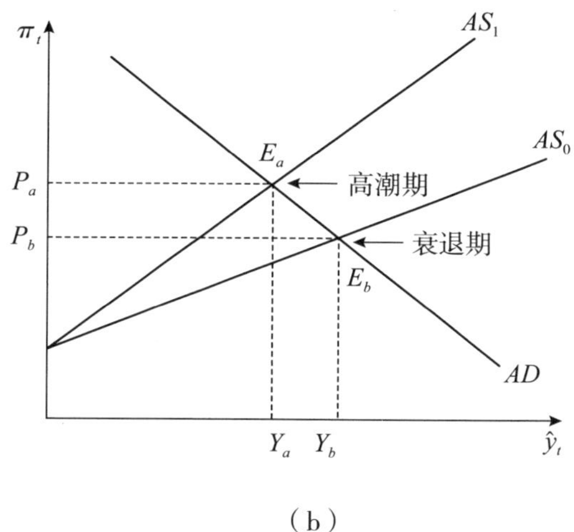


（b）

**图 2－26　行为宏观模型与创新理论的总供给关系比较**

发投入，如影视等内容产业可能靠天才艺术家从事增值活动；研发也不一定依赖政府补贴，如华为这样的企业可能出于自身利益进行研发。第二，信息技术作为一种多样化技术，可以支持需求方面的多样化体验，大数据和人工智能可以降低个性化的成本，这可以解释图（b）中的产出缺口，是数字经济降低多样化成本带来的，而不仅是人的主观情绪波动的结果。

这里说明一下数字经济理论与主流新凯恩斯理论的原则分歧是指什么。从数字经济的立场上看，主流的新凯恩斯主义者有一个共同特点，就是只字不提范围经济。包括斯蒂格利茨、罗默所谈的信息、创新，都是在规模经济语境下加以讨论的。原因是新凯恩斯主义没有认识到范围经济背后多样化效率的存在，而多样化效率是信息技术的最本质特征。他们默认的是多样化无效率，这等于说信息技术的效益在光天化日之下“不存在”。这与索洛的认知是一样的。因为存在这一盲区，为了让差异化均衡自圆其说，只好用规模经济，乃至政府干预，补上多样化无效率这个缺口。数字经济学对政府干预倒是没有特别厌恶，历史上还主张以干预方式加速信息技术产业发展，与此有别于林毅夫的比较优势论，但对斯蒂格利茨、罗默为代表的认为只有政府干预，信息经济、创新才能进行的观点完全不能认同。原因在于理论的基础部分，即数字经济学认为多样化效率的存在与范围经济的存在会证明市场和网络有自发的内生动力，使数字经济走向质量、创新和体验转型之路。

单纯从数学角度看，这里的缺口源于供给曲线平移变化还是斜率变化，都不是实质，实质是两条线不在同一个平面。从黎曼的数学观点看，这类问题是典型的从低维空间看高维空间造成的“视觉”之差（“错觉”）。这里的均衡其实不是一个点（零维），而是一条线（等均衡线，一维），甚至是一个曲面（二维乃至更高）。我们在《数字经济学·微观经济卷》部分会展开讨论这个比较抽象的问题。

数字经济学可以借鉴行为宏观经济学的方法，但需要辨析其中的不同，取其所长，补己所短。

行为经济学发展为行为宏观经济学、行为金融学的过程中，应用层面的进展大，而思想性与其“初心”相比，多有退步。行为经济学的“初心”集中反映在卡尼曼《回到边沁》一文中，提出参照点的初心是在辨析边沁学说（快乐与痛苦）与马歇尔学说（有钱与没有钱），是对工业经济“有钱不快乐”这个“癌症”进行化疗。卡尼曼不是纯正的人文学家，但他通过心理学实证，一步一步在靠近区分与理解经济的目的（人生目的，以体验效用代表）与手段（工具理性，以标准效用代表）之间的关系这一主题。所以参照点的本意是为钱找到一个以人为本的参照系，对钱进行重新估值。到了行为宏观经济学和行为金融学发展起来之后，这个“初心”已被矮化为如何排除情绪干扰（“动物精神”），更好、更客观地把握住钱的问题，把人的问题降格为动物问题。

从这个角度说，借鉴行为宏观总供给模型，要先把参照点的本意搞清楚，要透过“动物精神”发现人的精神。

行为经济学的“初心”本身也是有争议的。早期就有人批评过卡尼曼的“享乐主义”倾向。这涉及作为参照点的目的本身是什么。按行为经济学家的一般解释，这个目的就是快乐、幸福。但快乐、幸福是不是人的目的的主要内涵是有争议的。比如，阿马蒂亚·森认为，正义、平等都是人的基本价值。比如，创造是不是人的目的？如果是的话，熊彼特说的“毁灭性创造”中的“毁灭”是快乐还是痛苦？这样一看，行为经济学关于损失厌恶应如何在创新体系中计算就会成为问题。

数字经济学把这些问题都概括在信息技术所支持的异质性、差异化下。至少有一个共识，人的目的、意义与工具理性不同，它本质上具有异质性、差异化的特点。这样至少能把创新纳入进来。事实上，数字经济是在“质量”这个高度认识幸福的本质，即亚里士多德的标准，质量是指“美好生活”，优或不优（在质上“美好”还是“不美好”）。这样一来，创新与体验就成了供求、表里一致的关系。人具有创造性，创新体现了人（不仅是企业家）创造价值的本性，这体现的是幸福的供给方面的本质；人追求快乐，体现的是幸福的需求方面的本质。它们在数学上其实都是一样的，都是一组差异化数据，都无法收敛于新古典均衡值，但又不是无限发散的。

从这个高度再看图 2－26（b）就会发现，一方面，在真实世界中，经济体并不再是在快乐与痛苦的主观情绪中做泊松分布式的随机运动，会长期收敛于一定收入约束下体现人是目的那个（或那些）点上（虽然它是高度动态、不确定的）。另一方面，产出缺口受客观技术经济条件约束不是主观的。在数字经济条件下认识所谓生产者剩余，表面上是指由于生产要素和产品的最低供给价格与当前市场价格之间存在差异而给生产者带来的额外收益，深层原因是生产者在信息技术支持下提高了多样化效率，比起同质化完全竞争的所得大于其边际成本。也就是说，创新与体验可能是互为表里的同一现象。

行为宏观经济学在总供给方程上追随新凯恩斯主义不是一种必然的选择。即使是“动物精神”，从行为经济学的体验这个角度出发，也可以得出范围经济的解释，进而在创造新价值这个方向上与创新理论“会师”，不应被华尔街行为金融学家诱导到不承认套利是为了加大杠杆套利的套路中去。

# 3 总供求：内生货币与信息——虚拟市场

解释数字经济需要经济运行的新框架与新工具。

主政者用经济运行框架来调节宏观经济，他们知道如何用货币量、利息与准备金比率来调节实体经济与虚拟经济的关系，知道用财政政策把握资本与商品的比例关系，知道在就业形势严峻时通过增加投资来创造就业。而能做到这一点的关键在于，所有增长、货币与就业政策都已发展为相对于均衡的正反对冲工具。例如，量化宽松与量化紧缩，它们相反，但本身没有好坏之分，只是经济相机调控采用的手段。

数字经济如何能发展出可对冲的政策工具？

比如，在衰退时期，增加对平台的资本货币投入，以形成可分享的固定资产投资，平抑风险资本市场上平台企业的整体市值水平（不是个别市值，必要时转化为公共产权），但在复苏之后，可出售曾保价的股权或资产，调节平台与 App 之间的分成水平（不是个别分成），App 分成高代表对提升风险水平的判断，分成低代表对降低风险水平的判断，通过补贴进行调节。

减少平台税收，或调低微商由平台委托代缴的比重，以使这笔资金以更有效率的方式助力就业；增加平台税收，或调高微商缴税比例，可以在劳动力供大于求时，降低资本或财政的成本。

研究风险与收益（不确定性得失）的对冲问题时，不仅要分析数字经济的投入［ICT（信息和通信技术）产业］，而且要分析应用（门槛与成本高低、效益），形成整体判断。

从某种意义上说，总供求这种说法是相对于货币而言的。之所以把作为供给的投资称为投资需求，与消费需求加总成总需求，是因为它们都是对货币量的需求，而总供给则主要与价格水平相关。

而对于投资的货币需求的本质又是什么呢？从数字经济角度看，它已经把经济分成了零利润（无差异）和溢价（差异化）两部分，对应熊彼特的“循环流转”和“经济发展”两部分。因此，货币理论的定位就明确了，即“在完全均衡的简单的循环流转中实现经济的发展”，熊彼特认为，“这种职能构成了现代信贷结构的基石”①。

熊彼特学派语义中有特殊含量的“经济发展”，专门指内生质量和创新的增值（创造新价值）。创新理论与数字经济的内在结合点在于，在均衡状态下，零利润与溢价（如拉姆齐定价）之间有一个缺口，数字经济认为这个缺口就是新古典均衡与垄断竞争均衡之差。熊彼特认为，“在实施新的组合时，肯定会出现一个有待填充的缺口。填充这个缺口就是贷款者的职能”②。这构成数字经济与创新理论共同认识到的实物、货币与信息之间的基本关系。虚拟市场围绕这个缺口做文章，是本章的主题。

分析流动性与总供求均衡关系有四个步骤：一是确定新古典基准，作为创新体系的参照系，也就是经济在物质循环流转的意义上取得均衡时实体市场与虚拟市场的关系；二是确立数字经济基准，即内生供求差异化（质量、创新和体验）后，实体市场与虚拟市场达到的均衡，明确与新古典状态的换算关系（并且统一、概括导致偏离的其他因素，如行为、制度因素）；三是在分析流动性中的流量与流速内在矛盾背景下，揭示流动与增值（选择与选择结果）的关系（现金与资本货币、劳动与资本的关系）；四是分析两种技术代表的不同技术经济倾向（专业化与多样化）对上述矛盾的影响。

## 3.1 从总供求角度看流动性

政府可以掌握的经济运行调控对象，首先应具备流动性，即能作为经济运行的中介，以流动性为把握经济的抓手。

我们需要从熊彼特动态均衡中的动态的角度（活力论的角度）理解流动性。存在三种基本的价值承载中介的流动性：物流、资金流（货币流）与信息流。

---

① 熊彼特．经济发展理论：对利润、资本、信贷、利息和经济周期的探究［M］．叶华，译．北京：九州出版社，2007：239.

② 同①.

由三种流动性演化出以下三类对流动性的需求或需要流动性的动机。

第一类是交易需求，它从物物交换中产生，在货币中演化为对现金的需求。凯恩斯将其称为流动性偏好，这种偏好实质是针对将更高的流动性还原为最基础的流动性，即兑现为实物的取向。它的本质是购买力。

第二类是投机需求，这是货币经济特有的需求，投机在本质上是套利，但不同于物物交换，它要求在本金之上产生利息，所以是对利息的套利。而传统利息对应的是零利润条件下（因而是循环流转范围内）的利润，之所以能高于本金，对应的是物的扩大再生产。因此，交易需求与投机需求是简单再生产与扩大再生产在货币这种流动性上的映像。真实的利息应是套利与剩余的合成。

第三类是剩余需求（企业家需求），这是数字经济的特别设定，可以从熊彼特理论中推论出来。熊彼特认为，投机并不创造新价值，只不过是套利。这意味着，资本家的扩大再生产（从少到多）同样不创造新价值（不是从无到有），只是增加了旧价值（相对于物物交换与简单再生产）。剩余是企业家创造新价值的结果（对于数字经济来说，就是 $AC-MC$ 这部分剩余成为常态），它是在套利之上的价值，所以无法通过投机取得。剩余需求是企业家需求，是企业家与资本家交换流动性产生出的结果。它是流动性的信息需求。

流动性的信息需求的实质内容是企业家精神（以“命令”形式发出的体现创新内容的信号）。这种精神的另一面（实体需求的一面）就是体验，也就是用户对于在美好生活中自我实现的愿望。“企业家精神”和“美好生活”统一于创造新价值这一点上。

为满足流动性的投机需求，在中性货币条件下，机会选择过程中的交易费用越低越好，这要求资产的流动本身要尽可能少地影响价格。流动性因此被理解为交易资产的便利程度，即“交易一种资产而不引起价格的显著变化”①。

与之形成对照，当投机需求遇上企业家需求时，异质完全竞争中的异质性本身（如创新本身），就构成了流动性的某种刚性。这种刚性可能并没有在物理尺度的时间上减慢流动性，但在价格尺度的时间（流通速率）上必然引起一个在量上等于 $AC-MC$ 的迟滞。在纳斯达克上，它可能表现为市盈率超

---

① 霍姆斯特罗姆，梯若尔．内部流动性与外部流动性［M］．沈新凤，岳翔宇，王大中，译．上海：格致出版社，2017：2.

过套利水平的溢价。但数字经济学不认为这引起的是交易费用的上升，而认为代表的是创新的机会选择。

满足企业家需要的信贷——主要指对应剩余那一部分——从套利角度看，并没有足够的物质性资产的抵押。这需要派生出一种权利，一种体现企业家命令合法性的权利，如双重投票权中由创始人持有的不对应股权的投票权。就企业家"命令"的内容来说，这种足以（按一定比例）支配货币流动性的信息可能正确，也可能错误，这给货币流动性增加了一种不确定性，以及由这种不确定性带来的高回报（溢价）。

如果说，货币的背后是价值（一般等价后不再含有能动性的标准、理性、现实、必然的力量），那么信息的背后是意义，是能动的意向性、目的性及由此而生的驱动变化的动力（而不是对世界的被动反映）。在这个意义上，信息革命的信息流动不是一种照相活动，而是凭借人之为人的创造性开辟新航道、创造新价值的更加彰显意义的活动。它恢复了经济的生生不息的动态性质。

## 3.1.1　对流动性的基础性认识

### 3.1.1.1　熊彼特货币思想：信贷与企业家精神

与凯恩斯不同，熊彼特没有写出他计划中的货币论，但可以从熊彼特现有的货币思想中推论出它一定以创新体系化为特色。

将创新加以体系化的货币论，将使货币论经历一个从"物"（物质驱动）到"心"（创新驱动）的转变。

熊彼特分析的起点是物流，即对物物交换形式的物质流动性的分析。货币论的最初基础可以追溯到物物交换，"属于纯粹的商品范畴的过程"①。熊彼特指出：在任何情况下，商品的运动都是被动的。② 也就是说，物是完全被动的，被动在经济上指不创造价值，只流转价值，它与企业家精神这种主动性相反。

转变始于信贷的出现。信贷不仅有与物流一样（作为支付手段）的被动

① 熊彼特．经济发展理论：对利润、资本、信贷、利息和经济周期的探究［M］．叶华，译．北京：九州出版社，2007：225.

② 同①217.

的流动性特征，主要是要求在本金之上增值（“在所有这些形式里，信贷都增加了支付手段的数量”①）。这个增值过程，显然不是通过物质的循环流转完成的，而是新价值通过“新组合”创造的过程。资金流要增值，一定要有创造之源，这就引出了人的能动性、创造性。

用尼采的概念来说，资本是一种意志和权力。现金是被动的，因此是不增值、只流转的价值流；资本是能动的，因此是增值的价值流。“企业家的作用与拥有财富没有关系”②，他的能动作用正在被使用，这种使用是积极的使用，即创造、创新。其中包含着扩张自身的本性。

然而，工业化的经济有可能抑制这种创造性，表现为不是按照具有创新精神的企业家的意愿（信息）来决定是否将流动性配与他，而是按同股同权的原则，由资本家（资本的人格化代表，包括国家资本）来配置流动性。这使货币流动性陷入物质循环流转的危险当中。一旦切断了实体经济创造新价值的流动性来源，真正的增值就变为不可能，它一定会诱使金融家（部分资本家）把流动性引到他们自己那里（如华尔街、房地产）去生利（实际是利用货币的信息弱势，让委托人受损），这时的金融创新就变成了为（实质上）不创新而（形式化地）创新。

在数字经济中为什么会出现双重投票权这种新的制度安排③？就是因为信息与货币的分离。企业家的能动性是体现在决策这种能动的信息行为之中的。一个企业的能动性往往体现在创始人的能动精神之中，一旦以物质驱动替代这种精神，一个创新企业随时可能变成非创新企业。这种精神不能仅仅靠货币来替代，因为它的异质性是一般等价物所无法替代的。

像尼采将意志分为肯定与否定一样，熊彼特也把信贷分为正常的信贷与不正常的信贷。前者包含着正面创造价值的信用，“对社会产品有相应的贡献”；后者只代表物质循环流转的信用，“没有作出相应的贡献”④。显然，采用双重投票权，赋予积极创造价值的创始人以更高投票权的风险投资是正常的信贷；而英国老牌金融那种给物质投入更高投票权的信贷是不正常的信贷。

---

① 熊彼特．经济发展理论：对利润、资本、信贷、利息和经济周期的探究［M］．叶华，译．北京：九州出版社，2007：223.

② 同①225.

③ 英系（坚持同股同权原则）的香港资本市场，近年来已转向了美系（双重投票权），小米是第一个按新原则在香港上市的公司。

④ 同①227.

基于此，熊彼特大胆提出：只有企业家才需要信贷。① 他还说：每一种为“创新”目的而提供的信贷是给企业家提供的信贷，而且构成经济发展的一个要素，而为循环流转提供的信贷（经营信贷）是“非主要的”②。当然，熊彼特不是反对企业贷款支付工资与成本（所谓“流通性的信贷”），企业家经营企业也需要这样的信贷，只是说，就一种流动性制度的主导倾向来说，是不是以支持创新为主。数字经济要大力增加比重的是风险投资这种正常的信贷，而现实中银行提供的主要是确定性、低风险的非主要的和不正常的信贷。

熊彼特认为创新具有紧缩效应。他比较了两种信用膨胀：一种是在物质投入的循环流转中进行信用膨胀；另一种是在经济发展（创造新价值）中进行信用膨胀。前者由于没有创造出新价值，新增发出来的流动性并不对应财富增加，只会产生再分配效应，使“信贷获得者或者从这种货款的偿还中获得收入的人从中获益”③。后者由于新增流动性在企业家对新价值的创造中兑现，“增加了社会流转的财富”，相当于并没有增发，“倒可以说存在信用紧缩”④。

熊彼特提出了实体经济与虚拟经济之间流动性保持动态均衡的限度，与费雪方程相比，其重心不在于货币供求相等，而强调货币供求在与实体经济同步增值基础上相等。从流动性中看出能动创造与循环流转的区别，熊彼特提出问题本身就拓宽了货币理论的思路。

熊彼特在实体资本与货币资本关系上的认识，与庞巴维克、奥地利学派的观点有内在联系，与凯恩斯理论相去甚远。但熊彼特在企业家精神问题上超越了奥地利学派的观点，与凯恩斯货币理论的基础性的区别可以归结到货币需求的定义上。凯恩斯对货币理论的发展表现在货币需求定义上，是他在交易需求之外，发现了投机需求。而熊彼特说的货币需求完全独立、对立于投机需求，是在投机需求之上的一种创新需求，用熊彼特的话说，这是企业家的需求（动机是追求“剩余”），有别于资本家的需求（投机需求）。

数字经济之所以会有规律地移动总供求的均衡点，从货币及更广泛的流动性角度看，在于它反映了人的信息本质高于货币本质之处，具有与体验匹

---

①　熊彼特．经济发展理论：对利润、资本、信贷、利息和经济周期的探究［M］．叶华，译．北京：九州出版社，2007：229.

②　同①231.

③　同①245.

④　同①247.

配的创新这一新内涵，它在流动性中介上表征了以人为本的实质意义。

#### 3.1.1.2 信用学派的观点

信用学派是指理论上的斯蒂格利茨—魏斯—格林沃尔德—希勒轴心。他们的核心问题意识在于，对流动性和虚拟经济，到底是以一般等价物为核心来调节（这是与之对立的货币主义学派的立场），还是以非一般等价物为核心来调节。

数字经济的异质性具有能动性与差异性双重属性。前者分辨能动（信息、创新）与被动（货币、理性）；后者分辨差异性（信息）与非差异性（货币）。

#### 3.1.1.3 行为金融学的观点

对行为金融学来说，参照点就是目的，所有价值都是手段，手段必须以目的为参照，确定价值在当下的准确估值（情境化的价值）。

参照点的确立，相当于尼采说的权力，把权力作为主体，将出现一个物的体系之外的东西，这就是力（自由意志）的相互作用。这第一次把李嘉图古典经济学的着力点找到了。

力的相互作用与意志一样（物的体系或马歇尔的体系是没有意志的）是有方向的。如果没有参照点这个尺度，把一切都用套利磨平，就相当于把不同方向的矢量合成了无方向的标量，人的行为（能动的内力运动）与树的行为（被动的外力运动）就没有本质区别了。理性经济学与行为经济学的主要区别就在这种不同之中。

参照点的集合，就是人类的自由意志。每个参照点都以自身的得与失作为价值矢量的方向，得为肯定（“快乐”）、失为否定（痛苦），并根据得失的强度作为评估价格水平（流动性落差与比例）的依据，让实践来检验具体的真理。

这可以解释为什么行为金融学把贪婪与恐惧作为一对衡量得失的核心尺度。把这样的矛盾从心理现象，推广到一切具有能动性的现象上，可以外推为创造新价值（创新、高收益）与冒险（不确定性、高风险）之间的权衡。

数字经济就是平衡因经济异质性而生的高收益与高风险。这是信息本身的矢量的本性。货币也存在收益与风险之间的权衡，但那是相对于一般等价尺度而言的收益与风险，成功地套利，达到零利润，就是确定性（信息不起作用）条件下的收益；而离开套利，受到理性的惩罚，就是风险所在，其中的不确定性是套利的不确定性，而非与创新相关的不确定性。而数字经济最根本的高收益是因创造新价值而带来的套利后仍然存在的高收益（共赢之利），根本性的风险是创新失败的风险、是创造的新价值无效。无论是无效的供给构成的泡沫，还是无效的需求构成的破产。

#### 3.1.1.4 物流、资金流与信息流的实质

人们为什么需要流动性？在自给自足状态下，流动性是为了互通有无，所以流动性的本质是物流，通过产品的流动，互通使用价值上的有无。在工业社会，人们需要的流动性主要是资金的流动性。资金分为流动与不流动两种基本状态，出现了现金（$M_1$）与资本货币（$M_2$），也就是流动状态的资金与不流动状态的资金，也就是不增值的货币与增值的货币。一方面，流动的资金不增值，增值的货币不流动。另一方面，资金在流动状态，其增值性处于可能性现状；而资金在不流动状态，开始进入现实性状态。进而言之，可能性代表了在各种增值机会之间进行选择的权利；现实性代表了对增值机会最后选择的结果。由此可见，工业社会与自给自足经济的最大不同，实际在于作为工业生产方式的扩大再生产要求价值要素从商品状态进入资本状态，但扩大再生产并不代表熊彼特所说的创造新价值。信息社会和数字经济的流动性主要在于信息流的流动性。与资金流相似，信息流也存在流动的不增值、增值的不流动这一现象。此时，增值的不流动锚定的对象变了，货币不流动是指它作为资本购买力转变为所购买的生产资料（从有转变为用）而锚定在一个被选定的特定增值机会（它属于中间价值或工具价值）上。而信息的本地化，是指有价值信息中有意义的部分，锚定在需求方本地（参照点），因个性化而增值（它属于最终价值或目的价值）。

信息流转变为资金流、物流，是一个潜在性、可能性向现实性转变的过程。创新是将知识与资本联系在一起进行转化的过程（陈劲，2012）。我们可以从矢量和标量两个不同角度看待流动性。标量只有大小、没有方向，而矢量有方向。作为标量的流动性是客观的、理性的，作为矢量的流动性具有意志，其方向是力的方向，只有矢量有肯定与否定两个方向，有能动与被动之分。

作为标量的流动性是一种现实性，然而它又是潜在的矢量，代表着可能性与自由选择。现金具有流动性，也就具有标量与矢量双重含义。熊彼特认为只有信贷具有能动性，实际上，信贷的这种能动性早已隐含在现金之中。

现金不仅代表现实性（如即时享受），还代表潜在的机会与可能性。流动性与本地化是一对矛盾。流动性代表不增值，而本地化是把流动性“取消”，换来的是增值。信贷就是把流动性本地化了，也就是在各种潜在的机会与可能性当中完成了选择，把作为选择结果的那个机会当作由可能性转化的现实性。

当流动性从现金状态转化为信贷状态时，流动就结束了，货币资本转化为生产资料，与一个本地化因而不再流动的机会结合，进入具体的增值经营过程。因此，现金与生息货币从能动性角度看，代表能动性从潜在的状态进入现实的状态。现金转化为生息货币得到的是利息，失去的是其他选择的机会，因此人们必须在选定的机会与潜在的机会集合之间进行比较。

还有另一种情况会使现金的流动结束，就是能动性的取消，也就是把能动的创造转化为现实的享乐。为了今天（代表现实性）而牺牲明天（代表可能性）。享乐主义意义上的快乐和痛苦是指可能性的兑现与否，而创新理论（包括行为理论以及意志与力的相互作用理论，包括古典经济学的斗争哲学与谈判理论）会把快乐与痛苦阐释为能动的快乐与痛苦，包括创新、创造（过了头则称为贪婪）与适应、风险回避（过了头则称为恐惧）。

强度在力的平衡中成为价格水平和速度尺度。它是一种力差（尼采、德勒兹）。在信息市场与货币市场的关系中，强度还代表信息对货币的替代率，“创造出货币的替代品的技术进步都会减少货币的需求”①。例如，用虚拟生产资料替代货币资本的比率，它降低了对货币资本的需求。

总的货币量的增加短期会使得总需求曲线右移，与差异化增加的效果是相同的。货币工资率的上升会因成本上升引起总供给的减少，使供给曲线左移。

接下来要比较货币与信息的流动性—增值组合的联系与区别。

提出这个问题是为了进一步研究，当流动性的介质从货币转换为信息时，同样的现象和本质对应的是什么。

熊彼特的方法是，讨论货币市场，一定要找出与之对应的实体现象。对信息市场来说，这也是适用的，因为信息流动性的强度与其价格水平、速度都是相关的。对实体市场来说，这意味着创新与创造新价值。利息高，代表

---

① 巴德，帕金．宏观经济学原理［M］. 5版．王秋石，李国民，刘江会，译．北京：中国人民大学出版社，2012：297.

本地化、滞流与增值；准备金比率高，则对应流动性、等价与机会的潜在性。

物流、资金流与信息流代表实体市场、货币市场和信息市场上三种不同的流动性中介。流动性这种能指与其财富所指①的关系（虚实关系问题）是总供求稳定理论的关注焦点。

这可以分为两个问题：一个是一般等价物（货币）这种虚拟符号与其所指（经济实体）是否一致的问题；另一个是非一般等价物（信息）这种虚拟符号与其所指（经济实体）是否一致的问题。

由数字经济如何更好实现虚拟经济为实体经济服务这个问题，可以引出信息和知识是不是也存在类似关系这一问题。

经济过程是一个流量过程，是（数量与品种）存量（产出）与得失水平（价格，包括商品与资本）的不断结合，其中的得失水平就是流量的流速。流动性的本体是（空间性的）存量（含质量与数量），是中介要承载的流动的“东西”；而流速则是“东西”在时间与空间两个尺度上的结合，或者说是空间性的存量与时间性的结合。

从这个意义上甚至可以认为，价格像光速一样，是存量与时间之比，是个类似相对论时空的四维概念。流动性与增值是一对矛盾。对货币来说，利息是放弃流动性付出的代价。

增值的本质是对流速的阻力，就像质量是光的阻力一样，是人的能动性（动能，不仅表现在异质性中，理性也是一种能动性）的体现（心力），所谓创新驱动，就是人的自由意志的体现。从纯自然的现实性、必然性的规律的阻力中突破，凭借动能进行自由选择，达到自我实现，获得一种动能释放（巴塔耶），变不可能为可能，把潜力发挥充分。从这个意义上说，增值是对自然的突破，是以对美好生活的向往为能源的。

流动性要求物质不断在时间中均速存在（将物质置于钟表之中），将资本和劳动配置到供求同质匹配的理性位置。这是流动性与同质性中介（一般等价中介）结合的特点。而创新和增值要求流动性获得加速度（异质时间）。信息技术是面向意义的技术。这一点与实体本身的功能性匹配（随机匹配）有相近之处。在此，流动性中介助力同质性增值与异质性增值的含义是不同的，后者是一种延异（而且是耗散——动能与潜力释放）。

① 这里的财富实体不仅指实际的使用价值（功能），而且指实际的价值（货币承载的交换价值）与意义（获得感）。

这里有两种总供求，一种是循环流转与钟表意义上的总供求，它求的只是相等；另一种是创新创造意义上的总供求，它是在生生交互之中实现不息。

分析流动性的意义在于，像解析货币流动性那样，找出信息流动性的规律。信息作为价值和意义的承载中介（能指），它的实际价值是由意义决定的。对于意义来说，它不是一个静态的目的悬在那里，而是一种如凯恩斯所说的冲动（只不过凯恩斯说的冲动只是“动物精神”）。对中国来说，虚拟市场不仅要支持制造业的技术创新，而且要支持服务化的非技术创新。二者都具有高度的不确定性和风险。这意味着产业化与服务化的虚拟经济方式可能有所不同。产业化基于市场有效性假设，而服务化的套利可能是不完全的，要面对创利。

产业化时代货币政策稳定的意图，一是为了稳定，即保证总供求均衡，“熨平”周期波动。包括通过干预矫正市场失灵而实现稳定，或通过货币主义让市场自发实现稳定。二是通过积极干预，以获得长期的某种理性最大化目标，谋求一定意义上的动态的稳定。

服务化时代流动性政策的意图同样是第一种稳定，要求的是总供求均衡在差异化之点上，即内生质量、创新或体验，而第二种稳定则采取体现某种意志或意向的产业政策。

干预可以采取“顾前不顾后”的策略，即只要财政不出问题，就可以有意无意地维持某种导致非均衡的刚性，以维护某种特殊意向（目标或利益），将代价付与未知。

分析虚拟市场与实体市场的统一性对数字经济来说还有一层特别的含义，这就是在异质性经济和差异化均衡背景下讨论问题。其现实意义在于，信息市场与实体市场的结合是在个性化服务和一对一的实体经济（实体体验经济或心理经济）的意义上化解风险、把握高附加值，以此指导产业经济和竞争经济，在高风险与高收益之间保持经济相对稳定。

把握不确定能指体系与所指体系的稳定对应，在语言学中，就是语形与语义的关系。解释语义，需要有阐释学所说“解释的循环”，即在情境中与读者互动，最后确定它的特定含义。从某种意义上说，网络经济中的网红（网络红人），就是通过边的质性分析，解释心理需求所指。为此，需要一个经济学的语义学转向（维特根斯坦问题）。

数字经济要考虑流动性政策如何为高附加值的创造服务，包括高利润对应的利息、创新红利与零工经济中的非 GDP 所得。

对货币经济来说，金融创新意味着较高的流动性与较高的增值性的融合；而对数字经济来说，情况有相反的可能，较低的流动性（如区块链带来的本地化和差异化）与较高的增值性需要融合。这个过程不同于套利，是对另一种机会的把握。

创新草根化后，资本积累过程与人力资本增进（含消费资本增进，即成瘾性增进）、就业可能变成同一个过程。哪种流动性适合刺激就业？就业问题变成工作机会问题，而提供工作机会的平台方式与封闭方式（低风险低收益）存在制衡。高风险的平衡因素是就业相关的有效供给，如果投资高科技迟迟不见效，可能说明收入条件不具备、劳动者需求升级不充分，技术性失业刚性等因素的存在导致投资难以收回。

流动性提供了资源在不同配置下转换的机会，当这种转换停止时，资源就开始了利用过程。流动性被理解为交易费用的消除。流动性还可在分工意义上被理解为本地化（自给自足、增值、较低价值风险）与社会化（分工、成本降低）之间的制衡。本地化强化了产销之间的合，包括功能与意义（拓扑化、需求中心化、多样性、范围）；社会化强化了产销之间的分，包括价值（向心化、中心—外围化，专业化，规模、较高价值风险）。对中介来说，社会化意味着能指化（代理化、代具性、工具化）；而本地化意味着所指化（脱媒化、实体化、得鱼忘筌）。

物流、资金流与信息流的规律不同。物流以较少的流动为成本低（低成本获得功能）；资金流以较高的流动为成本低（低成本获得价值）；信息流以较快（信息化交互）和较深（知识化挖掘、结构洞深挖）的流动为成本低（低成本获得意义）。在信息市场上，本特所说的剩余控制权正日益从资本家手中交到企业家手中。

### 3.1.2　信息有效性：扩展费雪方程

如果从创新的观点来看货币的话，可以提出一个命题，信息有效性，即将信息内生于货币，可以有效配置资源。

过去信息不对称，涉及信息的事都是坏事，因为化解信息不对称需要大量交易费用，而且边际成本递增。而将来，网络尤其是一对一的对等网络发展起来以后，信息可以低成本对称化。例如，决定小微企业贷款的不再是货币的数量与价格，而是征信的效能高低。这一点发生了很大的变化。信息内生于金融，成为货币理论需要探讨的问题。

令问题复杂的是，信息网络并非像股市那样集中地配置资源，而是分散地配置资源。如微信、财付通，都是分散资源使信息对称化，在圈子里贷款和向陌生人贷款有很大的区别。“因为信任，所以简单”，缔约交易费用随关系网络的扩大出现边际成本递减。贷款过程实际上就成为信息配置资源的过程，而不是货币在配置资源。其中主要成本不是佣金，而是信息成本。

过去有市场有效性的说法，货币在配置资源中所起的作用是与之相一致的。信息作为一种流动性资源，在配置资源方面，除了消耗交易费用外，是否可以起到积极有效的作用，到了需要认真考虑的时候。这种作用不是经验水平上的局部作用，而是国民收入水平上的作用。

本书提出了一个信息与货币的国民收入转换公式，叫扩展费雪方程。

费雪方程是实物的数量和价格等于货币的数量和价格，即 $Y=QP=MV$。其中，$Y$ 为国民收入，$Q$ 为商品数量，$P$ 为商品价格，$M$ 为货币量，$V$ 为货币价格（水平）。

在信息时代，它的转化形式是 $Y=MV=BH$。其中，$B$ 为信息价值量，$H$ 为信息价格（水平）。这就是扩展费雪方程。

$B$ 表面上是信息价值量，其实是社会的信用总量。它为什么能够和前面相等，是因为实物总资产应该和货币总资产对应，信用资产和它们也是对应的。也就是说，一定的信用可以兑现多少钱、兑现多少商品是对等的，否则不是泡沫，就是紧缩。

凯恩斯当年突破传统货币数量的关键在于，在费雪方程中，原来假设 $V=1$，意味着 $M$ 是货币政策的关键。收入说加了一个可变的 $V$，同样，我们加了一个可变的 $H$。

对此，人们一般容易想到的是信用水平的问题，但实际上 $H$ 还是经济质量高低的标志。凯恩斯当年发现 $V$ 背后的利息对应的是实体经济中的利润，我们发现在信息的这个速率（又称价格水平）背后对应的是什么呢？是质量，而 $H$ 是质量的基准，它和经济增长这个主题有密切关系。

### 3.1.3 作为调节手段的信息

宏观数字经济学中的“数字”是指信息，它是具有异质性表意功能的符号。这个异质性不是指物理异质性，而是指异质利益（表象为“动物精神”）。

异质利益是中性的，好的异质利益表现在体验性溢价所得之中，坏的异质利益表现在负的效用（个人隐私、安全的破坏，即个人意义——与利益相关的

“我是谁”——认同上的否定，以及泡沫，即宏观意义认同上的否定）之上。

作为经济运行调节手段的信息，不是指用信息内容（如关于货币量多少的信息、钢铁产能是否过剩的信息等）来调节经济，而是指通过总的尺度变化、信息价值得失背后的利益得失，使之在价值的流动性（套利）与增值性之间相机权衡。例如，信心作为信息的“价格水平”调节信用相对于货币价值的相对变化，低于标准会使货币价值倾向于被估值为泡沫，高于标准会使货币价值预期向好。

对于风险投资市场价格水平的干预，可以在低于货币价值时购入，相当于国有化；而在高于货币价值时抛出，增加市场流动性。再如，从宏观上调节实体货币资本与虚拟资本的比重，以调节价值在确定性价值（一般等价价值）与不确定性价值之间的比重。而相应地，平台与 App 分成作为实体经济确定性与不确定性之间的权重分配的指标，也应有（类似利息与准备金比率那样的）宏观指标与之对应。

## 3.2　两市场均衡：实体市场与货币市场

实体市场与货币市场的联合均衡，是建立在经济同质化基础上的。其中实体市场的异质性最终要收敛于货币市场的同质性。创新、企业家精神、体验等人类“高级”行为都会还原为物质需求（物质欲望）层面的标准化交换价值。打破物质循环流转的“动物精神”则往往表现为打破同质性均衡的非均衡因素。

实体市场与货币市场的联合均衡，潜在的是信息不对称。根本的不对称表现为标准性的一般等价信息（硬信息）与异质性的非一般等价信息（软信息）的不对称。在实体市场上，价格水平上升，总供给曲线左移；价格水平下降，总供给曲线右移。总的货币量的增加，短期会使得总需求曲线右移，与差异化增加的效果是相同的。货币工资率的上升会因成本上升引起总供给的减少，使供给曲线左移。

### 3.2.1　资本市场的供求均衡

为简化讨论，我们用资本市场上的均衡代表总均衡，即投资等于储蓄时，总供求达到均衡。这是凯恩斯经济学的人为设定。对这个设定，我们持保留态度（因为就业刚性假设，详见 5.1.1）。在此，我们只是假设凯恩斯所说的就业刚性是存在的，因此消费供求（它本来决定供给侧结构是否有效）在此作为不考虑外生变量时的总供求形势。

*I* 代表投资，*S* 代表储蓄，*IS* 曲线表示产品市场上投资 *I* 与储蓄 *S* 相等的所有均衡点，即 *IS* 曲线上 $I=S$。*L* 代表货币需求，*M* 代表货币供给，*LM* 曲线表示货币市场的需求 *L* 与供给 *M* 相等的所有均衡点。这里的产品市场代表实体市场，广义的产品包括狭义的产品与服务。这个产品市场用资本市场（*IS*）代替。这里的资本市场兼指实体市场与货币市场。

#### 3.2.1.1　产品市场均衡：引入固定成本的货币、财政影响

*IS* 曲线是当产品市场（实体市场）处于均衡时总产出和实际利率之间的关系（而且是物质循环流转意义上的关系），它代表的是收支平衡。实际利率 *r* 上升，会导致产出 *Y* 下降；实际利率 *r* 下降，会导致产出 *Y* 上升。这是因为实际利率上升，消费支出下降而储蓄上升，由于计划投资下降，投资曲线向下倾斜。因此，*IS* 曲线向下倾斜。这种决定关系的实质在于说明产品市场上的产出量由资本价格决定。

由 *IS* 曲线，经过 *MP* 曲线（货币政策曲线，表明实际利率与通货膨胀率 $\pi$ 之间的关系）中介，与 *IS* 曲线相比，放宽价格水平不变条件，可以建立与总需求曲线的关联，得出实际利率与总需求之间的关系。结论是：实际利率与通胀率对 *AD* 的影响方向一致，利率与通胀率较高，*AD* 较高，而总产出较低；实际利率与通胀率较低，*AD* 较低，而总产出较高。

相关的政策影响是，政府购买导致 *IS* 曲线和 *AD* 曲线向右移动，导致均衡产出增加；增加税收导致 *IS* 曲线和 *AD* 曲线向左移动，导致均衡产出减少。

然而，根据熊彼特的见解（我们赞同这种见解），在存在企业家替代资本家的情况下，利率要有一个溢价（剩余），表示在循环流转之上创造新价值带来的资本回报①。这就意味着，在新古典意义上的 $I=S$ 的均衡水平之上，实际均衡价格（包括均衡利率），要有一个对应 $AC-MC$ 的溢价，成为垄断竞争均衡定价。也就是说，数字经济在此要对结论做一个与熊彼特判断同方向的调整，表明创新等异质性因素对新古典结论的有规律的偏离。

---

① 熊彼特．经济发展理论：对利润、资本、信贷、利息和经济周期的探究［M］．叶华，译．北京：九州出版社，2007：289.

如何在宏观模型中，加入这个反映创新作用的变量（它等价于数字经济中的“数字”变量的作用）进行调整呢？可以借鉴罗默对研发投入的标准化方法，引入固定成本这个变量，观察它对均衡的影响。固定成本 *FC* 正好等于 $AC-MC$，对应溢价或剩余。它正好充当差异化与无差异化之间的进入门槛，因此它既是数字经济的内生变量，又是创新的内生变量。

#### 3.2.1.2 货币市场均衡

再来看货币市场（实际是货币资本市场）。

*LM* 曲线表示货币市场的需求 *L* 与供给 *M* 相等的所有均衡点，它代表的是货币供求相等。

货币供求是货币量与货币价格水平（货币流通速度）基于均衡权衡的过程。

从货币量的角度说，当货币供给增加时，*LM* 曲线向右移动；当货币供给减少时，*LM* 曲线向左移动。

从货币价格水平的角度说，*LM* 曲线的斜率取决于边际持币倾向（$k$）和货币的投机需求对利率变化的弹性系数（$l$）。也就是说，人们在对货币的流动性偏好（以损失机会成本为代价）与投机（增值）倾向之间进行权衡。

从机会角度看，利率提高则收入增加，较高的利率对应 *LM* 曲线的右侧（高端），较低的利率对应 *LM* 曲线的左侧（低端），因此 *LM* 曲线是向上倾斜的。

*LM* 曲线从左到右有水平线、向右上方倾斜线、垂直线三种情况，分别称为凯恩斯区域、中间区域、古典区域。在 *LM* 曲线的垂直阶段（古典状态），不论利率怎样变动，货币的投机需求均为零。这代表了古典学派的认识，认为货币需求只有交易需求而无投机需求。而按凯恩斯观点，人们的货币需求包含流动性偏好（对现金 $M_1$ 的需求）和投机需求（对资本货币 $M_2$ 的需求）。在 *LM* 曲线的水平阶段，名义利率再低，甚至接近于零时，人们也不愿投资（这表明资本严重过剩），出于流动性偏好，人们宁愿持有现金或以储蓄的方式持有财富，经济落入“流动性陷阱”。

同样，我们需要用创新理论校正一下这一均衡结论。熊彼特对货币市场上利息的认识与对产品市场上利率的认识一致。他认为，虽然不能从货币市场之外（如直接从实体角度）解释利息，但提出了一个奇妙的观点，即认为利息的本质在于资本家与企业家在货币市场上的交换（“企业家与资本家之间的交易”[①]，“企业家和货币所有者之间的交易”[②]），因为“只有那些对当前购买力的估价高于未来购买力价值的人才是企业家”[③]。这一下解释清楚了在循环流转之外，何以产生一个本金之外的剩余的问题。只是熊彼特本人没有从数学上点透计算方法上的区别。

实际上，按数字经济的逻辑（与新熊彼特主义的逻辑相同），资本家主导的循环流转是指 $P=MC$ 时的零利润经济，而企业家主导的经济是指 $P=AC$ 时的正利润（剩余）的经济。这个剩余还不是指超额利润（因为它不均衡）。我们可以近似理解为，企业家与资本家不同，当其把创新落在经济性（在此主要是成本性）上，如果把创造新价值反过来理解，就表现为对成本的节省，是把资本家做事情时本来需要付出的 $AC-MC$ 这部分成本节省了。因此一旦均衡定价为 $P=AC$，则 $AC-MC$ 就显得像是一种剩余。显然，这种利息不是一般利息，只能是指垄断竞争均衡下的利息。新熊彼特主义正式从经济数学上明确了这一点。

留待思考的一个问题是：企业家不同于资本家的信号是如何传递的？一种回答是，企业家先把异质性的信息转化为特殊的价格信号（如某种附加预期后的信号），诱使资本家与之进行“等价”交换；另一种回答是，企业家根本不是通过货币市场，而是借道信息市场，通过影响流动性状态，在整体上浮动了货币市场上的价格，从而使等价交换产生了不等价的效果。

在平行的研究中，如在行为经济学中，这个问题变成利率冲击的传递如何被市场情绪（动物精神）所影响？结论是，“动物精神倾向于放大货币政策的短期效应”[④]。加入货币之后的垄断竞争宏观模型，可以参考新凯恩斯学派的方法。[⑤] 加入货币之后的新熊彼特学派模型是“不完全的信贷市场”，见阿吉翁《内生增长理论》。

这个问题之所以与数字经济相关联，是因为它与数字经济的影响是同方

---

① 熊彼特．经济发展理论：对利润、资本、信贷、利息和经济周期的探究［M］．叶华，译．北京：九州出版社，2007：423.

② 同①425.

③ 同②.

④ 格洛瓦．行为宏观经济学：一个教程［M］．贺京同，刘倩，译．北京：中国人民大学出版社，2016：46.

⑤ 海德拉，范德普罗格．高级宏观经济学基础［M］．陈彦斌，张略钊，林榕，等译．北京：中国人民大学出版社，2012：302－304.

向的。抽象出的企业家精神、动物精神、情绪等，它们具有相同的本质，都等同于一个在数学计算口径上等价的更一般的概念，这就是异质性或差异化，而异质性和差异化本身也是等价概念。如罗伯特·特里芬所言：“‘异质’与‘同质’竞争二词在本书前文已经提出，用以表示‘产品差异性’或‘市场不完全’的存在或缺乏。”① 而我们关于数字经济的定义，恰恰在于强调它以均衡水平的差异化为内涵，是由多样化效率取向的技术（信息技术）与异质性取向的经济（质量经济、创新经济与体验经济）发生“技术—经济”化学反应的产物。

无论异质性或差异化的来源是什么（从企业家精神、动物精神、行为与情绪、信息技术、市场噪声、认知偏差，一直到权力、利益博弈、制度设计……），它们导致的均衡都有一个同样的结果，这就是把没有这些因素影响时的均衡点（$P=MC$）移向了 $P=AC$。这与异质性或差异化的强度无关，不能说在一个权力意志占主导的经济中，偏离新古典均衡的尺度非常大，就与其他情况不具有可比性。因为偏离的尺度再大，当把所有个案会集为一个整体的集合时，同样存在一个平均值，也同样存在这个平均值与边际值的差值，只要有这个条件，就足够了。

具体到货币市场均衡，数字经济的特殊性在于，它会一般性地将货币供求的均衡点（其中包括均衡利率）从新古典水平（资本家水平）移向垄断竞争水平（企业家水平）。其中包含着创新带来的新价值。

#### 3.2.1.3 产品与货币市场均衡

从 IS－LM 模型（希克斯—汉森模型）可以推导 AS－AD 模型，只要把资本价格 $r$ 替换为一般价格水平 $P$ 即可推导出 $AD$ 曲线。在货币供需平衡的模型中，假设 $P$ 增大，则会使得货币供给曲线 $M/P$ 向左边移动，这样 $LM$ 曲线就会向左上方移动，从而在 IS－LM 模型的框架下使得均衡利率上升，均衡国民收入下降。由此可知，价格与国民收入的关系：价格上升造成国民收入下降，由此就推导出了总需求曲线。

如图 3－1 所示，政府增加开支，导致 $IS$ 曲线向右上移动，对应利率与收入相应提高，均衡点从 $E$ 移向 $E'$，总需求曲线 $AD$ 相应向右上方移动，这与

---

① 特里芬．垄断竞争与一般均衡理论［M］．于慕英，陈尚霖，译．北京：商务印书馆，1995：122.

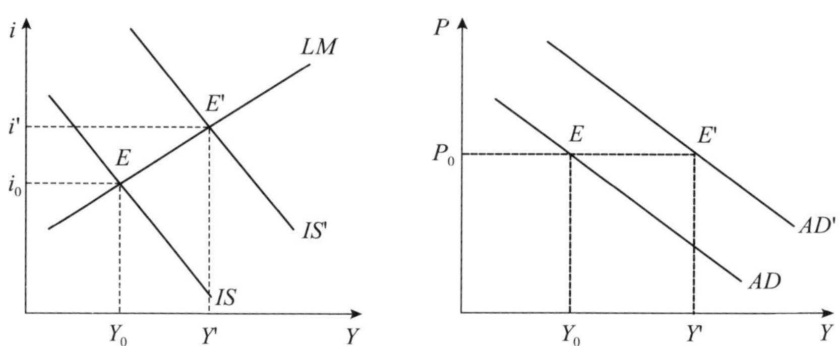


**图 3-1　货币资本供求与总需求关系之一：数字与财政政策影响**

货币膨胀的效果是同向的，但不同的是此时假定价格水平不变。实际上，剩余已经产生了，表现在收入增加之中。

如图 3-2 所示，利率下降诱使人们持有更多实际货币余额，名义货币存量的增加使总需求曲线 *AD* 向右上方移动。按数字经济学的观点，常态均衡稳定在 $E^*$ 点，此时的均衡价格 $P^*$ 是垄断竞争均衡价格。垄断竞争的宏观结论与新古典理论不同，其认为在创新为常态的情况下，将创造新价值这一点内生于宏观经济平衡，会带来一个 $i_0$ 至 $I'$ 的利差，推动总需求曲线右移，从而实现从 $P_0$ 到 $P^*$ 这一段剩余。

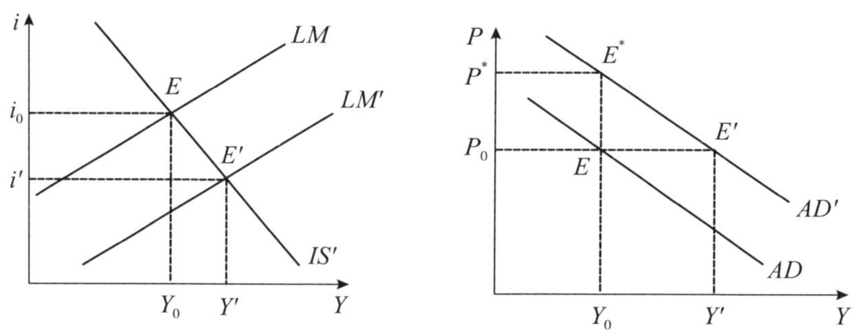


**图 3-2　货币资本供求与总需求关系之二：数字与货币政策影响**

数字经济的影响与政府干预的影响在数学上是否是等价的？这是否意味着数字经济必然是政府干预的？

前者的答案是肯定的。这是因为数字经济只是将异质性、差异化的冲击加以常态化，从数学形式上并不区分异质性、差异化的具体来源，而政府干预与创新属于两种不同的异质性、差异化冲击来源，在数学上并无区别，它们都是对循环流转的一种有规律的偏离。

但后者的答案是不确定的。数字经济可以是异质完全竞争的，不通过政府干预也可以实现。例如，中国互联网的企业发展史迄今为止就是一部异质完全竞争史。当然，政府通过产业政策（如优先发展信息技术产业的政策）也有可能加快通过竞争政策同样可以实现的进程，自然也不排除产业政策一旦失误（如在光伏产业上表现出来的那种失误）可能产生有异于实现竞争政策的效果。

从数字经济宏观经济学家的实际取向来看，斯蒂格利茨、罗默都把信息经济、创新与政府干预进行了紧密的理论绑定，不过我们认为这种绑定在理论上不是必然的。我们与他们观点的细微差别在于，我们认为数字经济存在多样化效率和范围经济，因此经济本身有内在的、来自微观的动力，可以支持异质完全竞争，使得竞争政策（它不一定非鼓励规模经济不可，像斯蒂格利茨、罗默和克鲁曼格认为的那样）同样可以达到创新的效果。

关于总供给的分析，至今经济学家还不能达成共识。与 *LM* 曲线从左到右有水平线（凯恩斯区域）、向右上方倾斜线（中间区域）和垂直线（古典区域）三类变化一样，对总供给的解释也存在与 *AS* 曲线斜率的先验设定有关的理论分歧。

我们假设 *LM* 曲线是一个同时兼具各种可能的平滑上升曲线，在 *IS* 与 *LM* 的相互作用下（在这里简化各种烦琐分析），对总供给的影响是中性的，只是表现为一个总的价格水平对总供给的影响。这就回到了前面分析的总供给变化中的负向冲击。

如图 3－3 所示，在总需求不变时，*LS* 与 *LM* 的相互作用只是表现在将总供给曲线 $AS_0$ 向左移向 $AS_1$，总的价格水平从 $P_0$ 提高到 $P^*$，内生创新的均衡点稳定于 $E^*$。

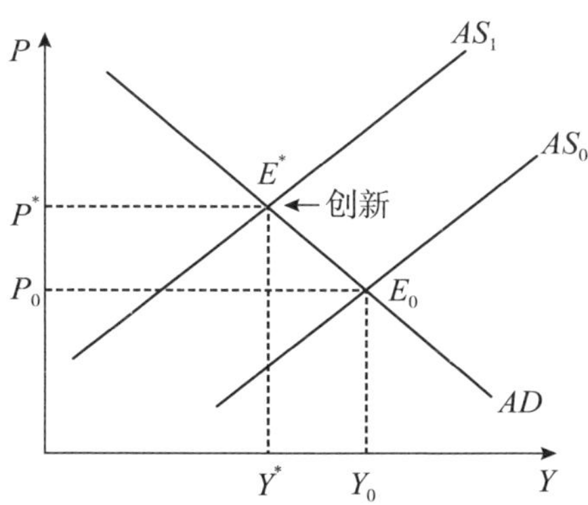


**图 3－3　货币资本供求与总供给关系**

这里要解释一下为什么货币资本供求关系对总供给带来的是负向冲击。在这组变化中，*LM* 曲线不仅存在交易需求、投机需求，还存在创造需求（企业家需求）。

所谓创造需求，是设定存在熊彼特所说的资本家与企业家之间的交换。而企业家创造剩余，就会成为资本家必须面对的潜在机会成本。正是这一点使常态均衡不是在 $E$，而是在 $E^*$。

而且这里不存在所谓的“流动性陷阱”，因为这时放松了工资与就业刚性假设。一旦资本家不珍惜他的“企业家”型机会成本，劳动者就有机会通过“双创”，在一次分配中（它可以一定程度上改善供给的有效性及提高有效需求数量）获得像企业家那样的剩余（在现实中对应海尔创客现象，也就是企业可以把劳动力转化、“创造”为企业家）。

至于如何通过财政政策、货币政策造就一种有利于创新的形势，还有待进一步研究。一般来说，政策干预要影响的不是总供给的数量，而是其质量。关于这个问题，我们后面会从定性角度详细讨论。

### 3.2.2 金融创新：数字经济为什么反对杠杆化

自凯恩斯以货币收入说替代了货币数量说并确立了其主导地位以来，调节货币价格水平成了宏观经济的一种主流方式。如果按弗里德曼的货币数量说解释经济，货币本来不应在总供求平衡中唱主角，但在真实世界中货币很难做到中性，原因是复杂的。背后至少有三类力量在推动对新古典状态的系统偏离：一是政府干预；二是包括创新在内的异质性作用；三是影子银行的杠杆化。它们通过改变流动性的速度，变化货币量并人为改变其投向。

数字经济学介入这个问题也有多种理由：一是在基本立场上支持对新古典状态的偏离，这是由体系的原因决定的。为此，要在垄断竞争均衡立场上肯定创新的作用，包括被行为金融学发挥和借用的动物精神。这与弗里德曼的观点是不相容的。二是通过批判金融异化，指出金融创新的方向在于建立“信息—金融”双中心的新金融秩序，从中导出信息流动性不同于货币流动性的新问题，并同影子银行主导的金融创新保持距离。

前面提出数字经济的金融影响会导致总供给变化中的负向冲击，深层原因是非一般等价信息，在价格信号外，会以非一般等价信息为本质的数量信号的形式，引致实体价格本身的性质上的重大变化。我们一步一步推导这个逻辑。

#### 3.2.2.1 金融创新的逻辑

凯恩斯以来的经济学为金融创新提供了一个基础性的逻辑，这就是通过调节流动性速度（货币价格水平）来创造流动性资产，使流动性与增值的矛盾统一在流动性资产的制度创新中。

金融创新的方向是结合货币的流动性偏好与投机需求，这一过程中产生了流动性资产这样的新概念，它既具有流动性，又是资产；既有现金的特征，又有资本货币的特征。

资产真的可以在现金的状态实现资本货币的功能，从而把货币的可能性（投机功能）与现实性（交易功能）融为一体吗？或者回到流动性这条主线上来，货币资产可以既实现社会化的流动，又实现本地化的机会锚定吗？这非常像“薛定谔的猫”，资本在同一时刻，既在 $A$ 点增值，又在 $B$ 点增值。难道资本是量子力学中的波吗？

可以从两个角度考虑这个问题。

首先是在产出变化尺度下理解问题。把金融创新意义上的流动性资本理解为在 $Y = MV$ 中，通过调节货币流通速度 $V$，变相扩大了 $M$，使原来仅在 $A$ 点生息的资本又在 $B$ 点生息，相当于加快资金周转，让同一笔资金在同一个周期内运转两次，实现了有水快流的效果。这改变了 $Y$，也就是说，增加了产出。

其次是在产出不变尺度下理解问题。在 $Y$ 不变条件下，这相当于倍增了名义 $M$，而实际货币价值量仍然是原有的量。这意味着 $AB$ 两点的货币资本同时贬值了，只值原来的1/2。金融创新在此不过是变了个魔术，把投机需求一次只能投胎一次变成以双胞胎或多胞胎的方式投胎，从一次只能投一个机会，变成一次可以投两次机会或更多次机会。

对于实体经济来说，除凯恩斯经济学解决有效需求不足而对正常均衡的干预外，还存在另一个理论性的问题：如果资本同时存在于两个地方——这是流动性使然（既是流动性又是资产），与薛定谔的猫不同，它实际是让资本的实体价值含量下降（变为1/2）来博取同时选择两个机会的平均收益，比不这样做而只选择其中一个机会更高。

杠杆化是指哪一种情况呢？以影子金融为例，影子金融体系依托的是资金的流转，并没有真实储蓄作为基础。回购市场只是模仿借用活期存款的形式，但没有真正的活期存款作为抵押。这使影子系统与实体经济实际上处于脱离状态，它的运行是否合理取决于货币市场与实体市场本身的关系。影子系统的这种虚拟性既放大了实体市场的机会，也放大了货币虚拟性背离实体市场的风险。

要用杠杆化的效果判断杠杆化。杠杆化创造了资产在流动性中更多的选择机会。选择本身并不是待创造的价值所在，只不过是套利。选择结果的性质才决定是创造价值还是毁灭价值（包括错过价值）。如果只是为杠杆而杠杆，将使金融出现严重泡沫。

用创新理论理解这个问题，金融创新很难说是一种创新，因为它仍然是在机会之间套利，是在进行物质投入的循环流转。真正的流动性创新，不仅是手段与技巧上的创新，还应具备实质创新的条件，其中的要件就是创造零利润水平之上的新价值。

### 3.2.2.2 其他选择：从交易银行到供应链金融

交易银行是银行以客户的财资管理愿景为服务目标，服务于客户交易，协助客户整合其上下游资源，最终实现资金运作效益和实体资源配置效率提升的综合化金融信息服务的统称。

互联网金融 1.0 与互联网金融 2.0 的区别在于：前者围绕的是金融本身，而后者围绕的是信息（或“信息 + 金融”）；前者的核心是第一支付，而后者的核心是第二支付。这最初是马蔚华为反击互联网金融而做出的业务区分。

现在的实际发展是，互联网业本身深陷 1.0 难以自拔，炒股炒成了股东，自己成了银行，滞留于第一战场；而银行业却金蝉脱壳，巧妙腾挪到 2.0，攻入了互联网业当初可以进占的第二战场，即银行外的企业交易（“支付 + 电子商务”）。

**1. 交易银行反映的互联网金融内在趋势**

对业务层面的交易银行趋势，德勤觉察得较早，早在 2011 年金融行业《业务发展新思维》一书中就把这种模式概括为“商务服务 + 支付服务”。这是对欧洲银行提出的建议。《互联网周刊》当时就指出，中国互联网金融支付只是一种表象，醉翁之意不在酒：“互联网支付的规律，就是斯蒂格利茨说的‘信息 + 货币’，就是德勤说的‘商务服务 + 支付服务’。如果中国坚持旧思维，非要与新思维逆着来，非要与世界潮流相悖，规律本身不会闲着没事干，它会显示自己的力量。”交易银行在全球的迅速兴起，印证了这一说法。到

2015 年上半年，德勤已明确提出："交易银行是中国银行业转型趋势。"五道口①把这个重要方向完全判断反了，连带着把互联网人也绕进了沟里。

德勤全球资金管理咨询业务主管合伙人 Melissa Cameron 指出，对中资银行而言，交易银行变得越来越重要。未来传统息差业务模式不可持续，将企业多种业务进行交叉销售，获得新的业务增长点，确保企业在银行结算，才有资格拓展其他交叉业务，企业基本的结算看似简单，实际上也是难做的业务。他指出了在"好赚的钱"之外的另一个方向。

对于支付结算背后的玄机，国内洞察最深刻的是马蔚华。他指出了其中的原理："银行具有两大属性，一是社会融资中介，即充当存款人与借款人之间的中介角色；二是社会支付平台，即市场经济中的商品交换要通过银行进行结算。"前者是第一支付功能；后者是第二支付功能，背后的利润是前者的 10 倍。《互联网周刊》近年反复给业界拆解第二支付背后的巨大利益，但无人听得进去，反而绕过最大蛋糕去赚所谓"好赚的钱"，还纷纷撞上监管的枪口，费力不讨好。"规律本身不会闲着没事干"，这块大蛋糕最后被银行业的明白人分走，算是能者得之。

**2. 市场经济向网络经济过渡**

交易银行背后的推动力往往难以窥得。它实际是市场经济变天的"先声"。

市场经济的基本逻辑是市场将供求信息高度抽象在价格中，再由价格变动将实体供求信息转化为货币供求的信号，引导资源优化配置。其中，第二支付功能实现的是实体供求信息在具体与抽象之间的转变，第一支付功能实现的是抽象供求信息（货币价格信息）的转换。

网络经济兴起之后，人类出现另一种可能，即利用第二支付中沉淀的具体信息，不经过抽象化（价格化）过程，即不转化为一般等价物形式的抽象信号，而直接进行一对一的实体资源匹配。可以说，互联网金融的真正动力就在这种演变之中。这是使互联网人迷失的地方。

交易银行从事的活动实质上是两种机制（市场机制与网络机制）的混合，在市场机制中处理的资金供求信息被称为硬信息，通过第一支付机制运转，赚的是佣金；在网络机制中处理的使用价值供求信息被称为软信息，通过第二支付机制运转，赚的是各行各业主营业务租金。

---

① 特指集聚在五道口地区（地理区位）的一众互联网行业领军企业及研究性机构。

德勤力主的金融业务新思维泄露的天机在于，未来金融信息服务不光要围着硬信息单纯进行资金匹配（所谓“传统息差业务”），更要配合软信息深入银行以往不直接触及的实体经济交易细节中，进行产品与服务的匹配（以赚取降低交易费用之差）。德勤的思路目前还偏硬信息，但交易银行一旦发展起来，重心很快就会向软信息转移。

例如，交易对象撮合作为交易银行功能延伸，通过从众多有效数据库中寻找条件匹配的交易对象，在线实现企业交易撮合。中信集团共享中信银行52万条企业客户资源，通过有效的条件匹配创造更多交易机会，推动集团实现了“金融+实业”的特色模式。

3. **信息替代金融将成为未来趋势**

市场经济以金融方式为主进行资源配置已流行了几百年，形成以华尔街为代表的虚拟经济。但华尔街金融模式的弱点是配置资源不精准，且交易费用巨大。互联网金融将来会把资源配置机制从以价格（货币）为核心的一般等价模式变为以信息为核心的情境定价模式，以解决人类从大规模配置资源转向个性化配置资源的问题。

现阶段市场对以银行为主体的交易银行业务涉足尚浅，近年来主要流行的是“金融+电子商务”模式、“供应链+电子商务”模式、数据质押模式和综合信息金融服务模式四大热门方向。

例如，新兴的e-SCM（完全电子化供应链管理）可以高效地管理企业的信息，帮助企业在客户、企业内部和供应商之间创建一条畅通的信息流。又如，通过数据质押，银行能够实时、动态地掌握企业真实的资金流、商流和物流等交易数据。共同点是重心从一般等价物转向非一般等价物，好比货币贝壳化、邮票化。

但银行从事软信息服务毕竟要经历从业余到专业的转变，作为软信息专业经营者的互联网业目前还在呼呼睡大觉。一旦互联网业醒来，这一趋势方向还会出现许多意想不到的创新。

交易银行的实践证明，银行利用互联网可以服务于企业的一切交易活动（而不只是金融交易活动），向企业客户提供多种“信息+金融”的交易服务，成为联系银行和客户的有机纽带，是银行与企业双赢发展之道，有助于推动经济转型。反过来，互联网做金融不是只有当银行一条路，也不是只有华尔街化一个方向。

历史上，中国曾经产生过山西票号这样的独立创新，交易银行是独立于华尔街、五道口思维，沿着为实体经济服务这一相反方向出现的重大创新。希望寄托于将来，寄托于中国互联网发展的下一代。

## 3.3 两市场均衡：货币市场与信息市场

货币市场与信息市场的联合均衡是建立在经济异质化基础上的。其中，货币市场的同质性最终要解构于信息市场的异质性。

信息在其中的作用有两方面：一是建立异质性与同质性的混合；二是建立分散的个别与集中的统一的混合。

舍夫林设计了一个“风险—非风险”两部门证券市场①。设证券是含有（异质、非标准）信息的货币，证券市场是货币与信息市场的混合，为有别于硬信息，这里的信息设为非同质信息，用代表不确定程度的风险来保值。

### 3.3.1 存量调节：信息资本对货币资本的替代

一个认识性的问题是，有人认为，应当像设计金融流动性那样设计信息流的金融机制。比如把信息当作现金，知识当作资本货币，将知识存在银行产生利息等。这些都是难以走通的。其中的误区在于，把信息和知识都当作了产品。而创新驱动的内在特征决定了知识只有在使用（也就是服务）中与主体结合，才能真正创造价值。而作为行为与过程的知识，无法像存款一样被对待。

观察数字经济实践可以发现，信息资产是依托服务平台发挥作用的。只有它充当服务活动的生产资料时，它才是与货币可比的资源。

#### 3.3.1.1 变革先兆：固定资产投资下降与新动能出现

这会直接影响 *IS* 与 *LM* 之间的实质关系。实体市场上的投资与储蓄关系，与资本市场上资本货币的供求关系，从对称变为了不对称。

我们先看传统 *IS* 与 *LM* 关系中，固定资产投资与货币资本之间的实际对应关系。根据鲁合营的研究，实体市场上的固定资产投资与货币市场上的资

---

① 舍夫林．资产定价的行为方法［M］．王闻，译．北京：中国人民大学出版社，2007：101.

本货币具有内在联系。因为，拒绝资本货币不是固定资产投资的格兰杰原因的原假设犯第一类错误的概率是0.0196，而拒绝固定资产投资不是资本货币的格兰杰因素的原假设犯第一类错误的概率要远大于上一种情况，而不能够拒绝此原假设。可以看出资本货币是 *FI* 的格兰杰因素具有信服力，可以得出广义货币供应量资本货币的变化，是固定资产投资变化的影响因素①。

在我国，1990 年以前货币供应量资本货币每增加一亿元，平均固定资产投资就会增加0.586 亿元。1998 年的亚洲金融危机，使得我国国内的通货膨胀预期加速，国家为了防止经济过热，采取了适度从紧的货币政策，资本货币对 *FI* 的影响也下降到了0.169。随着经济的好转，2000 年之后财政政策又改为稳健的货币政策，同时提出了扩大内需的经济目标，进一步拉动我国GDP 的增长，货币影响因子也开始上升到了0.4。②

可以看出，固定资产投资（*FI*）与资本货币（$M_2$）在量化宽松时联系更紧密一些，在适度从紧条件下联系稍弱一些（见图3-4）。

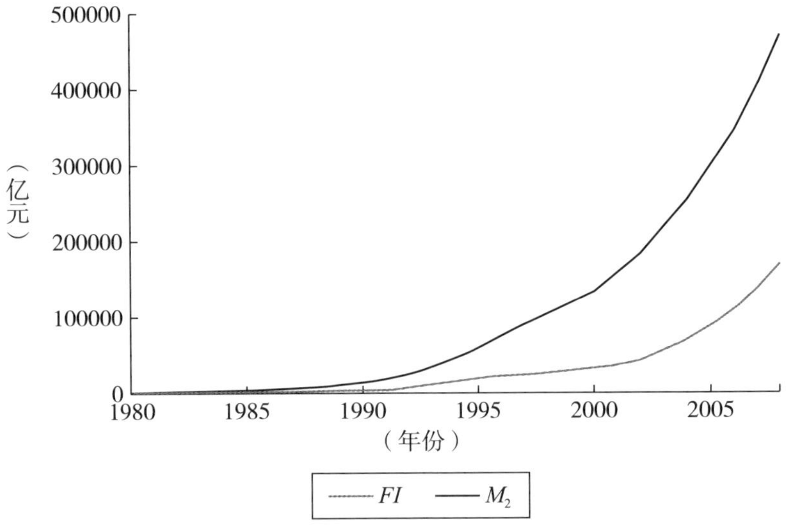


**图3-4 固定资产投资（*FI*）与资本货币（$M_2$）随时间变化情况**

根据 $MV=BH$，有 $H=MV/B=\frac{M}{B}V$，其倒数代表信息资本对货币资本的替

① 鲁合营．我国货币供应量的结构、趋势变化及其与固定资产投资相互关系的研究［D］．成都：电子科技大学，2011.

② 同①.

代强度。

当货币价格水平一定时，信息流动性的速率取决于 $M/B$。

我们考虑一个现实中正在发生的情况（数据是模拟的）。$M$、$B$ 都代表资本，$M$ 代表工业经济中的货币资本（$M_2$），宏观上对应全社会固定资产投资，$B$ 代表数字经济中的虚拟资本（$B_2$）。设企业总数 2600 万个，$M_2$ 每增加 1 亿元，平均固定资产投资就会增加 0.4 亿元（按周期均值相似）。

固定资产投资是以货币形式表现的企业在一定时期内建造和购置固定资产的工作量以及与此有关的费用变化情况。

2018 年我国固定资产投资总额为 635636 亿元，资本货币为 1826700 亿元，比率约为 1/3（0.348）。对 2600 万个企业来说，每个企业平均对应固定资产投资约 244.4754 亿元，其中 1500 万个企业采用虚拟资本替代固定资产投资，相当于节省固定资产投资 366713 亿元，对应的资本货币约为 1100139 亿元，这意味着可以少发 110 万亿元的资本货币。当然，企业在进行电子商务活动时，不等于不利用固定资产投资，尤其是公共品投入，如铁路、公路等，这里为了方便计算加以简化。

代入式，设 $V=1$，即货币价格水平不变，$H$ 的倒数为 $\frac{B}{M}V^{-1}$，$H^{-1}=\frac{37}{110}V^{-1}$，由此可得虚拟资本对货币资本替代强度约为 1/3（0.336）。

对企业来说，资本替代强度是可调的。从事数字经济，需要在实体资本投入（房产等建筑物、机器机械、运输工具等）与虚拟资本投入（如共享电商平台的虚拟房产等虚拟建筑物、虚拟机器机械、虚拟运输工具等）之间进行权衡。例如，当网商发现获客成本大幅上升时，2016 年普遍采用新零售策略，投资实体店以招揽客户。但仅靠实体店揽客，成本也是很大的，又需要加强人工智能和大数据分析的虚拟资本投入。

作为一个宏观经济政策问题，需要权衡的是利用中央银行，还是商业平台分发流动性资本。数字经济环境下出现了新的宏观政策选择。

近年来，货币政策出现失灵现象，表现形式是中央银行为支持实体经济而量化宽松，但增加的流动性难以按预期注入实体市场（实体经济企业，如广大中小企业），虽然有相当大的部分转入供给侧调整，但仍有一部分处于空转，有的在金融业内以杠杆形式空转，还有的进入房地产业以房地产金融化形式空转。这造成了流动性巨大、实体经济融资不足的两难局面，颇似弗里德曼货币数量说的货币政策无效局面。造成这种状况的技术性原因在于全社会在与央行的博弈中，吸取以往投入股市全军覆没的教训，“发明”了针对量化宽松的对冲对策，这就是以房地产的租对冲量化宽松加的税。鉴于央行无法压低房地产的租，因此无论量化宽松变相加多少税，都可以稳定取回。这样做的客观目的是制约央行定向转移流动性，无论是根据产业政策，还是根据特殊利益（如国企）来定向。即使对一般企业，由于量化宽松过度，名义利率超过从事实业的利润，就不如将钱存入第二银行（房地产），坐收房地产涨价之利。

反过来看商业平台的表现。商业平台通过分发虚拟生产资料的方式，以虚拟资本替代了多达 1/3 的货币资本的实际效果。这笔流动性资产，在平台以固定资产投资形式，一次投入，多次分发。由于是以使用价值形态存在与流通，不受价值形态的资本货币的胀缩影响，因此可以准确地投放进入实体经济，只不过要求实体经济转向数字经济（如线上线下结合的新零售），客观上起到了为实体经济保值（保量化宽松膨胀之值）的作用。当然，虚拟资本存量并不是越多越好，商业平台存在风险难以控制的问题。一个商业平台的规模动辄在几百亿美元，一旦经营不善，就会带来难以预测的经济社会风险。

宏观调控此时具有了数字经济出现之前没有的一种选择：让流动性的存量，在货币形态的存量与信息形态的存量之间相机调整。如果市场对产业政策缺乏信心，而令流动性进入房地产避险，则可考虑以万亿规模的流动性进入风险投资（从而间接进入商业平台），以虚拟资本替代货币资本方式（以融通生产资料替代融资）解决中小企业融资难问题，鼓励其在商业平台上展开“双创”活动。而当虚拟经济出现泡沫时，调整流动性从虚拟资本向货币资本回流，令 $H$ 下降，也就是让风险投资的价格水平（市值）整体下降，放缓替代强度。同方向的政策包括数据资产规则运用（在保护与利用之间进行平衡）。实质是在两种不确定性之间折冲，一种是产业政策带来的不确定性，另一种是竞争政策带来的不确定性，共同目的是在创新驱动的新背景下合理运用价值调节手段。

#### 3.3.1.2 两个资本之争——凯恩斯 vs 哈耶克

回到流动性，这里涉及货币定义的溢出。第一种定义，也是最初的理解，货币是购买力，是支付手段，具有交易功能，满足的是人们对流动性的交易需求（流动性偏好），是纯粹商品范围的概念。第二种定义，是凯恩斯的理解，加上了投机需求，实际是套利手段，具有投资贴现功能，它是在价值

“拥有”范围内起作用的东西。但在熊彼特看来，投机也只是在套利而已，同属循环流转范围，资本货币只不过是扩大再生产中的流转工具。而在熊彼特看来，“企业家的作用与拥有财富没有关系”①。第三种定义，即熊彼特的理解，给货币实际加上第三种功能，即为创造剩余提供服务的功能，是为新组合融资提供的信用品，又称信贷功能，货币在这里是沿着企业家发出的信号（一种体现企业家能动精神的非一般等价信息）而调动贷款使之流动的工具。

这里重点讨论第三种定义，或者说功能。它与数字经济中数字的经济特点有关。数字在这里不是自然科学符号，而代表某种与数字生产力相匹配的、同方向的人的特性。它与人的能动性有关，因此有别于物的循环流转；与人的得失有关，因此在经济的讨论范围之内，可以用价格衡量。它还是质量、创新和体验在中介上的代理。

熊彼特指出货币背后的这种性质，在量上具有一个重要特征，就是“信贷总量必然大于有充分担保品才能提供的信贷量”，一是超过商品抵押，二是超过黄金抵押②，三是属于二者之上的剩余。实际意思是说，创新会以某种信息的方式，充当抵押担保品，有别于信用（对应熊彼特所说的“经营信贷”），我们称为信息资产，比如信任、虚拟资产。在此基础上，熊彼特得出“在原则上只有企业家才需要信贷”的著名论断③。“每一种为‘创新’目的而提供的信贷是给企业家提供的信贷，而且构成经济发展的一个要素。”④ 这等于指出了存在一种完全用于“发展”（创造新价值）上的流动性。数字经济中数字的真正含义（以人为本的含义）就在这里。数字经济必须是创新经济。

由此，我们也进一步明晰了信息市场是什么意思。信息市场不是交换信息的市场，也不是以信息形式交换或帮助交换货币（及货币资本）的市场，信息市场本质上是以一般等价物为基础（也只不过是基础而已），通过（不确定从而非一般等价的）信息（只有企业家能发出这样的信息）的指引使闲置的资源得以更加充分地流动，以释放人的创造性能力（从而实现发展，而非循环流转）的地方。

---

①　熊彼特．经济周期循环论：对利润、资本、信贷、利息以及经济周期的探究［M］．叶华，译．北京：中国长安出版社，2009：134.

②　同①.

③　同①135.

④　同①136.

值得注意的是，熊彼特认为这样的流动性，不会“自动流向”企业家。言下之意，只有资本家的投机与套利，才会使流动性“自动流向”其需要（投机需求）的地方。这里隐含了风险投资、双重投票权、平台创业机制等以信息主导货币流向的制度需要在循环流转体系外特别设计的意思。也就是说，人的作用要叠加在物的体系（循环流转体系）上，需要加上一个“势”。此外，这也含有信贷背后必须让一般等价物之外的尺度起作用的意思。因为很显然，企业家利用流动性与资本家不同，他一定是在资产的使用，而不是拥有方面做文章。这完全超出了凯恩斯对货币资本——包括整个资本——的理解。这才可以解释“企业家的作用与拥有财富没有关系”，意思是与（创造性地）使用财富有关系。这也可以顺带解释双重投票权中企业家选择的实质不是套利，而是在资源的运营中实现创新。相比之下，凯恩斯对企业家决策（异质决策）的阐释是动物精神。

这里存在进一步的理论问题，即资本的定义是什么。除了从生产关系角度理解外，资本通常有两类定义，一类是凯恩斯的定义，他将资本径直定义为货币资本，这是从交换价值定义资本，突出了可交换这个隐含条件。按照这个定义，所有资本都没有区别，都是同质性资本，没有异质性资本。如果出现异质性资本，如社会资本，只好当它不存在。另一类是庞巴维克的定义，将资本定义为生产资料，这是从使用价值角度定义资本。按照这个定义，所有资本（哪怕它对应的价值量相等，在货币资本意义上等值）在功能上都是完全不同的。由此推论出，合同问题与运营问题（乃至管理问题）都涉及异质性、差异化资本和劳动的具体规则，由于异质性、差异化的存在，必须解决与要素使用权相关的具体的责权利问题，而不光是明确拥有权。

这个区分对于信息市场与货币市场关系的意义在于，按凯恩斯的定义，资本就等于货币资本，货币资本的交换是一个拥有权（转移）问题。用货币资本购置何种生产资料，只是使用权问题，与流动性无关。而这里的使用权隐含着一个工业经济（物质驱动经济）的假定，生产资料天然具有资本专用性，在技术和制度上都必须排他使用。

但按奥地利学派的定义，资本等于生产资料，这在数字经济条件下会推导出一个意想不到的结论，那就是一旦生产资料可以在技术和制度上非排他性地使用，如虚拟店铺和柜台这种可以在商务功能上替代商业地产等生产资料，可以通过软件复制与网络分发在技术上非排他性地使用（数字化经营），或在制度上非排他性使用（共享经济）时，生产资料在 $M_2$ 值上，就不等于货币资本了。信息市场与货币市场上就会出现存量 $B$ 与 $M$ 相互替代、对冲的现象。

数字经济在价值存量上发生的一个最激进的变化就是作为货币市场基础的实体市场，在商品和资本的定义上产生了革命性变化，从价值与使用价值在交换价值（价格）中对称变成了不对称。因此，传统的费雪方程在 $Q$ 与 $M$ 上的对称关系被打破。

## 3.3.2 调整流动性速度：数字货币

### 3.3.2.1 对货币价格水平的影响

在数字经济条件下，还存在另一类调控手段，这就是直接调节信息流动速度（信息价格水平）。数字货币为信息流动性赋予了中介形式，但它不是货币流动性（现金与货币资本）的电子化，而是通过信息市场与货币市场互动，改变流动性的性质，使之成为一般等价物与非一般等价物的混合物（可以把它想象成一种邮票化的货币），最终成为纯信息中介。

数字货币的作用与传统金融创新有共同方向，都在于流动性与资产的并存，但在促进信息对称化、透明化，为实体经济服务方面，又明显有别于传统金融创新。区别在于，信息作用的增强已将流动性的内涵从资本货币定位（资本的价值定位）移向了生产资料定位（资本的使用定位）。

我们必须正确认识这种流动性变化的实质。如果我们只是从技术上和形式上认识到互联网加快了流动性的速度，是在变相增发货币，就会非常容易落入数字经济中那些金融违法活动分子的套路（他们的特征是大多自称从事互联网金融，以致把这五个字变成了贬义词）。人们不应当忘记，当年哈耶克在提倡货币非国家化时，不是在谈货币，而是延续奥地利学派的传统谈资本的使用价值，是在从行为和过程这个视角看待整个价值现象这个总的背景之下认识问题的。而到了金融骗子那里，就只剩下绕过央行增发货币并归于己有这种幼稚想法，把央行当傻瓜。一旦央行出手，他们分分钟跑路。

### 3.3.2.2 价格水平的情境化：区块链

数字货币不能脱离实体信息服务而独立存在，需要有一种锚定于本地的机制，如区块链。

以区块链为代表的分布式技术，对分布式金融可能产生的潜在的直接影响不只是信息溯源，更是金融产品的一物一价。因为其可以根据情境化的信息，识别与区分每个流动性节点上的信用和风险，根据不同的信用和风险，对产品与服务分别加以估价。这相当于货币的邮票化——给每一个一般等价物配上了一幅附上非一般等价物信息的本地化画像，而合成的价值也会根据画像信息上下浮动。与批量化邮票不同的是，画像内容都是一对一的。

对区块链来说，经济网络中的每个节点都相当于一个可以进行情境化估值的参照点。参照点上的时间轴信息，可以用于对这个点的价值进行不同风险值、信用值的评估，从而确定不同的利率及准备金比率（恢复流动性的标尺）。

这需要几个条件共同配合。一是个人数据中心独立于厂商平台发挥作用；二是在使用（服务）中定价，因此要求金融产品与信息服务相结合，包括软信息与实体信息服务的结合。

## 3.4 两市场均衡：实体市场与信息市场——脱媒

货币市场具有提升实体市场的作用，而信息市场也有提升货币市场的作用。这是由其中不同的能动性作用决定的。

实体市场与信息市场的结合，体现在虚拟经济为实体经济服务上，不是像金融市场那样将个别的使用价值信息转化为一般的交换价值信号后再作用于个别的使用价值，而是在个别的使用价值与个别的价值符号之间直接转换。这个过程与语言学对符号背后语义的解释相同。每一组使用价值都是在情境下聚焦于其意义的，交换价值只是其“语形”，使用价值的异质性与信息（符号）的异质性（也含同质性）是通过情境相关而得到定义（调制）与解读（解调）的。

金融脱媒本来是指在进行金融交易时跳过中间人而直接在资金供需双方间进行的活动，所以金融脱媒又称金融非中介化。在数字经济中，还可能出现另一种脱媒，是脱金融之媒。

实体市场与信息市场，都具有这种对金融脱媒的特征，即不依赖一般等价物这个媒介协调供求，而依据实际的实物供求（使用价值、功能上是否供求平衡，物物交换），以及心理供求（通过供求的功利活动，所要达成的“快乐—痛苦”层面的目标、目的是否得到充分满足）是否平衡，反映在效用上主要看是否足用、是否满意。

这决定了实体市场与信息市场之间的均衡是情境依赖的均衡。因为足用与满意与价值不同，都需要根据参照点来确定，因此是情境依赖的。行为经济学的情境依赖对价值的“换算”——从一般等价价值换算为非一般等价价值——无论是对效用（使用价值），还是对意义（包括情感和意向在内的体验效用）都依赖于本地化的计算。

对流动性来说，这带来的最大改变是，本地化、情境化成为信息流动性的增值所在。人们对货币有流动性偏好，对信息却有本地化偏好。本地化是一个意义阐释过程，每个拥有参照点的个人都会对交换价值进行一个再评估，通过与自身的情境相关，确定一个关于价值的好与坏、强与弱的估值，并让好的价值加强。

同时，信息的本地化与货币的本地化（转变为流动性弱的资本货币）一样，是一个增值过程，只不过所增加的价值是相反的。信息本地化增加的是有意义的价值，而货币本地化增加的是价值本身。本地化均衡的好处在于，一旦将异质性、差异化的价值因素内生在均衡中，就会具有防止成本套利的垄断性，使均衡处于零利润水平之上，无论是小农的个性化均衡，还是知本家的大规模定制均衡，都会有一个溢价。

信息市场与实体市场联动的基础在于本地化用户服务信息市场的形成。与金融信息服务偏重硬信息不同，这是软信息市场，是一个服务市场。实体市场与货币市场联系的信息基础是发现谁能提供更好的产品；信息市场与实体市场的结合则在于发现最终用户需要什么，通过对用户需求的挖掘和再解释帮助企业接近最终用户而获得成功。

### 3.4.1 从新金融秩序看互联网金融

新金融秩序是指“信息 + 金融”的新秩序。相形之下，旧金融秩序是以货币为中心、信息边缘化的配置资源体系。目前许多金融专家仅仅从金融一面看互联网金融，认为它只是金融问题，忽略了它同时也是信息问题。信息处于金融秩序的边缘与中心的不同，主要在于信息不对称与信息对称机制的不同。新金融秩序要求以信息对称机制化解金融风险，这是互联网金融最值得发展的空间。

#### 3.4.1.1 当前金融改革面对的深层次矛盾

政府提出普惠金融，对金融改革提出了新的要求。它与民生目标的矛盾突出表现在动员储蓄上。多年来我国 GDP 增长高于百姓的收入增长，银行与地方政府联手为 GDP 导向推波助澜，开始成为动员储蓄的新主角。它们利用利率非市场化，通过影子银行异化出有别于中央政府和民生的特殊利益。中央政府开始转向重视民生后，隐藏在利率非市场化背后的既得利益自然成为改革的目标。党的十八届三中全会提出利率市场化，要求推进金融改革。这一大背景说明，要将有损民生的动员储蓄转变为改善民生的普惠金融。

恰在此时，互联网金融冒了出来，客观上呼应了普惠金融。互联网金融天然具有对小微企业和民生的亲和性，打开了一个缺口。互联网金融的深层威胁在于，它是对动员储蓄的釜底抽薪，通过利率市场化，拉跑储户，客观上将走在粗放增长老路上的储蓄还给了民生。这是矛盾激化所在。

在这一背景下，对互联网金融的争论拉开了帷幕。选择金融风险作为突破口非常妙，因为它正是金融监管当局与银行业共同关切的对象。

其实，金融监管当局与银行业关注金融风险的出发点并不相同。金融监管当局同时面对两种金融创新带来的金融风险，一种是影子银行，另一种是互联网金融。无论对哪种金融风险，金融监管当局都有充分的理由关切和监管。

同时商业银行具有自己的行动逻辑，它们以互联网金融存在风险为名，通过支付限额，利用垄断地位限制互联网支付企业的活动空间。这已超出该控的风险的范围，理应引起政府的警惕和注意。

金融监管当局遇到互联网金融这种普惠金融方向的创新，显得举棋不定，会在技术性问题诱导下迈入不符合初衷的“局”中，因为缺乏一个顶层框架思路，难以判断什么样的金融创新才是自己最终想要的。我们认为，新金融秩序就是可以用来判断金融创新方向的顶层框架。

#### 3.4.1.2 新金融秩序体现发展的方向

中国的金融创新是走华尔街的老路，还是走普惠金融的新路，除了看改革的要求，更应该看先进生产力发展的要求。金融改革在目前语境下指的是市场化，因为影子银行与互联网金融都是市场化，仅有市场化这把尺子不足以断金融创新方向这个案，而用发展这面镜子一照，二者实质区别才显现出来。影子银行依托的是传统生产力，因此总是指向物质投入导向的GDP增长；互联网金融的生产力基础是信息生产力，这是它总是能与民生结合的深层基础。

信息对称机制是互联网金融与影子银行模式的根本区别所在。影子银行只是传统华尔街模式的中国化，它将信息不对称固化进利益不对称，起到了固化中间利益的作用。以影子银行为取向的金融改革总是强调因大而美（直到“大而不倒”），强化的是特殊利益（在中国，这种特殊利益往往与传统粗放的物质投入不自觉绑定，从而有违中央大政方针）；而互联网金融由信息对称自然走向利益对称（虽然在初期可能不是这样，而是与金融业的现有力量结合），最终走向因小而美（走向小微、走向百姓），从而不自觉地强化民生利益。

金融改革与什么样的生产力结合，就会走向什么样的金融秩序。当《新金融秩序：如何应对不确定的金融风险》的作者希勒发现互联网与金融大众化具有内生联系，说互联网是推动金融民主化的重要力量时，显然已经意识到我们还没有注意到的这一层道理。互联网金融之所以会和民生走到一起去，不是因为觉悟高，而是背后的信息生产力有一种特殊的力量（使特殊利益无从藏匿的透明化力量），迫使它不得不与民生走到一起去。人们对互联网金融看不清楚，除了因为互联网金融自身发育还不明朗外，主要还是缺乏希勒头脑中将先进生产力与大众金融（普惠金融）内在联系起来的这根弦。正因如此，我才认为判断金融创新的是非，不仅要考虑改革（市场化），还要考虑发展（先进生产力）这根弦，以明确通过金融改革到底要解放什么生产力。

#### 3.4.1.3 以信息对称化解金融风险的大思路

信息革命的本质就是要打破信息不对称，实现信息对称，让不透明作为体制的默认条件变为让透明化成为体制的默认条件。如果缺了信息生产力的概念，人们自然会认为金融从本质上就是信息不对称的。因此，化解金融风险只能在信息不对称的前提下，在金融内部解决。相反，如果有了先进生产力的概念，化解金融风险就可能找到银行之外的新的同盟军，大思路就可能有以下转变。

一是利用网络市场机制化解金融风险。如希勒所说，用放弃机会规避风险是愚蠢的行为。金融风险既可以在信息不对称条件下仅仅通过监管化解，也可以在信息对称机制中通过市场和网络化解。互联网金融的新机会主要在于创造信息对称化的新机制，这是鼓励互联网金融创新的真正出发点。为此，解决互联网金融风险主要不应是堵，而应是疏，也就是推动互联网金融向着信息对称化方向创新（扭转现在互联网金融中的一些短期行为）。例如，不仅是致力资金供给方的透明化，更要探索投资方向上的透明化，与电子商务结合实现投资精准化，从与实体经济结合的根本上化解金融风险。

二是支持金融业与信息业混业经营。信息对称化在产业层面会带来平行于金融衍生业务的信息衍生业务，对于专业化的信息业务（如征信）与金融业务的结合（如虚拟信用卡），不仅不应叫停，反而应从有利于提高金融透明度的角度大力鼓励发展。因为在业务层面技术性风险一时的付出，会从信息对称机制形成后对金融风险的抑制中得到加倍回报。在新金融条件下，数据业务有可能成为金融业的主营业务。为适应信息对称化业务的产业化，需要在信息业部门充分介入下及时调整产业发展思路，改变外行指挥内行的不利现状。

三是对互联网金融的监管要有新思路。新金融秩序是金融秩序与信息秩序的融合，不应仅以金融监管的思路单边进行，而需要与信息主管部门协同监管。不能为了金融秩序而扰乱信息秩序。

### 3.4.2 互联网金融发展的根本方向是信息

我们认为，真正21世纪的金融是数据增值业务、是衍生信息业务，不是衍生金融业务。很多人认为互联网金融最终还是金融，但我们认为互联网金融可能是数据。

我们在历史上曾经见过这样的争论，比如人们认为电信业就是打电话，而互联网人却认为其会走向数据业务，最终以OTT（“Over The Top”的缩写，指通过互联网向用户提供各种应用服务）分出胜负。在这个过程中，最后证明“互联网+X最终还是X”这一命题是不对的。

#### 3.4.2.1 对等透明、去中心化的信息不是银行业说的那种信息

互联网金融虽然叫互联网金融，但是实际上还是19世纪的金融，我们认为下一代的金融现在还没有出现。互联网业与金融业都在大谈信息，其实它们谈的不是一回事。

目前的互联网金融为什么有极大的死亡概率呢？就是整个方向性出现问题了，在把人们拉向华尔街造成国际金融危机的那条老路。华尔街本身倒是

正在从货币主义向信用学派转变。斯蒂格利茨提出通向货币经济学的新范式，转向信息时代，范式发生了转变，而现在银行仍认为金融永远是世界的核心，当然也是互联网金融的核心，我们认为这一点就是问题所在。

银行总是觉得知识信息是技术，不是生产方式，这是它们的认知误区，也是它们最后吃亏的地方。在这个基础上，斯蒂格利茨得出判断，他认为整个金融理论的重心正在从货币学派转向基于信用可得性的信用学派。投资有时候是盲目的，但投资如果加上信息就相当于装上了雷达。军事上讲精准制导，投资也应如此。

斯蒂格利茨与布鲁斯·格林沃尔德一直都在说，现在金融业可能在发生物种的变化。斯蒂格利茨提出的信息范式里有两点和原有一般等价物为核心的金融体制是格格不入的，一是它是异质性的，二是大量的信息散布于整个经济活动中，以往都是副产品，将来会成为主业。这一点特别重要，这和我们看到的在电信业发生的一样，都是副业变主业。

异质性也就是说它不是一般等价物，将来会出现情境定价的情况，就是一物一价，这将会改变一般等价物的本质。

信息不是中心化的，也就是说不是由央行来控制了。货币主权都是央行的权力，可不可以想象出另一种配置资源的方式是去中心化的？将鸡蛋放在多个篮子里更安全，还是放在一个篮子里更安全？人们的潜意识里都认为鸡蛋放在一个篮子里更安全，这就是我们对金融风险的基本认识，也就是说金融监管当局来管金融风险，银行为这件事负责和买单。但有没有一种可能，将鸡蛋放在多个篮子里反而比放在一个篮子里更安全呢？生活经验告诉我们有可能，但在金融里大家没有想清楚，等到想清楚会发现，如果一对一、对等透明、供求分散了，宏观的风险也就没了。

#### 3.4.2.2 数据将成为新金融秩序的根基

银行也学习信息技术，但互联网人认为这些都是雕虫小技。会摆弄蒸汽机零件不等于懂得资本主义，现在很多金融业的人将自己的业务重心押在浅层的技术里，我们认为这是不明智的。

希勒写了《新金融秩序：如何应对不确定的金融风险》，以预测亚洲金融危机和2008年的金融危机，他提出未来新金融世界和现在的银行完全不同，它要解决与信息相关的基本问题，数据会成为新金融秩序的根基。我们将希勒的新金融秩序概括为“信息+金融”，也就是说由金融一个中心变成了信息和金融两个中心。这是一种缓和的说法，因为新旧金融秩序并存的时候可以允许双中心存在，不排除货币一定中心的地位，但是在金融秩序中是将信息作为核心提出来的。希勒提出大众金融的思想，或者说金融民主化的思想，就是P2P，本意是指对等的透明化。这实际上指向了问题的本质，信息将成为秩序的核心。货币不是P2P，而是一般等价物，P2P本意是“点对点”确定的价值是具体价值。现在被歪曲了。

互联网人看金融这件事，要穿透一般等价物这个“魔障”，像英国财政部的《拉德克利夫报告》那样跳出来看问题，思考如果不是以一般等价物配置资源，而是一对一配置资源，这要求中介发生什么变化，流动性本身需要什么新的形式，货币与信息流动性的区别在哪里。

一般等价物不是说要全部扔掉，而是说比重要缩小，就像当年农业从占GDP 98%缩小到只剩下6%，这个时候农业产量还在增加，但绝对值在下降。将来一般等价物就是这样的历史结局，一般等价物所涉及的财富、工作量的绝对量还在增加，从业人员还在增加，但是在社会生活中的比重会下降。

### 3.4.2.3 超越银行业思维去化解风险

旧的金融秩序在金融风险问题上与互联网观点完全相反。目前金融风险这个问题，只能依靠信息不对称，也就是依靠一般等价物、依靠货币为中心的资源配置机制去解决。我们的认识恰恰相反，信息透明风险才会降低，因为风险的本质就是信息不透明，信息透明了怎么会使风险加大呢？当然初期确实有可能，如果信息衍生了信息工具，就有可能使风险加大，但从人类发展趋势来看确实不是这样。

新金融秩序的关键是信用可获得性，即能不能低成本地获得信息来化解风险。按照希勒的想法，如果我们利用电子商务的优势，把投资本身透明化，精细计算合同价值，实现精准投资，将有助于实质性地降低金融部门的担心。

要超越银行业的思维去化解风险。在历史上曾经有过这样的想法。首先就是熊彼特，他主张信贷，同斯蒂格利茨一样主张由掌握信息的人配置贷款，这样贷款的投放就更精准，这就是熊彼特货币主张的本质，即认为应该用精准制导方式来配置资源。

人类历史正在从以货币为中心转向以信息为中心，信息不是一般等价物，将来信息社会最终会走到情境计算，也就是价格和信息结合，以后我们在交易时，一般等价物可能只起到很小的作用。除此之外，更多的要附着于情境信息，而情境这件事是机构管不了的，因为每个情境都不一样。

银行不会死亡，而是会发展得更大、利润更多，但更多的财富可能是从另一个维度配置。我们现在在强调发挥市场配置资源方面的决定性作用，这句话绝对正确。18世纪是这样，19世纪、20世纪还是如此，但是如果光知道这句话可能吃亏。我们主张，要发挥网络在配置资源方面的主导作用，也就是说，这个决定性作用是基础作用，只是决定一般等价物这个范围内的事，网络会精准配置资源，而且越精准配置资源越轻松，这就是智慧的本质。智慧就是越复杂反而成本越低，这和工业时代人类的行为正好相反，如果将以网络配置资源和以市场配置资源两者结合起来，也许未来市场配置资源最终只占6%，就像农业革命一样，剩下更多配置资源就要看谁一对一更精准，能够更精准地将资源配置成功，这样的行业、这样的企业才真正有发展前途，这也是互联网金融最根本的前途。

### 3.4.3 信息过度与不足对实体市场的影响

根据扩展费雪方程，我们可以容易地推导出：$QP = BH$。

这相当于假设货币完全中性条件下实体市场与信息市场的平衡。

当两个市场平衡的时候，意味着人们的需求与供给将在三个不同层次上平衡，包括物的平衡、资金的平衡与信息的平衡。这意味着使用价值、交换价值与目的价值平衡，包括它们之间比例关系的平衡。

从这种平衡出发，假设资金与交换价值不变，且保持中性。在总的平衡账目上，就变成总目的与目的之间的平衡。目的在此特指创新与体验，它们在质量上达到平衡。

创新是不是越多越好呢？或者说，企业家精神占用资源的比重是不是越多越好？这是不一定的。当剩余需求（企业家需求）失去平衡时，将以贪婪与恐惧反映在人们的心理行为上。贪婪是指索取超过平衡的剩余（超额利润），而失去有效供给的保障，这种过度反应使信用受损（虚假、不真实）；恐惧则是指对损失的厌恶与逃避的过度反应，它使信心低于均衡水平。

我们可以假设出现创新过剩的情况：如果人们在虚假的创新信号诱导下，赋予流动性过高的市盈率评价，一旦真相暴露，泡沫将破灭。从实体市场与信息市场均衡角度讲，相当于使流动性资源在满足基础需求与心理需求之间配置比例失调，造成基础产业和业务的空心化。也可以认为，企业家发出的命令显得过于主观随意，本来承诺的效率无法兑现（如以边际成本实现别人用平均成本才能达到的产出)，由此带来的连锁反应包括数据造假、虚假广告、假冒伪劣等名不副实现象的出现。此外，本来应该配置在实体市场的低端产业与业务，因为被高端的不实的高利润吸引走资金，得不到必要资源支持。如果货币非中性，杠杆化会进一步加大总供求的缺口。

## 3.5 信息作为中性因素与能动因素

数字化具有中性的一面，包括质量、创新和体验，都有过度与不足的双刃性，对总供求平衡产生影响，这种影响需要从存量影响（信息价值量）与水平影响（信息流动水平）两方面加以分析，并进一步分为商品与资本两个层面细分影响。

质量、创新和体验的过度与不足都发生在同质性与异质性、非差异化与差异化、确定性与不确定性之间，产生高收益与高风险的对冲。对数字经济来说，处理好产业化与服务化的关系至关重要。

数字经济与工业经济此消彼长，是一个渐进的现代化过程。工业经济是基础，数字经济为主导。但这不意味着数字经济水平越高越好。超越经济基础的承受能力也可能带来产业空心化、泡沫化的问题，最终以有效需求不足等形式爆发危机。例如，服务化水平与产业化水平就存在这样的矛盾关系，背后的实质在于，质量与数量也是一对矛盾。我国工业经济粗放发展，片面追求数量，但不意味着转型后的经济质量水平的提高不受约束。

第二篇

# 论内生增长

内生增长经济学是关于增长质量的经济学。内生增长和增长的问题不一样，增长问题的前提是，无论是创新驱动，还是物质驱动，增长率越高越好。现在我们开始颠覆这个观点，先考虑是不是经济增长率越高就越好，在这个前提之下再考虑它的动力应是创新还是物质投入。

内生增长问题也变了，一是提出增长质量的问题，二是考虑在什么情况下增长放缓反而是好。

只有数量概念的时候，肯定是存量越高越好，但加上财富流量概念时，就会产生量与质之间的平衡，会分两种情况，一种是在传统条件下，即不考虑质量好和不好的情况下，肯定是数量越高越好。另一种是加上质量，那就完全不一样了，因为质量有高低的区别。

基于这个角度考虑，关于增长质量问题，自然率到底是什么，这是第二层内涵。上篇我们考虑增长的效率，或者增长的数量，现在转向考虑增长的质量这个加上速率和价格水平的概念了。在这之后，表现为经济增长速度降低，追求的是质而不是量。这个时候收入流量在扩大，但不是单纯地依靠量的增长，我们发现的这一点特别类似于凯恩斯的发现。凯恩斯发现的是农业经济转向工业经济，工业经济不是实物量越大越好，而是有一个流动性在调控资源配置。他终于把工业经济给琢磨透了。

今天我们同样发现了相当于凯恩斯当年发现的价格水平是什么，就是质量水平（不是产品的质量水平，是经济的质量水平），是质的价格水平。

以下讨论的增长、就业与货币问题，并非把上篇的宏观经济问题重新讨论一遍，而是进入了新的语境。它是在垄断竞争的微观经济基础上讨论宏观问题，对应到增长率问题上就是将讨论的背景从数量增长（外延型增长）转换为质量增长（内涵型增长），讨论的是增长质量条件下的增长、就业和货币问题，核心是费尔普斯说的“让人进入宏观经济学”①。

---

① 徐秋慧．费尔普斯经济思想研究［M］．北京：商务印书馆，2010：31.

# 4 增长的质量与创新驱动

自然率增长是什么？如何评价传统增长价值观（从传统保守主义、生态凯恩斯主义、新凯恩斯主义到新熊彼特主义）？生产率减速与价值观存在怎样的关联？剖析“生产率减速”“活力主义者眼中的美好生活”。中国增长的路径与选择“创新驱动发展”。

上中下三篇谈的都是自然率，但角度不同。上篇“论增长率”谈的只是速度；中篇“论内生增长”不光有增长的速度问题，还有质量问题，为的是说明速度降低为什么可能是好事。下篇“论发展”假设即使速度和质量都不是主要考虑因素的话，还有其他考虑，如非经济的考虑。这些对 GDP 的影响都是倾向于降速，而不是提速的。

要分解 GDP，我们先不考虑质量的问题，只看单纯的财富数量，在没有考虑到流量和质量问题的时候，它包含着怎样的内在矛盾。这种矛盾解释不了实际增长，所以需要引入我们新的解释。

## 4.1 经济增长质量问题

关于质的经济学，要回答以下问题：什么样的增长是结构优化的？低增速而高质量的增长为什么是可行的？什么样的增长具有更高的质量？

### 4.1.1 总需求外生性与质量内生

以往总需求问题在宏观经济学中基本等同于增长问题。因为从均衡维度谈论增长，在产能过剩的经济（而非短缺经济）中，最主要的制约因素就在总需求。总需求是区分各个经济学派观点和主张的主要试金石。

对于总需求，新熊彼特学派和新凯恩斯主义的解释虽不一样，但都比前一代理论更加细致，都在说垄断竞争和总需求有关。正是由于微观上的差异性，导致总需求的波动，或者说由于需求有质的差异，导致准确地寻找供求均衡价格的难度加大了，比如说会出现信息不对称。

新凯恩斯主义利用垄断竞争理论说明总需求的外生性，得出垄断竞争市场无效性的理论，或者说，垄断竞争市场的无效性在宏观上就表现在总需求的外生性上。其原理是，在完全竞争条件下，竞争导致价格下降，总需求会增加，厂商的需求曲线向右移动，社会福利增加。但在垄断竞争中，因为厂商都有提价力，总需求会减少，厂商的需求曲线向左移动，产出会减少，这又会使总需求下降。这种情况不断循环往复，会使产出处于偏离最优的水平，损失效率，导致社会福利下降。新凯恩斯主义论证总需求外生的目的，还是为政府干预提供理论依据。因为总需求不足，说明市场失灵（对凯恩斯的唯一改进只在于说明了市场的常态不是完全竞争，而是垄断竞争），而解决这个问题自然只能靠政府。可以说，总需求外生论的动机就不纯。

新凯恩斯主义这种说法，从罗宾逊夫人的角度可以解释通，但从张伯伦的角度却有很大疑问。最大的疑问在于，它把质量问题完全忽略了。厂商为什么能具有普遍的提价力？在张伯伦看来，这是质量不同的结果，但在罗宾逊夫人看来，却只是竞争不完全的结果。说到底，还是物化价值观在起作用，因为新凯恩斯主义仍是物质驱动导向的，看不出人的因素的作用，从需求角度，会把人看成物欲动物，这种动物没有高级需求、非物质需求，没有因情感满足、生活质量而提价的内在动力。从宏观上的总需求看，服务业的发展就符合普遍提价的条件，但不是因为垄断（当然也不排除存在个别垄断），因为服务业即使在激烈的竞争中，相对制造业普遍在提价也是不争的事实。

新凯恩斯主义认为提价会导致效率降低，福利损失，对此要具体分析。福利损失的说法显然有漏洞，因为这完全忽略了质量提高带来的福利，尤其是忽略了无法计入 GDP 的福利。GDP 计量上的问题当然不是这个学派的问题，是整个经济学的问题。但用新的价值观、财富观一衡量，原来没有问题的说法就显现出物质驱动的原形来。至于效率降低，这倒是部分事实，因为鲍莫尔在解释“服务业生产率之谜”时已指出了其中原因。但按异质完全竞争理论看，效率降低不是定论，而只是传统服务业的特例。信息技术恰恰就是人与机器在新水平上的结合，鲍莫尔所谓的服务业无法利用机器提高劳动生产率的说法，在新条件下缺乏宏观实证依据。这还没有算上创新对提高劳动生产率的贡献。

熊彼特内生增长理论也强调总需求的外生性，但观点与新凯恩斯主义相反。经济增长要沿着质量阶梯上升，就自然要打破总需求的平衡，以新的总需求取代旧的总需求。总需求的外生性来自人的物质欲望之外的部分。就连属于新凯恩斯主义的费尔普斯，也在强调“美好生活”对提高经济活力的重要性，认为需要阿马尔·拜德型的消费者感知创新。垄断竞争理论恰恰是在价值观上支持这种观点，强调在提价的背后实际发生的是经济的质的变化。正是由质的变化带来的福利（“美好生活”型的福利），能使市场达到均衡，反而能平衡由完全物化的完全竞争带来的“扰动”。

熊彼特内生增长理论也有值得商榷的地方，那就是它把质量提高与增长混为一谈。质量提高一定会带来增长的效果，这一点是毫无疑问的，例如，服务业的增长会创造 GDP、提高 GDP。但这不等于质量提高（内涵增长）可以比粗放增长更能提高 GDP，或者说，使 GDP 增长率更高。“服务业增长率之谜”已清晰显现出了这个问题。仅仅在 GDP 的范围内论证增长质量问题固然有益，但也有限。质量阶梯理论很好，但它真正需要说明和解决的问题应该是为什么质量提高不如数量提高更能提高增长速度。我们前面提出的将财富计量由存量发展为流量的办法，可以完美解释这个问题。相形之下，质量阶梯理论似乎把存量与流量搞混了。我们认为，不能把质量阶梯理解为质量的数量阶梯，而应理解为质量的（价格）水平阶梯。它与 GDP 的关系应是价格水平与数量（存量）之间的关系。

异质完全竞争的观点是，如果把网络（异质市场）加入广义市场，在垄断竞争导致市场失灵时，这种加入质量市场的广义市场可能是均衡的。换句话说，现有帕累托最优从“品种—数量—价格”三维均衡看，并非最优。而现在所谓的垄断竞争均衡，从二维均衡看不是最优，但在三维均衡看已是最优。从这个角度再看总需求，这一决定增长的宏观问题的真正聚焦点应在于，把总需求外生的部分内生化，而且是基于质量内生化，也就是把质量内生进总需求，才可实现宏观上真正的平衡。

按照内生质量的观点，垄断竞争中的市场是有效的，有效是相对于“品种—数量—价格”三维均衡而言的。原来所谓无效性的部分，只不过是“品种—价格”平面上完全竞争形成的曲线在“数量—价格”平面上的投影。厂商基于质量提高而产生的提价力并不会导致广义的总需求减少，相反，它是福利的提高，只不过福利提高的部分不是现有福利经济学定义的总效用意义上的福利，而是阿马蒂亚·森和斯蒂格利茨在修改 GDP 时补充的福利，如生活质量等。这一思路还将在下文中深入展开讨论。

### 4.1.2 什么是增长质量问题

过去我们以 GDP 为财富的全部，觉得 GDP 的增长就是财富的增长，但是这会带来一种追求高 GDP 的倾向。它很难在 GDP 降低时让人们心安理得，很难为经济转型服务，原因在于这种观念忽略了质量的价值。

#### 4.1.2.1 增长质量调节 GDP 的财富水平

以前我们直接把 GDP 当财富，现在提出增长质量即 GDP 的质量，相当于已经在扩展财富的外沿，把 GDP 与质量之积作为财富。质量在此起的作用是调节财富水平的高低。

我们对财富界定做了修改，即在 GDP 数量这个存量基础上增加（以差异性为内涵的）质量这样一种“价格水平”，把二者之积形成的流量定义为新的财富。这时候得出来的收入数就可以解释 GDP 这个存量的增长速度降低后，怎么隐性地增加财富。这个隐形变量就是增长质量。

GDP 好比是一个存量，乘上一个表示质量的比率，相当于一个价格水平，它就变成一个流量。从流量的观点看问题和从存量的观点看问题显然不一样。过去我们的 GDP 高增长首先可以归结为从存量角度看问题，但是没有考虑质量，造成的问题是仅仅凭 GDP 存量的高低确定财富的多少。但乘上质量系数再看财富就不同了，如果前者（存量）小了，后者（价格水平）大了，总量有可能一样大，甚至更大。

把提高经济增长质量作为衡量财富水平的一个内生变量，就不会认为 GDP 增长降速就一定是财富的损失，相反，可能是财富的增长。

历史上曾经有这样的规律，每当经济学随着经济转型往前迈一大步，导致财富观变化时，都有一个巧合的现象反复发生，就是会把以前的财富观当成一个特例，然后附加新的条件作为补充并进行推广。这个特例推广是什么，就是从存量的观点变流量的观点。存量和流量的关系是什么，是流量等于存量乘价格。

我们来验证一下。

农业社会最初只把财富当作实物财富，就是 $Y=Q$，价格没有内生进去，相当于价格等于 1，即 $Y=QP$，但 $P=1$。这是物物交换这个特殊条件下的财富观，它只考虑实物，不考虑价格。从物物交换到商品交换，$Q$ 这个存量，开始与价格 $P$ 结合起来，形成实物的流量财富观。典型的是同时考虑商品数量（$Q$）和商品价格（$P$），重新定义实体财富 $Y$ 的内涵扩展到 $QP$（$Y=QP$），把 $P$ 当作一个可变的量，$Y$ 成为一个流量。流量和收入是一回事。收入论实际是流量论。

到工业社会，它的财富论核心不再是实物，而是货币。货币国民收入 = 货币总量 × 货币价格水平，即 $Y=MV$。工业经济发展之初，货币经济发育不充分，货币价格水平还没有内生进财富观，相当于 $V=1$，则货币国民收入 $Y$ 与实物国民收入 $Y$（$QP$）是等值的。因此，$V=1$ 的学术理论叫货币数量论。而货币收入说是一种流量说，第一次指出 $V$ 实际是可变的，里面包括利息和存款准备金比率，用它可以调节财富的流动性。这时财富内涵发生了实质性变化，$Y=MV$，$V$ 可变。这是我们现在的财富观。

从上述观察可以看出，财富（国民收入）定义口径的演进存在的规律是，后一代的定义把前一代定义的流量（如 $QP$）当作新口径下的存量（$M$），当作新口径国民收入（如 $MV$）的一个特例纳入新口径中，同时在新口径中进行从特例（如 $V=1$）到一般（如 $V$ 可变）的扩展，从而过渡到新定义的国民收入。

#### 4.1.2.2　重新思考凯恩斯收入说的问题意识

经济增长质量，关键是质量。什么是质量好理解，但什么是经济增长质量？我们的理解与一般的理解不同。经济增长质量不是指增长运行的质量，而是指增长本身的内涵（更重数量，还是更重质量）。打个比方，问一辆车好不好有两种理解：一是这辆车是否运转得好（比喻粗放的、低质量的经济，是否运行得正常稳定）；二是这辆车本身质量好还是质量差（比喻正常稳定运行的，是不是高质量、高效益的经济）。我们是按后一种理解，不是谈运行的质量，而是谈运行的经济的性质。

就国民收入来说，按这种理解，要解决的新的问题就不是原口径的存量如何（如是否稳定），而是这种存量的水平高低。

在这方面借鉴凯恩斯的方法很有益。凯恩斯首先是从问题意识切入的。凯恩斯理论第一次系统化货币收入说，认为要解决的政策问题是，政府通过调节 $V$ 进行干预，可以使财富发生各种各样的变化。中世纪的政府根本没有想过货币财富是一个流量，他们只是把货币当作存量，所以只知道增发钞票，不会在利率和准备金比率上做文章。他们没有想透货币的本性到底是什么，就像今天人们还没有想透信息时代的财富中的质量意味着什么，以为财富只有量的问题，没有水平高低的问题。或者说，在理论上没有参透财富的水平高低对应的是一个水平系数这一点。

我们对凯恩斯的高度评价不在政策上，而在他的收入说对国民收入计量上的扩展。我们做出的创新跟凯恩斯是同类的，也是把数量说转化为收入说。他是把数量论变成收入论，也就是在存量之上加了价格。当然对货币的价格来说，价格不是实物价格，而是价格水平。

凯恩斯对财富的看法的变化涉及的是道，政府干预只在术的层面。他不认为货币的多与少代表财富的多与少，还要在货币量上加一个参数和这件事关联起来，然后从收入的观点全面看待财富。按照凯恩斯的理论，不是说以前的人的观点是错的，只不过仅仅考虑到了 $V=1$ 这种特例，而没有想到 $V$ 是可变的。凯恩斯的理论丰富了对财富的看法。

今天我们讨论的增长质量问题是什么？就像凯恩斯似的，我们今天把 GDP 当作一个存量，发现漏了质量这个水平系数。不是说不能按 GDP 理解财富，或者这样理解财富错了，而是把这样理解的财富仅仅当作一个特例，当作质量水平这个系数为 1 时的特例。为了提出和解决经济增长质量问题，必须在 GDP 这个存量上加一个速率，也就是一个比率，这个比率代表的是经济增长的质量水平。

在本书中，我们从基础理论上把它高度概括为一个质量水平比率。怎么调整这个比率，就是我们要讨论的核心问题，即内生增长的问题。

我们把质量变成（信用意义上的）价格水平或者比率，再看财富就会豁然开朗，因为高质量的 GDP 和低质量的 GDP，在新视角的财富上的不同就会显现出来。把增长质量排除掉，光看财富，它的问题出在哪里？出在 GDP 的量越大越好，不分水平高低，不分质量高低。中国经济在低价值链上，做了大量粗制滥造的东西，人们想改变，但不知道从哪里入手。解决不好经济增长方式转变这个问题，固然与既得利益阻碍有关，但也与理论家没有把规律彻底理清楚有关。

#### 4.1.2.3 信用价格水平意义上的质量

看穿问题的这个点是什么呢？说出来很简单，$QP$ 是从实物财富角度看的流量，但从货币财富角度看可能只是存量，只等于 $M$（货币数量存量），只有

乘以 $V$ 才是一个新的流量（货币收入流量）。同样，$MV$ 从货币角度看是流量，但从信息财富角度看可能只是存量，只等于 $B$（信用数量存量），只有乘以 $H$ 才是一个新的流量（信息收入流量）。

此前已经说过，在历史上曾经有过这种转换关系。实物的国民收入和货币的国民收入理论上应该是相等的。实物的 $Y$ 也就是实物的总数量乘以实物的总价格得出的财富总量，应该等于货币总量乘上货币价格水平。在信息时代，财富公式扩展为 $MV = BH$，$B$ 是信息（信用）总量，$H$ 是信息（信用）价格水平，也就是经济的质量水平。

信用总量不是一般意义上的信息量，是信息所对应的财富数量。信息只是一个技术概念，垃圾信息也是信息，但信用则是经济概念，相当于有用信息，或表征价值的信息。信用指什么？指我们随时可以兑现成货币，或者兑现成实物的指代符号。金融创新膨胀的就是这个东西。信用膨胀到兑现不了的时候，就会出现金融危机。我们现在把信用这个概念从金融领域扩展到整个经济领域，不仅是以货币为承载信用的符号，更要用信息（如结构化和非结构化数据）定性地承载信用（包括信任）。

从表面看，信息与信用不是一回事，但从凯恩斯与拉德克利夫关于流动性的视角看，它们可以是一回事。信息是流动性的符号，货币也是流动性的符号，相比之下，货币只是符号中的一个特例，是同质性量化的价值符号，表达的只是价值的量。信用或信任作为流动性流动的内容，表达的是价值的质（实质是意义）。

把质量从产品中抽象出来，从价值上抽象出来，剩下的就是信用或信任。微观实践中的品牌，就是承载信用或信任的外在标志。靠着它，人们对产品或服务质量的认同，会从信息不对称转化为信息对称。从符号这个意义上说，它是信息现象。我们用信息量、信息价格水平称呼它们，就是这个道理。要注意的是，应把信息量同具体信息产品的商品数量区分开，把信息价格水平和信息商品价格区分开。

以往人们忽略的是什么？人们有信用的概念，但是没有信用价格水平的概念，也就是质量好坏、值不值得信任的可量化的概念。这时候容易出现的问题是，倾向于认为作为符号的信用的价值量越大越好，美国在国际金融危机中就吃了这个亏。信用如果无限膨胀，而没有一个质的比率来约束的话，就可能出现泡沫。本来，流动性陷阱就是一个定时炸弹，如果对信用程度再不加以控制，比如虚假的信息，它的“利率”应该为负时，那就非出泡沫不可。结果是财富表面上（从价值上看）增长了，实际上（从信用上看）并没有增长，这样的经济增长质量是低劣的。

我们的理论和以前的理论既有联系，又有区别。我们突破了上一代财富概念的局限，凯恩斯看出了上一代财富概念只是 $V=1$ 时的特例，我们现在看出了它也是 $H=1$ 时的特例。

这种观点并不孤单，服务经济学的权威人士盖雷和加罗就从生产函数上琢磨过这件事。

以往的生产函数体现不出信息的作用。索洛发现了一种奇怪的现象，物质的东西有投入就有产出，但是为什么无形的信息投入时看得见，计算产出时却不见了。这被称为索洛悖论。盖雷和加罗指出这里面问题出在哪。$Y$ 作为国民收入，无论等于实物商品数量乘以价格，还是等于货币量乘以货币价格水平，人们都假设了没有质量的显著变化，也就是质量等于常数 1。质量是异质性变化，没有质的区别，质量高和低就会被当作一回事。信息投入改变了经济增长质量，但 GDP 作为生产率的计量值，根本就没有把质量考虑进去，当然会出现索洛悖论提到的现象。在这种情况下，经济显著的质量变化被忽略了。

在把计算机技术引入企业，特别是引入服务时，发生了什么事情？生产函数的性质产生了改变。把内生增长的逻辑，特别是质量系数引进来，就和我们相一致了。我们提出 $H$ 是可变的想法，相当于凯恩斯认为货币价格水平和流通速度是可调整的，是政策作用的对象。只不过我们谈的流动性不是货币流通速度，而是信息流通速度。互联网极大地加大了信息流通速度，通过信息降低了交易费用，降低了资源流动性的摩擦系数。

另一个和我们想到一起去的是鲍莫尔，他是产业经济学的权威。鲍莫尔提出一个问题：为什么服务业在 GDP 中所占比重加大的时候，各国都会出现 GDP 下降？言下之意是 GDP 增速下降在什么条件下是好事。这就是我们后面马上要讨论的核心问题。

超高速增长向自然率靠近的过程，是经济增长质量提高的过程，而增长质量提高与服务业的发展具有内在联系。服务业和整体经济增长的悖论，被称为“服务业生产率之谜”，正好可以用于解释 GDP 增速为什么需要下降、下降有什么好处。

服务业增长本身是增加 GDP 的，但从整体 GDP 来看，服务业这个局部 GDP 增速是上升了，服务业之外的整体 GDP 的速度却可能是下降的，并且增加的部分可能抵不了下降的部分。现在中国也开始遇到这个问题。正好可以借助服务经济学的讨论来认识这个问题。

鲍莫尔提出“成本病”模型。他认为，当只考虑经济增长数量的时候，例如以制造业为主增长时，随着大机器规模化生产，效率提高，成本会下降。但是服务业主导会倾向于差异化，每个人的服务都不一样，所以效率标准不起作用。他认为，这必然导致服务业成本上升。

此外，服务业比重提高不是效率提高的结果，而是价格提高的结果。服务业是提供差异化的，而差异化是质量提高的过程，质量提高的过程中有一个显著的特点是价格提高。这是对我们提出价格水平问题的又一个印证。在过去以制造业为主时，同等的GDP数量对应的是同样的价格，因为同质化完全竞争会抹平价差；但服务业为主时，同等的GDP数量可能对应不同的质量，不同质量的产品价格不同。从整体看，差异化的服务业势必比同质化的制造业在价格上有所提升。到了一定的收入水平以后，人们愿意买高价的东西，而原来在低收入时，人们没有意愿也没有能力买高价的东西。

同样的GDP内部就会出现质量高和低两部分。本处所说的质量不是产品质量，而是经济增长质量。从产业发展水平看，同质化代表低质量，差异化代表高质量。因为越差异化，离消费者的满意就越近，消费者就越愿意出高价。高价是对应高质的。由于同质化而附加值越来越低的制造业，与由于差异化而附加值越来越高的服务业在GDP中所占的比重就会发生此消彼长的变化，服务业占GDP的比重就会越来越高。经验证明，这与人均收入有内在关联，人均收入越高，对生活质量的要求越高，就越难以忍受同质化，制造业占比就越低。

高价格与低价格的问题反映的是质的不同。如果仅从产品质量角度解质量问题，就解到技术层面去了，不是质量经济不经济的问题了，价格的高低才是质量问题的经济本体。理论家没有指出的问题在于，这种由需求决定价格的现象不是由效率决定的，而是由多样性决定的。“服务业生产率之谜”反映的是供给方面的效率与需求方面的多样性的矛盾。经济增长质量提高可能带来多样性经济但效率不经济的严重悖论。

鲍莫尔和美国服务经济学界提出的一个最尖锐的问题就是，由于制造业与服务业天然存在劳动生产率上的差别，制造业效率更高而服务业效率更低，服务业比重上升必然意味着经济整体效率提高速度的放缓，这就是GDP增速下降的真实原因。如果我们只从提高效率这一点去解经济增长质量这道题，就会把题解反，就会解成还是制造业好，因为自动化的效率最高，从而把通过服务化提高效益这件事或多或少忽略掉，变成解“高质量地开好一辆低档车”这样一个低一层次的问题。

我们的理论没有这个基础，没有做好准备，把质的量化也就是价格水平给漏掉了。对 GDP 计量来说，全国人民穿三种衣服还是三万种衣服，在 GDP 上没有差别。理论在这里不创新、不发展，政策就不知该解决什么问题，往哪里努力了。这也是盖雷和加罗发现的，GDP 背后掩盖了质量提升，把质量给忽略了。标准经济学的理论只认同质性，不认异质性。从客观原因看，产出的异质性使其难以度量，没法度量是因为异质性不好比较，会出现无数条成本曲线和需求曲线，在数学上不好处理。但这只是技术性的理由，下文我们要讨论的比这个更深入。如果只是由于方法上的原因，问题不是不可以解决，比如采用代表性消费者模型就可以解决，斯蒂格利茨、克鲁格曼都靠这个拿了诺贝尔奖。

信息技术降低的主要是差异化和多样性的成本，新经济主要的特征是越差异化和多样化越能节省边际成本。计算机和互联网出现了，无论是数字金融，还是电子商务，其差异化成本都会相对急剧下降。这个是信息技术投入带来的产出，其产出主要是差异化的收入增长了，而由此带来的质量提升效果出来了，而边际成本递减这些计量点都没被监测到。

因此我们可以先把问题提炼出来，指出我们今天讨论的意义是什么，它要解决的当前问题是什么。

经济增长质量这个问题一开始就被提错了，提成了粗放型经济如何运行得更有质量。从讨论效率这个核心问题变成了如何高效率地发展粗放型经济、发展制造业的问题。当然，粗放型经济、制造业也确实有提高效率的问题，而且这样的问题也还没有解决，要解决起来也还有相当大的难度。但是，在经济增长质量方面还有比这个问题更大、更全局性的问题，就是如何摆脱粗放型经济，从制造业向服务业发展的问题，这才是更本质的增长质量问题。不把质量问题提炼成差异化经济、服务化经济的问题，就不可能解决粗放发展问题，而把增长质量视为差异化、服务化的问题又势必对效率标准本身提出挑战。效率就是差异化不经济的意思，而质量是差异化如何经济的问题。因此，真正的增长质量问题是效率与多样性统一的问题，即效能问题，而不仅仅是效率问题。解开了这个思想疙瘩，才能抓准要解决的真正问题。

今天我们挑明这个问题的意义在于，要说明 GDP 增速下降在什么情况下才是一件好事，对 GDP 增速下降不是无可奈何地容忍，不是一有机会就要让它回升，而是把 GDP 增速的下降当作一件好事去拥抱。我们的结论是，在 GDP 增速下降中，增长质量的提高是一件好事，特别是当这种下降是由质量提高而造成的时候，它更是一件值得拥抱的大好事。

经济增长质量这件事，是一个“服务业的故事”（我们进而认为是服务化的故事），而长期以来它被当成了一个“制造业的故事”。它是一个通过多样性、差异化而提高效能，从而提高经济附加值的故事，却长期被误当成通过同质化提高效率，从而进一步增加 GDP 数量的故事。

每一本书的出现，不管专业范围属于哪个行业、哪个专业，都是为了解决人类的一种困惑，从而突破对世界的认知局限。我们现在指出前人研究的东西只是一个特例，而我们现在研究的东西也是将来人们发现的更大道理的特例。

知识和理论的进展就是这样。把论辩对手的观点当成自己观点的一个特例，是一种成熟的方法。过去总说“你是错的，我是对的”，其实错和对都是有原因的。先把对方错的东西当作对的，然后找出是什么条件使这种错的东西在那个特例的条件下是对的，然后指出那个条件只是特定情境，如果条件变了，或放松条件，那么结论正好就是自己的结论。这就跳出了诡辩，真正推进了知识发展。

我们想比以前的人追求得更全面。以前的认识不是错的道理，而是从全局看是片面的。提出经济增长质量这个问题没错，但只讲 GDP 越高越好、效率越高越好就有局限性。于是我们把问题修改为，GDP 如果低下来，效率不是最高，但效率与多样性加一起效果最好，这时的经济增长质量问题到底是什么。思路自然就从产业化导向转向了服务化导向。

### 4.1.3 增长质量的质是指什么

我们讨论的增长质量如果不是增长的运行质量，那么它是什么？从自然率这个全书立论初衷来说，当然是指那种虽然可能把 GDP 增长速度降下来，却能把水平系数提上去，算总账可以增进新财富的东西。内生增长就是要把这个东西内生到增长理论中去。

提高经济增长质量，我们主张先关注实质性的问题，要求经济增长从单纯追求数量变为追求质量，而不只是关注操作上的问题，即运行质量的高低。一个低质量的经济，即使运行得十分稳定，仍然是低质量的。仅靠把一个低档车开得稳稳当当，并不能把这辆车变成高档车。提高经济增长质量首先应该考虑的是如何把低档车变成高档车；其次才是如何高质量地把车开好。前者是车的问题，后者是司机的问题。

我们认为，质量问题的核心是异质性问题。提高质量，也分高效率提高还是低效率提高，但质量问题本身有别于效率问题，属于多样性问题。质量是质的差异，不同的经济增长质量表现出的是 GDP 的质的差异，而不是量的差异，即 GDP 的多少。

这就和价值观有很大的联系了。工业化在源头上就把异质性排斥了。但是现实生活中，如果把创新精神摆进去了之后，就会显示出差异化。质量本身就是异质性的问题，有异质性才有无数的可能性和差异，创新就是求异。所谓质量提高，就是质不一样了。GDP 度量的是数的量，但在此之外还有质的量。把质的量串在一起，就构成了质量阶梯。提高经济增长质量，就是要沿着质量阶梯一步一步向上走，这才是增长质量的实质性问题。

#### 4.1.3.1 质量的价值观

异质性问题不是物的问题，而是人的问题，实际上是人的选择多样性的问题。它与效率问题处在不同维度上。自由的本质是什么，自由是我们面前面临多种选择。如果这时候突然有一个奴隶主在这里，不让人有那么多选择，就叫不自由。在这个世界上，一些人觉得自由，一些人觉得不自由。不自由的人为了解放，就掀起了战争。有时一些人为了剥夺别人的自由，也会爆发战争。

自由是一个价值观。自由的价值是由多种选择构成的。第一，美好生活必须有丰富的选择。理想社会与其说是物质极大丰富，不如说是选择极大丰富。因为物质极大丰富可能会造成产能过剩，是经济危机，而不是经济理想。提出物质极大丰富的本意，是先有人的自由而全面发展，人才能创造出他需要限度内的极大丰富的物质财富。第二，还必须有能力、有机会进行选择。如果我面对商场里琳琅满目的东西，就是买不起，这不叫自由。必须是商场东西很多，而我的钱包又够鼓，我能够获得，这才叫自由，否则叫白日做梦。第三，好的自由还应具有包容性，是多样性的自由。自由主义说的自由，与之相比，范围就太窄了。只有精英、能者有自由，草根、弱者没有自由。这种自由是“小乘”牌自由，不是“大乘”牌自由。因此，好的自由应该门槛极低，低到全人类都可以拥有。这倒不是出于道德原因，而是出于生态原因。

生物进化的经验告诉我们，要保护生态多样性，而非保护生态精英性，这是复杂条件下的进化之道。自由主义更适合简单性环境，通过优化实现最高效率，以少数精英为中心，以多数草根为外围，适应环境变化，高速自我膨胀。但自由主义的天敌是复杂性，复杂性要求去中心、自组织、多样性，要求的是效能高而不仅是效率高。

这个自由，与英格尔哈特说的自由既有联系，又有区别。它们的共同之处在于，都希望大家有更多的选择自由，政府有更多的选择自由，但还需要生活质量作自由的基础。熊彼特内生增长理论的核心就是质量，他的经济模型叫质量阶梯模型。质量阶梯的模型就是用来解释创新的。创新是干什么的？创新的本质就是求差异化。如果是模仿，只能算求同。制造业为了降价竞争，经常求同；服务业为了提价竞争，经常求异。我们把求异的本质抽象出来，就是提高质量。

我们可以感觉出来，增长质量这里面的价值观是什么呢？就是要把内生的自由嵌入进去。人一般是这样，如果在收入低，吃不饱、穿不暖的时候，他只知道馒头重要、衣服重要，因为他首先需要解决的是温饱问题。而在收入中等时，房子重要，车重要。收入再提高，衣食住行都没问题了，他的脑子就开始活跃，有的人想探险，有的人想搞发明。这个时候如果你再给他馒头，他已经不会感到快乐了，他要通过个性化，实现自我得到快乐和幸福。这既是宏观经济问题，也是微观经济问题。

#### 4.1.3.2 运行质量与内生质量

经济学家现在谈的经济增长质量说的不是这回事，而更多是增长的运行质量问题。他们只顾闷着头搞研究，没有觉察还有其他层面的增长质量问题。

他们说的经济增长质量是什么？是 GDP 增长得稳不稳、匀不匀。让增长的数量更好地提高而非质量更好地提高，这是他们理解的经济质量问题。

在接触这个话题之前，我们找了许多谈经济增长质量的书，书中所说的质量不是我们说的质量，也不是熊彼特学派说的质量，它跟创新没有关系，还是围着 GDP 转，在讨论 GDP 如何避免大起大落。

具体大概是以下四个问题。一是经济采用什么样的结构，这个问题我们稍后再讨论。二是什么样的增长更具有稳定性。这不是经济增长的质量问题，而是经济增长的数量波动问题。三是什么样的增长有利于公平的福利分配，意思是说，什么样的低质量的增长更有利于公平分配。当然，增长质量即使不高，也有公平分配问题。这也不是增长质量问题，而是发展问题，我们在下篇中再讨论。四是什么样的资源模式付出更小的环境代价。这更像是自然科学问题，而不是经济学中的生产关系问题。

只有第一个问题沾边了。第一个问题是结构优化。涉及什么呢？比如产业结构，第三产业发展了以后，质量提高了，因为服务业主要是创造差异化的产业。里面罗列了很多结构，比如收入分配结构、能源结构、人口结构等，其中，需求结构、市场结构、产业结构是有关系的。

其中最核心的一个问题就是，他们也发现服务业一旦增长，结构一旦优化，就会出现 GDP 增速下降的问题。而且认识到里面有必然联系，以至于他们把服务业干脆定义成所有增长率较低部门的总和。所有这些部门的增长都是给 GDP 帮不上什么忙的，把这些产业整合在一起，就是服务业了。如果在 30 个产业里面，调大服务业，那肯定 GDP 增速要下降。

GDP 增长一定是服务业增长，但 GDP 要降速，有些人认为不好。谁认为不好？一是地方政府，二是银行。但老百姓并不这样认为，他们不受这些人的干扰，也可能他们根本不在意。

国家一再说不要低质量的高增长。从“十五”时期起，就提出了要转变增长方式。而从“十一五”时期到“十二五”时期，中央政府发布的发展规划里提出服务业提高占比目标，结果执行起来，所有指标都上升，就这个指标不升反降。

但是现在用质量考核也存在问题。最主要的问题是，由于前面说的理解上的偏差，被说成是增长质量的仍然是增长数量，又回到 GDP 增速上面来。其实国家的本意不是这样，出的题是，同等 GDP 下，质量能不能提得更高一点。

但如果把提高经济增长质量理解成稳稳当当地保增长，就会把方向弄偏了。第一类问题是，应对提高经济增长质量做法是用新兴产业替代传统产业。主导的想法是，保持 GDP 的速度不要掉下来，而不是真的关注增长质量，为此主要看的是哪个新兴产业有助于它的 GDP 提高。第二类问题是，提高经济增长质量，脱节于转变增长方式。服务业不同于服务化，转变增长方式，要求服务化，第一、第二和第三产业都有服务化的问题。服务化的实质是差异化，为的是获得高附加值。因此，服务业本身也有进一步服务化的问题，就是发展个性化、体验化高附加值的现代服务业。

如果从美好生活的角度考虑问题，发展服务业有利于就业，就是增长质量的一种提高。而且如果从差异化角度看问题，就业问题甚至可能变为别的问题了，无就业不是失业，如果不是到公司就业，而是在家就业，就会成为创客，生活质量也在提高，也是一种就业，而且他也在为国家做贡献。因此，凯恩斯在当时是对的，但现在还学凯恩斯就不对了。要看是“就业”有助于生活质量提高，还是“不就业”但有工作且高收入有助于生活质量提高。

下面我们将转入研究质量经济不经济这个理论上的核心问题。这个问题在理论上至今没有在均衡水平上完全解决。

## 4.2　增长率

### 4.2.1　增长多快为好

自然率到底是多少，其实这个问题很难回答。美国在相当长的时间内增长率大概是3%，许多发达国家甚至在零增长，这些都是正常的。发展中国家7%算高增长，5%就不算很高的增长了。

这里面有一个规律，增长率和人均收入有关，在没有发展障碍的情况下，人均收入越低增长率越高，人均收入越高增长率越低。林毅夫认为，中国在20～30年之内人均收入还追不上美国，即使人为地想停下来，也停不下来。因为增长的本质是劳动生产率提高的过程，只要劳动生产率还有提高的空间，它就停不下来。发达国家形成一种思维定式，认为自己就应该享受高收入，发展中国家不需要追我。但发展中国家是不会听的。

从中庸的理论看，假设各国人均收入追平了，就可能长期保持一个自然率的发展状态。以中国为例，失去高增长动力，应该是在人均收入追上美国的时候。估计那时人们就没有像现在这样创造高速经济增长的心气了，因为下一代人不会再像我们这样吃苦受累了。但是，但凡有一个高收入的国家可以吸引移民，这个增长动力就止不住。因为那些不能移民的人，心里面就有一种不平之气，一定要追上。因为以现在世界局势论，除了那些与世无争的小国，恐怕没有哪个国家会相信落后不挨打。

所以在这种情况下，中国如果想在人均收入上追上美国，以现在的速度应该需要30年左右，那时美国是什么增长速度，中国也可以是什么增长速度。在这个过程中，按现在的情况计算，需要一直保持以7%的速度增长。如果想要稳妥一点，可以把时间拉长，因为世界各国没有想象中那么快地降到5%的速度。

我估计自然率增长的GDP增长是特别长线的，大概在一百年。各国人均收入没有差别情况下，大家会最后归拢到3%，甚至更低都有可能。

如果说自然率是3%，发展中国家在追赶发达国家时增长率一定会冲到5%，中国和印度甚至照着7%来增长。到什么时候这股劲头会消失？到了人均收入与美国等发达国家平齐的时候。以现在的情况论，增长率在3%以下的基本是发达国家，新兴国家都在5%～7%。按现在的GDP体量，中国和印度经济这样发展下去，加在一起可能超过所有发达国家的总和。换句话说，世界不久后会形成按3%增长率发展的发达经济体和按至少5%增长率发展的新兴增长体并行发展的局面，折中后增长率会变成高于3%。新兴国家追平发达国家后，增长率真有可能降到3%。

假如放在50年后，中国会是什么样？

50年后中国的增长率会在5%以下，最近二三十年会在6%～7%。可以算出中国人均收入追上美国会在2050年左右，接着追赶的劲头就会减弱，因此增长率有可能降到5%以下。其实增长率潜力到底是多少，从必要性而非可能性来说，主要取决于中国和印度人均收入提高得有多快。

日本前些年是什么样？日本在20世纪60年代腾飞，后来人均收入一下超过一万美元，它也经过了二三十年的时间。

发达国家最近这些年是什么情况？

这里有一组数字：世界平均GDP增速在1980年是2.0%。在1997年达到过3.4%，到1999年是2.6%。

发达国家的情况是，高收入国家在1999年是2.6%，中间最高达到4.9%，后来大致在1.4%、2.4%、3.1%附近徘徊。其中美国长期稳定在3%左右。

低收入国家增速特别高，比如东亚和太平洋地区都是在6%～7%这个区间，普遍都比较高。又比如南亚的增长率在1980年是6.4%，1999年是6.0%，又过了十年达到将近10%。

GDP增长伴随着通货膨胀，实际上人们生活质量是按哪个算？

GDP比较时，已经考虑到通货膨胀因素。短期内，通货膨胀可能改变穷人和富人之间的相对份额，尤其是在实行凯恩斯主义政策的条件下。从长期来看，通货膨胀没有影响，这是弗里德曼的观点。高通货膨胀与低通货膨胀相互抵消，货币政策不会有影响。凯恩斯观点却是货币政策有影响，因为弗里德曼所说的“在长期”可能超越了我们的生命长度。换句话说，我们不必考虑长期的问题。在凯恩斯学派后来的发展中，考虑到长期时，也认为货币政策的影响越来越低，在微观上用信息和价格黏性来解释。

不管自然率是多少，从中短期看，增速该是多少还是多少。但是自然率是一个标杆，给人一种心理暗示。

再问一个问题，原来人们习惯于 9%、10% 的增速，现在 6%、7% 的增速好像一下也习惯了？

在正常的情况下，这种可能性不大，除非全盘接受了自然率理论，但是需要有基本面上的变化。增速难以降下来的原因是什么呢？这是因为照目前的趋势，会有一个强大的投资驱动惯性。就拿城镇化来说。中国实现城镇化的整个工作量相当于把欧洲重建七遍，或连建七个欧洲，而且欧洲现有的工业化城市是经过 200 年建成现在这样的，这个过程在中国要压缩在 20 ~ 30 年完成，这在客观上造成了 GDP 想掉也掉不下来的情况。自然率还涉及其他变量发生变化的问题，罗马俱乐部对增长极限为什么预测失误？因为技术与环境变化难以预测。预测增长率这件事里面存在不以我们意志为转移的变量。

提出自然率增长，主要是说增长率低点是没关系的。

这确实有冒险之处，会在相当长一段时间与人们的经验判断不一致。中国正在一个高速增长阶段，按林毅夫的观点，中国甚至保持 10% 的长期增长都没问题，他依据的是中国人均收入还低，如果人均收入要花 50 年甚至更长时间，不排除中间出现战乱，可能三代人都无法见证 3% 这个增速。就像孔子所谈的以“仁”为核心的秩序，当时大家都觉得不实际，因为他说“仁”的时候，大环境正打得“你死我活”。但到了 300 余年后，汉代独尊儒术，“仁”终于符合了实际。

### 4.2.2 繁荣的标准

自然率涉及的价值观问题是什么？我们在《大繁荣》一书中可以看到一个衡量增长率多少为好的价值标准。这就是亚里士多德的“美好生活”标准。

繁荣的实质是美好生活，一切以过上美好生活为准。增长率高也好、低也好，只是相对的。如果假设一个国家在很低的增长率下生活非常美好，那么“美好生活”的价值观不允许有过高的增长。反之，如果增长速度很快，他仍然觉得生活不美好，那么他可能会追求更快的增长。

任何一本书，最大的贡献可能不是技术层面的东西，可能是它给人类往那个普世价值观指了一下。那个价值观是什么，我们认为就是“什么是最美好的社会，人的本质是什么”。

价值观往往在低收入情况下和高收入情况下不一样。北欧的人觉得我的钱够用就行了，但是我的生活质量非常重要。但是美国在同样条件下不这样认为，美国觉得有更大竞争压力。

我们不能说 GDP 低好，这是不对的，但是也不能一味说高就是好。

理论上说，但凡不对外开放获得信息，以为全人类都处于水深火热，生活都在同一个水平之下，这个民族可能就没有发展的动力。但是如果看到全世界的人都拼命追求物质，哪怕这个民族坚守上千年，最后还是有可能被冲垮。当初印度为什么和中国五千年都安贫乐道，是因为周围没有财富水平更高的榜样。

假如世界存在竞争或者劳动竞赛，会根据每个国家的竞赛结果分配 GDP，这时 GDP 的高与低就会有好坏之分。而如果全世界没有针对 GDP 的好坏之分时，全世界就一定是大同的。假如这两者综合起来，每个国家就它的综合指标，包括它的 GDP 和幸福值来说都差不多，它的胜利标准就会是价值观领先。

美国建国的时候强调价值观的理念，比如自由解放，所以人们就愿意去美国，认为那是充满阳光的地方。但是现在的美国已经不是那时候的美国了。或者那时候的美国价值观已经不是现在的美国价值观了，它慢慢在演变成一种以利益为导向的价值观。

如果忽略世界各国的文化差异，我们看到仍然要面对的影响是什么？一是技术，技术到极限状态和不到极限状态肯定有影响。二是环境，是否有足够资源支持所倾心的生活方式的可持续性。

技术进步无止境，它一定会刺激人们不断提高收入。我们觉得整个生态环境都和技术进步有关，有一定的不确定性。

增速不是特别高或者特别低就好，它一定是一个不偏不倚的东西。

## 4.2.3　增长的自然率

### 4.2.3.1　自然率是什么

作为增长率的自然率与弗里德曼、埃德蒙·费尔普斯以及卢卡斯所说的自然率没有直接的对应关系，它更接近道法自然的概念，是指道在特定条件下[①]呈现出的本然状态。

不同历史条件下人们提自然率总有特定含义。对于我们来说，自然率的内涵可以通过两个维度来刻画。这是一个价值十字坐标，由两个独立维度构成：一个维度是“物质决定—非物质决定”，由物质驱动与创新驱动来代表；另一个维度是“中心化决定—去中心化决定”，由生产导向与富民导向来代表。

以增长率的形式解析自然率，我们希望透过实证现象，超出原有前提假设（理性假设），把握经济增长中更贴近人本身的基本面的两个性质。一是被理性的二元分裂掩盖的物质驱动与创新驱动这两种相反的人的增长倾向；二是被理性的机械性简化掩盖的中心化与去中心化这两种增长的实现方式。

其中第二个维度包装一下可以变成生产导向还是民生导向，和富民联系起来。生产导向依然是中心化的过程，民生导向是世俗化的、去中心化的过程。中心化与去中心化的说法只不过是代指，中心化代指的是简单系统，去中心化[②]代指的是复杂系统。简单系统具有中心化、原子式契约连接、自上而下计划控制、精英化、他组织和他协调的特征；复杂系统具有去中心化、有机连接、自下而上涌现生成、草根化（世俗化）、自组织和自协调的特征。

在实测中，英格尔哈特的价值观测度实际已包含了这两个维度：物质增长是主要动力还是创新是主要动力，包括精英在推动经济结构的变化中起决定作用还是草根起决定作用。当然最后结论不是绝对的，但是这是可以考虑的。

### 4.2.3.2　反映不同价值取向的增长观

我们现在在GDP增长率问题中嵌入了两个价值维度：一个是物的倾向和创新的倾向。英格尔哈特的价值论可以参考。另一个是精英的维度和草根的维度。我们现在可以看到的关于GDP的各种价值主张，无非是这四种要素的排列组合。尤其是其中作为主要矛盾的以凯恩斯为代表的物化的价值观和熊

---

① 指环境条件和技术条件。在道法自然之外，肯定一定技术条件下人与自然达成的可持续平衡，因此不仅适用于封闭系统，也适用于开放系统。

② 去中心化不同于小农经济的一盘散沙，它只有在社会化发展到有机连接的更高历史条件下才能实现。

彼特强调的创新的观点的矛盾，这是我们本章的研究主线。

第一种观点是保守自由主义的观点，是传统物化的观点，以弗里德曼为代表。他在《经济增长的道德意义》一书中提出，物质增长不仅具有物的意义，而且具有价值观的意义。他认为，增长不仅是生活水平，也是在第三世界形成政治与社会自由化的关键。但是他也警告说，即便是像美国这样富裕的国家，一旦收入增长长期停滞，民主价值也会处于危险之中。

弗里德曼提到经济增长的道德意义，他拥有的是传统价值观，是精英观和物质增长观的结合。在他看来，如果不增长就是不道德的。但是这个道德跟发展经济学所说的道德完全是两回事。它的意思好像公平是不道德的（因为会限制自由），而不公平是道德的，这个道德有特殊含义。

按照他的精英道德观，如果不让物质极快发展，就对不起作为人的本质。上帝造我们，我们就要拼命地制造，否则对不起上帝。后来又有人说，懒洋洋的人不道德，勤勉才对得起上帝。按这种道德，谁成为精英，谁就成为社会崇拜的偶像；谁能创造物质财富，谁就是老大。在某种意义上，这和中国现在的现实很像，背后包含的是同样的道德观。

按自由主义的观点，没有什么事情比把一个理性的人的能力充分发挥出来更重要。弗里德曼认为，增长是道德问题。换句话说，增长越快越道德，增长越慢越不道德。这是典型的物化价值观与精英价值观的组合。根据这种观点可以推断出，将过高的增长率降低到自然率水平存在潜在的道德风险，因为这可能妨碍那些有能力的人按自己的意愿提高生产率和生产能力。

第二种观点来自哈里斯的《没有增长而发展的宏观经济学》一文，其代表的是生态凯恩斯主义的增长观。

哈里斯提出没有增长而发展的宏观经济学。哈里斯是一个生态凯恩斯主义者，他在人与自然关系的立场上和弗里德曼有明显区别。弗里德曼是精英化的人本主义者，他不考虑资源耗费问题。相反，哈里斯认为宏观经济学应该支持 GDP 零增长，因为虽然零增长，但是经济有发展。这个发展指什么？比如说，如果我开会只是为了交流，我为什么要坐飞机？他主张没有物质原料增长的发展，这里面有一定的积极意义。如果完全数字化或者是网络化以后，技术可以实现更多时，能不动用物质材料就不动用，能不用石油、汽油就不用。

这种观点与弗里德曼的观点形成一个大对角。哈里斯非常重视弗里德曼所忽视的生态问题。当然在他特定含义的发展里面，有精英化成分。哈里斯用发展来否定增长，只强调人的发展，希望保持增长率为零。当然，这是站在发达国家立场上看问题，呼吁穷国不要增长，相当于说，为了保护自然资源，穷国就受穷吧，不要试图在经济上赶超我，我的富裕是历史形成的，你不要追赶我。这是一种国际范围的“精英价值观 + 物质生态”的价值观。

否定创新，还是一种物化的非增长的观点。哈里斯否定创新，他只从物质生态的角度考虑问题，没有更仔细地辨析什么是自然。自然不是死去的过程，实际上有一个新陈代谢的过程。简单说就是不增长了是否合理，这也是值得讨论的。

第三种观点是新凯恩斯主义的增长观。非瓦尔拉斯均衡的宏观经济学属于精英价值观（政府干预）与物化增长观的结合，和凯恩斯主义的区别就在于加了微观基础。新凯恩斯主义把凯恩斯主义精细化了，它建立在一个非瓦尔拉斯均衡基础上。它强调：第一，微观均衡是存在的，在实际生活中起到主导作用；第二，认为理论上有一个均衡目标，但是实现不了，为了把实际的均衡和理论的均衡统一起来，要借助黏性价格和黏性信息假说，其中隐含着精英价值观（政府干预），支持的是物质驱动的高增长。

新凯恩斯主义的增长观是精英价值观和物化增长观的结合，它主张通过政府干预体现精英意志。后来它成为熊彼特学派集中攻击的目标，因为它主张增长越快越好、政府干预，同时没有考虑生态，还不支持创新。

第四种观点是熊彼特创新理论及熊彼特内生增长理论代表的增长观。

熊彼特的增长观是创新价值观与精英价值观的结合。按我们的十字价值坐标分析，政府干预下物质驱动是典型的新凯恩斯主义，它不仅像斯密那样强调物质驱动增长，而且主张由政府加码驱动物质增长。熊彼特主张的是创新价值观，他认为物质投入会带来经济的循环流转，因为物质不是既不增加也不消失的，而是循环流转。只有人的创造性才能带来新陈代谢，用新的代替旧的。但是它里面提到的精英价值观突出体现在企业家精神上。他认为的企业家不等于老板，当然老板也可能是企业家。他说的企业家是因为具有创造精神而居于经营主导地位并掌握资本的人。

熊彼特学派后来也主张政府干预，但不是干预物质投入而是干预研发投入，依靠研发经费的提高以及企业家精神，驱动高增长。国家创新体制的建设也与这种思路有关。主张政府干预研发的以罗默为代表，都会和新凯恩斯主义者在创新的问题上越走越近。

熊彼特内生增长理论，相当于新熊彼特主义，同是强调创新，与新凯恩斯主义增长观走得较近。它的增长论也是创新价值观和精英价值观的结合。其与新凯恩斯主义的不同之处在于，其关注的主要是与物质投入相反的方面，认为人的创造性才是经济增长的真正动力。双方同样主张政府干预，但重点不一样，一个是干预物质投入，另一个是干预创新投入。

#### 4.2.3.3 我们倾向的价值组合

我们的增长价值观，相对而言，要结合创新价值观和草根价值观。相比较之下，比较接近费尔普斯的大众创新的观点。创新这件事不需要圣人代劳，人人可以成为圣人，如古人所说“满街人都是圣人”，这是中国人的思维。科技革命最终将使创新成为每个人的日常行为，人人都可以对等地创新，创造自己的新生活。这才是真正的自由、平等、解放。

原来只让精英自由，只让有本事的人解放，那些草根怎么办？熊彼特创新的问题在于，只把企业家精神发挥出来，员工可能还是消极被动的，没有做到人尽其用。

熊彼特提出企业家创新精神，如果把企业家变成人来理解，原来的有些规律是可以继续生效的。本质规律没错，推动社会进步的是企业家创新精神，就是人的创新精神。

有一次开研讨会我们在谈这个观点的时候，有一位熊彼特的研究者跟我们解释，说熊彼特学派的理论家后来也意识到了这个问题，给出一个自圆其说的观点：第一代熊彼特理论说的是企业家创新，但第三代已经说的是人人可以具有企业家精神，并不是企业家才具有企业家精神。

真要做到，需要在微观结构上进行调整以提供组织基础。在海尔有个制度安排，规定每项创新可以根据工人的名字命名，以高于股东价值的奖金加以奖励。以工人名字命名创新法，导致创新的活跃。不是开发人员创新，而是人人都创新，这是相应的制度安排。

#### 4.2.3.4 增长的价值观

物质会增长，但只有有生命的事物才会生长。不记得是谁说过了，羊即使在睡觉的时候，都在“增长”，因为羊毛还在长。

刚才我们把不同的增长论梳理了一遍。回到经济增长的第一推动力看增长是什么，增长的本质是什么？我理解为是生长。要为增长注入生生之德。有个词叫“自力更生”，就是指自己发动（自力，自涌现），而且能够自我新陈代谢（更生，自生成），这才是一个正常的经济过程。但是现在，标准经济学家把增长当成一个纯粹由物质投入推动产出的过程，人不知道到哪里去了。这是问题所在，纠正这个偏离，是本书贯穿始终的主题。

增长里面有小宇宙，就是生长。对大多数人来说，增长是一种社会定义，而生长更自发一些。

生长针对的是我们现在定义的增长。如果一定说成是增长，应是一种富有活力的增长。如果按照英格尔哈特式的价值表来说，是创新价值观和草根价值观的结合。增长是大家常用的概念。我们跟大家一起，要对增长的性质产生更本质的认识。

从这里可以看出，我们这个增长观其实和经济学家的想法不一样，经济学家总是从物质到物质，明显可以看出来有缺陷。

#### 4.2.3.5 中国增长的路径与选择

改革开放40余年，一言以蔽之，就是“斯密式增长 + 凯恩斯式增长”。未来30年，中国需要转向熊彼特式增长。熊彼特式增长在现实中就表现为科技革命驱动的经济主导的增长，最典型的就是电子商务的毁灭式创新。

**1. 从斯密式增长、凯恩斯式增长到熊彼特式增长**

我们现在谈中国的增长问题，并对当前现实问题进行分析。

改革开放40余年，中国的增长是斯密式增长或者凯恩斯式增长。斯密式增长是指物质增长，而不是《道德情操论》中的主张，《国富论》实际讲的是物质增长的模式，是从物质投入到物质产出。用一个词特指就是物质产出。凯恩斯式增长是一种政府干预的斯密式增长，它的主导者是政府。斯密式增长是小政府的物质增长。这两个特征在中国经济里都有体现。

首先，斯密式增长和熊彼特式增长是两种不同的增长路线。

斯密式增长与熊彼特式增长的区别，可以简单理解为物的增长与人的增长。熊彼特将资本家与企业家分开，物的增长靠资本家，资本家是物质的人，人的增长靠企业家，企业家是创新的人。资本家代表物，企业家代表心（企业家精神）。

对照中国当下，第一个严丝合缝的地方在于，改革开放40余年，是物质至上的40年，是创新严重不足的40年。熊彼特讥讽物的增长只是经济的

“循环流转”，而不能称为发展。他认为创新不足就会导致利润枯竭。这说的好像正是传统“中国制造”。

科技革命驱动的经济主导的增长与熊彼特式的增长最大的共同之处就是都强调技术创新的重要性。科技革命驱动的经济需要在两点上发展熊彼特理论：一是熊彼特强调毁灭式创新；二是熊彼特只以企业家为创新主体。后面我们会提及熊彼特式增长的局限性，它没有说要降低增长率，只是说同样维持高增长，谁作为动力的问题。熊彼特理论的继承者正在开始修正这一点。

斯密式增长和熊彼特式增长是典型的中国制造模式，它的特征是物质增长极快，但是创新不足，表现为附加值极低。熊彼特式增长强调自主创新。在创新这个类型里面，我们会发现，也有自主创新和模仿创新的区别，我们更多是靠模仿创新。

现在物质驱动的增长已经难以为继了。现在的增长依靠的主要是制造业，将来出口会有问题，转向必须依靠创新驱动，这个迫在眉睫。这关系到我们自己要解决的实际问题，即要从斯密式增长转向熊彼特式增长。

其次，凯恩斯式增长与熊彼特式增长也是不同的增长路径。

熊彼特的增长理论直接针对凯恩斯，而不是斯密。我们说“凯恩斯式的斯密式增长”，意思是凯恩斯与斯密在物的增长这一点上没有区别，新古典增长理论与新古典综合增长理论都持报酬递减或报酬不变的假设，这就是证据。

当时熊彼特把凯恩斯式增长讽刺为物质经济的循环流转，意思是说，只是物质的来来去去，并没有创新的动力，这是典型的中国制造的特征。熊彼特显然认为物质资本和生产资料带来的扩大再生产仍然只是循环流转意义上的增长，而不是创新。他把斯密和凯恩斯在循环流转这一点上当一丘之貉了。

但凯恩斯式增长还有另一层意思，就是政府干预的增长，这有别于斯密。中国改革开放 40 余年并不光是经济的循环流转，还伴以高速增长。但这种增长既是物质驱动，又伴以凯恩斯式增长的特征，其中最突出的表现就是储蓄率相对自然率奇高，而人均收入相对自然率过低。

熊彼特批判凯恩斯其实主要还不是批判政府干预本身，而是认为凯恩斯的政府干预创造的只是物的需求，而不依靠创新。科技革命驱动的经济以发展看待增长，除了支持国家创新体系建设之外，更主要的是主张以企业和个人为创新主体。针对当前实际，就是主张创新必须以人均收入的正常提高为根本取向，反对脱离应用、脱离市场、脱离需求（包括信息需求）的盲目创新（这不是针对基础研究）。中国发展光伏一哄而上又一哄而下的教训就值得吸取。

2. **中国创新驱动发展的路径选择**

我们主张大众创新，但在此之前需要认识到，对熊彼特强调的毁灭式创新我们还没有做到。熊彼特说以企业家为创新主体，虽然以企业家为创新主体有其局限性，但是它至少使企业家精神得以发挥。但现在的情况是，我们还在压制企业家。即使不压制企业家，对创新来说尚且不够，现在把企业家都压制了，大众更没办法创新了。

所以在提出新的理论前，首先要肯定熊彼特创新理论的贡献，先要达到熊彼特创新的水平。我们现在要以企业家为创新主体，这件事特别难。从实际数据看，企业家不愿意作为创新主体的一个表现是其研发投入不足，最后不得不由国家推动创新。现在的创新主体首先是科技部门，或产业部门，然后是院校研发人员。

现在以科技部门、科学院为主体推进技术创新有一定问题。因为它们推进了“研”没有推进“发”，别人认为这是脱离应用，并没有真正进入市场。

产业相关的部门认为应该以产业部门带动创新，因为其更接近市场，但是在推进过程中也有问题。例如，现在对软件的研发投入了很多，但是对软件的研发最后搞出来的是别的东西。由于许多行业比软件利润高，研发过程中重点就产生了偏离。

创新应该以企业为主体，比如海尔的创新，它的研发投入全部是自己说了算，它一定是根据自己的市场需要去实现这种创新。以企业为主体创新，可能与理想化的预想不一样，它不一定以自主创新为主，可能是模仿创新，可能是引进消化后根据本地市场转化再创新。只要企业有创新积极性，就比没有积极性好。创新的主意要由企业拿，而不是企业外部决策。这一点，我觉得熊彼特的创新对中国现在有现实意义，仍然不过时。

当然，不能简单地把创新完全等同于研发投入。创新不完全等于研发。

这反映出一个问题，创新驱动本身的驱动力到底应该是物质还是精神？苹果案例是典型的，精神才是创新的“隐德来希”（第一推动力），可惜我们还不能把苹果案例做成制度，否则就可以低成本地调动人的主观能动性和创意细胞，内在地激发创新。若将华为与苹果比较，两者在创新上最大的区别在于，华为靠工程师，苹果靠艺术家和工程师。因此，华为要追上苹果，只需要去找那些不能自给自足的艺术家，因为艺术家一般都比较穷困。这就是制度问题。我们只知道加大对创新的物质投入，但还没有真正建立起针对人心、针对人的主观能动性、针对人的创造精神和冒险精神，可以内在激发创新的制度，结果创新投入许多都转化成了园区的房地产。这是片面强调创新的外因决定论的结果。

中国驱动发展的创新在现有创新基础上要进一步突破薄弱环节：一是需要以企业家为主体创新；二是需要推动费尔普斯意义上的大众创新；三是我们和中美竞争大繁荣的时候，还要发挥草根创新的优势。

中国的创新并不缺乏内因条件（包括文化条件），真正实现大繁荣式的增长关键在于制度创新，要抑制那些抑制创新的权力、利益和观念，包括官僚主义、既得利益和僵化的秩序观。

**3. 违背创新的凯恩斯式增长损害民生**

我们今天在经济增长里面还有一个问题，导致它不可持续，这就是凯恩斯式增长和熊彼特式增长的矛盾。不仅我们在斯密式增长中，强调物质投入带动增长；增长还是政府强烈干预的结果。这种干预导致现在的高增长呈现两个特点：一是具有斯密式增长的一般特点，即物质驱动型的增长，而创新在里面所占的份额极其有限。二是为了高速增长，经常动员储蓄，在西方叫强制储蓄，意思是说抽取民生利益，将居民收入低成本地转化为储蓄用于生产，导致中国有一个非常高的储蓄率，用于支持高增长。这个时候出现一个既不符合正规的价值观，也不可持续的现象，即增长率高，而人们收入增长缓慢。这个是政府干预本身带来的问题。

综上所述，矫正超高速增长的根本在于坚持以人为本，把增长的着力点从物质驱动转到创新驱动上来。

我们现在是凯恩斯式增长与斯密式增长的叠加，就是重物质投入而轻创新投入。现在整个潮流是什么呢？是从这种增长变成熊彼特式增长，甚至将来会呈现费尔普斯式增长，进一步还可以超越费尔普斯式增长。

后面我们将进入专业领域的问题，即增长、就业与货币问题，这是宏观经济学的三大基本问题。这里的价值观分析和后面的具体分析是一以贯之的。在讨论到具体问题时，我们要时时想到：在这个问题上我们的价值观如何体现？从价值观来观察我们增长的动力是什么，观察物质驱动的增长活力不足的问题，相当于我们走进经济发动机，研究每一个部件。现在我国的经济增长是混合动力，它不只有汽油发动机，还有电力发动机。混合动力对驾驶系统、驱动系统、平衡系统都有什么影响，需要把价值观渗透到具体问题的讨论中去。

### 4.2.4 经济增长黄金律

经济增长黄金律，对强制性储蓄（动员储蓄）的消解。

经济增长黄金律是费尔普斯提出的。这是一个近于增长自然率的概念。

传统高增长主要依赖于物质资本投入，投资越高，增长越快。在这种高增长的背后，隐藏着一个发源于原凯恩斯主义的理论，认为国民收入的均衡增长取决于投资等于储蓄这个条件。既然如此，储蓄越高，增长就越快。在不考虑人口、技术变化条件下，一国的储蓄决定着产出水平。其代表形式就是索洛—斯旺模型（1956）。

这种观点存在的问题在于片面强调储蓄率越高越好，存在着系统的价值观偏离，忽略了民生，导致一种偏离平衡的均衡。

费尔普斯对增长理论的一个突出贡献就是把坚持经济增长的目标定位于提高全体人民的福利水平，把人的消费最大化内生于增长模型，提出经济增长黄金律。

经济增长黄金律与本书所说的自然率异曲同工，只不过它不是一个固定值，而是一个动态变化的值。费尔普斯抓住索洛—斯旺模型没有讨论与人均消费最大化相联系的最优储蓄率的弱点，将“人”的视角带入宏观经济学，于 1961 年发现并提出与人均消费最大化相联系的人均资本量应满足的条件，即经济增长黄金律，又称资本的黄金分割律。

费尔普斯以暗讽方式杜撰出一个类似索洛名字的国家，叫索洛维亚。索洛维亚的国王要人们找到一个最佳的储蓄率，保证经济合意地增长。一个乡巴佬破解了这道难题，提出这个储蓄率应等于资本产出与国民收入产出的比率。索洛维亚国王采纳之后，其国民就像童话故事结尾常说的，从此过上了幸福而美好的生活。

这个乡巴佬，当然就是费尔普斯，他提出的经济增长黄金律（也叫资本积累的黄金律），将人均消费当作储蓄率的函数。不高也不低的储蓄率，应等于资本收入占国民收入的比例。具体来说，人均消费作为生产函数与投资函数之差，以人均资本稳态为约束条件求解这个差的最大化，最大化的一阶条件是资本的边际产出等于人口的自然增长、技术进步和资本折旧之和（见图 4－1）。

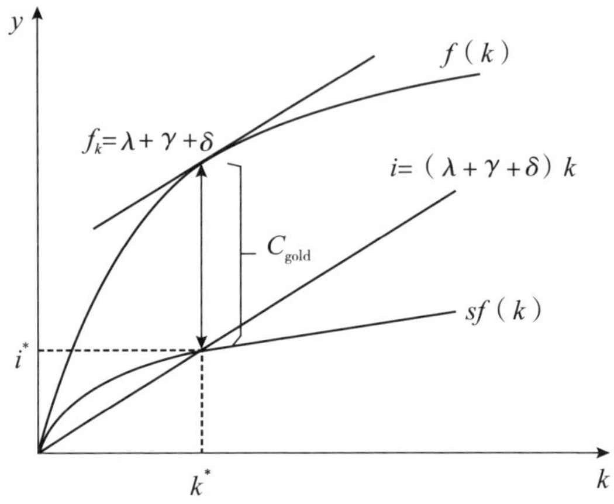


**图4-1　资本积累的黄金律①**

以人均消费达到最大为目标处理增长与消费的关系，使增长理论从以往不讨论经济目的转向讨论经济目的，费尔普斯是一个转折点。经济增长黄金律揭示出储蓄率并不是越高越好，如果储蓄率高于最优水平，会导致经济增长的动态无效率，降低人们的长期福利。

经济增长黄金律击中了当前中国经济超高增长的要害。中国经济连续30年的超高增长是以世界各国和人类历史罕见的超高储蓄率为基础实现的，其存在的增长粗放问题正在于动态无效率，而人均收入和人均消费长期低于GDP增长是其忽略民生的具体表现。

包括经济学家在内，许多人认为高速增长中的粗放、无效率是可以在高储蓄条件下实现的，他们提出和要解决的所谓增长质量问题，只是如何让高储蓄下的增长更有效率一些，如何让已高于自然率的资本更有效率一些。殊不知，超过自然率的高储蓄本身就已经是粗放和无效率的主要原因。

质量的核心是人。质量问题的核心是人的问题。人的问题在增长率上又具体落实为储蓄率的问题。储蓄率的问题主要在于到底是以物质驱动的投资为目标，还是以人均消费为目标，来确定合意的储蓄率标准的问题。然后才是操作。嘴上说以人为本、注重民生，但在确定储蓄率时仍然以物质驱动为本，不以人的消费为本，说明根本的问题仍没解决。长期解决不好的认识问题，就不是主观认识问题。除了利益上的考量之外，从宏观经济学角度说清

① 徐秋慧．费尔普斯经济思想研究［M］．北京：商务印书馆，2010：115.

增长的道理，才能有认识上取得共识的深层基础。

对强制性储蓄（动员储蓄）的消解，必须以增长的自然率为基础，而自然率的核心不是以往被简单化理解的效率问题，而需要从价值观上进行校正，把民生与效率共同作为目标。这个问题现在在认识上还没有解决。

一般来说，凯恩斯主义总是以变相的强制性储蓄为能事，无论是通过货币手段还是财政手段，最终都通向损害民生造成的有效需求不足。但费尔普斯是个例外，别人都把他视为新凯恩斯主义的代表人物，他自己却不承认，从把人引入宏观经济学这个价值观立场来看，他也确实不像。他主张政府有限干预，多半是出于要政府通过干预实现经济包容，如就业补贴。这与其他新凯恩斯主义经济学家有所不同。他的许多主张与熊彼特内生增长理论倒是较为接近。

当然，人均消费只是人的问题的一个方面，虽然这是一个非常重要的方面。生活质量的提高、生活方式的选择、人的创造性的发挥等，都关系到“美好生活”的实现。

# 5　增长与就业

## 5.1　均衡

增长和就业有三个问题需要讨论：一是均衡的问题；二是投资与储蓄的问题；三是工资与就业问题。

首先是均衡的问题。熊彼特的《经济发展理论》中有一个反对斯密和凯恩斯的经典说法，认为他们所说的均衡纯粹是物质的循环流转。

### 5.1.1　总供求视角下的增长与就业

增长与就业的一个初始性的问题是，资本供求均衡与劳动力供求均衡可以与总供求均衡同时存在吗?

无差异均衡理论（新古典理论）认为可以，而差异化均衡理论认为不可以。包括凯恩斯理论、熊彼特理论都这样认为，而古典经济学（政治经济学与制度经济学）会认为这是一个人为的问题。数字经济学如果坚持体变的话，在此问题上，显然坚持差异化立场。

凯恩斯在工业化初期资本稀缺而劳动剩余的有限条件下，得出工资不变的刚性条件。数字经济中以自动化方式利用信息技术，以机器替代人，也会形成同样的问题。凯恩斯有一点是对的，就是增长（主要是储蓄等于投资）与就业并不必然具有对等联系。

数字经济学的解释却有不同。增长与就业，或者说资本与劳动是均衡在无差异点上还是均衡在差异点上，受技术因素和制度因素的影响。技术因素考虑专业性技术（工业经济技术）与多样性技术（数字经济技术）两方面的相互关系。制度因素考虑劳资双方的利益博弈（从阶级斗争到谈判）。

我们以资本有机构成代表要素中资本与劳动力的比例关系为例进行分析，

资本有机构成的提高并不是无条件的，它须以有效需求和有效就业为制约因素。从资本的利润最大化推不出这一结论，有效就业制约资本有机构成调整的结论是根据总供求均衡直接推导出来的。

过高的资本有机构成（包括机器替代人）一旦造成技术性失业，可能因降低有效需求水平而使供给归于无效，因此总供求均衡要求有一种对资本有机构成提高的反作用力，如果资源配置做不到，就需要借助制度和政策来完成。

可以说，制造业与服务业的配比就含有调节资本有机构成的意味。制造业是资本密集型的，服务业是劳动密集型的。当资本（及其分配）在全社会水平占比过高时，会通过有效需求不足，施压供给侧增加有效供给，而有效供给的有效与否完全取决于劳动者是否能够充分就业。

中国长期以来制造业比重偏高，没有受到这一情况的制约是因为国家资本采取了有效的（不是均衡意义上的有效）强制储蓄干预，而外向出口又弥补了国内有效需求的不足。当前，资本有机构成过高，通过产能过剩和中美贸易战压力，暴露得更为明显。增加内需（有效需求）必然要求劳动密集型服务业的配合，以增加服务业比重的方式释放出消费需求与就业压力。

技术与其说起到推动作用，不如说是在发挥适应作用。当专业化技术在制造业中潜力充分释放，进而与资本结合起来，造成劳资关系失当，而制度没有进行适当反应时，需求在长期总供求均衡规律下被压抑，多样化技术的兴起，成为释放内需的突破口。信息技术最初被当作工业化手段加以利用，但在综合力量作用下，最终以差异化服务业，包括第一、第二和第三产业的服务化，找到劳动者作为创客发挥创造性的出口。当劳动者在高风险、高收益中取得自身相对于资本的真正优势（多样性红利）时，劳资关系比开始以非危险的形式进行正向调整。

信息技术作为提高多样化效率的技术，在供给侧结构性改革中，最终将加强“双创”形式的有效就业、有效供给和有效需求。作为这一趋势的表象，中国服务业近年来的迅速增长实质在改变中国宏观的资本有机构成。

与工业经济宏观经济学（单一技术、单一经济框架）相比，数字经济在增长与就业的总关系上加入了两种技术（专业性技术与多样性技术），两种经济（产业化与服务化）形成“同质—异质”两部门经济的框架性解释。

数字经济的宏观经济学认为，增长与就业并不必然对应均衡，特别是古典均衡；二者关系受技术、资源配置和制度影响。差异化均衡是均衡常态。

首先，增长和就业（资本与劳动）本身都内在具有异质性（技术异质性和利益异质性），这种异质性的常态化存在（刚性）使均衡在理论上稳定于差异化均衡状态。

资本的异质性在资源配置方面表现为产业化资本向服务化资本之间的权衡；劳动的异质性在资源配置方面表现为在资本密集行业与劳动密集行业的就业选择。

其次，增长和就业（资本与劳动）之间存在技术性和制度性的协调、博弈关系，一旦失调会引致主动（干预）或被动（经济危机）的调整。

资本的博弈在技术方面表现为产业化与服务化投入之间的博弈；在制度方面表现为提高资本有机构成与降低资本有机构成间的博弈。

劳动的博弈在技术方面表现为选择劳动密集型工作与高技能型工作的博弈；在制度方面表现为有没有发挥创新、创造性的制度安排（“双创”、平台经济、分享经济，创客所有制等）以及福利性安排。

最后，增长和就业（资本与劳动）本身及其之间还存在个量与总量的矛盾，具有确定性与不确定性的交互作用，引起周期性的波动与稳定的循环往复。

## 5.1.2 凯恩斯理论的“原罪”

凯恩斯理论在增长与就业关系上的基本立场是，增长与就业没有必然联系，增长的均衡是由资本的供求（储蓄与投资）决定的，而就业是刚性的，无论资本如何调整，工资水平始终不变。这一立场在前提假设上主要是基于同质性假定，只有不到1/4（资本项下的动物精神）与异质性有关。换言之，凯恩斯理论对劳动的潜在假设是同质性、无差异的劳动（机械化劳动），数字经济理论在此的假设完全不同，其认为劳动者存在同质性和异质性两个方面，突出的是异质性的一面。

### 5.1.2.1 凯恩斯理论的第一重“原罪”

增长和就业建立在均衡的基础之上。但是均衡的概念被熊彼特大大讽刺了一番。熊彼特不讲微观经济学（一直到阿吉翁那一代人，才替他补上微观经济学理论），但不等于他不懂经济学。他是在比现有经济学更高的层面上提出和解决问题，已经超出了标准范围。他给凯恩斯理论定了一个“原罪”，即没有创新就是原罪。没有创新，所有的经济都是原地空转。

熊彼特认为社会实际上是一个不可分割的整体，意思是不能把人的因素排除出去。这个观点不仅批判了凯恩斯理论，而且批判了斯密的《国富论》。熊彼特认为不能把创新和物质这两件事割裂开。这是对的，是我们谈自然率这个问题的起点时应同样提出的问题。

熊彼特认为均衡不好，最后就算是实现均衡，仍然没有从“人”这个标准来看增长。当然，凯恩斯实际是强烈主张扩大再生产的，如果循环流转被当作简单的再生产，也不是有力的抓手。但熊彼特本意是认为，包括扩大再生产，也没有在物的范围之外增加什么新东西。

熊彼特指出这个问题的核心观点是什么？

他认为均衡不好，就算是均衡实现了，整个经济还是原地打转。熊彼特的核心观点是毁灭式创新，不是用供给去匹配需求，而是用新的毁灭旧的，而新的价值比旧的大。我们认为他说的是对的。

经济如果只是总供给等于总需求，就只是在等式里转来转去，这不是发展而只是循环。熊彼特当然不会业余到把扩大再生产等于简单再生产，因此我们可以认为他把扩大再生产也视为一种物质的循环流转。这里的关键在于循环流转的只是物质，而忽略了人。在熊彼特看来，人与物质的不同之处在于人具有创新的本性，可以突破自我，而物质只是被动适应。只有发挥人的能动性，才能突破物质的循环流转，实现发展（实际是增长）。这些都是非常正确的。

凯恩斯确实从来不谈创新。因为不讲平衡，总是按照均衡去做，但总是实现不了均衡。在这个问题上熊彼特首先得分了，单纯依靠物质投入是解决不了问题的，必须在物质投入基础上叠加创新才能解决问题，这点我们觉得是对的，而且和中国传统文化是吻合的，如《易经》强调生生之德；不仅有平衡的意思在里面，还有创新的意思在里面。因为《易经》的观点在于，面对复杂系统，不仅要有适应的一面，还要有改造的一面；不仅要有继承的一面，还要根据环境变化，能动地改造世界。生生之德是两个“生”字叠加在一起，这是凯恩斯忽略的地方，他讲的均衡只是适应，只相当于前一个“生”，忽略了作为创新的后一个“生”。

#### 5.1.2.2　凯恩斯理论的第二重“原罪”

但是熊彼特并没有指出另一点，就是凯恩斯说的均衡只是从精英的角度或者从企业的角度讲的，换句话说，他是把资本的供给和需求达成一致当作均衡。

如果单从资本这个角度看，这是成立的。政府干预的意思是说，当资本不平衡的时候，应该由政府堵上资本不平衡的缺口。

从资本与劳动（力）的深层关系看，凯恩斯的就业刚性说表面上只是针对劳动力过剩（普遍失业）这种情况，但更深层次的问题在于劳动力过剩本身的决定因素与对于资本均衡的反作用影响。

这超出了单纯的资源配置问题的范围。

一方面，是技术的影响。如果劳资关系是建立在专业性技术基础之上，根据专业性技术的工具理性本质，它就有在技术可能允许范围内最大限度地替代劳动力的倾向，即自动化的倾向。只需要比较采用机器的成本与工资总量谁高谁低，资本持有者就可以判断。信息技术其实提供了自动化之外的另一种选择，这就是在劳动相对密集的服务业，通过发展现代服务业，使劳动者获得多样化红利。这使问题变成改变机械化的劳动者与创造性的劳动者的结构比例（熊彼特式的就业新陈代谢问题）。

另一方面，是制度的影响。资本方与工会的力量博弈，也可能改变劳动力绝对过剩的形势，例如用低专业技术逆向替代高专业技术，逆自动化地配置劳动力。数字经济学悬置了对此的判断，因为它是工业化内部的问题，但我们认为逆自动化解决技术性失业，不如积极地促进多样性技术条件下的就业。理由是后者的综合效率更高①。

凯恩斯没有从根本上指出为什么会出现增长与就业天然不平衡，导致需要政府干预的结论。这一点恰恰就是东方思想和西方思想不一样的地方。无论从东方传统思想还是未来的可持续发展的角度讲，生产是为了生活，如果生产和生活不平衡，那么生产本身也平衡不了。把民生挖得太狠了，资本这边平了，劳动那边就不平了。中国经济现在就存在这样的问题。这是资本稀缺时——无论是制度性地（出于利益）把资本稀缺当作常态，还是为了追赶而造成资本稀缺——人们理论思维的正常反应。

其实熊彼特理论没有深算到平衡和均衡是两码事，实际上循环流转是打中要害了，而且打得凯恩斯学派特别疼。熊彼特说的问题是对的，而且抓住了凯恩斯理论的要害，但是没有把凯恩斯理论驳倒。原因在于，熊彼特与凯恩斯都是精英论者，熊彼特也并不反对垄断与政府干预，因此他们虽然观点

---

① 综合效率的平方 = 专业化效率的平方 + 多样化效率的平方。精算要加上洛伦兹方程的校正。

对立，但同样忽视民生。民生对于他们来说，不过是生产的一块背景布而已。

我们给凯恩斯找了一个新的“原罪”，这是熊彼特当时没有太多注意的问题，是什么呢？均衡不等于平衡。如果拿它和我们的自然率来做一个比较就会发现，凯恩斯说的均衡已经和真正的平衡不是一回事了。因为他只强调生产的均衡，生产的均衡和资本的均衡不等于经济的平衡。他没有真正充分考虑就业和民生这两件事，否则就不是像现在这样简单粗暴地用创造政府需求的方式解决就业问题，而是把劳动者当作独立的人看待，在考虑资本的供求同时考虑劳动的供求均衡，而不是只把劳动者当作消极被动的劳动力，只考虑劳动力的供求均衡，并让这种供求服从服务于资本的供求均衡。

从这个意义上说，凯恩斯的经济学是典型的损害民生的经济学。他认为发动一场战争，把牛奶倒进海里，都属于实现均衡的正常政策范围，但这不属于我们从价值观角度来讲的平衡的范围，导致经济不平衡的根仍然存在。熊彼特所说的“原罪”是凯恩斯阉割了企业家的创新精神，我们所说的“原罪”是凯恩斯同时阉割了劳动者的创新精神。

我们沿用熊彼特说的，经济是一个不可分割的主体，不仅物质和创新不可分割，而且生产和生活不能分割，因此精英与草根也不能分割。因为如果只是为生产而生产，没有活的动力源，经济发动机就可能会出问题。即使企业家的创新精神是运转的，但员工的创新精神仍是不运转的，到了以客户为中心的时代，要求一线客户关系决胜时，企业就会变得迟钝。

产生经济危机一系列的原因都跟这个有关系，这是为什么？因为劳动者自己既然没有钱买东西（有效需求不足），这个时候他就不能、也不愿意介入经济过程（消化过剩的产能），相当于经济一半的过程是失灵的。这一点我们和其他学者的观点都不一样。

## 5.2 投资与储蓄

投资与储蓄是上面问题的延伸。凯恩斯主义经济学的第一个问题是只考虑了物质，没有考虑到创新。第二个问题是由于过分考虑物质投入，只考虑了资本，没有考虑到劳动。这里首先涉及一对概念，即劳动者和劳动力，这是两个概念。标准经济学直接把劳动力称为劳动者，因为政治经济学之外的标准经济学只有劳动力的概念，没有劳动者的概念。劳动力和劳动者的区别在于劳动者有心，有创造力的本质，而劳动力是物化的商品，可以像机械零件一样拧来拧去。如果不为劳动者配置生产资料，他就没有机会去实现梦想。由于把这些草根忽略了，造成了投资和储蓄实际是不平衡的。这是凯恩斯的第二重“原罪”。

### 5.2.1 偏离平衡的均衡

凯恩斯均衡的第二重“原罪”涉及劳资关系，但是对这个问题熊彼特并不重视。凯恩斯作为干预主义，解决有效需求不足的方式是通过政府创造需求，这有一个特点，创造的从来都是企业（投资），从来不创造民众（消费），例如不会把消费资本化。一直发展到后来的供应学派的减税政策，还是想着供给自动创造需求。

一般我们说的国民收入 $Y$ 是总数量乘上总价格，而凯恩斯不是，他强调国民收入均衡的条件是投资等于储蓄。他只考虑了资本这一个因素，而没有充分考虑劳动者的因素。他自认为考虑了，认为工资具有刚性，但从我们的价值观看，他基本没有考虑，至少没有考虑充分（有些涉及工业化阶段的历史局限）。

他认为整个经济达到均衡是投资等于储蓄，也就是资本供求相等，把劳动这个要素折叠、隐含在其中了。按凯恩斯的理解，如果说投资出现问题就是因为有效需求不足，即储蓄不足，但按我们的观点，这是由于没有照顾民生，使劳动者没有创造性，他没有获得一个和别人平衡的收入。

资本家的需求是非常有限的。如果分配不均，如果大众没有来自创造性的收入，或者不具有分享利润的过程，总体上就会造成有效需求不足，表现为储蓄不足。在储蓄不足条件下支持投资，凯恩斯想的办法就是强制储蓄，就是用生活的钱投入生产，并剥夺利息。这样就更不平衡了。

凯恩斯认为要政府来干预，进行强制储蓄。这在短期之内可行，但是长期来看不可行。凯恩斯有一种说法，叫作“在长期，我们都死了”，所以我们不需要考虑长期。这一点，连西方经济学家都攻击凯恩斯，认为他只有短期观点没有长期观点。

这时的需求就有特指了。它不是在平衡观点中那种独立、自足、自我创造的消费，而是依附于生产的消费。乔治·巴塔耶曾专门从概念上区分了非生产性消费和生产性消费。凯恩斯所指的消费是对应生产性消费的需求，它被还原为无差别的物质欲望，相当于把人还原为物。

凯恩斯说的消费在生产和生活两者之间，彻底把生活压缩了。按照平衡观点，生产和生活是平衡的。以中庸的价值观看，生活压缩了，生产与生活的统一体就不能正常循环，就必然会出现有效需求不足。凯恩斯强调所有资源向资本聚集，只要投资等于储蓄，经济就处于平衡状况。在实践中扭曲为打破整体平衡的资本均衡，即通过政府干预实现强制储蓄，否定非生产性消费，否定消费者主权，以损害和压缩民生的方式来强行保证投资等于储蓄。这在理论上留下了宏观机制与微观机制、一次分配机制与二次分配机制不一致的后遗症。

生产与生活脱节，结果一定是企业家获得脱节中产生的利益，投资利益得到保障。但由于企业家的消费是有限的，劳动力没有支付能力作保障，大量东西没有被消费，导致总体上的有效消费不足，至少是用于生活的选择多样性的有效消费是不足的，这是由于劳动力收入不足造成的。

按照我们后面详细讨论的中庸的观点，可以有多种方式改进这种由资本均衡带来的宏观整体不平衡。当由于弱者收入不足，造成有效需求不足时，应给弱者更多创造机会，使他获得工资以上的剩余，以平衡由于资本供大于求造成的宏观不平衡，也可以通过消费资本化机制创新，在资本与社会劳动之间达到协调式的平衡。

但凯恩斯不是“损有余而补不足”，而是如果有效需求不足，缺多少补多少，并且让政府来补，但这种做法补不到真正需要的地方。因为最终消化政府投资是通过强制储蓄，等于人人加税，最后还是补给资本。这种方式唯一具有建设性的效果是避免了资本的彻底崩盘。资本崩盘固然对劳动不利，因为会造成严重失业，但经过经济危机，资本与劳动的比重会稍微接近，资本不崩盘的代价却是劳资关系更加不平衡。

从增长率角度看，这造成一个熊彼特并不关心但我们十分看重的问题，这就是背后形成增长率偏高的内在机制之一。并不是所有国家都存在这样的问题，但在具有强制储蓄（含蓄点叫动员储蓄）条件的国家就会有这样的问题。只要不怕老百姓反抗，反复利用强制储蓄以满足投资需要，增长动力会越来越足，这就相当于宏观上的扩大再生产，转着圈地放大投资。当然不是所有的政府想干预就做得成，要看民生的反应，是否把压力反弹回去，能反弹多少。对这一点，熊彼特并没有指出来。熊彼特也主张转着圈地扩大发展，但是主张投入创新，而不应该盲目进行物质投入。

这里有一个问题是对技术的理解。当前技术被当作创新的主要形式。在这点上，熊彼特主义大大战胜了凯恩斯主义。当然这不是熊彼特本人的功劳，因为熊彼特说的创新不包括技术，甚至是反技术的，其目的是突出企业家作用。新凯恩斯主义开始皈依了熊彼特内生增长理论的某些观点，如内生技术。但是即使是内生技术，仍然忽视了人，特别是劳动者的主观能动性。实际上，按照我们的观点，不仅要有投资储蓄的均衡，还要有加入劳动供求后的总平衡，在分配上还有劳动者创新和劳动者收入之间的平衡。

真正的平衡应该是资本的平衡，也就是投资和储蓄的平衡，在劳动者这个层面还要再平衡，两者叠加，才能把均衡转化为平衡。均衡只是站在了精英的供给和需求上，却算漏了民生的账，因此危机一来，要靠政府干预。真要想解决这问题，出路在于以人为本。

### 5.2.2 流动性陷阱和凯恩斯乘数

在投资与储蓄表面均衡下，经济整体不平衡，有两个问题是它的要害。

一是流动性陷阱。流动性陷阱是指在一段时间内，即使利率降到很低水平，市场参与者对其变化也不敏感，对利率调整不再作出反应，从而导致货币政策失效。流动性陷阱实际是说，无论供求形势如何，资本的价格不能为零，不能为负。如果资本供大于求，价值已经应是负值了，不要让它成为负值，就让它的价格永远保持在正的水平上，不管经济后果是什么。这就是流动性陷阱。

凯恩斯的本意是说资本有一个供给的需求，如果资本掉进流动性陷阱，就是当资本已经不需要了，或者资本供大于求的时候，它的价格仍然不能下降，这就是它的流动性陷阱。如果资本家一点利润没有了，那为什么投资呢？他由此总结出存在一个流动性陷阱，即使投资不需要了，也不能让它为负值。这里的利润为零背后有很多专业的解释，和我们日常说的利润为零不一样，先不深究。

平衡的观点是，资本供不应求应该是正值，供大于求应该是负值。如果我们的生产过程需要劳动和资本两方面的投入，应该谁稀缺谁价格高，不稀缺就价格低。失业实际上是工资价格为负值，但是资本不能为负值。实际经济发展由不得凯恩斯这么解释，实际是怎么做呢？如果坚持资本应该为负，不为负的话就继续往里投入，就会出现产能过剩，产生误导。不接受资本为负，那么什么是资本家可以接受的呢？危机是可以接受的，但那是强制资本家接受。经济危机实现了总破产，资本为负值就实现了。资本过剩之后，负能量积累多了之后，资本家宁愿认可总破产，也不认可资本为负值。这个逻辑自身就有矛盾了。

按说这部分应该和劳动平衡，在生产生活之间进行平衡。而凯恩斯主义把生活贬低了以后，用政府虚拟出一个总的消费者，来消费这些本该由劳动者消费的东西。政府消费什么？它可以消费战争，有可能大规模制造浪费。浪费相当于形式上把劳动者和资本的关系平衡了，但是生产了一些没有价值的东西，实际做的功只相当于转移支付，只不过是反向的转移支付，是劳动者把自己的利益转移支付给资本家。这是流动性陷阱存在的问题。

流动性陷阱违背了斯密的原则。按照斯密的观点，经济要自然而然，谁缺，谁就稀罕。从这个意义上说，只要科学技术允许，而且有足够的资源，增长可以持续，适当向资本倾斜是对的，因为资本稀缺了。但凯恩斯的理论是什么？资本不稀缺，也不能降价。资本供大于求，利息应给消费者，用于刺激消费，消化产能过剩，但流动性陷阱理论不允许这样想，还想算出一个平账，等于是不按照供求关系来了，这典型反映了均衡并非平衡的道理，因为资本与劳动不对称。资本平衡了，劳动就不平衡了。这就是精英取向的价值观在这里的具体体现。熊彼特与凯恩斯在这方面没有矛盾，但我们的观点与他们都有矛盾。

真要讲平衡，观点应该是这样的：资本多了那就降价。流动性陷阱认为资本没有负值这一说，但是劳动不是，劳动力可以失业，失业相当于工资为负，资本的价格不能为负而只有劳动力的价格为负。资本价格为负的问题，如果真要解决，不是没有办法，可以通过消费资本化来解决①，相当于在有效消费不足时给消费派送利息。

二是凯恩斯乘数。通过政府干预实现的强制储蓄，无论是通过财政政策还是货币政策，只要把这钱从民生口袋里掏出来，投入投资这个定向方向上，它就会循环放大，因为投到第一个产业会推动第二个产业，像滚雪球一样给投资带来很大增速。

但是为什么这个滚雪球机制只发生在资本上，没有发生在劳动力上？问题出在哪儿？因为其已经把劳动力天然理解为没有创造性的，不能分享剩余，因此不会为了消费倍增而专门设一个扩大再生产机制或乘数机制。因

---

① 应光荣，刘方棫，姜奇平，等．消费资本论纲［M］．北京：经济科学出版社，2011.

为凯恩斯觉得资本是有扩大再生产能力的，因此有剩余价值作为回报，但认为劳动力是消极的、被动的，只会养家糊口的，没有意识到劳动力是财富的主体。

所以和《周易》讲求整体平衡比较起来，可以看出均衡与平衡的差异。均衡只是资本这个局部的平衡。在经济调整过程中，开始是资本稀缺，不断用乘数去放大，放大过了头，造成产能过剩后，不知道像打太极那样转回来。按《周易》的原则会非常简单，即把资本利息根据供求确定为负，当有效需求不足时，意味着劳动力要素稀缺，需要对劳动力有一个放大机制，例如增加劳动力收入，提高有效需求水平。这样才能达到平衡。

凯恩斯主义的做法是通过政府的政策来搞实际上的通货膨胀，相当于人人都增税，实在不行就发动战争。发动一场战争，从直接扩大需求看其实挺划算的，但会产生的问题是它和人的本性相逆。

从技术角度看，均衡但不平衡的机制细节在于，原教旨凯恩斯主义设定了工资和价格刚性，劳动力受穷就该受穷，而不是根据最终消费构成的有效需求的稀缺情况来调整。这样倒过来解释了为什么经济危机会一直出现。有效需求不足这点被（通过政府干预）克服了，但采用的不是理论上声称的资本与劳动力完全按供求法则来配置，而是资本有一个流动性陷阱构成的刚性，而工资存在另一个刚性。流动性陷阱实际是西方经济的“软预算约束”，它在东方经济中转化为父爱主义，实质还是资本优先。资本优先在资本稀缺时是没有问题的，它的问题出在资本过剩之后。

### 5.2.3 总需求不足

总需求不足是凯恩斯提出问题的原点。西方经济很少有供不应求的问题，都是供大于求，所以所有不平衡都是总需求问题。经济学按照解释总需求不足的不同原因，区分出各门各派。对总需求不足的原因，凯恩斯观点的主要的特点是什么？凯恩斯把总需求不足扭曲为一个宏观经济问题，具体来说是货币问题。

凯恩斯认为总需求不足的时候，可以用货币机制，比如通货膨胀机制来补上。这种需求是可以补上，但它不是老百姓的真实需要。例如，我们可以看到，每次经济危机的时候，发动战争是最好的达到供求平衡的办法。发动战争可以扩大总需求，但顾得了 GDP，顾不了幸福，因为战争让老百姓普遍痛苦。

经济危机让资本家普遍破产，值得注意的是，每一次破产之后，劳动力和资本的比重都在向平衡方向调整。资本家破产后，新的企业在危机之后出来，经济有点像中国古代农民起义似的接近相对平衡点，之后劳资的差距又逐步扩大。

按我们的观点解释总需求不足问题，不同于凯恩斯和熊彼特。我们认为，劳动者的创造性发挥实际上是配合他的报酬的，他对应创造性的报酬不是工资，而是利润。凯恩斯和熊彼特的经济学中都没有这个概念，但是后人已经指出了这个问题。

在这里，提出总需求问题的角度不同。首先，需求定义不同，凯恩斯经济学把需求理解为物质欲望，排斥了精神需求，而我们认为需求不仅是物质欲望，还有高级需求。对应需求的自然是供给。在这一点上，熊彼特与凯恩斯是不同的，熊彼特强调企业家精神。我们则把企业家精神扩展为整个人群的创新精神（而不光是企业家的）。其次，凯恩斯和熊彼特都把劳动者视为消极的、没有主观能动性的劳动力，只需要用工资加以物质刺激就可以了。我们却认为，总需求不足问题还有一个他们都没有考虑的点，就是与一次分配中的公平相对应的激发劳动者创新精神的问题，光是给劳动者以物质化的福利补偿并不能改变他们的消极性，而这种消极性才是总需求不足的根本原因。劳动者如果心不动，没有追求美好生活的愿景，没有创造的勇气和驾驭机会的能力，他们随时可以找出无数理由（从医疗、住房到教育等）拒绝当前的消费。

### 5.2.4　消费资本与消费乘数

我们现在提出一个跟别人都不一样的创新的理论，这就是消费资本和消费乘数这个概念①。

我们曾经提出消费资本观时也提出了一些补充性的概念，真正达到平衡而不是均衡就要看把资本家和劳动者、精英和草根加在一起算平衡缺了哪几样东西。

现在的问题是，从平衡角度来看均衡还不能达到平衡，原因在于充分考虑了精英但忽略了草根。制度设计中草根被边缘化，它假定的常态是劳动力

---

① 应光荣，刘方棫，姜奇平，等．消费资本论纲［M］．北京：经济科学出版社，2011.

过剩。如果是劳动力过剩、草根过剩，例如在落后的农业经济中，几十年、上百年都不会出现我们下面要讨论的问题。但假设在刘易斯拐点之后，当剩余劳动力价格提高，劳动力出现稀缺后，我们必须以有效的价格反映劳动力稀缺，并且通过收入反映出来。

通过价格反映就是提高工资价格；通过收入反映就是将可支配收入转到底层，底层是扩大消费的根本。现在缺这个机制，要把它创造出来。西方经济中没有，不等于东方经济中就不能创新。

创新的机制要使消费像资本一样，可以获得反映剩余的价格，也要能通过乘数把消费扩大，前提是确实产能过剩。现在消费有资本化，其中消费也有乘数，它是为了在需求不足的时候扩大消费。人的创造力发挥，最终要落到回报上，除了精神的回报，在收入上也要回报。这种回报通过消费乘数使消费资本化，当然这个不能过度。美国消费过度，消费大于生产，也有风险。

这个机制建立在两个基本判断基础之上。一是有效需求不足有制度性的根源，它建立在物质资本在生产中占有绝对的支配地位，或者说资本稀缺的假设之下，它没有考虑到劳动者或者创造性劳动的位置，这个明显是它的盲区。二是消费价值自主性的问题。要重新思考消费价值这个概念，因为凯恩斯包括斯密都认为消费是对物质欲望的满足。这个观点有问题，因为他们说的欲望直接指向物质需求，不包括高级需求，把所有需求还原为低级需求。

传统理论不区分人的不同收入条件，认为所有需求都是物质需求。这点不成立。随着收入提高，高级需求成分占比越来越重。消费具有更多自主性，才能内在地主动选择扩张消费。举例来说，玩游戏的时候，越玩越上瘾。成瘾是因为动心了，不成瘾的东西不动心，可以还原成物质欲望，但心投入了以后无法还原了，因为消费的简单再生产与扩大再生产性质不一样。这时需要有机制保证，比如现在的打折券、积分等，用于扩大消费，可惜这些东西还不能流通。打折券鼓励消费和消费不足是不一样的，在这个背景之下应该提出信用消费的主张。

我们假设普通人在消费的时候是有自主性的，不是只有物质消费。为什么有可能价格越高人们越要买，因为这是追求高附加值的表现。将来服务业比重提高，也是价格提高的结果，价格提高首先建立在需求提高之上。

## 5.3 工资与就业

数字经济是以人为本的经济，相对于工业经济更加强调工具理性。数字经济以人为本，源于它的技术经济源头，数字（0、1）本身作为“同质—异质”能指（符号），不同于货币能指（价值），其所指是意义（目的），而人是目的，理性和价值只是工具。

从这个源头思考就业问题之本，它是人的问题在工业经济条件下的特例。只有在专业化技术和工业经济这对理性的“技术—经济”条件组合下，人才成了工具性的人，即劳动力。劳动力是去掉了异质性（具有创新与体验本能）的劳动者，即机械的人。不是说在标准化和工业经济条件下，劳动者就不再具有异质性，而是说这种异质性（创新与创造能力）在生产领域不再作为劳动者的本质存在，而只有在生活中劳动者的异质性才可以存在。作为劳动者的镜像，资本家（资本的人格化代表）的情况是类似的，在生产领域，他代表同质性的要素而存在，而只有当他在生活中时才恢复异质性特质。资本家偶尔表现出的异质性（创新与创造本能）只是在体制之外作为个人特征而存在，如企业家精神、动物精神等。同股同权的条文并不能要求他具有企业家精神，那只是他个人额外的禀赋。在理性的技术经济范式下，劳动者不可能简单通过掌握生产资料就恢复创新与创造的本能，掌握生产资料在长期只是使他变为理性的国家资本或集体资本。

### 5.3.1 无就业复苏

保持增长的主要理由之一是解决就业问题，而失业是增长放缓带来的最直观的后果。这看似是常识，但其中已隐含了一个前提，就是把劳动力当作只挣工资的人。这一前提在价值观上把劳动力当作纯物质要素，但从创新的观点看，这是不全面的，因为劳动力不仅具有物质的特性，也具有人的特性。

如果我们把视野从纯物质性的雇佣和就业关系调整到包含人的创新能力，就业问题的语境会发生结构性的变化。

我们拆解开增长与就业的关系，先来看较高增长但没有较高就业的情况，再看较高就业但没有较高增长的情况。

关于较高增长但没有较高就业的情况，一个曾被讨论过的概念叫无就业复苏，背后问的是生产率增速放缓和失业率提高之间是不是因果关系。

增长与就业之间的关系似乎是一种线性的联系，但是这种联系的前提是就业是靠物质投入来解决的，没有考虑人的因素。如果只是考虑物质投入，因大量采用机器，主要靠自动化，也会出现无就业复苏，就像美国将部分制造业转移回美国却没有创造显著的就业机会一样。

熊彼特对就业提出了新的认识，他认为失业问题并不简单，不能只注意到其中的消极因素，而应从毁灭性创新视角来看，失业是一个就业破坏与就业创造同时发生的过程（见图5－1）。毁灭性创新会导致传统领域的就业破坏，同时也会在新领域实现就业创造，可以理解为就业机会从传统领域转移到新领域。

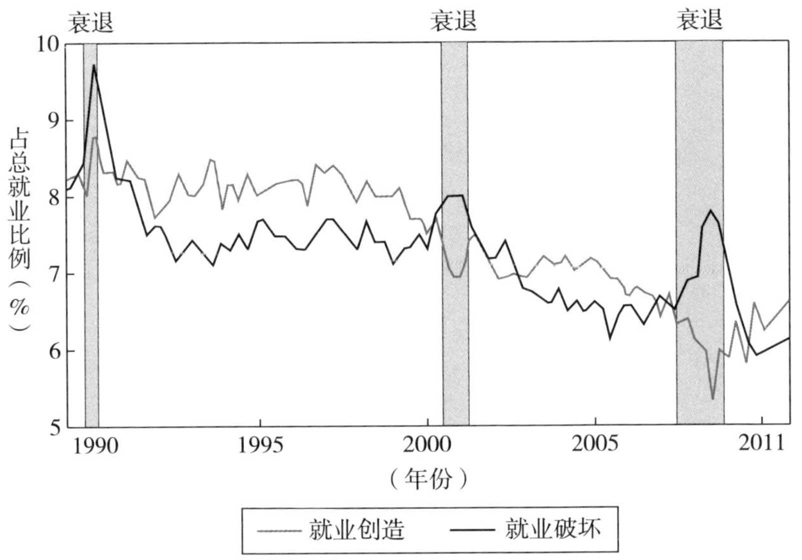


**图5－1　美国就业创造与就业破坏同步发生**

### 5.3.2　增长放缓下的就业

进一步削弱凯恩斯就业理论的事实来自三个方面：服务业发展可能增强就业效果；创新可能是另一种替代；工作满意度可能改变就业的质量。这三个方面都不完全取决于增长。

#### 5.3.2.1　服务业生产率之谜

在增长速度下降的时候，就业可否增加，或者可否通过提高工作的满意度缓解就业压力？这是一般人不常考虑的问题。

国家统计局2014年7月3日公布的数据显示，中国服务业在GDP中的占比继2013年首次超过了制造业，达到46.1%，2014年1—5月，服务业增加值占比突然进一步大幅提升，达到49%。耐人寻味的是与之相关的另一组数字：一是近年来GDP增长速度一直在下降（2013年我国GDP增速7.7%，2014年一季度GDP同比增长7.4%）；二是同时期就业数字逐年上升。

在这些事实背后，存在两个真相：第一，世界各国服务业比重上升的过程同时是GDP增速下降的过程，因此中国伴随服务业比重上升而出现GDP增速下降是一件正常的事，也是一件好事；第二，与传统经济学家整天给我们灌输的GDP增速下降必伴随失业上升的逻辑相反，现实是GDP增速下降反而导致就业上升。

而由这两点实践构成的悖论就是"服务业生产率之谜"。据鲍莫尔研究，服务业占GDP比重上升，但导致GDP增速下降，主要是因为，一方面，服务相较于价格上升较快，使服务业占比上升；另一方面，服务业的生产率增长速度低于制造业的增长速度，使GDP增速下降。

#### 5.3.2.2 就业与工作满意度

当GDP增长速度下降时，可否通过提高工作满意度来提高就业质量，缓解失业带来的损失，使总的福利保持稳定？

这恐怕与人们的价值观有关。就业和满意可以视为有钱与快乐的关系。费尔普斯提出一个概念叫作"源自内部的自主创新"，调查显示，"源自内部的自主创新曾经是西欧国家工作满意度的重要源泉"①。如果工作能使劳动者具有更高的幸福感，他的实际财富就会比单纯赚工资要高一些。

图5-2、图5-3显示了传统主义价值观（反创新价值观）与现代主义价值观（创新价值观）对就业的影响。这是《大繁荣》一书中提出的问题，图中的传统主义指数就是物质化的指数，现代主义指数就是创新的指数。它们和人们的平均工作满意度是有关联的。

在传统主义指数占主导地位的国家，平均工作满意度越来越下降。传统主义指数越高，平均工作满意度越低，这是一个经验事实。平均工作满意度中所说的大众所处的满意的状态或不满意的状态，与能不能创新、能不能自

① 费尔普斯．大繁荣［M］．余江，译．北京：中信出版社，2013：240.

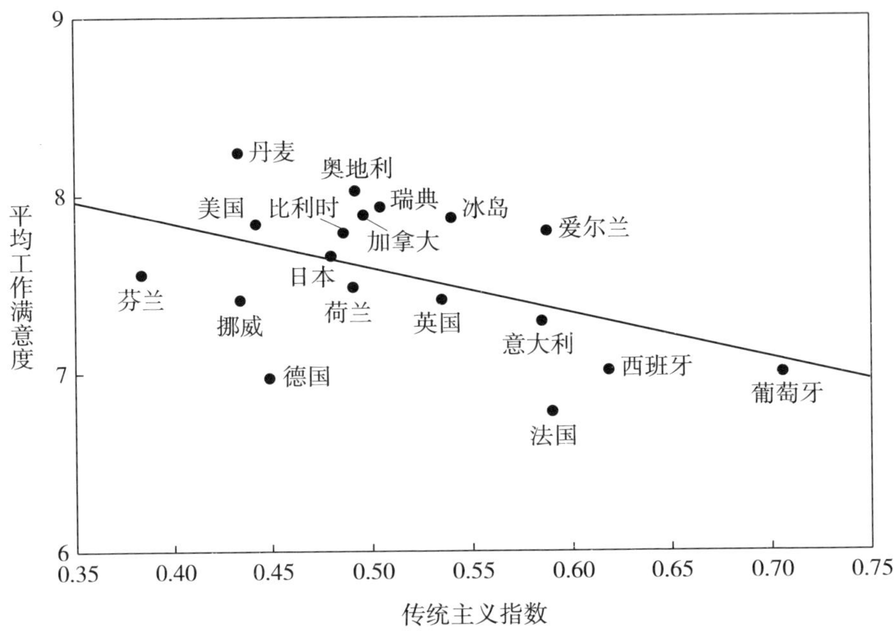


**图 5-2 传统主义指数与平均工作满意度**

资料来源：费尔普斯．大繁荣［M］．余江，译．北京：中信出版社，2013：222.

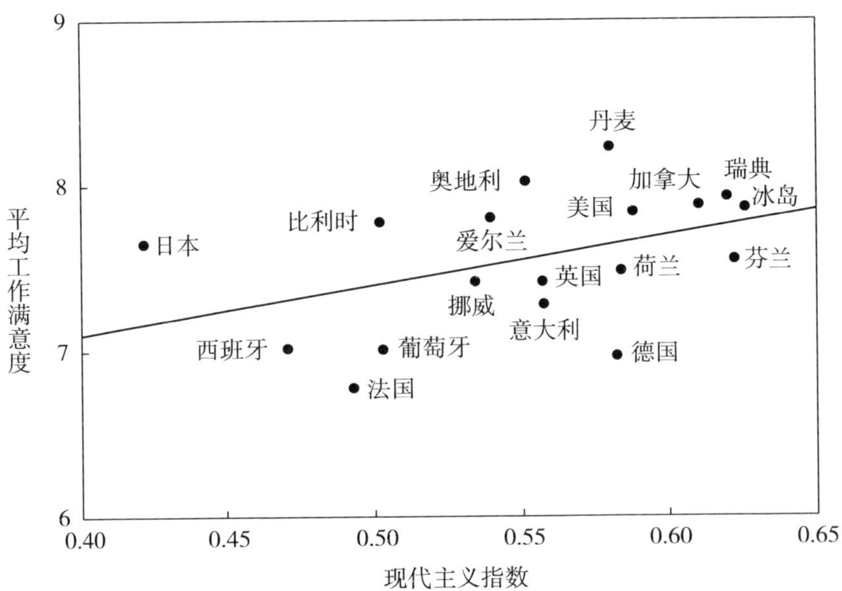


**图 5-3 现代主义指数与平均工作满意度**

资料来源：费尔普斯．大繁荣［M］．余江，译．北京：中信出版社，2013：222.

我实现是有关系的。而同样是这些国家，现代主义指数越高，平均工作满意度越高。

在重物质财富、轻视创新价值的地方，平均工作满意度随着这种价值观物化程度的加深而递减（见图 5－2）。而在创新价值占上风的地方，平均工作满意度随着对创新价值认同程度的提高而递增（见图 5－3）。由此可见，创新作为一种价值观，可以通过提高平均工作满意度而增进人们的实际财富。如果人们有更高的满意度，就能有更大的自由发挥空间。日常工作中的创新能把人们的主观能动性和潜能发挥出来，因此这与工作满意度有密切的联系。

如图 5－2 所示，价值观和人们的工作满意度有内在关联。物化指数越高，人们的工作满意度越低。图 5－3 作为其的对比，反过来又论证了一遍，说明越是以创新为导向，人们的工作满意度越高。这组数据说明，用物质驱动力和创新驱动力来做事，人的心态是不一样的。当心之所发在创新时，人们的满意度会不断提高。

表 5－1 的研究也非常有意思。其反映的是各个国家非物质性回报对人们感觉的影响，实际上这里隐含着价值观。这些国家的福利通过 GDP 反映不出来，但可以通过非物质回报里的民众自豪感、工作满意度侧面反映出来，例如移民率。这个方法论其实也是可以借鉴的：当想解析未观测经济这个问题时，到底看什么，这是工具。

**表 5－1　　平均非物质回报的指标**

| 国家 | 平均工作满意度 | 自豪感 | 重要性 | 净移民迁入率（%） | 移民率（%） | 男性参与率（55～64 岁）（%） | 女性参与率（55～64 岁）（%） |
|---|---|---|---|---|---|---|---|
| 加拿大 | 7.89 | 2.70 | 0.15 | 2.6 | 19.5 | 58.31 | 36.22 |
| 法国 | 6.76 | 1.74 | 0.04 | 1.0 | 10.6 | 36.08 | 27.12 |
| 德国 | 6.98 | 1.79 | 0.11 | 4.6 | 12.9 | 53.92 | 31.06 |

表 5－1 告诉我们，平均工作满意度和自豪感有关联，与参与率也有很大关系。由此想到我们之前做的一个调查，观察农民工的心理状态。我们调查中的一些数据和当时另一个关于城市农民工的调查形成反差。那个调查发现农民工赚同样多的钱，但是心理感受不如在家里。主要原因是在城里，他觉

得低人一等，缺乏自豪感。但是我调查的另一组数据正好与此形成互补。这些农民工回家以后，开始从事电子商务。他会操作电脑，发现玩游戏和从事电子商务难度差不多。他家乡有特产，于是把家乡的特产通过网络卖出去。当他挣到钱时，感觉就不一样了。这个钱是靠自己挣的，与靠打工挣的自豪感是不一样的。到城里给精英打工，没有自豪感，而回到家，靠自己将家乡的特产卖出去，虽然挣的钱不多，但他有自豪感。心之所发就是在这个地方。在家乡做电子商务，乡亲们看到他在从事“高科技”，他会产生较强成就感和自豪感。这说明了他投入创新和创造后的自我认同是不一样的。

另外，从图 5 -4 中可以看到，人们的平均工作满意度和平均生活满意度也是强烈相关的。创新不仅影响他们的工作行为，而且在同步影响他们的生活以及作为人的状态。

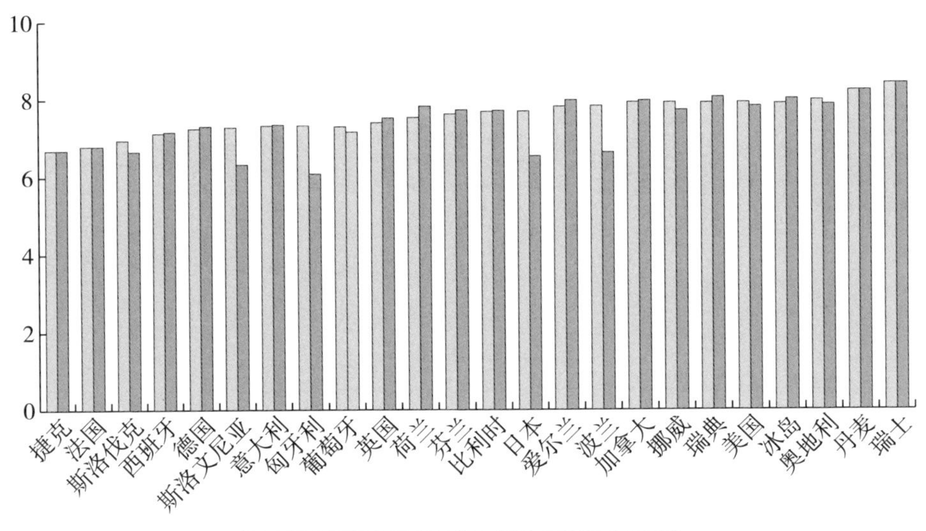


**图 5 -4　平均工作满意度与平均生活满意度（1990—1991 年）**

从以上调查的关于劳动力的就业和劳动者的工作满意度之间关系的数据中可以得出一些有趣的结论。我们原来以为，一旦就业率降低以后，劳动者的工作满意度一定下降，但调查得出的结论是未必。如表 5 -1 和图 5 -4 所示，如果社会就业率与劳动者的参与感、满意度之间可以进行权衡的话，后者的得有可能抵消前者的失。

随着技术进步和服务的深化，还有可能出现这样的情况：就业问题和工作问题变成两个不同的问题。GDP 增速下降也许会在减少就业的同时增加工作机会（如自我雇用），提高工作满意度。其总体福利效果不仅不会下降，还可能上升。这时就可以看出创新驱动经济的优点。

### 5.3.2.3　不能直接带来增长的创新与就业

功利地理解创新，创新只是增加 GDP 的手段，因此最有利于增进 GDP 的技术创新在各种创新中被特别强调出来。但当一些创新不能直接增加 GDP 时，例如只是提高生活质量的创意摆在我们面前时，我们又会如何做？

上面得出的一些结论比较有意思，费尔普斯又具体讨论了增长率增速降低和失业率是什么关系，就业和创新率是什么关系。

首先说增长率增速降低和失业率是什么关系。费尔普斯认为，不创新失业率会提高，创新了失业率会降低。他得出的这个结论与熊彼特的观点是一样的。因为按照熊彼特就业理论，就是旧的不去新的不来，创新导致用旧技术的人失业，但是会创造新的就业。他不是看失业率高不高，而是将失业和新增就业比较，最后算总账是高还是不高。凯恩斯主张政府创造需求来增加就业，熊彼特主张创新增加就业。

由此可以看出，这和物质驱动观点不一样。看到就业率下降，传统思路就是赶紧追加物质投入，不去想创新在里面起到什么作用。如果通过创新，创造新的就业岗位比失去的多，不是好事吗？

对增加就业的政策来说，针对中大企业的政策和针对中小企业的政策不一样。刺激大型企业，大型企业产值提高快，但由于自动化水平高，增加就业不一定多，但是中小企业创新强，增加就业多。从经济危机中活过来的企业，会利用新的技术，创造新的就业。所以一般来说，刺激中小企业有利于创新型的就业。创新驱动的就业政策取向是不一样的。

反过来说，投入物质资本建设大型基础设施虽然对就业也有效果，但如果加剧了产能过剩，这边“吃”进去的就业数，会在那边以产能过剩的形式“吐”出来。虽然采取凯恩斯式的宏观调控，可以令个人难以感知与失业等价的后果，但民生作为一个整体，是能够以人均收入变化状况感知到的。

如果中小企业充满希望，国家对其的期待值是很高的。

就业与创新率之间是什么联系？费尔普斯专门进行了研究。一种关系是单向变化，就是说，创新导致一些企业破产，减少雇员数量。另一种关系是双向变化，就是说，一些企业是减少就业数量，另一些企业是增加就业数量，包括雇佣和培训新的工人、创造新的就业机会。最后得出的结论是通过积极创新来增加就业。

费尔普斯还有一个观点，回答对于创新来说储蓄是否是件坏事。在凯恩斯理论中，政府干预的一个核心手段就是强制储蓄，相当于把储蓄转化为投资，定向投到政府设定的目标上去。现在问题是，如果提高了创新水平，它和储蓄将形成一种什么关系？费尔普斯的结论是，通常来说，储蓄带来的生产率增长可以使产出增幅超过储蓄增量，经济活动产出就会低于单纯储蓄带来的财富增量。言下之意是，储蓄不是关键，创新才是关键。这个是我们对费尔普斯的解析。

### 5.3.3 重新理解人力资本

过去造成有效需求不足的原因，归结到最后无非在于把劳动者当劳动力来用。以平衡的价值观论，劳动力就不是一个平衡的概念，劳动者才是一个平衡的概念。劳动者既要包括物质的一面（劳动力），也要包括精神的一面（创新）；既要包括机械性劳动的一面（工资），也要包括创造性劳动的一面（创造与获取剩余价值）。

在人力资本这个概念中，资本和人还是脱节的。例如软件就非常明显，本来编程活动是人力资本和自主劳动混在一起的，不可能脱离自己的劳动写代码，写代码是在创造剩余价值，公司要用剩余价值进行分配。而软件以知识产权形态将人力的劳动物化和资本化了，变成可以同劳动相分离的资本了。编程是知本活动，真正把活劳动注入人力资本的末梢，也就是把人力资本草根化。

推而广之，知本是指在创新岗位上和不在创新岗位上都一定要有创新。比如说，CRM（客户关系管理）是知本密集型，一线员工也要具有决策能力。之后像大数据中的 AaaS（分析即服务）、DaaS（数据即服务）都属于资本和劳动不分了。这和知识产权的路数是不一样的。这里出现的新现象，对应员工创造性的发挥，它包括一线员工随机的创新，创意服务中提供体验的服务，包括大数据里面的 AaaS、DaaS，这些都是属于劳动者和资本一体化。

我们提出了知本家的概念。凯恩斯压根没有想到一个劳动者可能和资本家是一个人。在人力资本特定的情境下，知识资本和劳动是一回事，是一体的。这与原来的人力资本理论有差别，比如知识产权理论、给员工提供培训等，都在分配上归属于资本，我们现在进一步草根化了。如果人人都能进行知本创新，员工不在研发岗位上，也可能有知本创新，劳动者可以得到期权或其他属于剩余的奖励，这就和原先的人力资本不一样了。

这就是我们在投资和储蓄问题上与凯恩斯不同的思路。凯恩斯只关注投资与储蓄，只考虑物质资本的供求平衡，没有考虑到劳动者（而非劳动力）的供求平衡。

### 5.3.4 就业与工作的分别

接着我们看工作与就业。凯恩斯简单把就业理解为找工作和拿工资的问题，但是这个问题现在发生了很大的变化。

凯恩斯理论认为增长与就业是正相关的关系：增长越快，就业越高；增长越慢，就业越低。表明通货膨胀与就业关系的菲利普斯曲线就反映了这种逻辑。这一逻辑是支持 GDP 高速增长的重要理论依据，特别是在 GDP 增速下降时支持政府干预，以政府投入刺激经济的说辞。政府干预虽然能一时提高就业，但由于投入往往没有市场需求支持，造成的损失最终还是要转化为变相通货膨胀，由民生承担。这种就业逻辑主要是对工业和产业化时期的经济起作用，当服务业和服务化兴起时，情况会发生巨大变化。在自我雇用、兼业、创客成为普遍现象后，工作就不再等同于到雇主那里就业。如果劳动者大量通过工作但不就业的方式增加自身收入，就业与增长的关系就会进一步改变。

从更深层次说，就业本身就是一个特定经济形态下的概念。它对应的不是劳动者（具有创造力，分享剩余），而是劳动力（不具有创造力，只拿工资）。如果这个条件变化了，就业的宏观机理也会变化。

古代以家庭经济为主，没有失业的概念，除非成为流民，失去土地，否则只要在家，就没有就业和不就业的问题。就业问题的提出本身隐含的前提是生产和生活分离。如果说，我的家庭就是生产单位，那就业问题就自动消失了。就业概念太窄了，这是第一。

第二，工资这个概念是对人性的窄化。工资都是发给劳动力的，但人除了是劳动力，还是人，而人的报酬不止工资。

在政治经济学中，劳动力和劳动是两码事，劳动包含自主性和创造性。而将劳动窄化为劳动力后，就把创新这个心动之源切断了。以此为前提，才有失业问题。凯恩斯解决就业问题时想的不是把创新内因调动起来，而是赶紧给人们找工作，安排就业，把人当机器使。这才有自动化问题，意思是如果机器比人干得好，就用机器，不用人。

当凯恩斯说就业这个词的时候，已经隐含了几个假设。劳动力不占有生产资料才有失业，如果占有生产资料就有可能是老板，所以资本和劳动是分离的。工资是对基本工作的回报。如果假设劳动力有创造性（劳动者），并且这种创造性可以作为创新的资本投入企业，工资问题就变得可疑了。工资与就业只考虑了一种情况，即劳动力是在物化状态下，并且不具备资本的情况。而在苹果模式里面，App 开发者并没有就业，他并没有被苹果公司雇用，但是他通过分享苹果公司的资本（平台和开发工具）创造了价值，而且这种价值还是创造性劳动创造的，其中 70% 归开发者所有。按照凯恩斯的标准，这种情况既是就业，也不是就业。这是一个根本性的问题。

我们认为，工资和就业只是在物化条件下，劳动力创造性没有发挥出来的情况下提出的概念。以创客解决就业的思路，不是靠物质资本投入，而是注入人力资源，通过发挥劳动者创造性来解决。这一观点是安德森提出的。安德森认为，奥巴马和罗姆尼提出的竞选主张都是在攻击中国，他们认为中国把制造业抢走了，所以美国人才失业。他们提出的主张都是把制造业再夺回来，以增加就业。美国确实夺回去很多，但是到竞选最后一个月的时候，突然发现数据异常：制造业倒是向美国转移了，但是就业纹丝不动。如果这个数据当时被披露了，他们的说法就会穿帮，对两党竞选人会造成致命的冲击。因为既然提高不了就业，转移制造业就文不对题了。但这是两党同时犯的错误，谁都不愿意戳穿。事后研究为什么没有增加就业时发现，因为中美的工资差距太大，把制造业机会转移回去后，资本家觉得用机器干比用人干合算，结果提高了自动化水平，就业还是没解决。

我们认为安德森比奥巴马和罗姆尼聪明，他想出了另一个办法——创客。他同样主张把制造业拉回美国，但不是以这种物质资本投入带动就业的办法，而是让劳动者发挥创造性，找到新的工作。比如说 DIY（自己动手制作）、3D（三维）打印都属于创造性劳动，这时候创造的就业是亲自劳动，用机器代替不了。机器做得了的工作不能解决就业问题。

这就抓到了美国当前问题的要害。不从工资和就业的角度理解就业问题，而是让普通人发挥自己的创造性，实现劳动者的就业，而不是劳动力的就业。因为现在生产资料可以无偿复制，人们可以通过复制平台和开发工具等生产资料，仅凭冒险精神和创新精神等轻资产，不经过老板，自己直接找到顾客，为顾客一对一提供高附加值的服务。看起来就业数字不高，但是大家都很满意。就业问题的解决是因为发现了凯恩斯当时没有想到的民生问题。民生是它的经济目的，而不是手段。凯恩斯明显把民生当作手段，即生活是生产的手段，用巴塔耶的概念来讲，就是生产性消费，消费为生产服务。

凯恩斯忽视了民生，忽视了创新是根本道理这样一个观点。按弗里德曼的观点，不增长是最大的不道德。其实，不创新才是最大的不道德。进一步说，不让老百姓创新，不给老百姓创新的机会，都可以归入不道德的范畴。

民生问题，是以政府为主导的福利问题吗？如果从创新角度看，这也有问题。为了对老百姓好，通过二次分配多给老百姓分钱，这固然比转移支付给企业更接近民生一些，但是多分钱，劳动者的创造性并没有被调动起来，这是最大的问题。如果财富不是劳动者创造出来的，是别人创造后支付给他的，他就没有成就感和自豪感，这样久而久之就会“养懒汉”。这是福利国家的困境。

把消极的、被动的人变成主动的人，这才是经济发展的内在的质量问题。因此从这个意义上理解，自然率增长的本质在于要寻找经济的第一推动力，要求生产和生活一体化、物质驱动和创新驱动一体化，这样才能从根本上解决问题。

在消费问题上、就业问题上，也同样存在着物质驱动和创新驱动的分别。物质驱动是把劳动者当作只有物欲没有精神的人，当作物来看待，但是如果把他的创造力调动起来，他就有可能创造出新的就业途径。

## 5.4 自然失业率与包容性就业

凯恩斯就业理论中，有一个关键问题没有解决好，这就是通货膨胀与就业的关系问题。凯恩斯认为，名义变量会通过影响总需求对失业产生持久影响。按照菲利普斯曲线，失业与通货膨胀之间存在反向关系，即通货膨胀率高时，失业率低；通货膨胀率低时，失业率高。

但现实的情况是，当失业增加时，货币工资和价格并不立即下降以进行适应性的调整。这被称为“凯恩斯难题”。为了解决这一难题，费尔普斯提出了自然失业率的理论，认为失业根本与通货膨胀或紧缩无关，而主要取决于劳动力市场和商品市场的实际特点，包括市场不完全、需求和供给的随机变化、收集工作空位和劳动力信息的成本、职业流动成本等①。因此，自然失业率是预期通货膨胀率保持不变时的失业率。

在就业问题上，新凯恩斯主义的一般观点是黏性工资，不是不能就业，而是找新工作需要时间，在差异化的情况下很难实现信息对称，这加大了信息搜寻成本，转换工作也需要培训等成本，因此他主张政府帮助大家更好地获得信息和技能。凯恩斯主义认为在失业过程中应该做的事是加强人力资本投资，不可能是同样素质的人反复就业，一定是新的就业机会覆盖旧的就业机会，而新的劳动力不适应新的工作，要由政府培训他们。

熊彼特内生增长理论的观点和熊彼特当年的理论有点类似，认为失业本身不是问题，技术进步“一方面摧毁一些职位，同时又创造出一些新的职位”，关键是“快速的技术进步是否使原有职位的毁灭快于其所新增加的职位”②。

熊彼特内生增长理论不同于原熊彼特理论的地方在于其重视技术的作用。当报酬不变时，提高创新频率对失业不产生任何作用，因为新的技术摧毁多少工作职位，新的技术就会创造多少工作职位。这可能是熊彼特不重视技术创新对就业作用的原因。但技术创新更多表现为报酬递增，在这种情况下，如果已有的生产单位不能利用技术来增长，提高增长率只能引发失业率升高，而如果利用技术创新，资本化效应可能抵消创造性毁灭的效应，由此带来的增长率提高可能会使失业率下降。当中间投入多于一种时，产品之间就会存在很强的互补性，也会达到同样的效果，即生产率增长率提高会使失业下降③。这显示出水平创新与垂直创新在质的变化这个本质上是一致的。

熊彼特内生增长理论还讨论了边干边学的影响。在低水平均衡状态，高失业率与边干边学形成负反馈。失业率越高，边干边学越缓慢，增长越趋于停滞；增长越趋于停滞，边干边学越缓慢，失业率越高。而在高水平均衡状态，低失业率与增长会形成正反馈。失业率越低，越刺激边干边学，增长就越快；增长越快，越有利于边干边学，失业率也越低。

除此之外，熊彼特还有一个关于经济周期的观点，这与凯恩斯的观点相

---

① 徐秋慧. 费尔普斯经济思想研究［M］. 北京：商务印书馆，2010：90-91.

② 阿吉翁，霍依特. 内生增长理论［M］. 陶然，倪彬华，汪柏林，等译. 北京：北京大学出版社，2004：111.

③ 同②127.

反，凯恩斯认为经济周期越平稳越好，而熊彼特认为经济周期越起伏越好。他认为经济周期就相当于人体内的新陈代谢，人应该加强新陈代谢，这是一个长波技术周期。新技术刚开始出现时，发展得非常好，到技术的潜力释放殆尽时，经济就出现低谷，而新的技术就出现了，旧的技术就被更新的技术颠覆。这就是一个周期。

我们的主张既有别于新凯恩斯主义，也有别于熊彼特内生增长理论。与前者的区别是立场上的，与后者的区别是方法上的。我们主张包容性的就业。相对而言，这一点与费尔普斯的观点稍微接近一些，但也有区别。

我们也认为，以往在就业这个宏观指标上考虑得更多的是效率（特别是资本的效率），而不是多样性。包容性就是对多样性标准的一种接纳。包容性的就业不仅要考虑如何与发挥资本的效率相适应，而且要考虑人本身。单纯从资本效率来说，以机器替代人是有效率的，但它可能导致效率高而效能（相对于多样性的效率）低，造成人力资源利用上的不充分。提高经济增长质量，从就业的角度看，还应包含更有效地利用多样化的人力资源的意思。

我们还认为，包容性的就业不仅是一个福利性的概念，还应具有参与式就业的含义。福利性的包容往往是从再分配公平的角度，以牺牲资本的效率来满足就业。这种就业虽然使劳动力获得了工作机会，从而提高了分配份额，但并没有使劳动力真正进入经济的开发层面，从中释放自身的创造性潜能，也无法使之介入剩余的分配，获得应有的自豪和尊严。

参与式就业是对经济过程的深度介入，例如创业式的就业，以及在工作岗位上发挥创造性并得到与创造性匹配的回报。参与的关键是创新，以及为尽可能多的人提供足够低门槛的创新条件。创新如果只是企业家精神的实现或研发专业人员的事情，而不是全体劳动者共同参与的活动，它就不是包容性的。因此，包容性的就业应与大众创新更紧密地结合起来，以实现大繁荣。

包容性的就业还应包含整个工作机会的创造，无论是雇佣劳动（包括兼业），还是自我雇用的劳动（如在家办公、自我动手或互助等），甚至无论是不是可计入现有 GDP 范围的经济活动。按照美好生活的标准，使人摆脱物役，在基本生活水平之上获得更高满意度的活动，都应成为包容性的就业的政策目标。

# 6　货币与信息

## 6.1　货币理论

### 6.1.1　货币与增长

货币是宏观经济的三大主题之一。货币与增长是什么关系，其中的物质驱动与创新驱动分别体现在哪里，是我们要讨论的问题。

中国经济高增长在很大程度上是借助货币政策实现的，是凯恩斯主义的政府干预通过货币形式的投资主导和强制储蓄在起作用。在中国，凯恩斯主义的货币政策尽管表现形式不同，在各个时期的变形体不同——最初是通过直接的通货膨胀，后来又演化为把股市做成“壳”（实质是地方政府与一些企业的“提款机”），再后来是变形为应对国际金融危机的财政政策——但强制储蓄的根本特征都是一样的，都是在抽取民生以补物质资本投资。

中国把强制储蓄叫作动员储蓄，其实是一样的，原理是把每个人的钱（股市则是定向把中产阶级的钱）通过这个机制，以不同形式投到政府定向的地方（如国有企业）去。政府投资方向主要是在基础设施和公共事物上，从理论上或长远来看，这些投资可能被市场充分吸收，但至少改变了老百姓对眼前利益与长远利益的自发调节，等于把眼前消费变成了对未来的投资。附带的弊端是中间的特殊利益获得膨胀的机会。美国的储蓄率很低，但实质是一样的。与中国稍有不同的是，美国不是政府干预，而是华尔街主导的纯货币机制，以市场的形式发挥作用，但以货币机制膨胀中间特殊利益这一点是一样的。

### 6.1.2　凯恩斯的收入说

凯恩斯曾说：决定国民收入有五个变量，但只有五个变量中的一个，即货币数量，能由国家的货币政策所掌握。换句话说，他发现了一个抓手，这就是货币价格是可调的（$V \neq 1$）。今天在我们看来，货币价格水平可变，这是常识，但是在凯恩斯那个时代，却没有人意识到。

那时候的货币理论正从货币数量说慢慢过渡到收入说。收入说就是一个存量加上一个价格，变成一个流量。过去大家以为货币问题仅仅是货币量的问题，只是一个货币当局多发或少发货币的问题。但是如果这样的话，调整动作特别明显，通过通货膨胀，大家都可以识破，因此凯恩斯特意在货币价格上大做文章。货币价格和实物价格不同，它是价格水平，而不是价格本身。这个价格水平等同于货币流通速度。凯恩斯的创新在于他看出了其中利息和利润之间存在的关联，由此调控整个的宏观经济，这一点是他的贡献。

透过凯恩斯的货币观往更深的层面看，货币流通速度又是什么呢？或者说凯恩斯于前人不疑处发现疑问的初始思路是什么？他是如何聚焦、套牢问题本身的？我在几年前出版的一本书中曾提到英国勋爵拉德克利夫在领导英国财政部“货币体系运行委员会”一项研究时，对同样问题的思考。拉德克利夫想的是，当货币不是货币时，它到底是什么。相当于说，看山不是山，看水不是水时，货币是什么。这就是凯恩斯头脑中初始转动的问题。350 万字的《拉德克利夫报告》得出的结论是，货币不是货币，而是流动性。流动性这个概念好就好在，物流是流动性，资金流是流动性，信息流也是流动性，因此它穿透了时间、穿透了货币的现象，接触的是货币背后的东西。

今天的人们已经习惯了流动性这个概念，但问题意识远离了凯恩斯和拉德克利夫思考的源头，把流动性当成货币甚至现金的代指。如果回到凯恩斯和拉德克利夫的原生思路中去，当下该思考的是如果把货币与信息看成是无差别的东西，那它是什么？答案仍然是流动性。这就过渡到我们所提出的新货币理论。我们认为，由于信息的流动性与货币的流动性的中介不同，前者比后者在配置资源中具有更大的优势。一旦实现信息对称、透明，就会发现一个我们今天没有看到的东西，即信息流通速度或叫信息价格水平。

回顾凯恩斯货币理论的发生学，有助于帮助大家理解我们提出同类问题的语境。货币经济学史上，一般把凯恩斯货币理论定位在货币数量说的转折点上。相对于魏克塞尔的观念，凯恩斯实现了巨大飞跃。在凯恩斯之后，在货币数量说方向上又产生了弗里德曼。他和凯恩斯相反，认为政府不宜对利率和准备金比率做这么大的干预，应该顺其自然，回到货币流通速度等于 1 的状态。他们两人的分歧在于，凯恩斯针对的是短期，弗里德曼针对的是长期。同样，虽然我们提出了信息流通速度可变，但与弗里德曼思路相同，我们也认为，在长期信息流通速度是不变的，这就是信息的完全透明状态。而只要信息不完全对称、透明，信息流通速度对货币国民收入的扰动就持续存在。

信息价格水平也可以视为一种希勒语义中的信心水平，其中信心乘数对应希克斯的消费乘数①。正确地调整人们以信息价格水平表现的能动性预期，"可以恢复因信心骤降而消失的信贷流量"②。相对于传统宏观经济学，相当于补充了关于非经济动机与非理性行为的理论③——尽管在我们看来，所谓"非经济动机与非理性行为"只不过是经济异质性的表面现象。

### 6.1.3 熊彼特对凯恩斯的批评

熊彼特强调信贷而非单纯的货币（这一点有点像斯蒂格利茨）。按基本的学派划分，他到底是不是货币内生？熊彼特的理论主张货币内生，但不主张政府干预，这一点与凯恩斯主义相反。

凯恩斯和熊彼特都主张政府干预，但是他两人的观念有区别。熊彼特从来没有主张政府干预货币，他主张政府干预创新或垄断的大企业进行创新。后人对政府干预大加发挥，认为谁都不会在没有激励的情况下自动创新（除非人人都可以成为圣人），因此必须要有一个外力来刺激。企业不愿投入研发，就需要借助外力。外力来自政府。这就是罗默的主张。

凯恩斯学派和熊彼特学派在干预问题上的实质区别在于：前者主张干预物质投入；后者主张干预创新投入。而在货币理论里面，熊彼特主张货币内生，凯恩斯主张货币外生，不是根据货币本身供求，而是根据整体经济中资本的供求来调节货币，因此是一种干预。它的短期行为的特征特别明显。

在货币性质与资本关系上，熊彼特认为，银行信贷就有如一道命令，要求经济体系适应企业家的需要，为企业创新提供生产要素，使经济从物质性的简单循环流转中跳出来，创造外部条件。他主张货币不随物质资本的节奏调整，而随创新的节奏调整。信息在这里体现的是一种能动的意志与意向，内在要求是打破同股同权。

---

① 阿克洛夫，希勒．动物精神［M］．黄志强，译．北京：中信出版社，2012：11.

② 同①.

③ 同①207.

具体来说，企业家看到新的机会，要求把资本从现有的地方抽出来，换到新的机会里去，货币有强制的力量，对资本进行重新配置。这个观点，最后能转向费尔普斯的风险投资市场的观念，按照化解风险的思路来重新配置资本，从而在投资上支持创新。但是凯恩斯从来没有过这种意识，他的观念是回避风险，而不是创造风险。政府把钱拿出来就是单纯地填补总需求的缺口，越确定越好。两种观点完全不一样。

这里面有一个值得注意的点是中国现在没有做到的，就是建设一个完善的风险投资市场。我们现在看纳斯达克的政策，明显符合的只是费尔普斯的观点。熊彼特的主张相当于说，投资就是冒险用的，费尔普斯进一步强调风险投资机制就是要为创新者分散风险、化解风险，鼓励投资者在创新的时候不要怕失败。我们现在对资本的认识还停留在凯恩斯的认识上，担心总供求失衡。而熊彼特认为经济失衡是好事，他认为这是新陈代谢，要在这方面发挥货币资本的作用。数字经济学将熊彼特的观点进行了精细化，即创新不是不要供给与需求脱节，而是在异质性、差异化变成经济（供求相等）条件下保持 $P = AC$ 这种动态均衡，并以之为常态。

中国的资本市场在发挥货币支持创新的作用方面还有很长的路要走。

这是典型的价值观的问题，没有理解熊彼特所说的用投资支持创新的概念，也没有理解费尔普斯所说的只有把投资转向风险投资才能鼓励大众创新的意识。在这个时候经济的主导者要的东西和行为不一致了，口头上要的是创新，体现在货币上的行为却是回避创新。这就是知行不合一。

欧洲的政策做两件事：一是把最低社会保障体系建立起来，让老百姓都能活着；二是鼓励对外冒险。

### 6.1.4 信贷与资本

将流动性的观点与货币支持创新的观点结合起来看，货币与创新的内在关联在于发挥信息相对于货币在流动性上的更高效的资源配置作用。这相当于当年货币价格水平（货币流通）相对于商品价格在流动性上具有更高效的资源配置作用一样。

在信贷和资本这个基本问题上，我们可以看到，有一个新的观点正在超越熊彼特的观点，但是和熊彼特的观点非常相近，和我们遇到的问题也很接近，这就是斯蒂格利茨的货币经济学新范式。新范式强调信贷，而不是简单的贷款（货币）。这一点与熊彼特相通。

目前金融界谈数字金融有一个迷思，往往就金融谈金融，而不是从信息的角度谈金融。近300年来，经济是以货币为中心配置资源的过程，是工业化的过程，但是随着信息革命爆发，我们马上要进入以信息为核心配置资源的时代。在这一时代背景下，金融界谈到金融的时候，只考虑金融的作用，而没有考虑到信息的作用，与发展的前沿有脱节之嫌。

创新带来的风险集中于信息。信息就是化解不确定性。化解风险的过程就是化解不确定性的过程，因此是一个信息过程。熊彼特认为，这个过程不是一个简单的货币问题，因为它既不是货币价格问题，也不是货币量问题，而是信贷问题，即信息与资本结合的问题。这是熊彼特观点的集中表现，和凯恩斯完全相反。

凯恩斯想的是货币问题，而非信贷问题。信贷，就是信息加贷款，这两件事要结合起来看。投资要精准，不同于凯恩斯主张的政府发动战争，一定是有市场需求才能投。对凯恩斯来说，信息一旦透明化，货币干预就会失效。因此信息不对称对他来说是一件好事，而且是干预的必要条件。

当前美国货币理论的焦点在于货币学派与信用学派之争。货币学派的特点是就货币谈货币，而信用学派的观点是用信息的观点看货币。两者的区别在于，传统的观点把信息不对称当作基本条件，而整个信息化要从信息不对称变成信息对称。希勒称信息对称为信息民主化。

在这个背景下看数字金融，再进一步发展就会变成信息透明化，金融是朝这个方向去的。在信息过程中化解风险这一点，和熊彼特的理论高度一致。都是从信贷的观点看资本货币。

## 6.2 投资主导与强制储蓄

货币理论与货币政策既有联系，又有区别。相对而言，货币政策更关注短期市场变化。货币政策是否有效与货币是否有效是不同的问题。弗里德曼认为货币政策无效，正是基于对货币的市场有效性的信心。对中国经济增长来说，货币政策一直在高增长中发挥积极主动的作用，对高增长来说，是非常有效的。但从市场有效性看，从利益平衡的角度看，它又往往是无效的，因为它是以付出民生代价而获得的，迟早是要还的。追求增长的自然率必然涉及货币微观影响与宏观影响、短期影响与长期影响的平衡。

### 6.2.1 物质驱动下的强制储蓄

中国以往的超高速增长不可持续，关键在于投资主导下的强制储蓄不能使经济达到充分平衡。凯恩斯主义政策核心多依赖货币政策，为什么？因为宏观经济其他变量不好调整，只有货币容易调整。用货币政策调整什么？调整增长和就业之间的关系。凯恩斯想在忽视劳动力的情况下，令投资等于储蓄，就要通过货币。为了实现投资主导的经济均衡，必然和一件事联系在一起，就是强制储蓄。

劳动力没有创造性，没有创造性分配所得来源，必然消费不足，对于凯恩斯来说，自发储蓄是不能指望了，要想在缺乏收入保障条件下使储蓄和投资相等，就只能实行强制储蓄。强制储蓄本意是指政府通过通货膨胀手段来增加储蓄的比重。具体来说，如果政府向中央银行借债，从而增发货币，筹措建设资金，就会强制增加全社会的投资需求，由此引起物价上涨，在公众名义收入不变的条件下，使原有消费和储蓄的实际额随物价的上涨而相应减少，其减少部分相当于政府运用通货膨胀实现的强制储蓄的部分。我们在广义上使用的这个词意为，凡是以金融手段挤压生活以补贴生产的都视同于强制储蓄。

广义的强制储蓄形式不同，按投资去向来分，苏联是以牺牲消费为代价，把资本投在军事工业上；中国是以牺牲农业和轻工业为代价，把资本投在重工业上；美国是通过资本优先的制度，以市场方式（如开动美国联邦储备系统的印钞机）从（国内外）民生中挤压出投资，投在保证资本均衡（而非全局平衡）的产业上，不管怎么做，都是一种强制储蓄，只是程度不同。

中国 GDP 高增长实行的是典型的凯恩斯主义政策，表现为投资主导和动员储蓄。它造成的经济弊端在于，一方面工业化过度发展，另一方面工业化又不足。其本质是结构不合理，发展质量太低。低水平的部分过多了，高水平的部分不足，效益不佳。具体数据此处不多做展开。

### 6.2.2 强制储蓄与民生的矛盾

长期以来，中国的金融具有浓厚的凯恩斯主义色彩。它与民生目标的矛盾突出表现在动员储蓄上。多年来我国 GDP 增长高于居民的收入增长，银行与地方政府联手为 GDP 导向推波助澜，开始成为动员储蓄的新主角。他们利用利率非市场化，通过影子银行开始异化出有别于中央政府和民生的特殊利益。

从货币角度看，影子银行最突出的问题在于，它实际是银行业在为国家服务之外形成了自我服务的体系。它和地方政府紧密结合起来，加快了货币流通的速度，这和凯恩斯理论在形式上有非常大的不同。凯恩斯主张的是中央银行主持强制储蓄，但是在我国，很多是地方政府在为 GDP 高增长服务。中央政府都在强调民生，但是为什么问题没有解决？因为地方政府有一个强大的推动力，想按照传统工业化方式来增长。这种力量是创新最大的阻力，因为按照这种想法发展下去，整个金融应该为不创新服务，而不是为创新服务。所以中国的经济越物化，物质驱动越多，地方政府会觉得越合适。当然，在地方政府的投资冲动背后，我们还是可以看到体制和机制的影子，如果地方 GDP 增长，无助于地方官员升迁，劲头一定会泄掉不少。所以还不能把问题全归给地方，应该说物质驱动高增长，是地方打头阵的整个体制机制的问题。现在这个势头正在得到纠正，许多地方已经不再以 GDP 作为官员的政绩考核指标。

今天影子银行的问题已经到了什么程度呢？根据数据，杠杆率——就是信用值和货币量之间的关系——已经达到希腊 2004 年金融危机之前的水平。

在 2001 年的时候，《互联网周刊》曾分析过，地方政府拿上市公司当虚拟银行这件事，可以很好地解释中国的股市。有人说股市如赌场，主要的手段是通过信息不对称把中产阶级的资金吸上来，支持特定的投资。

猴王股份是焊材行业当年唯一的一家上市公司，公司经济效益曾连续几年居全国同行业第一。而它在自身经营并没有出现特别严重失误的情况下，被逼上了破产之路，原因是实体经济被纳入了货币经济的轨道，形成了一个专门用来吸附资金的“壳”，这个“壳”就是上市的猴王集团。

这只是中国股市不规范运作的一个缩影。中国股市虽然不印钞票，不能直接制造通货膨胀，但可以通过其他手段造成类似强制储蓄的实际效果，通过定向的有针对性的通货膨胀，定向转移给特定利益集团。

拒绝透明是某些经济力量绕过国家货币调节政策的“马其诺防线”，在用信息调节、调动货币资本市场。它充分暴露了信息化滞后的中国金融系统的一个致命弱点。

这个致命弱点是，我们没有从体制上看出在传统货币调节市场外，正在形成一个以证券市场为核心的信息调节市场。由于金融改革，地方政府在货币市场上搞通货膨胀行不通了，于是，他们转移到信息市场（证券市场），拿上市公司当“虚拟银行”，搞变相的通货膨胀。

影子银行，不过是上述行为的一个金融变种，是借金融创新为名，绕过央行，通过加快货币流通速度变相印钞。如果说有区别的话，那么区别只在于加入这场游戏的利益主体除了地方政府，还有金融业。动员储蓄的动机不仅来自地方利益，而且来自金融业的本位利益。

如果说以上行为是违规或违法的局部现象的话，那么放眼整个货币政策，我们仍能观察到动员储蓄的特征。这就不能仅仅以本位利益来解释了。

1999 年以来，中国一改低利差常态，转而通过对高利差的国家隐性担保，在扩张性货币政策配合下，形成了中国储蓄动员机制。由民生机制脆弱造成的高储蓄，进一步使这种储蓄动员机制变得现实①。

未来中国经济发展不能再走这条路，不是说我们不能实现超高速增长，而是这条路不符合平衡的价值观。单纯从货币政策角度看，通过利率市场化走向更加注重民生的普惠金融是新的选择。

## 6.3 网络有效性命题

在普惠金融背景下，广泛存在于金融业的拒绝透明就成为经济增长复归自然率的拦路虎。在信息不对称背后还存在利益不对称，使金融不能普惠到民生。货币政策不同于货币理论，不仅要处理资源配置问题，也要处理利益分配问题，因此货币政策要同时面对技术和利益的双重挑战。

### 6.3.1 利率市场化与金融创新

利率市场化要以金融创新开路，金融创新有两个完全相反的方向：一是信息不对称的方向，仍然以拒绝透明的方式，通过金融发展和金融深化，实现市场化；二是信息对称的方向，以信息透明的方式，通过信息发展与信息深化，实现市场化。这两条路分别加强的是扩展费雪方程的两边，前者加强的是 $MV$，重心在 $V$ 上，作用于货币流动性；后者加强的是 $BH$，重心在 $H$ 上，作用于信息流动性。

以衍生金融为代表的金融创新旨在提高金融效率，通过延长金融迂回路径，

① 张磊．中国经济高增长中的信贷扩张与金融扭曲［M］．北京：社会科学文献出版社，2013.

在信用扩张中为实体经济服务。它潜在的风险是容易形成金融既得利益与特殊利益，一旦自我膨胀，会酿成金融危机，美国华尔街造成的国际金融危机就是前车之鉴。以数字金融为代表的金融创新旨在提高金融效能（效率＋多样性），通过缩短金融迂回路径，在增进信任①中，为实体经济提供精准匹配服务。它潜在的风险是要化解信息的高不确定性造成的失真。从风险模式看，前者是集中生成风险，集中化解风险；后者是分散生成风险，分散化解风险。二者的区别是把鸡蛋放在一个篮子里还是放在多个篮子里。

在通向利率市场化的道路上，金融监管部门面临两难选择。最保守的观点是既反对数字金融创新，又反对银行金融创新，换句话说，凡是创新都反对。反对银行金融创新是因为，影子银行等金融创新可能把高收益归银行和地方、高风险归政府。但是这种观点太消极了，虽然创新停止了，风险也没有了，但是利用流动性在资本市场上配置资源的作用全都被放弃了。反对数字金融创新倒不是出于利益上的矛盾（因为这种创新恰好符合民生的方向，有利于小微企业），而是因为根本不理解信息透明是怎么回事，以为信息透明的总方向是扩大金融风险。

### 6.3.2 支持自然率的货币政策

我们提出的货币政策观点是什么？我们不是因为反对凯恩斯主义，而回到货币政策无效的观点，回到货币数量说，而是认为真正让货币价格变得自然而然，支持实体经济按自然率发展，不能依靠货币本身，而应回到货币的原型，也就是拉德克利夫所说的流动性，利用信息这种更高级的一对一精准匹配的“贝壳”，实现基于精准信息的自然率增长，以此消除异化于民生的特殊利益对经济过程的不当干预，同时消除政府失灵和市场失灵。

为此，我们提出一个新的资源配置命题，叫网络有效性的命题，就是此前说的信息有效性命题。我们可以把网络视为介于扁平化市场和科层制的企业（政府）之外的第三种配置资源的机制。网络机制的特点是自组织、自协调，代表的是社会生态的力量。像一切生态而非机械组织一样，网络擅长一对一地、分散地、直接地配置资源。真正的互联网是一种网际网络，是小世界网络（所谓的“圈子”以及圈子之间连接形成的大圈子）。从这一点看，

---

① 信任与信用的区别在于，信用是生人网络中的信任，信任是熟人网络中的信用。信用是同质的、可交换的契约资本；信任是异质的、不可交换的社会资本。

它更像科层制（西蒙认为每增加七到十四个人，就应增加一层结构），为的是便于在其中建立旨在降低缔约交易费用的信任关系，只不过这种有限的关系不是以层级相联系，而是扁平的，在这点上又像市场。这样一种特殊的资源配置结构是信息透明化的基础。

网络的有效性在于扩展费雪方程中的*BH*机制上。*B*取决于关系，*H*取决于信任，关系与信任的结合体就是社会资本。社会资本即社会网络，从这个意义上说，网络的有效性就是指社会资本的有效性。在这里，我们不可以把社会资本混同于社群主义的主张。社群主义是一种强调同质化的整体利益的主张，而社会网络中的关系却是由异质性的、拓扑结构的一个一个彼此连接的多元化节点构成的。

以市场方式配置资源同以网络方式配置资源存在着集中统一配置与分散分元配置的区别。股市的机制，按默顿·米勒的说法，是利用金融手段，将分散的信息聚为一体："交易利润可以理解为某种'贿赂'，社会用它来刺激人们广泛收集分散的供求信息，并最终将其融为一体。"网络的机制却相反，是将分散的一对一（因而是短距离的）透明关系，通过信任传导，高效能传遍全网。就流动性而言，信息的效率和效能都要高于货币。如果沿着凯恩斯当年的思路进行反向思考，就可以发现，如果一定要干预或介入，在新的条件下调控宏观国民收入的切入点应是完善经济中的信任机制。高质量的经济增长首先应是高信任度的经济增长。

我们面临的真正选择不是倒退回货币数量说，而应是在前进的过程中解决问题。既然选择支持金融创新，应从以信息不对称的方式进行金融创新转变为借助互联网创新，最后发展成信息对称式的金融创新，才能解决高收益、高风险条件下流动性资源配置的问题。

现在面临的选择是，用透明化来化解金融风险好，还是用不透明化来化解金融风险好。我们当然主张用透明化来化解风险。我们认为网络配置资源和央行配置资源有根本的不同，网络可以在对称化中实现信息透明化。

举例来说，支付宝是在分布式的条件下，在每单支付中实现信任关系，这证明信息是可以发挥资源配置作用的。政府提到，要发挥市场在配置资源方面的决定性作用。我们现在提出，要发挥网络在配置资源方面的主导作用。

这里面还有一个特殊的问题，即民生问题。凯恩斯政策实际是损害民生的。采用凯恩斯政策并没有导致经济真正的稳定，反而把不平衡性的矛盾暴露出来。国际金融危机暴露的问题是，银行太大，民生太小。过于借重金融政策的时候，一旦产生巨大的金融利益集团，形成“大而不倒”之势，解决民生问题就会走向死胡同。这就是斯蒂格利茨的观点。他的分析认为，不仅金融配置资源在效率上比信息配置资源慢半拍，更主要的是有一个既得利益者，不按常理出牌。这个时候只能把华尔街的权力交到信息和信息机制里面去，逐渐化解问题。

总结一下，我们在实际的金融政策上得出的结论应该是更多地推进传统的货币主义政策向信用学派的政策转变，把信息对称机制化和体制化，来系统化解金融风险，这是我们的核心观点。其中有一点是新的，甚至和斯蒂格利茨比较起来也是新的，我们提出来在分布式的条件下实现信息对称化，这个只有在互联网条件下才能体现出来。

### 6.3.3 金融创新的主导权

政府用这个观点去格物的话，如何去做?

政府首先应该考虑的是，由金融部门主导金融创新，还是以信息力量主导金融创新，也就是明确解决问题的主导力量。我们看到，实践中有一个明显的效果区别，以金融部门主导时，由于斯蒂格利茨说的这个问题，银行只长于三大（大城市、大项目、大企业）贷款，而难以从根本上适应小微企业的分散贷款。

如果是以信息主导金融创新，肯定将在小微贷和民生贷上显示出专长，这指向的才是普惠金融。国家的利益在哪里?它要做普惠金融。问题在哪里?金融系统不干。因为金融系统多年来以凯恩斯主义的思路，即以动员储蓄支持国家建设，它的本位利益是在这个过程中形成的。

普惠金融要向小微贷和民生倾斜，在操作层面要求利率市场化。刚才我们提到，金融部门从凯恩斯那里已经学会了利用利率，不用实体经济，直接通过银行把利差转移过来，利润就到手了。在流动性陷阱之下，这一定意味着资本负值出现。现在利差虚高，但将来利率市场化，利差低下去，银行将面临难题。

数字金融将来不靠利差也能活，它靠的是什么?是信息。刚才我说了两种支付的观点，支付既是金融中介，又是信息中介，它们对应的分别是金融这个局部和国民经济全局两种不同的交易费用。如果确定以信息主导金融，金融改革的路就走宽了，变成在做好本职的金融供求服务的同时，以金融为信息中介，为实体经济服务，而非为自我服务。这样一来，发展空间会大大拓展。

这个发展空间就存在于整个国民经济的交易费用规模上。美国的诺贝尔奖获得者诺斯说，交易费用达到国家GDP的50%。信息一旦对称，GDP中空耗的一半应该从交易费用转化为质量效益。GDP从高增长降为自然率增长的实质就在这里。

交易费用过去计入GDP，浪费越多，GDP可能越高。结果美国经济误入歧途，放弃制造业，专门由华尔街人为制造交易费用，把国家弄得“虚胖”。当然，由于发展阶段不同，即使这样，它的质量效益也比中国高。中国高速发展的另一个后遗症是影响了民生改善的步伐。而数字金融要解决的问题，正好和中国未来发展的新方向一致。节省国民经济的交易费用可能意味着GDP增速下降，但不意味着GDP绝对值会下降，而是通过转型，把这部分代表粗放性的产值，转化为代表质量和效益的产值（如服务化收入）。

### 6.3.4　银行业的稳定发展

在要不要实现金融主导向信息主导转型这个问题上，我们觉得反映三个观点。第一，我们先从全局上考虑它应该怎么样，通过理论怎么找到方向。第二，它能实施下去，可操作。第三，要解决实施它的后顾之忧。如果不能解决后顾之忧，政府是不会做的。

做任何一个决策的时候，一定是要符合全人类的利益，或者各方的利益，不是说阿里巴巴起来了，银行就要倒闭了。政策和决策应是让银行业前进，也让阿里巴巴这些互联网公司，或者小的创业公司发展。

银行有很多错误和缺点，比如垄断，但是也不能让银行死掉。今后许多互联网公司也会出现这个问题，因为企业领导者也会有价值观，也是站在自己的利益角度考虑问题，但是政府是从全体老百姓的角度考虑问题。从整体利益角度出发去思考，才是可行的。

刚才我们是从信息这一角度考虑问题，但是如果从全局角度考虑问题，就全面了。如果说以金融为中心的*MV*对应的是“因大而美”，*BH*（信用总量乘上质量系数，或者它的价格水平）决定的，相当于是它之外的部分。目前传统的这部分有可能占百分之七八十。从利益相关者角度可以看到，银行应该集中在它所擅长的稳定国民经济主体的作用上，不能把大城市、大项目、大项目贷款都交给互联网企业。

在保证国计民生重大问题的时候，还是要依靠现有的银行体系来稳定。它内部主要的问题是什么呢？是要跟上技术革命潮流，解决信息不对称问题，要依靠创新型体制来解决单纯依靠物质驱动的问题。

让银行觉得它同样在理论指导下充满了创新的可能，而不是被边缘化，从它保证自己生存的角度和进一步发展的角度考虑问题是两个概念。

保证银行业的生存，应该发挥银行业所长。银行业的所长应该是在信息不对称的情况下做业务，可以稳定经济，这一部分归传统银行和金融界。

银行放一笔1亿元的贷款，只需要走一遍程序，这是它的成本，这个以前可以做到。但是现在贷100笔100万元的贷款，同样流程要走100遍，成本却高出了100倍。

以信息为主做这件事，获得100个在利益上相互关联的网商的征信成本，比孤立地调查它们的可信度，边际成本可能是下降的，而不像银行是上升的。它们应该各自发挥所长，越传统的金融部门越应该围绕国家的核心利益，即核心金融利益，而越非传统的部门越应该围绕以往边缘化的利益，也就是小微贷和民生这部分的利益。

银行在互联网的冲击之下，有没有过更好日子的可能?

这个是银行目前提出的问题，它非常重视信息化，重视向互联网发展。在这个过程中，业务正发生一种同步的转向。自2007年以来，小微贷正在从无利可图的政策性贷款转变为高利润的贷款，也就是从政府的推进行为变成银行自觉的市场行为。

小微贷这一部分市场需求量非常大，但是满足起来成本非常高，所以现在民间高利贷非常多。高利贷在市场的环境下有那么多利润，说明小微贷是有利可图的。《互联网周刊》在2007年就观察到了这个情况，就是银行业转向小微贷。包括民生银行等，都意识到这个问题。

但是在小微贷背后更核心的问题还是斯蒂格利茨说的，信用可获得性变成区分输家和赢家的关键。银行想获得高利润，必须将信息业务从副业变成主业。互联网行业的主业是信息，对于各行各业来说，信息原来都是它的副业。当信息业务成为利润的主要来源时，各行各业的互联网化就实现了。先是电信业的主业从语音业务转成数据业务，现在轮到银行业面临这个问题。

## 6.4 货币与金融创新

### 6.4.1 具有黏性实际刚性的货币非中性

在宏观经济学的货币理论中，新凯恩斯主义的垄断竞争理论完全成了不完全竞争论，已经变成了纯粹围绕价格（商品价格和货币价格）进行的讨论，与质无关了，变为纯物质驱动化了。

新凯恩斯主义的货币主张是货币非中性，强调实际刚性。原凯恩斯主义主张刚性名义工资和刚性价格。新凯恩斯主义软化了这个立场，借助垄断竞争理论的微观基础，在宏观上提出一种近于半刚性的理论。张伯伦说过，所有的产品实际上都是不同的，至少说是有轻微的不同①。张伯伦的本意是在谈质的不同，但移植到这里，“不同”可以借用为数量上的刚性，“轻微的不同”就可以成为新凯恩斯主义说的具有黏性的实际刚性。

强调实际刚性的货币非中性理论的基本思路是认为名义刚性来自既定的菜单成本和近似理性行为，会导致实际刚性程度增强。实际刚性为较大的名义刚性提供了基础，这在垄断竞争理论中，相当于短期调整与长期调整之间的关系。短期调整之所以不会马上引起长期变化，是因为一些厂商的调整不会带动整体价格变化。

对新凯恩斯主义来说，调实际刚性与调名义刚性的收益和成本是不同的。当名义量变动后，由于信息不对称等原因，厂商改变它的名义价格的所得小于改变商品价格的成本，厂商因此不愿调整商品价格，使得商品价格在存在刚性条件下经济也可以达到均衡。这就是垄断竞争可以成为市场常态的原因。关于造成这种情况的具体原因，经济学上有许多细枝末节的讨论，张伯伦当年曾以销售成本概括，制度经济学家如科斯扩展到整个交易费用，空间经济学家也有自己的解释。

如果商品价格不变，名义价格的调整必然对实际总需求造成冲击。当各个厂商都不改变商品价格时，产品间的比价也保持不变，商品价格就存在实际刚性。这种实际刚性减少了商品价格紧贴名义价格变化进行调整后可能产生的收益，使得名义冲击出现后，不调整价格的区间扩大。

货币非中性的主张意在使政府通过货币政策进行干预合理化。至于干预的是什么，依政策取向的不同多有差异。在内生增长理论中，罗默主张政府干预是为了加大研发投入，这有别于将干预用于加大物质投入。但与熊彼特学派的区别仍然是存在的，熊彼特学派主张的是货币跟着创新走，创新有可能打破同质化均衡的循环流转，从旧的均衡走向新的均衡，在这个过程中，形成垄断竞争均衡。而这个过程是常态，传统的均衡反而是特例。在这一逻

① 张伯仑．垄断竞争理论［M］．周文，译．北京：华夏出版社，2009：60.

辑指导下，货币只不过是为创新服务的工具和手段，它的作用仅限于把物质资本从原来的用项上拔出来，重新插到新的用项上，是根据创新需要重新配置资源的资本插拔运动，而真正起主导作用的还是创新本身。相比之下，新凯恩斯主义更强调物质资本投入（不管对物质驱动增长还是创新驱动增长）的主导作用，以为企业是不喜欢研发的，没有创新的内在动力，只有通过政府刺激它们进行研发。而垄断竞争的本质（或者说垄断竞争均衡与完全竞争之差）就在于一个等价于固定成本的“补贴”。

由此可见，物质驱动与创新驱动在货币观上不同，特别是围绕研发的宏观货币政策上不同。熊彼特内生增长理论认为经济主体具有创新的内在动力，这更接近我们的观点。

### 6.4.2 增长与金融创新

增长和金融创新在宏观上是什么关系？在宏观经济学里面，新凯恩斯主义与熊彼特内生增长理论这两个新的理论对于金融理论的贡献，具有趋势性的。

新凯恩斯主义严格说是一个大杂烩，其中与张伯伦思想较为接近的一部分理论十分超前，其中的代表人物是斯蒂格利茨，他持反货币主义的观点。原来的凯恩斯主义主张政府干预，他却反对金融特殊利益集团，他认为造成金融危机结果的根源是华尔街故意造成的信息不对称。原来金融集团的信息能力较强，用它掌握的信息指引消费者进行投资，消费者为它的专业能力付钱。但是现在它做过了头，光赚钱不干活，或者干的活是错的。这就造成了对消费者的双重惩罚。第一重惩罚是，当消费者是华尔街的顾客时，它利用信息不对称，从惩罚顾客的投资错误中赚钱。第二重惩罚是，它把自己投资错误的代价转嫁给所有消费者，让全民为华尔街的失误买单。

这给了我们完全不同的指向，我们总认为对金融集团要加强监管，包括进入《塞班斯法案》对企业造成极大的困扰。如果信息不对称，就永远监管不过来，甚至监管破产都解决不了问题。

熊彼特学派的主要观点在这里跟它类似，但是不同。阿吉翁的主张就是差异化的市场，他是为了反对强制储蓄或者动员储蓄。他提出一个奇怪的观点，这是他学派独有的观点，他认为经济越发展，分散风险的机会越得到改进，因此更有利于创新。

他和费尔普斯的观点是非常相似的，费尔普斯说大众创新无非要化解风险，而他要让老百姓自愿化解风险。他把金融发展理解为分散风险机制的完善。以风险投资为例，经济越发展，风险投资越起来；经济越不发展，风险投资越起不来。这是他们关于金融的观点，总而言之，都是在差异化的条件下怎么对付信息不对称。

### 6.4.3 货币新范式与金融新秩序

1997 年我预言“银行内部正在从货币机构向信息机构蜕变”，本以为再过五年，金融界将重新洗牌，结果等了 15 年，期待中的变化才萌生。所谓“洗牌”，看来确切的含义应是主业转换，正如电信业的主营业务从语音转向数据一样，金融业的主营业务也可能从金融变为数据。

斯蒂格利茨在《通向货币经济学的新范式》一书中主张：应该将货币理论的研究重点从货币转向信贷，把重点放在“可贷资金”上，从而建立了“基于信用可得性”的货币经济学新学派。

斯蒂格利茨把信贷的本质界定为与货币不同的信息，指出信贷问题的核心是信息。而信息的特殊性又在于它异质、分散这些不同于货币的方面，“信贷在本质上是异质的”，“大量的相关信息是散布于整个经济活动之中的，而且只是被当作其他经济活动的副产品。”

银行业务与信贷业务的不同是一般与个别的不同。关于产品质量，“企业也许可以对银行隐瞒这些问题，但对其顾客则不能。对银行来说，要获取日常商业过程中所产生的信息，成本极高，因而几乎是不可能的”。但对互联网来说，获得商务活动中自然生成和记录的信息，一分钱都不用花。不把信息作为主业，这些是做不到的。

对于分散的信息，如何进行商业利用呢？默顿·米勒主张的是利用金融手段，将分散的信息聚为一体。但问题在于，将信息“融为一体”的股市仍然是集中模式的。

而斯蒂格利茨的观点正相反，他认为，分散化必然造成一个经济体中复杂的信贷链，其中公司既是贷款人又是借款人，而银行起着中枢作用。将这类高度专用性的信息集中起来是难以想象的。也就是说，斯蒂格利茨主张的是绕过银行和股市，让高度专用性的信息分散地与信贷相结合。实际上，一个批发市场里形成的一对一信息要比股市精准得多。

斯蒂格利茨发现，不用集中的货币，而用分散的信贷的方式进行交易是可能的。正是信息技术的变化最终导致货币是交易媒介这一观念的过时。个人在和他们熟悉的人进行交易时，总是广泛地运用信贷，只有在这个狭小的圈子之外进行交易时，他们才需要货币。

如果说货币经济学的新范式从理论上把信息置于体系的核心，希勒提出的新金融秩序则主要是一种实践上的主张。

新金融秩序是指“信息 + 金融”的新秩序。相形之下，旧金融秩序是以货币为中心、信息边缘化的配置资源的体系。

熊彼特内生增长理论对于经济增长与金融之间的关系问题，主要持不完全的信贷市场的观点。在这点上其与斯蒂格利茨有点像。与完全竞争假说不同，其认为分担风险是增长与金融发展之间产生关联的主要问题。在不完全的信贷市场上，由于存在代理成本，资本市场存在着潜在的不完善，金融中介需要一个回报，以达到收支相抵。得出的结论是，代理成本越大，均衡的研发水平越低，经济增长率也越低；金融体系越发达，中介成本由于存在规模经济而越低，则增长率越高。因此金融发展与经济增长之间存在正相关关系①。

熊彼特内生增长理论对金融监管抱有一种不切实际的期望，以为监督成本会随着监管的规模报酬递增而递减。他们的思维还是以集中的方式而非分散的方式化解风险，因此认为“对企业家和/或研发项目的监督也可以通过股票市场来进行”②。他们对金融发展的理解是，其在以高收益、高风险为特征的创新投资中起到分散风险的作用，认为“当经济已经到了一个较高级的发展阶段时，投资在高收益、高风险项目中出现的风险将能更好地分散。但在那时，正是因为分散风险的机会得到了改进，个人也就更加愿意投资于高收益、高风险的项目，而不是局限于投资比较安全，但产出较少的投资项目。因此，投资的回报率在发展的高级阶段将会增加，平均储蓄率也会因此而增加”③。这一点与熊彼特本人的认识倒是同方向的，但与斯蒂格利茨和希勒关于利用信息分散化解风险的观点比，已经落后于现实。关于金融发展与金融深化的争议由来已久。费尔普斯已更加精确地辨析出，这种能化解高收益、高风险的机制应是风险投资机制，而不是随便的什么资本市场或股票市场。

---

① 阿吉翁，霍依特．内生增长理论［M］．陶然，倪彬华，汪柏林，等译．北京：北京大学出版社，2004：64－65.

② 同①66.

③ 同①66－76.

资本市场和现有财务报表的最大问题，恰恰在于它们是风险回避型的。最近人们关于资本之殇的讨论，已经注意到资本制度的这种保守性。我们主张在网络条件下，以信息对称的方式，通过范围报酬递增而非规模报酬递增来分布式地化解创新的高风险。

## 6.5 信息调节

宏观数字经济学中的“数字”是指信息，它是具有异质性表意功能的符号。这个异质性不是指物理异质性，而是指异质利益（表象为动物精神）。

凯恩斯说的“动物精神”① 实质是异质性。他与张伯伦一样，都是先发现关于异质性的实证（发现与新古典相反的差异化具有常态性），后总结到异质性高度的。在这里，异质性不仅是客观的差异性，而且是一种能动精神，如企业家精神，熊彼特称之为创新，卡尼曼称之为体验，其实，都是作为人文社会科学核心概念的自由意志（复杂性适应与创造，即生生之德）的表象。凯恩斯说“个人主动性得到动物本能的加强和支持”是在启蒙主义背景下，同质性（可由数学期望值确定的必然性、现实性）成为社会本能，而异质性（自由选择、可能性）只沦为属于非理性心理（内在的进行活动的冲动）的“动物本能”②。凯恩斯认为二者是相辅相成的，虽然“长期预期状态往往是稳定的”，但是“推动社会的车轮运行的正是我们内在的进行活动的冲动”③。

凯恩斯经济学一般被视为非均衡的经济学，但这里的非均衡不是一般的非均衡，即只是打破熊彼特讽刺的物质循环流转意义上的均衡，而是相对于原有均衡创造出新价值而打破的均衡。

异质利益是中性的，好的异质利益表现在体验性溢价所得之中，坏的异质利益表现在负的效用（个人隐私、安全的破坏，即个人意义——与利益相关的“我是谁”——认同上的否定，以及泡沫，即宏观意义认同上的否定）之上。

---

① 凯恩斯．就业、利息和货币通论［M］．高鸿业，译．北京：商务印书馆，2002：165.

② 同①165－166.

③ 同①166.

行为经济学与行为金融学说的行为只是异质利益的一个个体论说法。这种异质利益是指不能被平均后等于边际值的利益。也就是说，行为经济学作为异质经济学的实质，并不表现在个体与整体关于利益理解和实践的差异之上（凯恩斯已做过了），而在于个体套利之后，均衡值仍不能收敛于边际值那一部分（总供求之间的总的 $AC$ – 总的 $MC$ 之差）。

宏观经济学因此被分为两类问题：一类是形式上的个体与整体信息不对称、利益不对称条件下产生的差异（从中产生了凯恩斯经济学）；另一类是实质上的个体与整体共同具有同质性，或共同具有异质性之间的总的差异。

同质与异质的差异表现在宏观总值上的特征在于，如果共同同质，则个体之间经过套利，在整体上会收敛于边际值；如果共同异质，则个体之间经过套利，整体上会收敛于平均值。而平均值与边际值差异越大，经济的异质性越大；差异越小，经济的同质性越大（如果相等则完全同质）。

异质行为（质量、创新、体验）可以导致标准的整体异质性，如果异质为常态，则此时的拉姆齐定价可判定为最优。而干预、垄断、刚性、利益冲突与制度也可能出现同样的效果，只是其均衡不能等于最优。股票市场上的信息现象，可以理解为异质利益现象。它的正与负、得与失，将与意义进行总的锚定。

第三篇

# 论发展

从增长到发展，是经济学议题设置上的重大转换。

自然率还有一个含义，就是提高经济发展质量。经济发展质量与中篇谈论的经济增长质量不是一个问题，它讨论的是人的问题，或者叫“好经济”的问题。“好经济”是符合社会价值观的经济。从某种意义上也可以说，发展经济学，是发展价值观的经济学。

这个问题是我们全书讨论主题（自然率）的最后一部分。提高经济增长质量只是从实证角度论证了 GDP 降速的道理，毕竟 GDP 还在增长。例如，中国经济增长速度从 7% 放缓，以换取质量提高，但毕竟还会有一定程度的增长。因为增大服务业在 GDP 中的比重，实现经济服务化，仍然可能形成 GDP 新的增量。如果从次高增长进一步降低到自然率增长，象征和隐喻的是则是另一种经济模式，即“好经济”模式，那么在这种模式下，我们必须接受某些经济行为，它们对 GDP 增长的作用可能为零，甚至为负，但由于它们从价值观角度看是“好”的，因此仍然能够也应该成为我们的选择。例如增进经济的包容性，使结构更平衡，从效率的角度讲也许并非最优，但从人的发展角度来说极为必要。

以下几章讨论的都是“非经济的”经济价值，属于 GDP 中未被观测到的财富。当把价值观聚焦于人时，从“美好生活”的角度（以人为本的角度）设置议题，这些问题都属于经济学问题范围之内，而非之外。

# 7 生活质量

自然率增长隐喻的不仅是增长的自然率，还包含着发展的自然率。

自然率从发展经济学的角度讲，应受制于一种联系于人的发展的自然率，这个自然率就是幸福值。它是生活质量的测度值。从新的财富定义出发，幸福值就属于那种可以平衡 GDP 增速下降“损失”的对冲变量。

也就是说，较低的 GDP 数量和较高的幸福水平构成的财富组合，可以同较高的 GDP 数量和较低的幸福水平的财富组合等值。

反过来也可以认为，抓住了这个隐含在 GDP 背后的财富系数，把它调高，我们更能够心安理得地面对 GDP 增速的下降。

本章就讨论 3% 背后的这个属于发展范围的自然率。

## 7.1 生活质量与人的发展

生活质量是第一个可以为了它而牺牲 GDP 增长的发展方面的理由。生活质量与 GDP 并非对立关系，人均 GDP 还是保障生活质量的物质基础。但越来越多的证据表明，人均 GDP 只是提高生活质量的必要条件而非充分条件，有钱不等于快乐。生活质量问题在起点上是增长问题，而在终点上变为人的发展问题。在一个好的经济中，为了提高生活质量，值得付出一些增加 GDP 之外的努力。

### 7.1.1 生活质量问题的提出

生活质量问题在本书语境下是如何提出的？人们常说有钱不等于快乐，GDP 增长不等于国民幸福。这说明 GDP 的高增长并不一定能解决生活质量提高的问题。但即使与 GDP 无关，提高生活质量仍然是值得追求的。

生活质量问题——主要是幸福问题（越幸福，生活质量越高）——是发展主题中第一类问题。对它的投入，并非都有助于 GDP 提速，但由于符合“好经济”的价值观标准，仍然值得付出资源去努力追求，而本来这些资源和努力用在别的地方是可以提高 GDP 的。可以提高 GDP，却不去提高 GDP，这类对于生活质量的追求是使经济趋向自然率的重要驱动力之一。

提高生活质量作为理论问题，有其独立于增长问题的特殊方面。这种特殊性主要在于，研究表明，生活质量的问题，除了与经济因素有关，还与社会因素（包括心理因素）有关。衡量生活质量的指标经历了客观幸福标准、社会幸福标准、主观幸福标准三个阶段。

20 世纪前半叶，各国主要是以物质生活水平的高低来衡量生活质量①。核心的指标是人均 GDP（GNP）。但后来的研究表明，生活质量不仅取决于物质生活，甚至与增长中的经济质量也有所不同，还主要取决于社会生活。从 20 世纪 60 年代起，兴起了“社会指标运动”②，把生活质量与人的发展问题紧密联系起来，形成人类发展指数等新的标准。近年来，主观幸福越来越被强调。以美国的日重现法（DRM）为代表，其将社会幸福与个人快乐从指标上区分开来，对生活质量的评价越来越向主观幸福标准演进，实质是将中心化的幸福化解为分散多元化的快乐。

这显示出，自然率问题讨论中除了增长由物质驱动还是创新驱动（第一层意思），以增长质量替代增长速度（第二层意思），还存在第三层意思：有一些价值，例如幸福，它不一定随着 GDP 增长而自然提高，但它因构成了增长的目的，而值得被置于增长的考量之上。

增长毕竟只是实现幸福的手段，如果过分执着于手段，就会适得其反，会为了手段而忘记目的。“好经济”应该是从它的生产目的得到充分实现的经济，而“好”本身正来自目的对于手段的评价。符合目的的，是好的；背离目的的，是不好的。带着价值观讨论自然率，就不能不涉及这个问题。自然率增长也不是目的，不是为降速而降速，而是在追求自然率过程中求道。

换句话说，追求自然率增长，除了创新驱动增长、提高增长质量，还需

① 拉普勒．生活质量研究导论［M］．周长城，等译．北京：社会科学文献出版社，2012：4.

② 同①6.

要考虑提高经济发展质量。发展质量与增长质量不同，它需要更多地考虑社会因素、人的因素（在实证上，这通常意味着要更多地考虑异质性的、非标准化的因素）。

这类问题是对中篇的问题的一个新的引申。中篇提到的内生增长还是在谈增长，只是提出未必需要高速增长，强调在增长内部（在“经济”范围内）会有质量作为速度的补偿，值得在物质财富内部进行高速低质与低速高质之间进行以均衡为中点的选择。在这个大范围内，进一步讨论解决增长质量的问题，要靠物质投入还是创新驱动来加以实现。由于质量主要涉及差异化（服务化）的问题。我们主张通过零门槛的大众创新来降低差异化的成本，把整个增长过程改造为一个内在提高质量的过程（内涵增长的过程）。这针对的是，解除政府和经济学家的疑虑或者社会的疑虑，特别是担心增速一旦降下来，会产生严重就业问题，导致社会不安定。人们即使现在看不到自然率增长，这一辈子也达不到自然率增长，但可以从价值观上认同 GDP 高增长之外的另一选择，把这作为下一代努力的方向。

现在谈发展，已不是在增长这个范围内部讨论问题。发展的问题，核心是人的问题。尽管现有的发展经济学，受全球人均 GDP 不足这一现实因素影响，一半内容还在讨论增长问题——从不发达（发展中）状态到发达状态这样一种特殊的增长问题，但就发展与增长二者的区别来看，发展经济学独有的、更普世的主题（包括对发达国家同样有意义的主题），更多还是围绕着人的发展。生活质量问题是首先要面临的。发达国家同样存在有钱但不快乐的问题。“华盛顿共识”更加剧了这个问题。如果硬把这个问题“换算”成增长问题，那么中篇谈的相当于作为手段的增长问题，这里谈的生活质量相当于作为目的的增长问题。人的发展问题具体到生活质量上来说，就是人作为目的能不能在生活上得到自由实现的问题。其要解决的是：高于自然率的增长，如果建立在排斥生活质量目标的基础上，就可能陷入为增长而增长、为手段而忘记目的的盲目性中。

发展问题是内在于价值观的问题。发展经济学要以人为中心看待经济问题，需要比经济人假设更全面地看待人。实际上，从落后到发达的过程，不仅是物质进步的过程，也是人全面发展的过程。因此，经济学形成增长经济学和发展经济学两个并行的学科。但人的问题不仅是发展中国家的问题，也是发达国家的问题，比如道德问题、经济伦理问题、公平正义问题，这些都是普世的。

从这个角度看自然率，经济的主题就变成以发展看待增长，而不是就增长谈增长。这就是为什么谈论自然率不能只谈到内生增长为止，而必须讨论发展的原因。发展与增长率的问题具有内在联系。如果不考虑发展问题，增长确实可以更快，但如果经济增长了，生活质量仍然原地踏步，增长就是有缺陷的。经济按照自然率发展，应使人得到相应的发展。人的发展应视为增长的保底条件，增长率到底多高为好，应附加这个保底条件，否则是不符合自然率的①。为了人的发展，即使增长慢一些，总的得也会大于总的失。经济学家除了考虑增长的经济因素，还要考虑社会因素。我们需要把社会因素引入经济学内部来观察，这是我们讨论生活质量问题的出发点。

发展问题和自然率是什么关系？实际上发展问题涉及的是目的，增长问题涉及的是手段，目的可能是追求国民幸福或者人们获得更多选择的自由，但是需要通过一定的经济增长和经济增长质量更好地满足于这一点。然而原来传统经济学不这么看，传统经济学家罗宾斯曾经说过，经济学根本不关注目的本身。这意味着传统经济学实际只关注物质财富，没有把人的发展本身当作财富。我们可以看到，有的地方经济有增长，但是没有发展，比如中东。中东由于丰富的石油资源，它的经济日益繁荣，但是由于政治社会发展与经济发展不同步，一旦不能通过石油发财，好日子也就到头了。

当然，把什么样的目的当作“好”的，这里应包容文化多样性选择。跟目的有关的几种价值观都跟人心有关，比如一个人觉得公平不公平，一个人能否获得自豪感和成就感等。如果发展不公平，虽然有很多的钱，但人也可能会不高兴。或者虽然赚钱很多，但是缺少选择自由，总是羡慕别人，这也是一种困境。还有，有钱不幸福，没享受到快乐。

在中篇中我们没有区分经济增长质量与经济发展质量。当涉及经济是以生产为目的、生活为手段，还是以生活为目的、生产为手段时，就属于生活质量问题，它是发展的质量，而不仅仅是增长的质量。一个高质量的生产应该为什么样的生活质量服务，这也属于经济发展质量的问题。如果经济增长质量很高，但是人们的生活质量很低，从全局的平衡看就存在严重的问题。

比如印度，它的软件服务业从生产角度讲质量很高，但它主要服务于美国人消费，不是服务于本国人消费，所以它的经济增长质量没有直接改善本

① 资本积累的黄金律，同样应满足这样的条件。也就是说，人的消费，应包含人的发展。

国的生活质量。我国信息产业的需求主要在国内，这一点显然不一样。

生活质量还有一个用什么尺度衡量的问题，它与衡量经济增长质量尺度的最大不同在于，在经济的尺度之外，它更强调人的尺度。

第一个是能力的尺度，是指生活质量的提高是否有助于自我实现。创新就是一种创造美好生活的能力。

第二个是选择的尺度，是指不仅要看选择的结果（效用），还要看选择是多样性的，还是受限制的，这是不一样的。阿马蒂亚・森特别强调这种尺度，认为生活质量的根本标准是自由，也就是选择本身。

阿马蒂亚・森认为：生活水准真正说来，是一个功能活动和可行能力的问题，而与富裕、商品或效用没有直接的关系。① 它关注的是我们能做什么不能做什么，能成为什么不能成为什么。② 以自由看待发展，就是指以这种选择水平作为人的发展的标准。

选择的尺度突出显示出生活质量的所谓"主观性"的实质不在主观性，而在多元性。主观是一个心理概念，而选择是一个多元性的客观概念。生活质量的因人而异，并不能简单归因于人的精神上的不确定性，实际是因为人具有选择的多元性，而多元性是可以通过测度选择的水平客观反映出来的。这种多元性的水平是一定的，并不像心理那样飘忽不定。

第三个是贡献的尺度，就是这件事劳动者是否能参与其中。它关系到经济的包容度。经济活动让民众广泛参与，有时对生产并无助益，因为效率可能不如采用机器，但与生活质量密切相关。发展劳动密集型产业，一旦人力资本和个性化定制结合起来，就可能使生产与生活都变得更加经济，而劳动者参与可能既成为对生产的贡献，也成为对生活质量的贡献。

参与的尺度显示出生活质量与福利的不同。通过转移支付和再分配，提高低收入阶层的收入可能提高效用意义上的福利水平，却无法提高能力意义上的生活质量，因为低收入阶层并没有因此提升自我实现的水平。同样是使民众获得福利，电子商务的方式是把生产资料免费提供给劳动者，让劳动者在一次分配中就直接获得自己创造所得，而国有企业的方式是由代理经营者代为经营生产资料，劳动者虽然可能从二次分配和转移支付中有所获得，但由于没有更多的参与机会，就难以获得亲自贡献的自豪体验。

---

① 森，等．生活水准［M］．徐大建，译．上海：上海财经大学出版社，2007：20.

② 同①19.

当然，还有其他的尺度，如幸福、正义等。这些价值都是并列的，没有谁高谁低。而我们认为，阿马蒂亚·森概括的自由这一价值更为基本，因为它可以包容幸福、正义于自身之内。

目前关于生活质量还没有形成统一的标准，国外的几十种学说可分为以下三大类。

第一类是偏经济的“扩展”模式标准，特点是从 GDP 的内核出发，对消费和资本账户进行调整。代表性的如可持续性经济福利指数（ISEW）。

第二类是偏社会的“社会指标”，内容包括住房、教育、健康、环境质量、犯罪贫困线等（有的还包括政治自由、言论自由）。代表性的如物质生活质量指标（PQLI）。这类研究的一个贡献是发现 GDP 与生活质量以 3000 美元为分界线，联系从紧密（有钱即快乐）到不紧密（有钱不快乐）。

第三类是偏心理的“心理”模式标准，强调主观的福利体验。如对生活各方面的评价和总结，认为生活质量应包括认知、情感和反馈三个方面，具体化为满意度、幸福感和社会积极性。其中最核心的是阿马蒂亚·森的观点（以自由看待发展），他认为在收入相同的情况下，如果能实现选择多样化，想过什么样的生活就过什么样的生活，这是生活质量的最高标准。但是如果有钱但是没有选择能力，这样的生活水准是不高的。如果生活质量很高，就应该能够实现选择多样化，选择专属于自己的目的。

现在有件事让人郁闷，经济增长再怎么高，最后还是有问题，因为这是靠经济增长本身解决不了的问题。比如现在大多数家庭都有车，但又开始埋怨雾霾了。我们不就增长谈增长，可以讨论在收入一定的情况下，怎么样把日子过得更好。最后的解决方案是什么？要更多地强调精神文化的满足，调动人的参与。

### 7.1.2 经济增长是否能带来同比例幸福

理解了生活质量问题——由于价值观的原因——确实是一个经济的问题，我们接下来就要看一看被传统的物化价值观忽略的生活质量问题的核心。

著名经济学家黄有光认为，在过去的几十年中，虽然东亚在经济上取得了长足的进步，但在为国民谋快乐这一人类的终极追求上却毫无作为。事实上，曾有研究（Cummins，1998）就全球各国人的快乐水平做了一个比较，其中东亚国家和地区被指快乐指数最低。

对幸福指数的测评一直是有争议的。黄有光看重的许多是很微观的指标，如性生活的次数。根据 Durex（杜蕾斯）的调查报告显示：一年当中日本人平均性生活天数为 37 天，是所有受调查国家中最低的；美国人为 132 天，是最高的；各国和地区平均性生活天数是 96 天。诸如此类的指标还有笑的频率、亲友的关系、生活态度，甚至心跳、血压以及大脑前额活动的脑电电位等。这与阿马蒂亚・森倡导、联合国采纳的人类发展指数比，准确度和可比度肯定有差异。或如黄有光说的，“如果有人非要在准确性上穷究到底，其实在准确度和可比度方面，即使连 GDP 本身也不是无懈可击的”。

重要的是，经济增长是否一定能带来同样比例的幸福？或用微观的说法，有钱是否一定能带来快乐？黄有光从实证角度给出了否定的答案。他的论据如下。

第一，总体而言，各种研究都表明，在收入水平非常低的时候，收入与快乐之间的关联度更为紧密，但尽管如此，在影响个人快乐的所有变数当中，收入决定快乐的比重仍不超过 2%（Diener 等，1993）。在同一个国家里，钱多快乐多这种正比关系会逐渐地消失（至少在发达国家可以找到这方面的数据证明）。事实上，在国家富有和人民快乐之间，如果存在任何因果关系的话，似乎也是快乐带来经济增长，而不会相反（Kenny，1999）。

第二，Easterly 发现，随着收入的增加，生活质量既有可能得以改善，也有可能恶化，两者的概率是相等的。

第三，多个研究表明，社会的进步程度在一个国家收入水平（以 1981 年的物价为准，大概在 3000 美元）还很低的时候，二者密不可分，但一旦超过某一水平，这种互联性就会消失。

第四，东亚地区不但已经取得了较高的收入水平，而且拥有高增长率，收入还在逐年增加。就此而言，人们应该比别人更快乐才对，然而事实却相反。也许这便出现了所谓的东亚快乐鸿沟。要真实地衡量一个国家的进步水平，就需要将人口拥堵和环境公害等问题全部考虑在内，而传统的 GDP 计量方式恰恰严重地忽略了这些问题，真正的衡量方式或许不会将增长率奉为圭臬。

第五，中国在取得中等生活水平之后（解决了温饱并达到了小康水平），才会开始为人们长远的真正的快乐着想。由于这些目标所能带来的实际正面效应仍非常小，所以为了多赚钱，人们（某种程度上也包括我们自己）不惜公然地去牺牲那些更重要的、能带来快乐的东西，比如家庭、朋友、健康甚至安全和自由，这是不理性的。即使就个人而言，也是如此。

黄有光注意到“收入边际效用快速递减”规律，即收入与快乐的关系与一国发展阶段有关。相对而言，在温饱阶段，有钱可能带来的快乐更多，而在小康阶段，有钱带来的快乐在边际上越来越小。因此，经济越发达，越要重视能够更有效增进人们快乐和幸福的价值，越要注重协调发展。同时黄有光也没有忘记指出，在东亚仍有很大一部分地区，那里多数人都还生活在贫困线上，经济发展仍然能让人们欢欣鼓舞。因此这些地区就需要纯粹发展经济，其中也包括中国的西部地区。

按照历史主义的观点，一代人有一代人的幸福观。比如，在1000美元之下的（农业）社会中，温饱就是幸福；在1000～3000美元的（工业）社会中，有钱就是幸福；在3000美元以上的（信息）社会中，自由才是幸福。农业社会的幸福观是生存幸福观，温饱就是幸福，因此把农业社会建成和谐社会的首要条件是解决人民的温饱问题。工业社会的幸福观是发展幸福观，有钱就幸福，因此把工业社会建成和谐社会的主要条件是解决人民的富裕问题。信息社会的幸福观是自我实现幸福观，自由而全面发展就是幸福，因此把信息社会建成和谐社会的主要条件是解决人民的自由（通过知识获得解放）问题。这是用历史主义的观点观察和谐与幸福的条件得出的结论。

前面提到收入决定快乐的比重不超过2%，这就带来一个大问题，如果有钱对于快乐（幸福）只有2%的贡献，那么在未来社会中，给人民带来幸福感的另外98%的要素来自何方呢？这需要超越传统物化价值观的历史局限看问题，从心物平衡角度形成以下几点认识。

首先，要把建设和谐社会的基础从实现温饱、追求富裕，推进到人的全面发展阶段。

人的全面发展是人类继生存、发展阶段需求之后的第三阶段需求。在中国这样的半农业国、半工业国、半信息国的混合型社会中建设和谐社会，除了要继续解决部分农村地区的温饱问题、工业城市的先富带后富实现共同富裕的问题外，还要积极提高数亿应用信息通信技术的信息化人口率先享受互联网时代的现代福利水平，以缩小与发达国家目前日益扩大的数字鸿沟，通过为人民谋第二次现代化的幸福，带动为人民谋第一次现代化的幸福，最终全面达到国际现代化的幸福水平。

为实现人的自由而全面发展，要在不违背社会自由的前提下鼓励个性发展、个人快乐，通过倡导以人为本的高峰体验、自我实现，超越“金钱至上”的幸福观和传统工业化的福利水准。

其次，把幸福最大化作为经济社会发展的目标，克服片面追求物质财富的倾向。

建设社会主义和谐社会要求充分实现社会主义的生产目的，不仅要满足人民群众不断增长的物质需要，还要满足人民群众不断增长的文化需要。以GNP、GDP为代表的物质财富增长目标只是社会发展的手段，而不是目的，以GNH（国民幸福总值）为代表的幸福最大化的追求才是生产的目的所在。物质财富不均当然是要解决的问题，但片面追求物质财富本身也是要解决的问题。只有把握幸福最大化这个标的，建设和谐社会才不会走偏。

幸福最大化在一定意义上离不开主观幸福的改善。人们的生存发展等物质需求得到基本满足后，精神文化需求的满足对主观幸福的提高作用将越来越明显。当前，要大力克服制约幸福最大化的薄弱环节，积极推动文化产业化、产业文化化，乃至社会文化化的进程，在现代信息通信技术革命的基础上，在中华民族5000多年丰富文化信息资源基础上，建设强大的现代化东方精神文明，通过信息化促进幸福最大化。

再次，以信息化为主导驱动工业化，以比传统社会更高的效能为人人谋幸福。

建设和谐社会的成败不仅取决于目标的正确与否，还取决于手段的先进与否。信息革命创造出了比物化生产方式更为先进的边际成本递减、边际收益递增的新的效能状态。这主要是由于新的生产方式可以充分发挥信息和知识资源等固定成本分享的潜力，使产品、服务和体验得以轻资产运作。数字化、网络化的“千手观音”，利用大规模定制的新商务方式和个性化响应的新政务方式，通过广泛的网络资源共享，与经济社会实体结合，为人人办实事、谋幸福，将大大提高为人民服务、进而为人人服务的效能，实现“谋幸福”水平的质的飞跃。

反之，如果把和谐社会这样重的担子单纯寄托在实体经济的落后基础上，其能否撑得住，令人担心。我们坚决认为，和谐社会的艰巨目标只有第二次现代化的先进基础才能承受。

最后，大力发展以人为本的电子学习，充分发挥信息和知识在提高人的素质中的核心作用。

和谐之本在于人。人幸福不幸福，不仅取决于客观经济社会文化发展水平，还取决于人的综合素质。就像和谐的音乐，要以能听出和谐的耳朵为前提一样。培养自由而全面发展的新人，是社会福利最终实现的归宿。信息和知识在提高人的素质中的核心作用如何，不用多说，人们都可以理解。数字化网络化的持续电子学习，是保证人的福利接受水平和创造水平持续提高，进而保障社会和谐的根本途径。

综上所述，鉴于建设和谐社会是一个面向未来的长期且艰巨的历史任务，任何建立在已有历史经验基础上的解决方案虽然不可缺少，但都会存在历史局限。我们必须站在为人民谋幸福的高度上，站在新型工业化的前面，站在历史进步的方向上，避免“有钱不快乐”的工业化弯路，预防“放下碗筷骂娘”的现代性陷阱，从而使和谐社会的建设少一些阻力，多一些先进性。

## 7.2 与 GDP 同等重要的指标

自然率在生活质量上的映射，就是幸福值。

如果说，有一个指标可以像自然率增长那样从价值观角度量化人的发展，那就是幸福值。

增长率与幸福值，是自然率的一体两面，分别从增长与发展两个不同角度刻画财富的不同方面。

当然，如果仅仅把财富理解为物质财富，是看不到这一层的。幸好，从我们主张的心物平衡的价值观出发，财富不仅有物的一面，也有心的一面。具体到当下，不仅有物的增长的一面，还有人的发展的一面；不仅有生产质量的一面，还有生活质量的一面。因此，幸福值是一个至关重要的经济指标，它的增益足以抵消在增长率方面的减损。

从这个意义上说，幸福值是隐藏在自然率背后的数，以新的财富界定为轴，按照自然率对增长率起着调节作用，它决定着什么样的增长率是好的、什么样的增长率是坏的。

### 7.2.1 增长率与幸福值的理论区别

编制国民幸福指数方案是一个政策性、理论性很强的工作，既要有很强的针对性，以反映某一具体阶段政策导向的要求，又要有坚实的理论基础，能经得住历史考验。

其中最突出的一个理论难题就是处理好物性与人性的关系。国民幸福指数本质上是一个人本命题，但也可以在物性的范畴内得以应用，关键是要处理好价值与意义的关系（在经济学术语中哲学意义上的价值通常被称为效用，而哲学意义上的意义通常被称为价值）。

我们首先应该从经济学上区分效用与幸福，进而理解增长率与幸福值的理论分殊。

物性范畴的福利经济学，在福祉问题上总的立论在于把幸福问题纳入效用这一范式来处理，这直接影响了现在国民幸福指数设计的指导思想，因此必须先澄清这个问题。

从人的经济学的观点看，幸福首先是价值，而不是效用。美国国民幸福指数编制者卡尼曼在价值论上主张“回到边沁”，即从马歇尔的效用回到边沁的价值来重新理解幸福问题，抓住了问题的关键。尽管边沁被当作功利主义的代表人物，他说的快乐和痛苦被后人曲解为效用，但边沁最初意义上使用的快乐和痛苦恰恰不是马歇尔那种标准化效用，而是卡尼曼所指的价值（卡尼曼称为体验效用，但体验本身就是价值）。

效用只是一种中间价值，是实现价值的中间手段。手段与目的的背离是工业化的典型特征。福利经济学把福祉建立在总效用最大化上，这从根本上偏离了价值核心。在工业社会，幸福与效用的矛盾还不明显，但在信息社会，这就造成了根本误导。有钱不等于快乐，GDP 不等于幸福，就是幸福与效用矛盾的突出表现。

福利经济学缺乏以价值为核心的独立的微观基础，而借用新古典的效用作为微观基础，这就造成了一个思维误区，似乎幸福问题只能在再分配领域解决，而不能在微观领域、在初次分配中解决。

实际上，再分配确实是提高幸福指数的有效手段，但这种幸福不是内生的幸福，而是外生的幸福。只有激发人的内在的创造力，靠劳动者自己创造幸福，这样的幸福才有快乐作为基础。只有从微观机理上彻底说明幸福，才能把宏观经济建立在微观基础之上，把国民幸福建立在市场机制和网络机制的扎实基础之上。这方面卡尼曼做得比较好，福利经济学还缺乏对他的深入研究。

接下来就产生了效用与幸福关系的历史相对性问题。现有指标设计容易陷入一种误区，用反映效用的指数抽象地与同一种幸福尺度进行比较。这在客观上会把自然率的问题从发展问题，重新拉回到增长问题。

事实上，国外大量统计测算表明，在不同收入阶段，效用与幸福的关系不同。在解决生存需求的温饱阶段（衣食阶段）和解决发展问题的小康阶段

（住行阶段），效用与幸福的正相关关系比较明显，而在解决自我实现需求的大同阶段（国外研究中，进入门槛设在3000～8000美元），当物质需求为主转向文化需求为主后，效用与幸福的相关性明显减弱。

### 7.2.2 避免生活质量的宏观与微观对立

从人的经济学角度看，国民幸福指数设计上可能出现的另一个重大问题就是把个人快乐与社会幸福对立起来，至少是忽视个人快乐的微观测度。这个问题的实质是把生活质量的宏观机制与微观机制对立起来。

人的经济学理解的个人快乐并不是从心理现象角度立论，而是从微观现象角度立论。社会幸福不光是个人快乐的总量累加（这一点不同于卡尼曼的观点），而是通过个人快乐这种微观机制，在制度作用下达到社会幸福这种宏观效果。这是以人为本的必然要求。

在物性条件下说个人快乐，是把它不正当地与物质欲望满足联系在一起。这是不正确的。个人快乐在未来社会条件下可以超越物质欲望，而与感性的文化需求联系在一起。在物性条件下说个人快乐还有一层意思，就是把它与眼前利益联系在一起，同根本利益对立起来。

从一个简单的推论就可以看出，以人为本，当它从物性指向人性时，从解决工业化条件下的温饱和小康到解决未来社会条件下人的精神追求时，恰恰就是要以感性的人为本，从具体的个人现实需求出发，弥合由人的异化造成的种种社会矛盾。

反过来说，如果国民幸福指数设计的指导思想还仅仅停留在物化经济时代“人人忍受痛苦，社会才能幸福”的结论里，这样的国民幸福指数和目标状态在未来就会缺乏国际竞争力。因此我们主张社会幸福要从个人快乐中自发生成，反对个人与社会失和的异化现象，主张在深层次扬弃矛盾，回到以人为本的路线上来。

从人的发展角度看，国民幸福指数设计最不可缺少的是反映多元化、个性化、差异性的指标，而这正是幸福问题最有特色的部分。之所以说幸福是具有个人特性的问题，是基于从物化经济向未来经济的两个转变：一是从追求有形的生存发展向追求无形的幸福转变；二是从集中同质模式向网络分布模式转变。随着工业化完成、信息化兴起，幸福将内在地转向知识化、网络化。在这一背景下，多元化、个性化、差异性成为幸福的内在尺度。如果忽略了这一点，国民幸福指数到了未来社会就会变得莫名其妙、毫无针对性。

我们只要用一个简单的坐标就可以说明这个趋势。在人口数量与（产品）选择种类两个维度构成的坐标中，需求曲线由右上至左下。需求曲线的左半部分是多数人中只有少数选择的少品种大批量生产；需求曲线的右半部分是众多品种构成的无尽选择对应个性化人群的小批量需求。前者的基础是物质和有形生产，后者的基础是知识和无形生产。历史从左到右发展，用马克思和伯曼的双重名言来说：一切坚固的东西都烟消云散了。

这就是著名的长尾理论。它说明了自由是如何从知识化、网络化中产生的。信息化将大大增加人们的选择（选择即自由）。人们将以自由看待发展，以自由衡量幸福。

幸福就是实现一对一的供求匹配。那时，满意原则会高于最佳原则，因为（同质化）效用上的最佳仅相当于（异质性）价值上的次优。那个时候，群众满意不满意在经济上将日益表现为可否在无尽的“长尾”中选择到仅仅针对自己个人的差异化产品和服务，在政治上将日益表现为可否在无尽的“长尾”中，在“7×24 小时”的电子政务服务中找到对眼前实事需求的办事响应。

国民幸福指数最精华之处，就是看它能不能反映这种未来的现实，因为它正是国与国较量的关键所在。能够在发达的工业化基础上满足“短头”需求后，由信息化主导长驱直入满足个性化的“长尾”需求的国家和民族，将得到最高的国民幸福指数。因为它们的国民，不仅根本、长远、普遍需求得到满足，而且多元化、个性化、差异性的需求也得到满足。以人为本的和谐社会只有在这样的国民幸福指数引导下才能真正实现。

### 7.2.3　基于微观“快乐”的宏观“幸福”

社会进化史可以用三个主题词概括：农业化的主题词是“温饱”，工业化的主题词是“富强”，信息化的主题词是“幸福”。

富强可以用 GDP 衡量，而幸福用什么来衡量？卡尼曼的方法是从个人行为推导社会利益，从微观推导宏观，从快乐原理推导出幸福之道，从快乐测度推导出幸福测度。

#### 7.2.3.1　宏观的“幸福”基于微观的“快乐”

卡尼曼与斯密分属两轮现代化，斯密那一轮现代化的主题是富强，他认为国富之道在于个人自利而达至利他。同理，卡尼曼这一轮现代化的主题是幸福，他认为幸福之道在于人人追求自己的快乐从而实现社会的幸福。卡尼曼与斯密的治学方法，都有海洋国家学者那种独有的思维方式，就是从个人看社会，从微观看宏观。

卡尼曼研究的本行是快乐学，又被人称为享乐心理学（Hedonic Psychology）。而他在诺贝尔奖颁奖仪式演说中特别提到的奚恺元，则称这门科学为Hedonomics。我们将其译为幸福经济学（对应 Happiness Economics）。享乐这个词在中国有特殊含义。国人往往一看享乐、快乐，就以为不关正事，殊不知快乐与幸福同构，如果把享乐比作微观经济学，幸福就相当于宏观经济学。俗话说，治大国若烹小鲜。这说明宏观寓于微观。卡尼曼的高明之处就在这里。从这个意义上说，卡尼曼抓住了我们所说的谋幸福之道的微观机制所在。

计算国民幸福总值非常困难，一般人们都把它当作宏观统计问题，但卡尼曼的解法与众不同。他提出的 DRM 是一种微观测度方法，但按他的说法，这种方法可以推广到宏观上，用于描述整个社会的幸福水平。他的合作者克鲁格教授介绍说，研究小组正与盖洛普一起通过电话调查方式得出国民幸福指数。他认为：如果一切进展顺利的话，我们有可能在一年以后采用这种方法。我希望多年以后，这个指标能与国内生产总值一样重要。

#### 7.2.3.2 DRM 及其背后的思想

在《描述日常生活体验的调查方法——日重现法（DRM）》一文中，卡尼曼与其合作者提出了 DRM 这样一种测度幸福值的方法。

DRM 就是根据一定问题框架，引导被测试者回忆、再现一天来有关快乐与幸福的状态，并对这种状态进行评估的测评方法。DRM 结合“时间—预算”法和经验取样法（ESM），评估他们花费的时间和生活中经历的各种事件。参加者利用专门为减少回忆偏差而设计的程序，系统地重现他们一天内的活动和体验。

在卡尼曼的视野中，以往的 GNP 之类的国家统计，存在系统性的统计问题。这种问题根源在于不同的价值判断。工业化的价值判断反映到统计上来，强调的不是以人为本，而是以资为本。以资为本就是以钱为本、以 GNP 为本；以人为本就是以福为本（这是奚恺元的说法）、以 GNH 为本。

反映到统计上来，正如卡尼曼所指：通过当下体验效用的时间整合定义幸福的经济模型，要求对人们日常生活体验的品质和持续时间进行细节测度。而关于日常生活中的时间分配的信息，是许多国家的国家统计学的一部分。

除少数个例“时间—预算”研究没有包括对人们来自活动的满意的测度。同样，关于特别情形下的“时间—使用”和主观体验的问题，很少被包括在主观幸福感（SWB）调查中。作为替代方法，这些研究通常依赖于关于幸福或满足的全球报告，这些报告只涉及生活的一般方面，或像工作、家庭这样的领域。

这个意思是说，人具有高感性的特征，不能简单地用测度理性资本（人的“类”本质）的方法来测度，而要高度注意人的感性方面的特征，包括当下体验的价值，我称为体验效用或意义价值。特别情形下的“时间—使用”和主观体验，也就是哲学中说的“此在”的价值。包括时间分析在内的日常生活体验的质与量。事实上，根据卡尼曼的分析，各地已得出了与许多全球报告不同的统计结论。例如后面将谈到的对快乐水车（Hedonic Treadmill）现象的解释。

DRM 实质是统计上的现象学方法，即胡塞尔“回到事物本身”的方法。它是一种彻底反黑格尔物性的思想方法，即扬弃“绝对理念”（确定性常态统计），而贴近体验（不确定的非常态调查），是以“体察民情”为核心设计的统计方法，是一种“时时刻刻把人民群众的冷暖放在心上”的统计方法。在这种统计学背后，是一种融社会学、心理学于经济学之中的人文社会科学方法。

卡尼曼具体介绍说：我们提供了一种新的混合的方法，即 DRM，它将“时间—使用”研究与从情感体验中恢复的技术结合起来。DRM 应答者首先通过由一段有顺序的情节构成的日记，唤醒他们对前一日的记忆。然后，他们通过回答关于情况或感觉的 DRM 问题，描述每一个片段，就像 ESM 一样。这有点像高科技条件下的访贫问苦、拉家常。

ESM 长于反映人们正在做什么，以及他们如何感觉。这种技术提供了对应答者生活中的瞬间样本的丰富描述，可以避免延时追忆和评估对体验的扭曲。然而，ESM 花费较大，参加者需要负担的费用较高，而因抽样较少，对罕见或较短的事件提供的信息较少。

卡尼曼认为，ESM 的结果在与 DRM 的结果进行比较时，可以作为标杆（黄金标准），而 DRM 长于有意再现那些靠探查实时体验获得的信息。在这方面，DRM 比 ESM 更有效率。换句话说，DRM 的专长在于探查实际民情，专克统计偏差，更不用说有意造假了。

之所以如此，关键在于 DRM 采取了语境的先进科学方法（我们曾多次介绍语境论，这是语言学转向的较高境界）。语境方法的精髓就是要求联系上下文网络，确定节点的意义。用卡尼曼的话说就是，“联系于活动（如工作交换）和环境（如受时间压力的工作）的体验”，“唤起前一天的语境，这种语境有意地引导出特别的和近期的记忆，因而可以减少回忆的错误和偏差”。

卡尼曼归纳了 DRM 的五个设计要点：一是引出访问对象前一天生活的细节描述；二是根据逼近连续结果的目标，进行实时体验测度；三是程序设计可以支持不遗漏特殊生活片段的回忆；四是将生活片段所处的客观环境数据，用结构化方式引出；五是对每个片段中的情感体验进行多维描述。

#### 7.2.3.3 方法改变对实质结论的影响

卡尼曼等人通过对一个由 1018 名妇女组成的样本的子集（909 个样本）的调查统计分析，对幸福和快乐问题得出了一些与工业化方法不同的判断。

最集中的一点就是对快乐水车现象的解释。快乐水车现象是指收入增长（相当于不断踏车），快乐却不相应增长（相当于在原地打转，不往前走），即所谓的“有钱不快乐”现象。传统以 GDP 为核心的统计，建立在效用最大化假设基础上，认为有钱就快乐，增长就幸福。卡尼曼、黄有光、奚恺元等行为经济学家的研究一致表明，经济和社会发展到一定阶段，物质和货币的增长与幸福和快乐的关系渐行渐远。人们的快乐和幸福越来越多地表现为对事物的体验而不是事物本身，是对产品和服务的体验而不是产品和服务本身，因此单单是产品和劳务的增加并不能增加幸福。DRM 可以区分服务和体验的不同，显示出“为人民服务”与“为人民谋幸福”并不是机械对应关系，即只要服务，一定幸福。幸福是对服务的体验，而不是服务本身。DRM 可以透过产品和服务的物质表象，贴在体验上，贴近人本，了解那些对人心真正起作用的东西。这个问题对我们的现实意义在于：如果 GDP 增长（越来越有钱），与人民满意不满意只有非常微弱的联系，中间还有一大块空白需要填补，那么“为人民谋幸福”就必须依靠以人为本的思路进行。

卡尼曼说：“对快乐水车现象的分析，显示出 DRM 在幸福研究上的潜力”。他们发现，与一般认为的经济、环境对幸福影响很大的判断不同，有三个因素对人们幸福感，会有非常明显的影响。一是人的个性对情感有普遍深入的影响。二是当前处境的局部特点对情感发挥有力的影响。三是生活环境对于情感体验只有相当小的影响，在环境发生重大改变后，影响只发生在有限的时间内。

这就意味着，从解决温饱到走向幸福，我们要关注以往的三个盲点：一是关注个性化问题；二是关注基层问题；三是关注文化问题。快乐水车原地打转，都是这三方面跟不上造成的。GDP 在这三方面往往有力无处使，还不如“千手观音”的作用大。

如此看来，卡尼曼自己的评价并不过分：DRM 或它的改进方法可以为开发社会幸福核算系统做出贡献，成为社会政策的一个可能很重要的工具。

## 7.3 幸福指数与范围经济

生活质量问题在什么意义上是一个经济问题，而非文化问题？特别是在什么意义上是一个可以同增长率相互比较的量值问题，从而可以统一于自然率？

尽管生活质量涉及社会标准、心理标准，但我们从范围经济（异质完全竞争）角度，可以把它归结为一个典型的经济标准问题。

GNH 测度上最大的困难在于，难以把握幸福的主观性与收入的客观性之间的关联。选择异质完全竞争的核心维度——品种这个指标作为 GNH 的成分指标，可以非常好地解决这个矛盾。品种本身是客观指标，却可用来显示主观选择。因此，前面已指出，凡是心理上的主观这一概念，我们都可以用多元这一客观概念加以替代。而品种就是多元、选择、自由这类客观概念的实证化。

品种唯一代表的就是选择（而不论它是不是指狭义上的产品品种）。品种与幸福的联系在于，幸福取决于更多的选择，没有选择就谈不上幸福。同时，品种也与正义的价值具有内在关联，因为正义可以理解为一种多样性价值的平等（而非根据能力等特定标准划分出不平等）。

幸福是 GDP 中未被观测到的最主要价值。

快乐水车把观测方法的矛盾充分暴露出来。此前，人们普遍认为 GDP 的水平一定是幸福的水平，有钱一定快乐，但国际数据显示，人均收入 3000 ~ 5000 美元后，GDP 与幸福的关系就像水车一样，GDP 滚滚向前，快乐原地踏步，有钱不一定快乐。

人们有理由猜想，幸福藏到一个可以计量它的指标（甚至指标体系）的面纱后面去了。人们发现，GDP 与幸福之间在量值序列上最主要的区别特征在于，GDP 的量以同质（质不变）为前提，幸福值的量以异质（质变）为前提。人们缺乏对质变（如生活质量、经济发展质量）的量化方法，是问题症结所在。其中，作为中间价值的生产质量与作为最终价值的生活质量在测度上又有所不同。在中篇，我们重点讨论了生产质量的显示方法和计量体系，下面我们将重点讨论生活质量的显示方法。

针对质进行测评，把幸福从显示不出来的状态重新变为显示状态。最初这种做法称为重现法，它相当于在寻找幸福的显影液。

第一种幸福的显影液系统我们称之为“质”重现法，典型如“酷值”，它侧重从产业结构角度观测与幸福相关的产值。青木昌彦针对度量“旧日本”的分析方法的缺陷，高度评价日本的 GNC，将它与 GDP 相提并论。他相信今天的日本正处于一个“根本性的转型过程”中。“它或许是日本的第三次伟大的转折”（前两次分别指明治维新和战后奇迹），这是一次“没有航海图的新旅途”。

酷就是口语中说的“酷毙了”的那个“酷”，“酷值”代表的是快乐值，GNC 就是国内幸福总值的另一种说法。在实测中，反映的是以动漫、流行音乐、电玩游戏、家电产品、时装和美食等日本流行文化为代表的文化产业对制造业的替代。从理论上说，文化产业的供给对应的就是幸福快乐需求的满足。日本的 GNC 从产业角度显示出满足幸福需求的能力。

第二种幸福的显影液系统叫 DRM。DRM 的思路是对生活质量进行逐日的实证还原，然后将每人每日的快乐值汇总为一个幸福总值。例如，它可以比较喝一杯咖啡与散一次步之间快乐值哪个大哪个小。这种方法强调排除 GDP 来测幸福值，它坚持不把幸福还原为标准化的效用。统计部门将 GDP 转化为人均 GDP 来刻画幸福，这解决不了快乐水车问题，因为总的同质性与分别的同质性都是（马歇尔意义上的）效用，而非（边沁的快乐与痛苦意义上的）价值。

与 DRM 相对的是“量”重现法，即把“质的变化程度”本身完全标准化为一个量。例如，产品或服务由一种质变为多种质的状态形成的数（品种数）。

我们在进行中国社会科学院创新工程“信息化测评体系创新研究与应用”课题研究并梳理内生差异化的文献时，发现一条新的线索，可以用品种指数当作异质性的量值，在均衡水平测度幸福值。

这种方法的理论根据是阿马蒂亚·森“以自由看待发展”，对应的计量方法是其能力理论。能力理论讲的是，同样的（马歇尔意义上的）效用可以满足不同的（边沁意义上的）价值（他称为能力，即能满足幸福的选择能力）。

品种的总数对应阿马蒂亚·森的“能力集”（“能力集”包含可供选择的实际生活内容组合的信息）。其中逻辑通俗地说就是，如果花同样多的钱可以选择的品种较多，人的幸福值就会较高。

举例来说，3 种衣服乘以 5 亿人（单一品种大规模生产）与 3 万种衣服乘以 5 万人（小批量多品种生产）对应的 GDP（总的效用）可能是相同的，但花同样多的钱人们可能拥有的选择却是不同的。以往的计量方法是把 15 亿件衣服当作一个品种乘以价格计入 GDP，这就把实际影响幸福值的关键量值（人们有多少种选择）给省略了。将差异化内生进入 GDP，这比人均 GDP 更接近对幸福快乐的多元化主体价值及其异质特征的描述。

从“以自由看待发展”角度看，在当前中国人均收入水平（超过 5000 美元）条件下，社会在均衡状态下可以满足多少差异化需求，决定着主观幸福有多少客观基础。互联网对于这种以多元化的快乐为特征的幸福的增进作用突出表现在，通过促进复杂网络水平的合作，有效降低经济差异性（主体价值多元化）的成本。

## 7.3.1　以品种测度国民幸福总值

DRM 的优点是能有效区分宏观上的幸福与微观上的快乐，但缺点是难以同现有的均衡体系对接。这会导致 GDP 与幸福值各测各的，当要在它们之间进行比较和转换时，就会导致“语言”不通。为了解决这个问题，我们第一次提出在纯粹经济学的均衡框架范围内沟通 GDP 与幸福值的思路，将 GDP 与幸福值统一纳入“品种—数量—价格”三维均衡体系来进行标准测度。

### 7.3.1.1　品种测度是人类发展指数思路的推广

用品种测度幸福，与联合国人类发展指数（HDI）形式不同，但实质完全相同，体现的都是“以自由看待发展”的理念。

二者都源于阿马蒂亚·森的能力理论，通俗理解就是“有钱不等于快乐”。能力理论“以自由看待发展”，认为收入不等于幸福，要从测效用转向测价值（偏好），即不仅要测收入，还要测出同一收入（代表发展）可以用来实现多少种不同的偏好（代表自由）。学理上，（选择）自由先于（功利主义）幸福，因此对自由的测度可蕴涵幸福的测度。

品种正好是阿马蒂亚·森说的能力的一种理论抽象，相当于他说的“能力集”。不同之处在于，阿马蒂亚·森说的能力是选择具体目标的能力，品种则把能力抽象为能力的数量（一共有多少种可实现的能力），把“能力集”理解为品种的集合。“以自由看待发展”在指标上可“变形”处理为以品种看待 GDP。通过测度同一 GDP 中包含多少种选择，观察人类获得自由的水平。

品种可以反映同一元钱对不同人的不同意义，表现出有钱与快乐之间的关系：同样收入条件下，人的选择越多，实现最贴近本义（满意）的选项的概率越大；人的选择越少，越远离人的本义的实现。例如，全国人民只能选蓝绿两种颜色的衣服与可选二百种颜色的衣服的满意概率有客观不同，幸福水平也不同。

#### 7.3.1.2 品种测度既与 GDP 有内在关联又独立于 GDP

HDI 三个具体指标期望是寿命、识字率（入学率）、人均 GDP，是阿马蒂亚·森参与设计的，相比 GDP 加入了社会因素，但测度效果与他的初衷比有相当距离。尤其是人均 GDP，没有独立于收入，甚至不如基尼系数敏感。幸福测度受此挫折走向另一个极端，偏向主观的满意度测度。与这种经验式测度不同，同各种满意测度比，品种测度相当于把满意的“意”（所要满足的意义）抽象为意义的数量（一个品种代表一个质上不同的意义），例如，每一次创新代表一个不同的质，每一个由于质的差异而造成的市场区隔可以理解为一个不同的质，从而得出一个代表质的差异程度的意义总量（自由的范围——一定经济范围内人类获得自由的总量）。

如果不求精确，在经济内部，大致可以这样理解：GDP 是数量与价格之积，幸福是品种与价格之积（选择的总价值量）。总福利的含义从数量与价格之积，变为再乘以品种，性质上从总效用变为总效用与总价值的合体。

GDP 与幸福之间存在一目了然的内生关系。举例来说，同一个 GDP 由 2 万种商品构成还是 2 亿种商品构成，对 GDP 本身来看没有任何区别（因为设 $N=1$，所有产品同质，数量与价格之积不变）。但对人要满足的意义来说，完全不同。每个人认同的意义不同，体现在商品上则表现为选择不同质的产品。总价格不变条件下，由较多品种、较少数量构成的等量的总福利，将比较少品种、较多数量构成的等量的总福利意味着更高的幸福值，从而也意味着较高的新定义的财富值。这就是“以自由看待发展”和“能力集”指导下的财富测度与传统 GDP 增长测度的实证上的不同。

这也符合经验上由托夫勒总结的人类经济发展，由单一品种大规模生产转向小批量多品种生产的生产趋势，同时符合人类从同质化的物质需求满足日益向异质化的文化需求满足发展的消费趋势。这个过程就是人类从较不自由向更加自由转变的过程，是幸福提升的客观基础，与人类发展指数的取向是一致的。可以认为，HDI 是品种测度的特例，它相当于品种测度中，同等收入水平下可以选择的不同的寿命水平、知识水平这类具体的品种大类。而阿马蒂亚·森的本义是选择越多越好。HDI 只取寿命、知识指标等，受统计指标限制，而不具有理论上的必然性。

## 7.3.2 品种测度的可行性

迪克西特与斯蒂格利茨 1977 年提出的 D－S 模型在经济学中第一次实现了品种与收入、均衡关系的内生化，由此解决了在均衡水平上计量品种的技术性难题。

均衡条件下，品种不可以通过主观意愿增减，不像满意度那样容易造假或出现样本偏离，因此比满意测度更为客观。原因在于，统计测度的品种一定是供求平衡，市场结清后的品种是客观的。

人为从供给方增加品种，提供虚假的选择多样性会受到市场惩罚。同时，供给受生产方式的制约，小批量多品种的生产方式一定是发展方式转变的结果。一般规律是，在规模经济条件下，品种多样化会提高生产成本（迪克西特、斯蒂格利茨，1977）。在范围经济条件下，品种多样化会降低生产成本（潘泽，1982）。真实的平均成本曲线由从范围经济到不经济的“U”形轨迹构成。需求不变条件下，如果在范围不经济的情况下，规模再不经济，产品多样化会因偏离均衡而受到抑制。

从需求方面看，人们会为差异化产品付更多钱，因为差异化会带来更高的幸福感，但这要受到收入条件的限制。经验规律是，总收入中可自由支配收入占到 60% 之上，是多样化需求与同质化需求的临界点（这两种需求对应张伯伦的双需求曲线，多样化需求曲线即垄断竞争中为差异化支付溢价的那条需求曲线），特定情况下（如体验经济、成瘾性行为）甚至出现需求曲线向上。从经验上，将来人们可以通过对个人信息（负面说法为“隐私”）的透明偏好，看出收入和需求偏好的关系。

联系均衡进行品种测度，有助于克服满意测度的根本局限。多数满意指标都与均衡无关，与经济只有外在关系，不可能（在初次分配内）通过经济本身的调节作用与幸福相互作用。实质问题是，幸福等于欲望减去满足。联系均衡，欲望就会受到供给（实质是为获得幸福肯不肯付出劳动）的制约。而不联系均衡，包括满意测度、SWB 测度，难以区分正常欲望（有支付和劳动付出保障）与贪欲（只索取不付出）的度，会鼓励不正常攀比。范围经济认为幸福是人（特别是底层民众）的自主选择，而非福利国家的单纯再分配，幸福需要靠劳动者自己创造，而好的制度要使他们得到最低门槛的创造机会和条件。

品种测度本身也有局限，它只在经济范围内有效，不涉及快乐水车等联系于心理、社会因素的现象。如果要超出经济范围测度幸福，就需要有心理类指标（如满意测度、SWB 测度）及社会类指标辅助进行全面分析。但品种测度结果会为心理、社会测度中的超常欲望提供一个正常欲望的“自然率”参照系。

政策含义是，一旦超出自然率，为提高国民幸福总值，就需要考虑采取文化手段（如印度通过印度教降低欲望水平）、宏观经济手段（如通过二次分配调节基尼系数）、社会手段（如“等贵贱、均贫富”）进行调节。而品种测度的直接政策作用是提供数量信号指示，通过市场手段，利用供求关系，使欲望与满足达到平衡，并在均衡中使幸福值上升（以自由看待发展）；通过微观机制，在一次分配中解决幸福问题；仅在市场失灵后，再求诸宏观经济手段和社会手段。

选择品种这个指标，可以同时兼顾国民幸福总值指标选择上的四种经济学考虑。

第一，是不是经济指标。国民幸福具有经济和社会双重性，在经济指标外附加社会指标无疑是可操作的办法，但这意味 GNH 外生于经济，容易造成 GNH 与 GDP 的对立，排斥幸福的经济内生因素。而品种测度是经济自身指标，它与收入有内生联系。品种不像满意度那样越高越好，有均衡规律从供与求两方面进行反向相互制约。

第二，是不是事实判断。满意测度与 SWB 测度诉诸价值判断。品种测度只是事实判断，同 HDI 一样，客观参照性强。

第三，是否是累积性指标。品种测度利于形成时间序列的累积值，而满意测度与 SWB 测度难以进行时间序列中的基值比较。

第四，可否从微观推导宏观。卡尼曼的 DRM 包括英国的方法，以快乐值推幸福值，暗含了微观宏观同构假设，是否准确高度依赖于样本代表性。品种测度虽也是微观测度，可全面统计，可以直接得出宏观数据。

# 8 发展结构

结构问题比质量问题在形式上更接近质的问题的定性方面，更难以量化。与生活质量的丰富量化经验不同，对结构的量化是有限的。基尼系数也许是一个可以同幸福值相比的结构指标，以它作为发展的第二个方面的自然率也许是现实的，但更理想的指标也许是包含能显示机会分布程度的包容度的指标。为此，我们需要先探讨其理念。

结构的问题作为人的发展问题，它的问题意识为人是目的，就意味着不能把人当作手段。生活质量问题的提出表明增长是手段，发展是目的，不能为增长而增长。而结构问题换了一个角度：不能一些人永远是目的，另一些人永远是手段，人的整体都应是目的，因此只有包容性发展，在结构上才是合理的。

## 8.1 当代发展结构是合理的吗

可否通过抑制基尼系数降低过高 GDP 增速?

发展经济学的典型问题是结构问题，它的核心是公平不公平的问题。自然率的问题与公平问题具有内在联系。在均衡条件下，经济发展差距越悬殊、越不平衡，基尼系数越高，GDP 发展往往越快；经济发展越公平，基尼系数越低，可能 GDP 增速越慢。我们需要讨论出于公平和平衡的原因而降低 GDP 增速是否符合我们的价值观。

第一个问题是关于外部二元结构的，我们讨论当代世界体系结构的公平合理化对自然率的影响。这不仅是中国的问题，因为这是发展经济学典型的问题。萨米尔·阿明在《不平等的发展：论外围资本主义的社会形态》一书中提出世界经济的“中心—外围”结构理论，认为外围的“不发达”是中心发达扩张的产物，因此不发达的外围国家不可能在“中心—外围”结构中由外围变为中心。对应微观，这相当于认为资本（中心）会抑制劳动力（外围）的发展。虽然个别的劳动力可能转变为资本家，但劳资比例不会出现外围反超过中心的反转现象。

就国内来说，经济增长形势再好，收入平均数还可以，比如“北上广深”的人过得很好，但外围的人不一定，这应该不是一个理想的发展状态。平均主义固然不好，但外围的主体如果得不到发展的机会，而且这不是自己的原因而是现有结构阻滞了要素的合理流动，由此造成机会的不平等，这样的结构就不是理想的。

这与自然率问题有密切关系。从经验中我们可以观察到，当其他条件不变时，增长率越高基尼系数可能越高，“中心—外围”的对比越悬殊，两极分化越严重。这是否意味着，一个经济体的 GDP 扩张速度从 10% 降到自然率增长会必然伴以基尼系数的下降（两极分化的缓解）？如果是这样，岂不可以反过来认为，只要沿着减少两极分化或抑制基尼系数上升的方向施加价值观上的努力，就可以使经济从超高增长自然地降向自然率增长？

做出这个判断是困难的。系统与环境之间开放与封闭的关系与系统自身的结构——均质化（平均主义）还是二元化（两极分化）——有莫大关系。当系统向环境开放时（相当于技术进步导致新能源出现），系统可能形成类似“中心—外围”结构这样的内部结构，系统的中心（相当于资本家、发达国家）抽吸外围（相当于劳动力、不发达国家），实质上是一个转化环境负熵（相当于能源、资源），以提高系统有序化程度的过程。GDP 从某种意义上说就是经济上的系统有序化程度（所谓社会化程度）。相反，如果系统对环境处于封闭关系（相当于技术进步停滞或环境资源枯竭），系统可能形成热寂状态（类似平均主义的均质性结构），外围会倒过来抽吸中心（类似发生打土豪分田地那样的革命），结果一定是系统有序化程度降低的熵增过程（相当于增长速度下降、社会陷入混乱）。

自然率增长所提出的问题相当于在何种条件下系统熵增是合理的。直觉上的答案是当环境无法承受系统时，熵增或者说 GDP 下降是合理的。而环境无法承受系统又有许多原因，技术进步的速度赶不上资源消耗的速度，或环境污染带来的损害超过了开发环境带来的收益，甚或经济发展引发的社会矛盾激化等，都是可能的原因。

当然，环境是否可以承受系统，这本身就具有一定的不确定性，因为技术可能进步，而信息资源与心智资源具有与物质资源不同的特点，这些也都是要从实际出发加以考虑的。

结构不合理主要针对的是，发展在带来经济增长成果的同时可能付出额外的社会代价，而这些社会代价最终也会损害经济发展。这与针对经济增长质量的经济结构不合理不是一回事。

为了矫治不合理的发展结构，加强包容性是主要对策。包容性指的就是同样的发展，是让老百姓一起做一件事还是只是让少数人做这件事，如果只让精英做事而排斥多数人，就是在强化中心而弱化边缘，而让大家一起参与，这个结构就是包容性的。

互联网分享经济的发展，让大家一起参与经济发展，大家凑一起，形成集体智慧，共同把事做好，大家在其中也得到自我实现的满足。

第二个问题是关于内部二元结构的，讨论内部二元经济结构的调整对自然率的影响。

内部二元经济结构在发展经济学中是指城乡工农发展等差别。

刘易斯提出二元结构论（两部门模型）。缪尔达尔提出回波效应以解释内部二元结构的生成机理。他在《经济理论和不发达地区》一书中指出："如果只凭市场力量发挥作用，而不受任何政策干预的阻碍，那么，工业生产、商业、银行、保险、航运，实际上几乎所有经济活动……所有这一切云集在某些地区，而使得该国的其他地区都或多或少地处于死水一潭的落后状态"①。这里面会出现的问题是城市吸附乡村，造成城里生活好、农村生活不好的现象。传统的做法是让农民离开农村，进入城市，直到出现"刘易斯拐点"。

刘易斯的两部门模型认为，现代工业部门通过从传统领域吸收劳动力而发展，其劳动者工资取决于非工业部门领域劳动者的收入。具有不同行为准则的两部门之间交互作用。中国现在出现的 GDP 增速下降，有人认为是"结构性减速"，中国已来到"刘易斯拐点"。

"刘易斯拐点"即劳动力由过剩向短缺的转折点，是指在工业化过程中，随着农村富余劳动力向非农产业的逐步转移，农村富余劳动力逐渐减少，最终枯竭。从现象上看，农村劳动力向非农产业转移中工资水平上升，是这一

① 王爱君．发展经济学流派与方法比较［M］．武汉：武汉大学出版社，2012：59.

拐点出现的表现形式。

由于农村劳动力大规模转移，剩余劳动力减少，农村劳动力成本上升，带来工业部门劳动者工资成本的上升，使 GDP 增长的人口红利消失。加上鲍莫尔利用“成本病”理论解释的“服务业生产率之谜”，可以发现，当前中国经济处于服务业的 GDP 比重和就业比重急剧上升时期，由于传统服务业“成本病”的存在，GDP 增速出现可以理解的下降。

如果说二元结构的扩大从成本结构看对 GDP 是一种正向的激励，那么消除二元结构将有利于 GDP 的增长从过高状态向自然率方向回归。

当数字红利出现后，传统二元结构以及服务业“成本病”的形势也在发生变化。数字红利的特点是，经济发展所需要的资源通过零成本分享，如基础设施通过 IaaS（基础设施即服务），服务平台通过 PaaS（平台即服务），生产工具通过 SaaS（软件即服务）可以支持去中心化地、分散化地配置资源。这使得三四线城市和农村地区出现新的发展机遇。

有一个口号叫作“城市，让生活更美好”，我看未必，有没有可能乡村让生活更美好？梁漱溟当年提出乡村建设理论，实际就是主张在去中心化的结构下发展经济。这在当时工业化没有完成的条件下是难以实现的，而现在互联网发展创造了分散化配置资源的新方式，有没有可能不是城市让生活更美好，而是乡村让生活更美好？对梁漱溟的理论，人们曾经觉得非常落后，但有了互联网，又可能变得非常超前。美国在 20 世纪 50 年代工业化达到高潮后，就开始出现向乡村发展的动向。信息网络的发展从两个方面使以往不可能的事情有了可能：一是网络是一种分散配置资源的方式正在改变二元结构中乡村在配置资源方面的劣势；二是电脑与人脑的结合正在改变服务业不能由机器提高劳动生产率的“成本病”病因，有可能提高劳动生产效能。

值得注意的是，梁漱溟的理论核心是要把人心调动起来，反对单纯的物质驱动。他提出，抵达最高境界的人必定有开阔的心，对于天下万物有同胞之感，而在什么地方才能达到这个境界，只有在乡村。过去工业化都是集中到城市配置资源，城市交通方便，有规模经济优势，但是有了互联网之后，城市和乡村的区别就不大了，借助智能化，以城际物流配置资源为主转变为以乡村配送方式配置资源了。互联网时代出现了“新农人”现象，以需求为导向，采用电子商务分散配置资源，实现产销零距离接触。在“新农人”身上，孕育着未来新人的萌芽。对未来新人来说，内部二元结构与外部二元结构都不再是问题，就业不是劳动力被资本吸附，而是自我雇用（知本、在家办公、产销合一、创客、兼业，高科技全球化的自然经济等），由此摆脱解决就业的传统思路，从单纯依靠物质资本投入牵引增长来解决就业，转向知识化、网络化的人力资本和创造性劳动（劳动者创新）。

随着互联网的发展，介于政府与市场之间的社区正依托社会网络（SNS）的形式，促进社会生态的发展，促进社会信任。社区发展具有自组织、自协调的特征。电子商务通过商业生态系统，协调利己与利他的矛盾，将企业社会责任、企业公民等概念融入商业。这种新的结构为化解社会二元对立提供了微观基础。

外围、不发达地区配置资源效能的提高，有助于经济从畸形的超高增长向更为平衡、可持续发展的方向调整。

按平衡发展的价值观协调二元结构关系，在政策上的主张为以下几点。

第一，城乡协调发展是社会稳定和整个国民经济持续、协调发展的基础，必须从统筹城乡经济社会发展、逐步改变城乡二元经济结构的高度来推进涉及“三农”问题的各项改革，这是完善社会主义市场经济体制的迫切要求。在信息化发达的国家和地区，城乡差别正在缩小。在硅谷，城市已成为介于城乡之间的地带。重要原因之一在于，网络在资源配置上改变了传统空间关系，为城乡协调发展提供了新的可能。我国目前城市信息化与农村信息化发展不平衡，城乡互动的信息化更为薄弱，需要大力发展电子商务基础设施，充分发挥网络在配置城乡资源方面的主导作用，为统筹城乡经济社会发展积极作用。

第二，促进区域经济协调发展，逐步扭转地区差距扩大的趋势是全面建设小康社会的一项重大任务。在网络条件下促进区域经济协调发展要有新思路。互联网在给区域发展带来扩大数字鸿沟的挑战的同时也带来跨越式发展的机遇。美国硅谷、印度的班加罗尔抓住了互联网机遇，从而从传统农业区一跃而为高新技术产业区，是工业要素与科技要素“双要素”聚集规律在产业聚集中起到关键作用。我国一些不发达省份、不发达地区按照互联网新的资源配置原则进行规划，是完全可以乘势而起、扭转地区差距扩大趋势的。目前一些国外高科技公司已把目光投向了某些智力密集的西部地区，对我们是一个很好的启示。通过互联网手段，改善落后地区互联网条件，实现互联网跨越，是促进区域经济协调发展的一条有效途径。

第三，社会发展是经济发展的重要目的和有力保障，要想改变目前社会发展和经济发展不够协调的状况，必须加快推进社会领域的各项改革，推进智慧政府建设，以电子政务促进全社会的互联网服务，特别是推进社区互联网和各类应用端的互联网发展，加快我国社会向未来社会的转变进程。

第四，经济的发展不能以牺牲资源、环境为代价，要为子孙后代着想，必须努力保持人与自然的和谐相处，这是实现可持续发展的必要条件。以信息资源部分地替代自然资源和能源，以知识投入部分地替代自然资源和资金投入，大力发展现代信息服务业和高附加值的文化产业，推动农业、工业和服务业绿色发展，对于发展生态经济、实现可持续发展的意义是不言而喻的。

第五，经济全球化深入发展将形成国际经济新秩序。我国加入世界贸易组织为我国的发展带来机遇和挑战，要求我们的经济体制必须适应这种新形势，协调好国内发展与对外开放的关系。电子商务打破国内与国外的界限，使我国企业直面经济全球化考验。必须通过深化改革，大力推进互联网开放，增强企业活力与竞争力。互联网从生产力和生产关系两个方面提高企业活力，可以为企业从做大、做强向做活（成为适者）的方向发展提供强大的动力，充分体现信息化驱动工业化的作用。互联网将形成开放分享的经济发展新格局，形成去二元结构的对等网络新结构、新秩序。

## 8.2 包容性发展

包容性发展是降低过高 GDP 增速的价值观上的重要理由。

包容性发展就是要使全球化、地区经济一体化带来的利益和好处惠及所有国家，使经济增长所产生的效益和财富惠及所有人群，特别是要惠及弱势群体和欠发达国家。

包容性发展对于中国来说，将使经济发展回归增长本意，即以人为本。发展的目的不是单纯追求 GDP 的增长，而是使经济的增长和社会的进步以及人民生活的改善同步进行，并且追求经济增长与资源环境的协调发展。

### 8.2.1 包容性与自然率的内在关联

包容性与自然率具有内在关系，任保平有一个很好的说明："非包容性增长是一种经济增长至上、GDP 至上的发展观，把经济发展简单理解为经济增长，同时又把经济增长简化为 GDP 增长。非包容性增长主要依靠投资和出口来拉动经济，依靠高投入、高消耗、高排放、低劳动力成本、低土地成本、低社会保障的工业化模式。非包容性增长的典型后果是经济发展不平衡，社会基尼系数持续扩大。包容性增长则体现了一种新的经济增长目标模式，在经济增长理念上，包容性增长反映了经济增长的出发点和归宿。"① "'以人为本'的经济增长以人的自由发展和福利改善为出发点，以人本主体的自由为核心，从生存自由、社会自由和精神自由等维度设计发展的思路和实现路径。"② "经济增长如果忽视人的发展，就会导致无情的增长：物质的发展使人失去了人性，人成为物、工具，导致贫困和收入分配严重不公。包容性增长的终极关怀是人文关怀，人是经济增长的终极目的。经济增长归根结底就是为了实现个人的全面发展。人的幸福最大化应当是包容性增长的最高目标的判断标准。"③

任保平较好地从价值观上阐述了坚持包容性发展（他称为"包容性增长"）的理由，认为"这是以物为本的经济增长和以人为本的经济增长"之间的分别。他指出："包容性增长倡导了新的价值导向"，包括"增长成果共享的价值导向"，"民生为主的价值导向"（"要改变过分强调 GDP 的增长理念，更多地强调民生"），"经济与社会协调发展的价值导向"（"包括经济、政治、文化、社会、生态等各个方面"），"'国富'与'民富'相结合的价值导向"④。

为此，衡量包容性的标准应包括对增长前提的包容、对增长过程要素的包容和对增长结果的包容。具体包括对经济增长对生存权利、教育公平、医疗公平、经济安全、创新、劳动者、企业、民生民富、经济可持续性、幸福的包容（见表 8－1）。

---

① 任保平．中国经济增长质量报告（2011）：中国经济增长包容性［M］．北京：中国经济出版社，2011：18.

② 同①20.

③ 同①16.

④ 同①19－20.

**表 8-1　　　　包容性增长评价指标构成**

| 二级指标 | | 三级指标 | 计量单位 | 指标性质 |
|---|---|---|---|---|
| 对增长前提条件的包容 | 生存权利 | 男女人口数之比（$X_1$） | — | 逆 |
| | | 预期寿命（$X_2$） | 岁 | 正 |
| | | 贫困发生率（$X_3$） | % | 逆 |
| | 教育公平 | 教育基尼系数（$X_4$） | — | 逆 |
| | | 每万人拥有的教育资源（$X_5$） | 所 | 正 |
| | 医疗公平 | 医院床位数的泰尔指数（$X_6$） | — | 逆 |
| | | 医生数的泰尔指数（$X_7$） | — | 逆 |
| | 经济安全 | 农业受灾面积（$X_8$） | 千公顷 | 逆 |
| | | 通货膨胀率（$X_9$） | — | 逆 |
| | | 贸易依存度（$X_{10}$） | — | 逆 |
| | | 外资开放度（$X_{11}$） | — | 正 |
| | | 金融开放度（$X_{12}$） | — | 逆 |
| 对增长过程中要素的包容 | 创新 | R&D 经费支出占 GDP 比重（$X_{13}$） | — | 正 |
| | | 国有企业科技从业人员占国有工业产值比重（$X_{14}$） | — | 正 |
| | 劳动者 | 劳动工资占 GDP 比重（$X_{15}$） | — | 正 |
| | | 就业增长率与经济增长率之比（$X_{16}$） | — | 正 |
| | | 城乡收入比（$X_{17}$） | — | 逆 |
| | | 基尼系数（$X_{18}$） | — | 逆 |
| | | 政府社会保障支出（$X_{19}$） | 亿元 | 正 |
| | 企业 | 大型企业平均产值与中小企业平均产值之比（$X_{20}$） | — | 逆 |
| 对增长结果的包容 | 民生民富 | 人均 GDP（$X_{21}$） | 元 | 正 |
| | | 人均受教育年限（$X_{22}$） | 年 | 正 |
| | | 恩格尔系数（$X_{23}$） | % | 逆 |
| | | 居民家庭人均消费支出（$X_{24}$） | 元 | 正 |
| | | 人均住房面积（$X_{25}$） | 平方米 | 正 |
| | | 财政收入占 GDP 比重（$X_{26}$） | — | 逆 |

续　表

| 二级指标 | | 三级指标 | 计量单位 | 指标性质 |
|---|---|---|---|---|
| 对增长结果的包容 | 经济可持续性 | 全要素生产率（$X_{27}$） | — | 正 |
| | | 单位产出能耗比（$X_{28}$） | 万吨标准煤/亿元 | 逆 |
| | | 单位产出污水排放数（$X_{29}$） | 万吨/亿元 | 逆 |
| | | 单位产出大气污染程度（$X_{30}$） | 亿标立方米/亿元 | 逆 |
| | 幸福 | 城市人口密度（$X_{31}$） | 人/平方公里 | 逆 |
| | | 人均绿地面积（$X_{32}$） | 公顷/万人 | 正 |
| | | 离婚率（$X_{33}$） | ‰ | 逆 |
| | | 平均每百人每年订报刊数（$X_{34}$） | 份 | 正 |
| | | 人均拥有文化馆和图书馆数量（$X_{35}$） | 个/万人 | 正 |

资料来源：魏婕，任保平．中国经济增长包容性的测度：1978—2009［J］．中国工业经济，2011（2）：5－14.

如图8－1所示，从实际数据来看，我国经济超高速增长阶段的非包容性增长的特征还是比较显著的，突出表现在物质驱动的粗放特征上。当然，这只是一个事实判断，要进行价值判断还需要结合具体条件，特别是要充分考虑中国人均收入与发达国家差距这一国情条件。收入差距越大，非包容性增长做大GDP蛋糕的边际收益越大，而随着收入差距的缩小，通过包容性增长分蛋糕的边际收益越大。

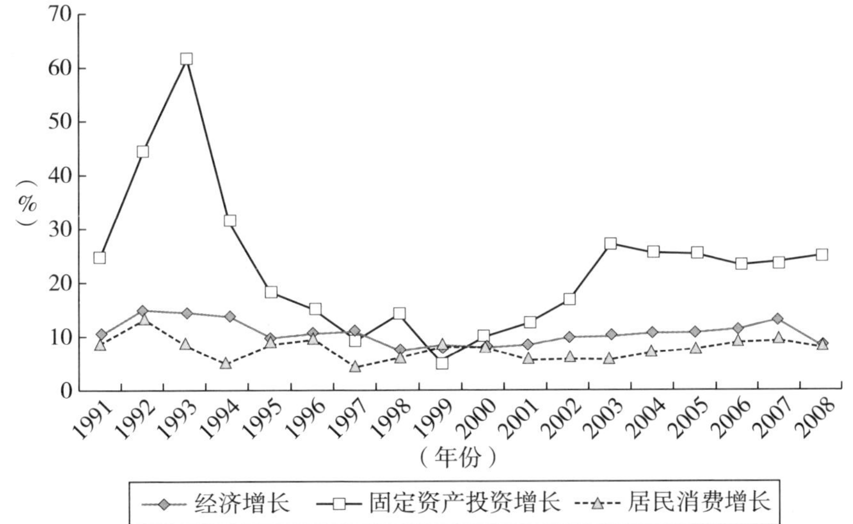


**图8－1　我国经济增长、固定资产投资增长以及居民消费增长**

资料来源：国家统计局：《中国统计年鉴（2009）》。

包容性发展体现了价值观十字坐标中生活（草根）维度的主要内容，强调社会弱势群体、低收入人口有相对平等的发展机会，能从经济增长中更多受益，强调增加劳动者收入在整个 GDP 中的占比。

如图 8－2 所示，我国在 GDP 高速增长中，劳动报酬占 GDP 比重在国际比较中相对较低。扣除人均收入差距的影响（追赶因素）之外，随着这种差距的缩小，向自然率方向调整的必要性，单从包容性发展角度看，也越来越大。

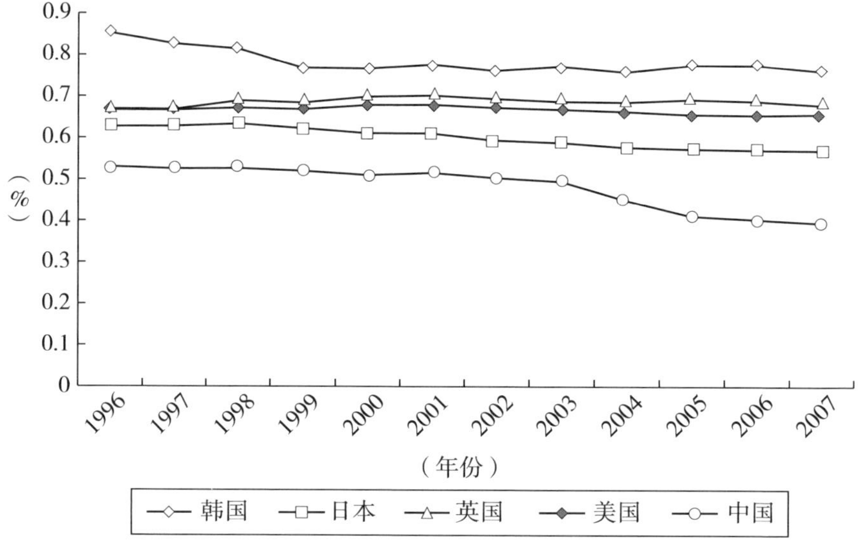


**图 8－2　劳动报酬占 GDP 比重的国际比较**

资料来源：中国数据来自《中国统计年鉴》（1996—2007），外国数据来自 OECD 统计数据网站（http：//stats. oecd. org），“Labour Income Share Ratios” 条目。

### 8. 2. 2　包容性、多元化与分享型经济

我们特别强调的是在互联网条件下，去中心地配置和分配资源和财富的方式带来的影响。这是我们与一般见解不同的地方。与一般的包容性概念相比，我们希望包容性概念更多强调多元化的公平，强调对机会的参与、分享，强调更分散的机会分布。

《中国经济增长质量报告（2011）》里有对包容性很好的解释，即经济发展有多少人参与。我们要使更多的人参与到财富创造，而不是简单的分配财富。

结构问题除了公平不公平，现在还要看包容不包容。公平只是说财富分

配得均不均，但是包容进一步包含了多元化、多样性的价值观。在物质驱动观点的背后，是能者多得的理念，能者多得背后隐含的是基于同质化价值观的效率和优化标准。如果从人的发展角度讲，多样化同样是一种“能”，只不过它并非专业化意义上的能，而是多元化的能。基于多样化的理由，也不应将诸多“不能”者排除出发展的机会之外，至少应把机会的门槛放低，让草根可以进入，以促进人的自由且全面发展。

与包容性的价值观比较，自由主义价值观本身包含着自由的悖论。一方面，它强调能者多得是为了体现出主体的自由，反对对于能者能力发挥的限制（不自由）；另一方面，当这种自由观与同质化、物化价值观混为一谈时，又造成了一种源于普遍主义的不自由（进而构成对特殊主义、相对主义和多元性价值的排斥），通过设置过高的物化门槛，限制了底层的流动，抑制了多样化的自由，最终排斥了人的发展的全面性和丰富性。这个问题既在微观上存在，也在宏观上存在。

信息革命中涌现出的分享型经济为包容性发展开辟了参与分享的新天地。互联网技术作为与民生问题最直接相关的民生科技，其本身的创新便以公众需求为导向。作为民生科技的互联网技术不仅是解决生活需求的科技，而且是有利于就业与民众参与的包容性科技，如3D打印等技术有助于民众零门槛对创新、创业的参与。

分享型经济将资本与劳动力分离的传统发展模式转向资本与劳动者一体化发展模式，使草根参与和大众创新的门槛得到史无前例的降低。通过云计算等产权制度创新，使劳动者以直接分享固定成本（重资产）转向以Web为代表的机会中心——根据个人需求，汇集机会，对生活、学习、工作、娱乐进行完美匹配。这种分享与包容性发展中的共享既有联系，又有区别，是一种以租代买的模式。

包容性发展的关键是要分享机会（通过应用程序编程接口接入零成本复制的生产资料，使机会对人人平等，在初次分配即解决公平问题），其创新点在于不依赖二次分配（市场微观失灵后的政府宏观调节），从根本上解决公平与效率的矛盾（实现相对于市场有效性的网络有效性）。

在平台经济和商业生态系统中，包容性增长体现出科技革命的独特性，可以分布式、多元化地为草根提供参与资本增值和创新的机会，资本因分享型经济（以租代买、两层经营）而租金化，劳动者本身成为资本（人力资本），劳动力转化为具有创造性的劳动者，就业问题（劳动力问题）彻底转化为全员创新问题（劳动者问题）。在包容性增长中，经济之所以不需要太高的 $N\%$，是因为原来需要为就业而配置的投资转化为了两部分，固定成本部分可零成本复制（平台化、生态化、租金化），边际成本部分就是劳动者本身，劳动者自我创造工作机会（工作不等于就业），他有收入，但不一定计入 GDP①。

## 8.3 实现增长与发展基于自然率的统一

从发展经济学角度讲，自然率并不只意味着基尼系数，还代表着包容性发展。换句话说，降低 GDP 的过高增速并不只是出于公平的理由，还意味着财富因人的发展而增长。

但在以往的发展经济学中，涉及增长的主题主要是 GDP 的追赶，针对的主要是发展中国家通过结构调整在收入上追上发达国家，其价值观的内涵是效率，而涉及人的发展本身的主题，其价值观的内涵是公平。效率与公平始终处于矛盾之中，至今也没有得到解决。

相对于自然率，追求效率往往同提高增速相联系，而追求公平的问题又往往同牺牲增速相联系（基尼系数主要反映这方面的量化特征）。有没有一种可能，真正反映“财富因人的发展而增长”这样一种既不同于 GDP 的外延式增长，又不同于降低基尼系数的平均分配的自然率来代表内涵发展？范围经济理论给出了一种全新的答案。

范围经济理论除在中篇提及的提高经济增长质量的框架和结论之外，向发展经济学纵深自然延伸，必然将创新、多样性等概念带入进来，得出体现新的增长内涵的发展结构上的结论②。主要之处在于，将效率与公平统一于效能，以内涵方式实现增长与发展基于自然率的统一。

效能是一种效率，效率是效能的特例，是在品种 $N=1$ 时，即相对于多样性尺度来说，复杂性程度不变时的效能。反过来说，效能是品种多样性条件下的效率。具体到自然率，效能代表着一种特殊的增长，它不是同质的 GDP 的增长，这种增长通常是物质驱动的结果，而是同等 GDP 之内多样性的增长，

---

① 澳大利亚经济学家格雷姆·唐纳德·斯诺克斯在《家庭在整体经济中的作用》一书中，主张将家庭经济纳入整体经济加以计算，将 GDP 扩展为社会收入总值（GCI）。

② 从结构这一点上来说，不同于幸福值这种纯粹针对质的数量的测度。

因此是内涵式的增长。两种增长同样可以增进财富，只不过由于它们所占比重的不同，财富的性质也有所不同。其中内涵式增长的比重越高，财富代表的人的发展的性质就越超过物的发展的性质。

在经验的意义上，效能代表的是比效率的效率更高的公平。效率在什么情况下的效率是低的？是在时空变化加大的时候。打固定靶时效率较高，但当靶子移动起来时，可能高效率地射击却打不中移动中的目标，因此对于移动靶来说，原来只针对固定靶的高效率，可能是低效的。对于发展来说，这比喻的是，以往的效率针对的是同质化的增长，当人的发展要求多样性时，只有规模经济而没有范围经济就会出现效率高而效能低的情况。在这个意义上说，效率的效率（效率的变化率）是相对多样性而递减的，因此是低的。反过来说，范围经济比效率的效率更高，因为它相对于多样性报酬递增而成本递减。

问题是，范围经济在什么意义上是公平的呢？从根本上说，人的发展不同于物的发展，因为物的发展是单一、同质的，而人的发展是全面、多样化（自由）的。范围经济本质上意味着内在于创新，而使多样性从需求和成本都可能变得经济，因此更符合人的发展的要求，因此从“以自由看待发展”角度看它是代表公平的。具体来说，从幸福的价值角度看，范围经济从生活质量的质的方面提高人的发展水平，因此体现着人的幸福满意这个意义上的公平；从公正的价值角度看，包容性从结构多元性方面要求范围经济，从而在机会分散分布、公众分享参与的意义上体现着公平。

将效率的理由与公平的理由合在一起，我们可以看出范围经济在发展上的意义在于公平与效率在多样性条件下的统一。由此看来，发展不仅是社会问题，也是经济问题。发展不仅是 GDP 追赶，更是内在于人的多样化的内涵扩展。从经济学的立场看，自然率作为效能问题，是特定经济问题，而非一般社会问题。公平也不同于平均，在互联网条件下，代表的是对等的多样性，代表的是有机联系的自组织、自协调，通过分享机会，广泛地参与发展。

在现实中，尤其是在落后的现实中，我们所能发现的可以处于自由定义域中的公平，是很少的。“比效率更富于效率的公平”是一个低概率事件，大多数公平都不具备自由这个条件，因此自然也不具备相应的“比效率更富于效率”的可能。这个问题属于未来的问题，它的可能性要从价值观上加以理解。

第一，公平为什么会比效率的效率更高。

单看作为手段的自由为什么这么厉害，比发展的“发展”能力更强，更能“赚钱”呢？这只能用历史主义解释了。一代人有一代人的消费主题，人从温饱到小康，人的需求是不断升级的，从生存需求、发展需求升级为自我实现需求。当一个社会整体进入工业化之后，或一个社会的发达地区率先实现现代化时，市场需求的力量（如体验需求）或新的生产方式的力量（如自由软件运动）就会显示出比传统需求、传统供给手段更强的带动作用。这种“效率更高”是人自身的升级带来的。

第二，人的进步有一个历史发展过程。

从以人为本的观点看，工业化的本质恰好是以人为本的反面——以人为末，即把人当作工具来曲折实现以人为本的目标。GNP 的本质就是把人的手段当作目标来追求。阿马蒂亚·森提出“作为自由的发展”，我们的理解是，发展本来是手段，自由才是目标，自由虽然可以作为手段为发展服务，但如果算总账的话，一定是发展最终要为自由服务，人的自由而全面的发展才是目的，人类不能本末倒置。但历史地看待工业化，人不这样本末倒置——通过否定自己的本质来肯定自己的本质——人类就永远不会进步。问题不是要不要发展、要不要 GNP，而是只有发展、只有 GNP，物极必反，就会带来在人的目的和社会目标层面看的缺陷。

第三，要想让公平比效率的效率还高，就必须在自由这个层面考虑问题。

效率和发展解决的是人的手段的发达，还要研究如何向以人为本的方向复归。自由是在复归的社会经济形态中实现的，要想让公平比效率的效率还要高，只在工业化的传统中绕圈子，肯定不会有结果，需要促进经济与社会向着本质上不同于传统工业文明的方向转型。国际著名新制度经济学家青木昌彦认为，从 GNP 转向 GNC，日本处于自明治维新以来又一次伟大的历史转折中。如何在历史的转折中充分释放财富的能量，考验着我们。

我们只要将“比效率更富于效率的公平”这个问题向政策这一层面的理论稍做引申，就会与两个引人注目的观念挂起钩来。

一是阿马蒂亚·森提出的“作为自由的发展”。阿马蒂亚·森在《以自由看待发展》一书中提出一个突破性的见解，就是把自由当作一个发展问题看待，把自由的价值置于统摄发展价值的地位之上。这与我们所说的“比效率更富于效率的公平”有着显著的联系：宏观上的发展对应的是微观上的效率，GNP 就是微观效率在宏观上的总体现。阿马蒂亚·森的观点是，“如果发展所要促进的就是自由，那么就有很强的理由来集中注意这一主导性目的，而不是某些特定的手段，或者某些特别选中的工具”。只按 GNP 来衡量发展，是狭隘的发展观。“自由同时还依赖于其他决定因素，诸如社会的和经济的安排(如教育和保健设施)，以及政治的和公民的权利（如参与公共讨论和检视的自由)”。显然，后者更多与公平相联系。

二是以人为本的统筹发展观。统筹的意义在于，经济社会发展的战略目标不只是追求国内生产总值的增长，其最终目的是增进全体人民的福利。经济体制改革不仅要有利于生产力的解放，而且要有利于推动社会主义现代化各项事业的发展，实现社会的全面进步。这里的公平并不是与效率对立的公平，而是可以增进效率的公平，甚至不排除“比效率更富于效率的公平”。

按照这样的价值观，我们可以对自然率产生更深入的理解。它不仅是增长速度上的变化，更是发展内涵上的变化，降低 GDP 的过高增长不是目的，目的是从正确的价值观定义的财富（更注重心物平衡的财富）出发，降低财富创造中单纯由物质驱动的物质财富的比重，提高以创新驱动为代表的人的发展价值的比重，从而使生活变得更加美好。